KOMPAKTWISSEN

MALEREI

von der Renaissance bis heute

Mit Textbeiträgen von Ralf Burmeister, Christoph Delius, Katrin Fehr, Kathrin Hatesaul, Markus Hattstein, Katrin Bettina Müller, Melanie Pfaff, Felicitas Rink, Ursula Rüter

FSC
www.fsc.org
MIX
Papier aus verantwortungsvollen Quellen
FSC® C129466

Herausgeber: Peter Delius
Umschlaggestaltung: Beate Lennartz
Coverabbildungen:
Vorderseite (v. l. o. n. r. u.): S. 11, 24 o., 34 o., 83, 79, 58 u., 80, 125
Rückseite (v. o. n. u.): S. 71 o., 90, 27, 82 u.

Gesamtherstellung: Ullmann Medien GmbH
Rolandsecker Weg 30, 53619 Rheinbreitbach

ISBN 978-3-7415-2656-5

10 9 8 7 6 5 4 3 2 1

www.ullmannmedien.com

Anna-Carola Kraußе

KOMPAKTWISSEN
MALEREI
von der Renaissance bis heute

ULLMANN

Inhaltsverzeichnis

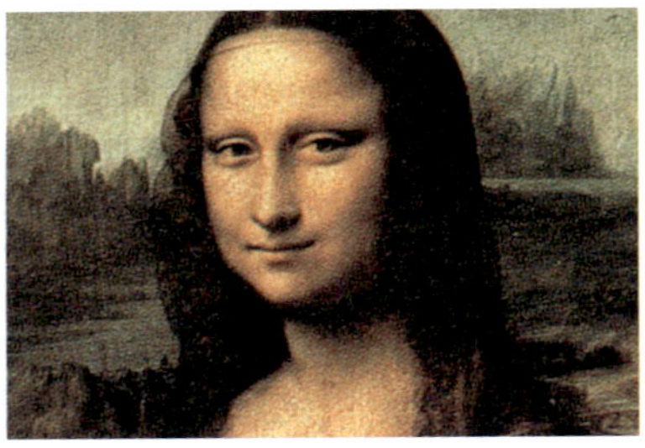

RENAISSANCE UND MANIERISMUS

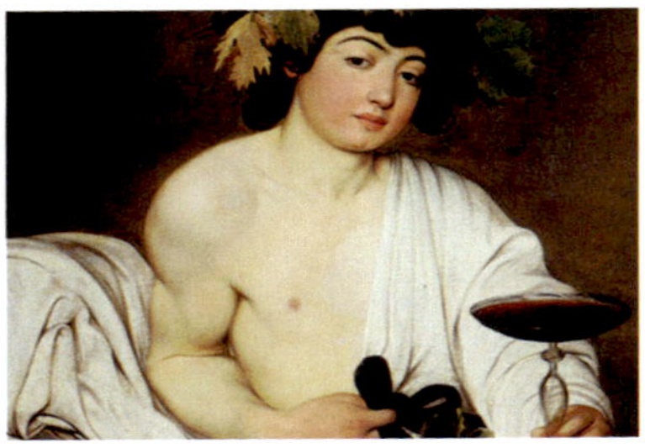

BAROCK

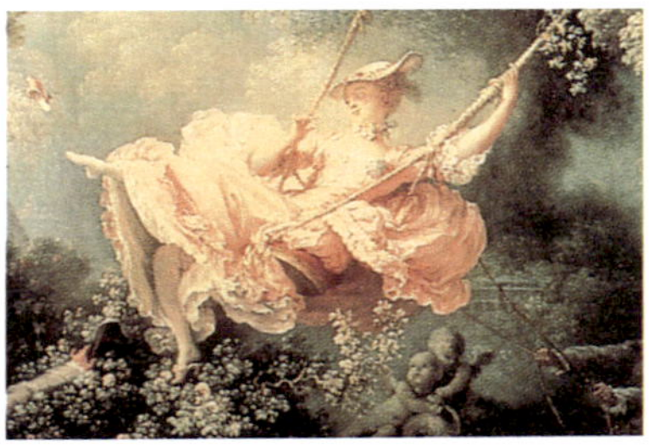

ROKOKO UND KLASSIZISMUS

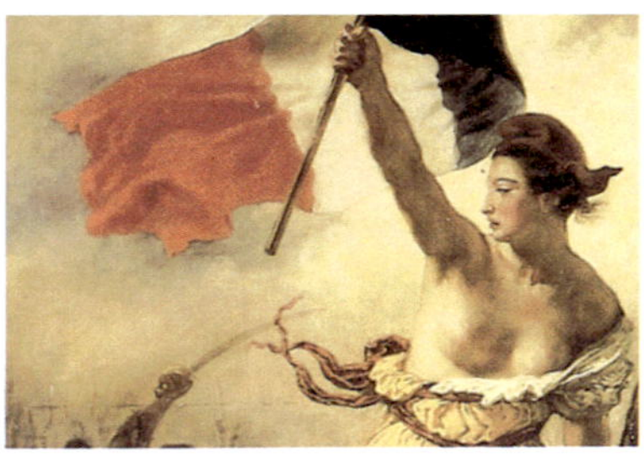

ROMANTIK BIS IDEALISMUS

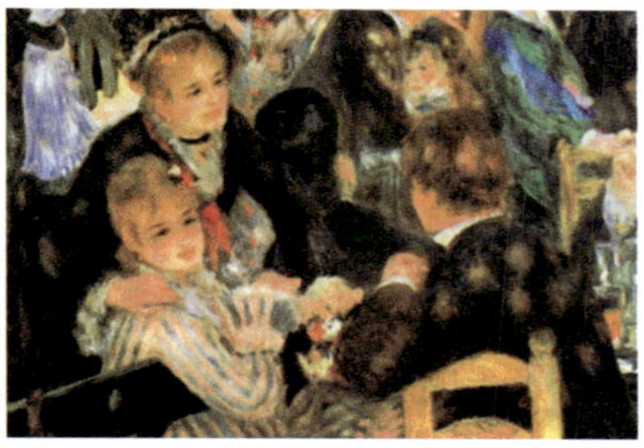

IMPRESSIONISMUS BIS FAUVISMUS

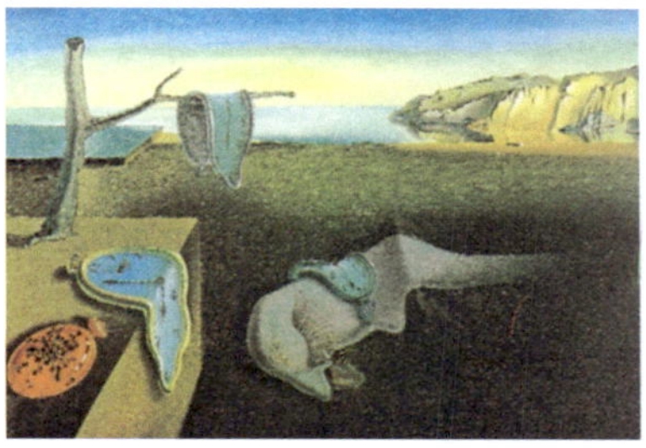

EXPRESSIONISMUS BIS SURREALISMUS

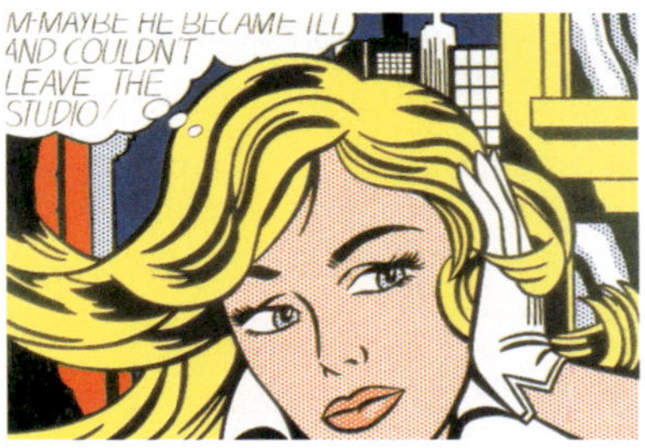

ABSTRAKTION UND FIGURATIVE MALEREI

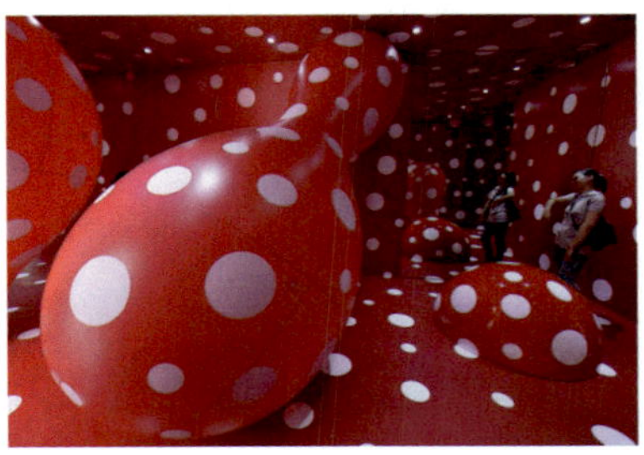

GEGENWARTSKUNST

ANHANG

Die Maler entdecken die Wirklichkeit

RENAISSANCE UND MANIERISMUS

1420–1600

WEGBEREITER DER RENAISSANCE 1300–1420

Wegbereiter im 14. Jahrhundert

Wie alle Künste galt auch die Malerei seit der Antike als ein Handwerk. Malermeister wurden von hochrangigen Personen oder Institutionen damit beauftragt, in festgesetzter Zeit Bilder mit vorgegebenen Inhalten für einen bestimmten Zweck anzufertigen. Die (schöpferische) Freiheit, Bildern einen Selbstzweck zu geben – nämlich einen Inhalt über das eigentliche Motiv hinaus –, begannen sich die Maler erst vor rund 700 Jahren langsam zu erkämpfen.

In dieser Zeit, um die Wende zum 14. Jahrhundert, überwanden sie mittelalterliche Bildformen und entwickelten eine perspektivische Darstellungsweise, die unsere Bildsehgewohnheiten bis heute prägt. Der ehemals auf sakrale Darstellungen beschränkte Aufgabenbereich der Kunst wurde im Zuge eines allgemeinen Interesses am Diesseits behutsam erweitert, neue Themen fanden Eingang in die Kunst. In einem langen Prozess begannen die Maler, sich aus dem Handwerkerstand zu befreien, um schließlich als freie Künstler ihren Ideen Ausdruck zu verleihen.

Grundlage dieser sich abzeichnenden neuen Auffassung bildeten vielfältige Veränderungen in allen Lebensbereichen, die im ausgehenden Mittelalter zu einer gewandelten Weltsicht und Geisteshaltung beigetragen hatten. Weitreichende Handelsbeziehungen mit regem Warenaustausch hatten den Städten – insbesondere in Oberitalien – Reichtum, Wohlstand und Wachstum beschert. Mit dem wirtschaftlichen Aufstieg erwachte auch das Selbst bewusstsein des sich in den Städten nun bildenden Bürgertums. Stolze Handwerker und Kaufleute erkannten ihre Leistungen und den Verdienst, den sie daraus ziehen konnten. Die Menschen sahen sich nicht mehr als Teil einer großen Masse, sondern der Einzelne, das Individuum geriet in den Blick. Die Verbindung mit fernen Städten sowie der Tausch unbekannter Waren und Nachrichten erweiterten den Horizont. Die Welt, von der man immer noch behauptete, sie sei eine Scheibe, wurde – wie diese Aussage selbst – zu einer Herausforderung.

Die Menschen verließen sich nicht mehr allein auf die Religion und das vom Klerus kontrollierte Wissen. Sie stellten Fragen, wollten alles erforschen. Kühne Seefahrer brachen auf, um die weißen Flecken auf der Landkarte zu erkunden und in unbekannten Ländern Schätze zu finden, die den Wohlstand und den Reichtum in der Heimat mehrten. Dazu benötigten sie eine weltbezogene Wissenschaft und Technik. Viele Erfindungen der Zeit wie Uhren, Karten und eine ganze Reihe mechanischer Apparate verraten dieses Bedürfnis.

In dem Maße, wie die Menschen sich für die sie umgebende Welt interessierten, lässt sich auch in der Malerei eine Hinwendung zu einem bis dahin unüblichen Realismus feststellen. Ein erstes Mal dokumentiert sich die neue Auffassung in den Bildern des Italieners Giotto di Bondone.

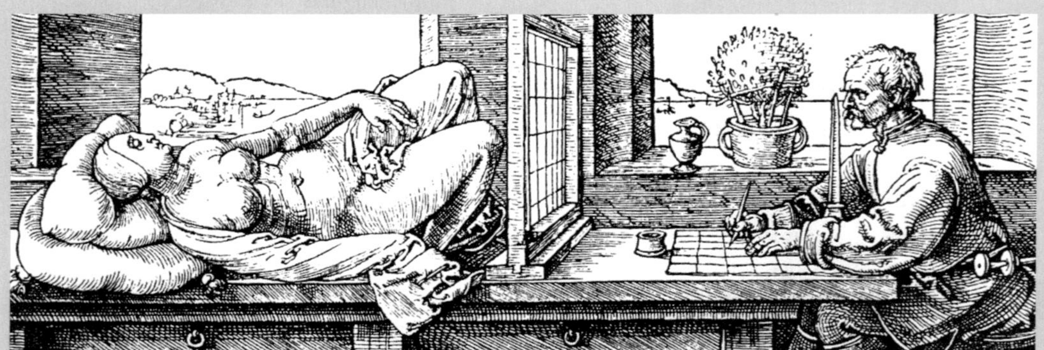

In der Renaissance wird die Welt untersucht und vom Menschen aus definiert: *Unterweisung in der Perspektive.* Holzschnitt von Albrecht Dürer, um 1527.

1302: Papst Bonifatius VIII. erlässt die „Unam sanctam"-Bulle, nach der „jede menschliche Kreatur" um ihres Seelenheils willen dem Papst unterstehen soll und die weltlichen Fürsten das Schwert im Auftrag der Kirche zu führen haben.

1309: Der Streit um weltliche und kirchliche Macht erreicht einen Höhepunkt. Die Papstresidenz wird nach Avignon verlegt (bis 1376).

1318: Entwicklung eines neuen Zahlungssystems: In Venedig wird ein Gesetz zur Geldüberschreibung (Girobank) erlassen.

1321: Dante Alighieri vollendet sein Hauptwerk, die *Göttliche Komödie.*

1400: Erste Ausgrabungen des antiken Roms durch Filippo Brunelleschi.

1421: Giovanni de' Medici wird zum Oberhaupt von Florenz gewählt und steht damit am Beginn der Medici-Dynastie.

1434: Cosimo de' Medici veranlasst die Gründung der Platonischen Akademie in Florenz.

1452: Leon Battista Alberti veröffentlicht seine grundlegende kunsttheoretische Schrift *Über die Baukunst.*

1492: Christoph Kolumbus entdeckt Amerika.

1546: In Paris wird mit dem Bau des Louvre begonnen. Gründung der ersten staatlichen Börse in Frankreich.

1550: Giorgio Vasari beginnt mit der Herausgabe seiner *Lebensbeschreibungen der berühmtesten italienischen Architekten, Maler und Bildhauer* – der ersten Kunstgeschichte.

1588: Die spanische Armada wird von der englischen Flotte vernichtet. Beendigung der spanischen Vorherrschaft zur See.

1590: In Rom wird die Kuppel des Petersdomes nach den Plänen Michelangelos vollendet. William Shakespeare verfasst seine ersten Schauspiele.

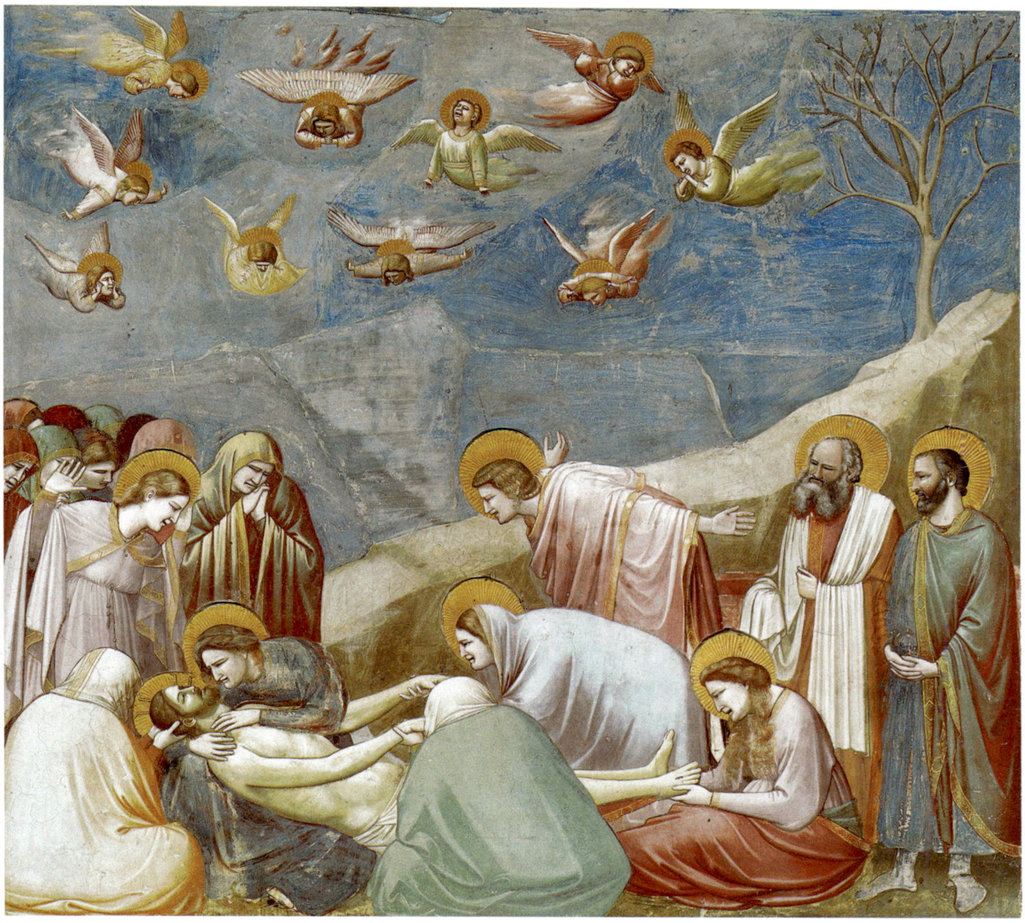

Giotto di Bondone, *Die Beweinung Jesu Christi* (Ausschnitt aus dem Zyklus *Szenen aus dem Leben Mariä und Christi*), um 1304–06. Fresko. Capella Scrovegni (Arenakapelle), Padua

Giottos Bilder wirkten für die damaligen Betrachter ungeheuer lebensnah. Der Maler ordnete seine Figuren auf dem Boden stehend an, den traditionellen Goldgrund ersetzte er durch eine Landschaft. Die *Beweinung Jesu Christi* ist von tief empfundener Trauer erfüllt: In dramatischer Verzweiflung reißt Johannes die Arme in die Höhe, während Maria ihren toten Sohn ein letztes Mal umarmt. Auch in den beiden Frauen, deren Gesichter verdeckt sind, erkennt man allein durch ihre Haltung Trauernde.
Selbst die Schar der Engel, die zwar als solche noch der mittelalterlichen Ikonografie entstammen, sind 'vermenschlicht', zeigen menschliche Regungen: Händeringend, weinend und wild flatternd erfüllen sie den Himmel mit ihrem Wehklagen.
Mit seiner Malerei führte Giotto eine ganz neue Darstellungsweise in die Kunst ein: Er überwand die mittelalterliche Tradition der flächigen und *bedeutungsperspektivischen* Bildordnung. Seine im Ansatz perspektivische Gestaltung, die Körperlichkeit seiner Figuren und ihr individuelles Auftreten waren die Grundlagen, auf denen sich die Malerei der Renaissance entwickeln konnte.

Aus dem Leben gegriffen

Als Giotto um 1304 das Fresko *Die Beweinung Jesu Christi* malte, waren die Maler noch einfache Handwerker. Ein Verständnis vom „Künstler", so wie wir es heute haben, gab es damals nicht. Zu ihren vornehmsten Aufgaben gehörten die Gestaltung von Wandbildern in der Kirche, in denen der zumeist analphabetischen Bevölkerung die Geschichten der Bibel nähergebracht werden sollten, oder die Bemalung von Altären. Gelegentlich gaben auch weltliche Herrscher oder hoch angesehene Bürger private Andachtsbilder in Auftrag. Nicht immer waren es freilich solche Großaufträge, wie Giotto ihn mit der Ausgestaltung der Privatkapelle des Signore Enrico Scrovegni in Padua erhielt. Oft waren es nur kleinformatige Andachtstafeln, dafür gedacht, im Gepäck der Herrschaft transportiert zu werden. Diese ‚bewegliche' Bildform begann sich allerdings erst im 15. Jahrhundert vollständig durchzusetzen.

Gemäß seinem Status als Handwerker, war es für einen Maler im italienischen Trecento (die italienische Bezeichnung für das 14. Jahrhundert) auch nicht üblich, die in Auftrag gegebenen Bilder nach seinem Dafürhalten zu gestalten. Vielmehr gab es einen festen Regelkanon, der vorschrieb, wie welche Personen des Alten und Neuen Testaments darzustellen waren und woran man sie erkennen können musste. Der Bildaufbau folgte der sogenannten *Bedeutungsperspektive*, bei der Wichtiges groß und Nebensächliches entsprechend kleiner gemalt wurde. Eine naturalistische Darstellung, die dem Seheindruck entspricht, war nicht üblich. Die göttliche Welt – die das beherrschende Thema der Malerei war – wurde als eine jenseitige Sphäre begriffen, deren Herrlichkeit und Erhabenheit vorzugsweise ein strahlender Goldgrund symbolisierte.

Giotto ließ diese traditionelle Darstellungsform weit hinter sich. Er führte einen neuen Realismus ein, der Mensch, Raum und Landschaft gleichermaßen erfasste: In seiner *Beweinung Jesu Christi* werden die Figuren nicht mehr formelhaft nach traditionellem Muster stereotypisiert, sondern als empfindende, leidende Wesen mit individuellen Zügen dargestellt, und der Goldgrund ist durch eine Landschaft ersetzt. Durch den deutlich erkennbaren Vorder- und Hintergrund bekommt das Bild Tiefe, wird die Fläche zum Raum. Das Geschehen ist auf einen Blick zu erfassen. Es muss nicht mehr wie bei der *Bedeutungsperspektive* Stück für Stück durch den wandernden Blick des Betrachters zusammengesetzt werden. Diese völlig neue Auffassung ließ den Maler

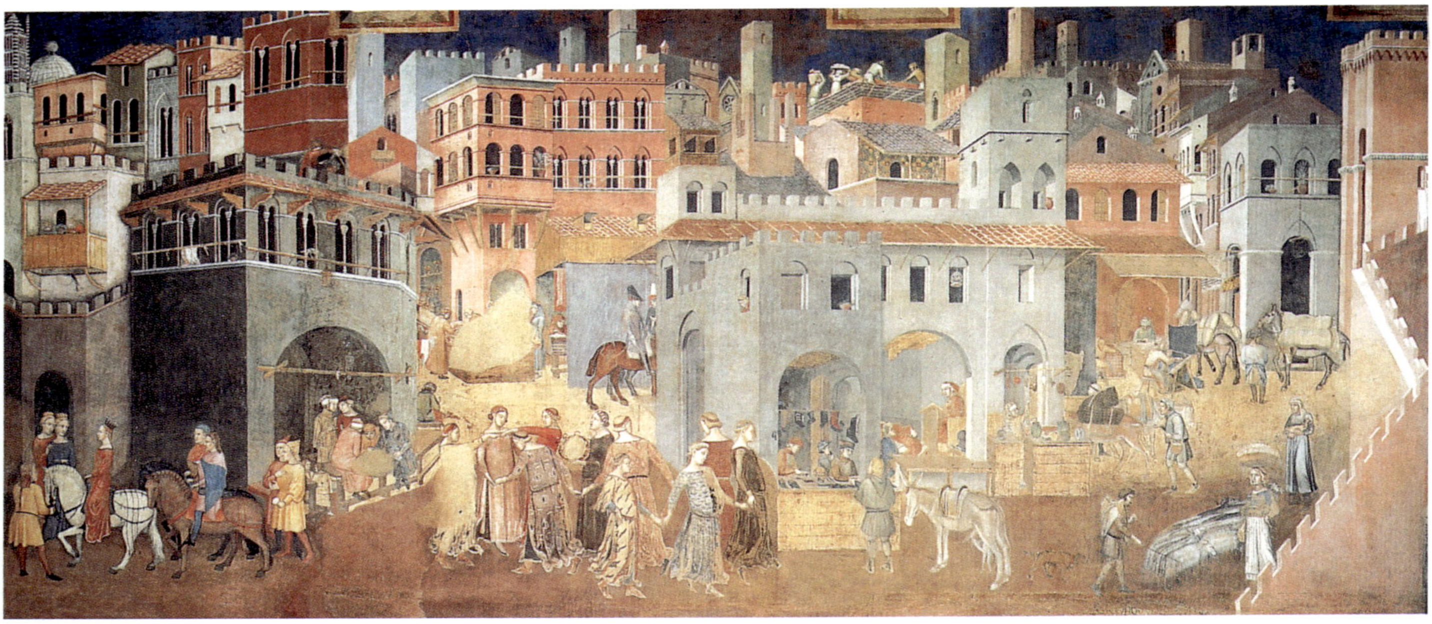

Ambrogio Lorenzetti, *Die Auswirkungen des guten Regiments* (Ausschnitt), 1337–40, Fresko im Palazzo Pubblico, Siena

In seinem über zwölf Meter langen Fresko für den Palazzo Pubblico, das Lorenzetti im Auftrag der Stadtregierung geschaffen hat, pries der Maler die *Auswirkungen des guten Regiments*. Mit Liebe zum Detail stellte er Siena als eine große, betriebsame Stadt mit vornehmen Plätzen, herrschaftlicher Architektur (mit den damals üblichen Geschlechtertürmen der wohlhabenden Familien) und zufriedenen Menschen dar. Hier wird gearbeitet, gelernt und gefeiert: Links im Bild diskutieren Händler unter den Arkaden, auf dem zentralen Platz im Bildvordergrund tanzen junge Frauen, vornehm gekleidet und mit Haarbändern geschmückt, nach den Klängen eines Tamburins. Sie verkörpern Wohlstand und Reichtum der Stadt. Schräg links hinter ihnen gewährt der Maler Einblick in eine Schule. Obwohl Lorenzetti Wert auf viele Einzelheiten gelegt hat, versuchte er alles in einer harmonischen Gesamtkomposition zu vereinen. *Fluchtende Linien* der Bauten und die proportionale Verkleinerung der Figuren im Bildhintergrund schaffen einen (wenn auch noch sehr gedrängt und verschachtelt wirkenden) tiefen Bildraum.

schon zu Lebzeiten zu einer Berühmtheit werden. Sein Zeitgenosse Dante Alighieri sang in der *Göttlichen Komödie* – ein Werk, das der allgemeinen Hinwendung zum Diesseits entsprechend in der italienischen Umgangssprache und nicht dem sonst üblichen Kirchenlatein abgefasst war – ein Loblied auf den Schüler des großen Cimabue, der bis dahin die Szene beherrschte: „Heute ist Giotto auf allen Lippen, sodass der Ruhm des andern [Cimabues] sich verdunkelt."

Ebenfalls um eine lebensnahe Auffassung bemüht war Ambrogio Lorenzetti, ein Zeitgenosse Giottos. Mit erzählfreudiger Liebe zum Detail gestaltete er für den Palazzo Pubblico in Siena eine Ansicht seiner wohlhabenden Heimatstadt. Lorenzettis linienbetonter, zeichnerischer Stil unterscheidet sich zwar deutlich von den blockhaften, monumentaleren Kompositionen Giottos, doch man meint, auch Lorenzetti habe Giottos Grundregeln der räumlichen Darstellung gekannt. Hier ist der Platz im Vordergrund die „Bühne"; die gestaffelte und in Ansätzen perspektivisch gestaltete Architektur verleiht dem Bild räumliche Tiefe. Allerdings riss die Pestepidemie von 1348, die auch dem Glanze Sienas ein jähes Ende bereitete, das nur mündlich weitergegebene Wissen um die perspektivische Darstellung mit sich fort. Erst hundert Jahre später wird es von Masaccio wiederentdeckt und im Laufe des 15. Jahrhunderts von den Künstlern wissenschaftlich-mathematisch ergründet und zu voller Blüte getrieben.

Da Giottos neuer Realismus alle nachfolgenden Malergenerationen beeinflusst hat, bezeichnete der Maler und Kunstschriftsteller Giorgio Vasari ihn als „Vater der Malerei". Vasari verfasste 1550 die Biografien der bedeutendsten italienischen Künstler und schrieb damit eine erste „Kunstgeschichte". Dass Giotto den Reigen der Maler der Neuzeit in den *Lebensbeschreibungen der berühmtesten italienischen Architekten, Maler und Bildhauer* eröffnete, war nur folgerichtig: Seine Auffassung brachte nicht nur die Dreidimensionalität in die Malerei, Giotto war auch der erste Künstler, der seine Werke signierte. Mit diesem Zeichen seiner Individualität als Schöpfer leitete er eine Entwicklung ein, in deren Folge sich die Maler zunehmend ihrer selbst als etwas Besonderes bewusst wurden und sich aus dem traditionellen Handwerkerverständnis lösten.

RENAISSANCE IN FLORENZ 1420–1500

Die Wiedergeburt des Geistes

Die Neuerungen und Veränderungen, die sich seit dem Trecento vollzogen hatten, erschienen Vasari im Rückblick wie eine „rinascità", eine Wiedergeburt. Die daraus abgeleitete Bezeichnung „Renaissance" (frz. „Wiedergeburt") als Stilbegriff für die Kunst des 15. und 16. Jahrhunderts stammt erst aus dem 19. Jahrhundert.

Der Neuerungswille der Renaissance war keineswegs allein auf die Kunst beschränkt. Vielmehr war es die humanistische Geisteshaltung des Altertums, die die Menschen faszinierte: das Interesse am Menschen, das Nachdenken über Gott und die Welt, das Benutzen des eigenen Verstandes. In den Kunstschätzen der klassischen Antike fanden sie eben jenen Geist. Rom wurde den Künstlern zu einem „Steinbruch der Formen und Ideen". Hier studierten sie die Proportionen der antiken Architektur und bewunderten die Skulpturen, die ihnen soviel lebendiger und bewegter erschienen als alles, was die Gotik, die Kunst der im Norden lebenden Goten – im italienischen Verständnis der „Barbaren" –, je hervorgebracht hatte. Daran galt es anzuknüpfen, wollte man das Mittelalter, die „Zeit zwischen den blühenden Kulturen", endlich der Vergangenheit angehören lassen.

Unbestrittenes geistiges und kulturelles Zentrum des *Quattrocento* (des 15. Jahrhunderts) war Florenz. Hier lebten und arbeiteten viele bedeutende Künstler. Sie konnten sich der Unterstützung reicher Patrizierfamilien, die zunehmend als Auftraggeber in Erscheinung traten, sicher sein. Es war vor allem die Bankiersfamilie Medici, die über Generationen das geistige und kulturelle Leben der Stadt förderte und prägte. Cosimo de' Medici begründete die „Platonische Akademie", einen Gelehrtenzirkel, der sich mit antiken Schriften befasste, und errichtete, ebenso wie später Lorenzo, eine Bibliothek. Bildung und Kunstinteresse gehörten zum guten Ton, auch bürgerliche Kreise bemühten sich in einem vorher nicht gekannten Maße um eine weitreichende Allgemeinbildung. Es herrschte ein überaus anregendes Klima: Man studierte die Schriften Vitruvs und Euklids, disputierte über Geometrie, Dichtung und Philosophie. Die ‚Geheimnisse' der bildlichen Darstellung wurden nicht mehr wie zu Giottos Zeiten geheimbündlerisch vom Meister an den Schüler weitergegeben, sondern öffentlich diskutiert, erste Kunsttheorien wurden verfasst. 1435 legte der Architekt und Schriftsteller Leon Battista Alberti seine Abhandlung *Über die Malerei* vor. Es war Alberti gelungen, die Prinzipien der perspektivischen Darstellung, wie Giotto sie im Ansatz in seinen Werken entwickelt hatte, mathematisch zu erfassen.

Die Entdeckung der Perspektive

Schon einige Jahre vor Alberti hatte der Bildhauer und Erbauer der Florentiner Domkuppel, Filippo Brunelleschi, festgestellt, dass alle in der Natur parallel laufenden Linien für unser Sehen in der Ferne *linearperspektivisch* auf einen gemeinsamen Punkt zustreben. Auf der Grundlage dieser Erkenntnis entwickelte Alberti ein Konzept, das die räumliche Darstellung dreidimensionaler Dinge auf der zweidimensionalen Bildfläche ermöglichte. Alberti verglich die Bildfläche mit einem „offenen Fenster", durch das der Maler in die Welt schaut. Wie ein Projektionsschirm schiebt sich das Fenster, also die Bildfläche, zwischen Auge und Motiv und fängt die „Strahlen" auf, die von der natürlichen Welt pfeilgerade ins Auge des Malers führen. Demnach muss alles im Bild auf einen Punkt, den sogenannten *Fluchtpunkt*, ausgerichtet sein. Proportional zur Verjüngung der in der Bildtiefe zusammenlaufenden Linien errechnete Alberti die Abstände der horizontalen *Raumlinien* und erhielt dadurch ein Raster, in dem die Gegenstände gemäß ihrer Entfernung kleiner werden. So entsteht ein Bild, das unserer dreidimensionalen Sehwahrnehmung entspricht. Albertis perspektivische Methode des Bildaufbaus bündelt den Blick in einem Punkt und unterscheidet sich somit gänzlich von der flächigen Aneinanderreihung der *Bedeutungsperspektive*. Dieser *zentralperspektivisch* gegliederte Bildraum entsprach in hervorragendem Maße dem Geist der Zeit. In einer Periode, in der sich das Interesse zunehmend auf das Diesseits richtete, kam er dem Bedürfnis nach einer naturgetreuen Abbildung der umgebenden Wirklichkeit entgegen und befriedigte ästhetisch das Renaissanceideal, sich die Welt durch Geistesleistung anzueignen. Als Beherrscher der zentralperspektivischen Gesetze erschien der Künstler nun als „Ordner der Welt". Die Wirklichkeit wurde intellektuell erfasst und auf der Grundlage mathematischer Gesetze ‚neu' gestaltet.

Der große Durchbruch

Was die ‚Entdeckung' der Perspektive für die Malerei bedeutete, erkannte als Erster der Maler Masaccio. In der Florentiner Kirche Santa Maria Novella schuf er um 1427 ein Dreifaltigkeitsfresko, das die Kirchenbesucher schockierte. Seine täuschend echt gemalte Raumillusion widersprach allen bisherigen Sehgewohnheiten. Die Kirchenbesucher glaubten, in eine angrenzende Kapelle zu schauen. Die frappierende räumliche Wirkung der *Heiligen Dreifaltigkeit* entsteht nicht allein durch die vollendete perspektivische Darstellung der antikisierten Architektur mit ihren Säulen und der Kassettendecke. Es ist vor allem das stimmige Körper-Raum-Verhältnis, das die Darstellung so wirklichkeitsgetreu erscheinen lässt. Mensch und Architektur unterliegen demselben Maßstab und sind miteinander in Einklang gebracht. Während die Figuren in älteren Heiligendarstellungen häufig von einer Raumnische oder einem Thron ‚umhüllt' sind, der ihre Körpervolumina definiert, haben die Figuren bei Masaccio solch eine Plastizität suggerierende Architektur nicht nötig. Sie stehen frei und selbstständig im bruchlos konstruierten Raumkontinuum, so-

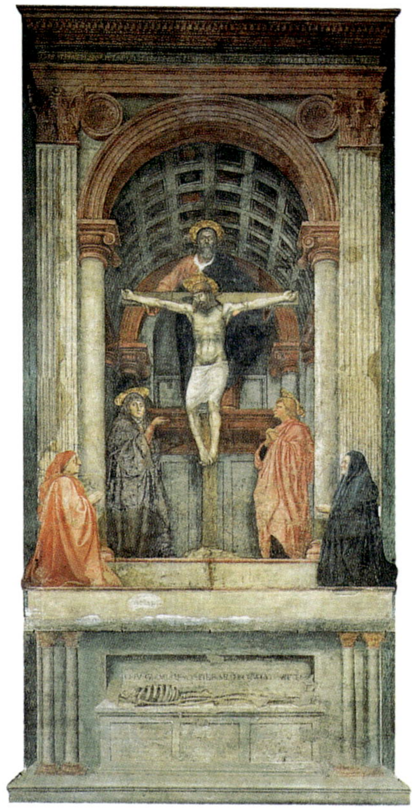

Masaccio, *Die Heilige Dreifaltigkeit*, um 1427. Fresko, 680 x 475 cm. Santa Maria Novella, Florenz

Masaccios Darstellung der Dreieinigkeit – Vater, Sohn und Heiliger Geist (Taube) – war für damalige Verhältnisse derartig ungewöhnlich, dass man im ersten Moment glaubte, der Maler hätte ein Loch in die Wand geschlagen, das nun den Blick in eine angrenzende Kapelle freigab. Die betont perspektivische Darstellung des Raumes sowie die plastisch durchgearbeiteten und wie Statuen gleichsam von innen aufgebauten Körper der Figuren bilden eine organische Einheit. Das Fresko, das der junge Künstler wahrscheinlich in seinem Todesjahr mit knapp 27 Jahren schuf, war das erste Bild, in dem durch *fluchtende Linien* Plastizität und durch eine einheitliche Lichtführung ein perspektivischer Systemraum geschaffen wurden. Damit gilt Masaccio als Pionier und Begründer der Renaissancemalerei.

dass sich der Eindruck von tatsächlicher Tiefe ergibt. Die durch sanfte *Lichtmodulation* – auch das ein Novum – gestaltete natürliche Plastizität verleiht den Gestalten eine bis dahin unbekannte Präsenz, Eigenständigkeit und Individualität.

In seinem Fresko geht Masaccio nicht nur innerhalb des Bildes vom Menschen aus – auch der Betrachter wird kompositorisch mit einbezogen. Der *zentralperspektivische* Aufbau des Bildes vermittelt den Eindruck, das gesamte Geschehen sei einzig auf den Blick des Betrachters ausgerichtet, da der *Fluchtpunkt* in tatsächlicher Augenhöhe, auf der ersten Stufe des Gesimses, liegt. Dadurc, dass die vor den Pilastern knienden menschlichen Stifterfiguren und die Heiligengestalten in der Nische demselben Größenmaß unterworfen sind, wird die Grenze zwischen göttlichem und realem Raum fließend. Der perspektivisch aus dem Bildraum heraustretende Sarkophag unterstreicht diese Wirkung noch. Mit den Mitteln der Kunst werden auf diese Weise Diesseits und Jenseits verbunden. Durch das intellektuelle Raffinement der Komposition erfährt die Heiligendarstellung eine Verweltlichung – jedoch ohne den sakralen Gehalt einzubüßen. Im Gegenteil: Durch die Unmittelbarkeit der Darstellung wird das Bild noch eindringlicher. Die rational durchdachte Bildgestaltung unterstützt die emotionale Wirkung.

Ebenso wie sich Masaccio an antiker Kunst orientiert hat, lässt sich auch in Paolo Uccellos *Schlacht von San Romano* unschwer das Vorbild erkennen: Die Pferde erinnern in ihrer Plastizität und Massengliederung stark an die antike Plastik. Die bewegte Schlachtenszene, ein für die damalige Zeit ungewöhnliches, weil weltliches Thema, entstand als Auftragsarbeit der Familie Medici anlässlich des Sieges der Florentiner im Jahre 1432. Das Thema war dem Maler, dem nachgesagt wird, ein fanatischer Bewunderer und Anhänger der perspektivischen Darstellung gewesen zu sein, augenscheinlich ein willkommener Anlass, möglichst unterschiedliche Ansichten perspektivisch richtig zu gestalten. Klarheit und Gesetzmäßigkeit beherrschen – bei allem Durcheinander der Lanzen, Pferde und Krieger – das Bild. Das sonst üblicherweise nur zu denkende perspektivische *Fluchtlinienraster* wird von Uccello durch einzelne Bildelemente sichtbar gemacht, indem am Boden liegende Lanzen auf den *Fluchtpunkt* weisen und durch ihre diagonale Ausrichtung dem Vordergrund Tiefe verleihen.

Während Masaccio und Uccello vor allem durch die Beherrschung der Perspektive beeindruckten, spürte der Dominikanermönch Fra Angelico in seinen Bildern den menschlichen Empfindungen nach. Zwar ist auch seine *Verkündigung an Maria* partiell nach den perspektivischen Gesetzen aufgebaut, doch interessierte ihn dieses bildnerische Problem nicht in der Hauptsache. Er versuchte vielmehr, die gefühlsmäßige, die psychologische Dimension der dargestellten Situation einzufangen. Fra Angelicos Maria, die gerade erfährt, dass sie den Heiland gebären wird, sitzt – sehr weltlich – auf einem kleinen Schemel in einer offenen Laube inmitten eines blühenden Gartens. Mit den starren Goldgrundmadonnen des Mittelalters hat die Darstellung nichts mehr gemein. Trotz des weltlichen Umfeldes vermochte es Fra Angelico, mit seiner zarten Malerei eine andachtsvolle Stimmung religiöser Innerlichkeit zu erzeugen. Die Schlichtheit der Darstellung sowie die Bescheidenheit der Umgebung entspra-

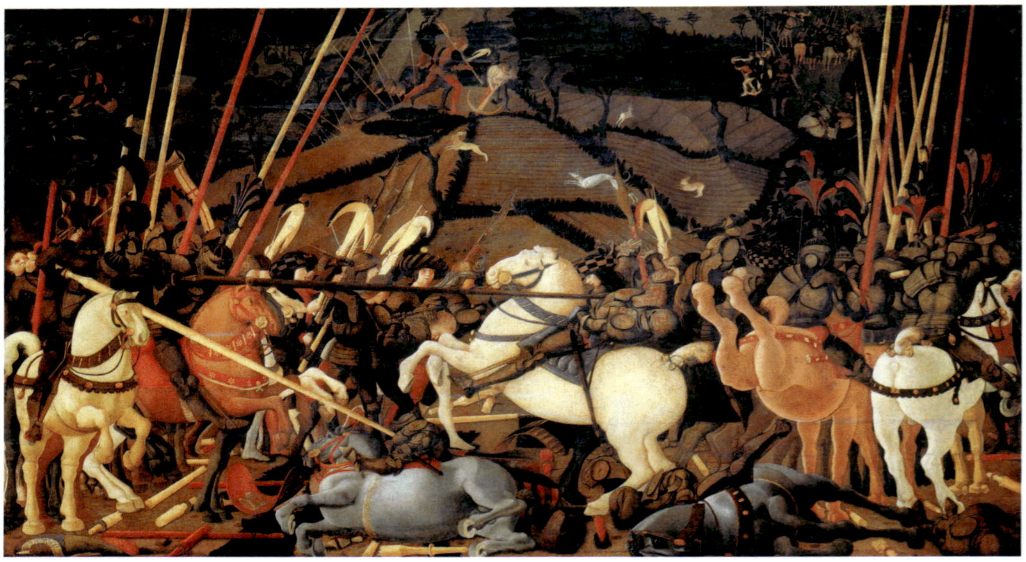

Paolo Uccello, *Die Schlacht von San Romano*, um 1450–60. Tempera auf Holz, 181 x 320 cm. Galleria degli Uffizi, Florenz

Die mittlere Tafel der dreiteiligen Bildserie *Die Schlacht von San Romano* zeigt die Niederlage des Sieneser Feldherrn Bernadino della Ciarda. Der Maler wählte den dramatischen, die Schlacht entscheidenden Moment, in dem der Sieneser von seinem Pferd gestoßen wird. Die Darstellung der kriegerischen Handlung nutzte Uccello zur Demonstration seiner wissenschaftlichen Naturbeobachtung: Er drehte und wendete die Pferde auf der Leinwand und zeigte sie von allen denkbaren Ansichten. Außerdem ließ er im Bildzentrum breiten Raum für die Ausgestaltung des Hintergrundes, dem er damit als einer der ersten Maler einen Eigenwert beimaß.

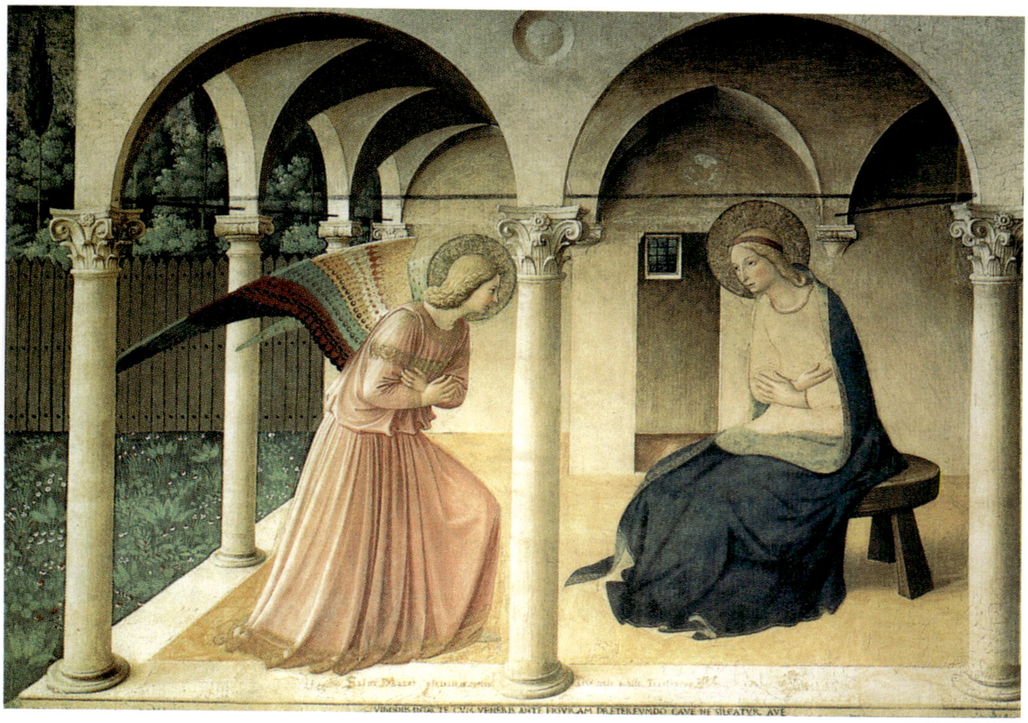

Fra Angelico, *Die Verkündigung an Maria*, ca. 1430–45. Fresko, Kloster San Marco, Florenz

Fra Angelicos Malstil ist durch Schönheit und Grazie, anmutige *Linienführung* und zarte Farbigkeit gekennzeichnet. Er ist zwar noch stark der *Internationalen Gotik* verpflichtet, bringt jedoch schon die Neuerungen der Frührenaissance ein: Er verzichtet auf den Goldgrund und berücksichtigt die zu seiner Zeit eben entwickelten perspektivischen Gesetze.
In seiner *Verkündigung*, die als Fresko eine Zelle des Klosters San Marco schmückt, nähert sich ein Engel mit prächtigen Flügeln behutsam Maria. Die Arme zum Gruß verschränkt, neigen sich die Köpfe der beiden in inniger Zwiesprache einander zu. Wie in seinen anderen Verkündigungsszenen weicht Fra Angelico auch hier nicht vom Typ der *Humilitatio* (Unterwerfung) ab, die Maria zeigt: „Mir geschehe, wie du gesagt hast." Der abgeschlossene blühende Garten symbolisiert die unbefleckte Empfängnis.

chen ganz dem asketischen Armutsideal der Dominikanermönche von San Marco, in deren Auftrag das Fresko gemalt wurde.

Der Mensch im Mittelpunkt – Porträtmalerei

Der Geist des Humanismus, die Hinwendung zum und das Interesse am Menschen, manifestiert sich in der Renaissance jenseits sakraler Themen zudem im Aufkommen eines neuen Genres: dem Porträt. Die Maler konzentrierten sich zunächst auf die wichtigste Individualisierungsmöglichkeit, das Gesicht. Streng und klar wurden die Details erfasst. Das *Profilbildnis einer jungen Frau,* das Antonio del Pollaiuolo zugeschrieben wird, ist ein typisches Beispiel für die Bildnismalerei des frühen 15. Jahrhunderts. Die bevorzugte Ansicht war das Profil. In der klaren Seitenansicht glaubte man, am wenigsten beschönigen und variieren zu können und damit der zeitgenössischen Forderung nach Überprüfbarkeit und Genauigkeit am ehesten zu entsprechen. Obwohl die Maler bemüht waren, den Porträtierten als individuelle Persönlichkeit zu zeigen, so bot die Profilansicht doch nur wenig Raum für eine lebendige Gestaltung oder psychologisierende Erfassung des Wesens. Vielmehr erinnert sie in ihrer Geschlossenheit noch stark an antike Münz- oder Medaillenbildnisse, mit denen sich die Renaissancekünstler nachweislich beschäftigt haben. In der zweiten Hälfte des Jahrhunderts setzte sich allerdings mehr und mehr die *Dreiviertelansicht* durch, die eine subtilere Charakterisierung des Porträtierten erlaubte.

Maler berechnen die Welt

Hatte man bis zur Renaissance die Malerei lediglich als ein Handwerk betrachtet, so wurde jetzt der Anspruch erhoben, dass die Malerei als eine freie Kunst (ars liberalis) und nicht als eine der mechanischen Künste (ars mechanica) anzusehen sei. Diesem Anspruch lag nicht nur das Verlangen zugrunde, der Malerei die sozial und kulturell anerkannte Stellung zu verschaffen, die Musik, Rhetorik und Poesie längst innehatten. Er war auch insofern objektiv begründet, als dass die Künstler nicht nur auf schon vorgegebene wissenschaftliche Methoden zurückgriffen, sondern selbst bedeutende Leistungen zu deren Entwicklung beitrugen. Sie waren tatsächlich oftmals die besseren Gelehrten, denn sie studierten die Natur durch eigene Anschauung und bezogen ihr Wissen nicht wie ihre belesenen Kollegen aus jahrhundertealten Büchern, die nur ein von der Kirche gestattetes Wissen überlieferten.
Piero della Francesca war ein solcher Forschergeist. Alles, egal ob Architektur, Trinkgefäß oder menschlicher Schädel, konstruierte er mithilfe komplizierter Zeichnungen. Seine Ergebnisse fasste er in mehreren Traktaten zusammen, von denen seine Abhandlung *Über die Perspektive in der Malerei* als regelrechtes Lehrbuch gedacht war. Getrieben wurde Piero von der – von vielen Renaissancekünstlern geteilten – Überzeugung, dass der gesamten göttlichen Schöpfung eine vollkommene Geometrie zugrunde läge, die zu erkennen, ergründen und darzustellen er sich zur Aufgabe gemacht hatte. Nicht nur berechnete er

Antonio del Pollaiuolo, *Profilbildnis einer jungen Frau*, um 1460. Tempera auf Pappelholz, 52,5 x 36,5 cm. Staatliche Museen zu Berlin – Preußischer Kulturbesitz, Gemäldegalerie, Berlin

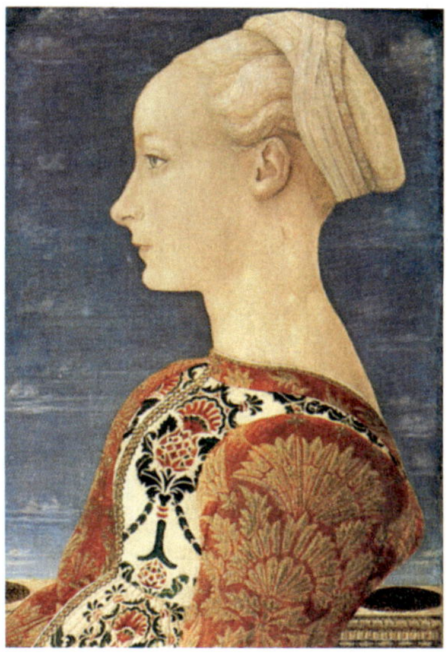

Piero della Francesca, *Die Geißelung Christi*, um 1460. Tempera auf Holz, 81,5 x 59 cm. Galleria Nazionale, Urbino

Die Thematik des Gemäldes ist in dieser Form sehr ungewöhnlich und bis heute nicht restlos geklärt. Das Bild war vermutlich ein Geschenk eines politisch ambitionierten Bürgers an den Herzog von Urbino und vermittelte eine diplomatische Botschaft. Die Männer im Vordergrund waren wohl Zeitgenossen Pieros, man sieht also eine aktuelle Szene, eine politische Diskussion.
Die linke Bildhälfte gehört einer anderen Realität an: Die Geißelung Christi dürfte als ein heraufbeschworenes Gedankenbild zu verstehen sein, das den Inhalt des rechts Besprochenen darstellt. Die Geißelung steht hier symbolisch für die Leiden der Christen unter den Türken, die 1453 Konstantinopel erobert und das ostchristliche Reich zu Fall gebracht hatten. Der Sprecher rechts könnte ein Abkömmling des Ostreichs sein, der für einen militärischen Eingriff des Westens plädiert.

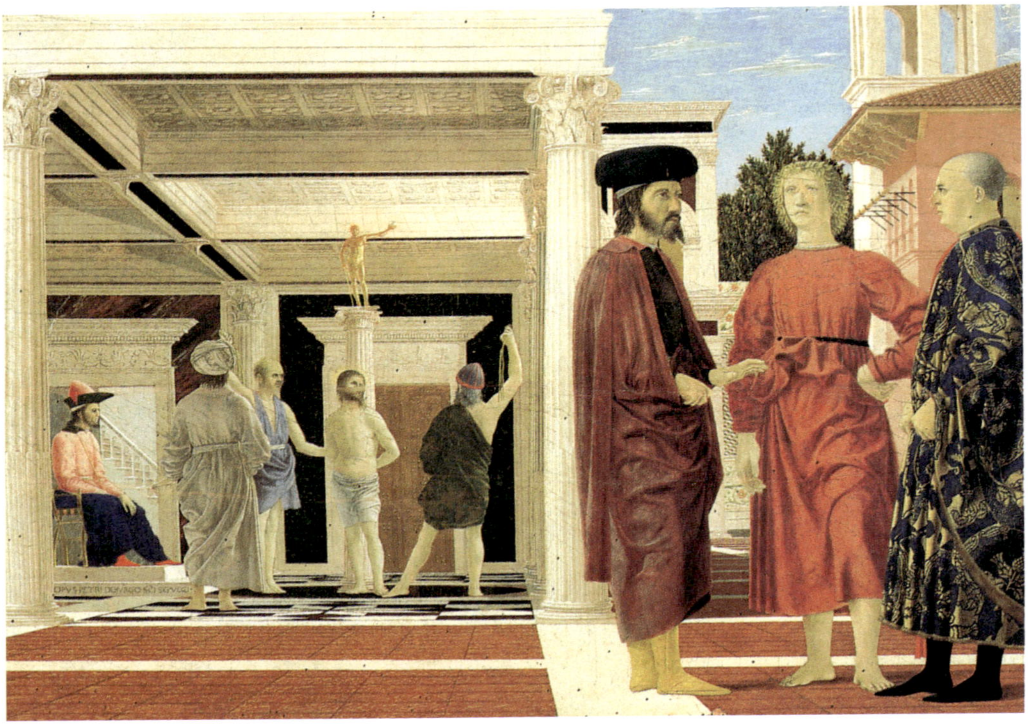

seine Bildkonstruktionen bis ins kleinste Detail, er war auch einer der ersten Maler der italienischen Frührenaissance, der die bildvereinheitlichende Wirkung der Lichtführung und ihre Bedeutung für die Material- und Farberscheinungen erkannte.
Die *Lasurtechnik*, die Piero am Hof von Urbino von den dort tätigen Niederländern kennengelernt hatte, verlieh seinen Bildern eine leuchtende Klarheit und erstmals den Eindruck von taghellem, natürlichem Licht. Durch diese alles gleichermaßen erfassende Beleuchtung werden die einzelnen Bildteile zu einem kompositorischen Ganzen verschmolzen. Auch die gewagte Bildaufteilung in der *Geißelung Christi*, bei der das Hauptthema in eine Säulenhalle in den Hintergrund verlegt wird, während ganz groß im Vordergrund eine Gruppe von Männern – vermutlich aus dem Umkreis des Auftraggebers – steht, wird nicht zuletzt durch das Licht, das das gesamte Bild gleichmäßig durchströmt, zusammengehalten.
Piero della Francesca bereicherte die Malerei um eine weitere Dimension: Zu Raum, Farbe und Körper fügte er jetzt das Licht als neues Gestaltungsmittel hinzu. Und es wird nicht mehr lange dauern, bis die relativ statische Malerei der Frührenaissance vom flatternden Wirbel der tanzenden Elfen Botticellis in ungeahnte Bewegung versetzt wird und die Maler somit die fünf tragenden Elemente der Malerei vollends beherrschen: Farbe, Räumlichkeit, Plastizität, Licht und Bewegung.

Wie sehr die Künstler selbst diese rasante, nur ein Jahrhundert dauernde Entwicklung vorantrieben und wie sehr sie sich zu immer kühneren Bildfindungen aufschwangen, zeigt sich auch im Werk von Andrea Mantegna. Diesen Maler faszinierte vor allem die suggestive, den Betrachter einbeziehende Kraft der Perspektive. Sie war ihm Mittel, „das Auge und Gefühl des Betrachters zu lenken".
In Mantegnas *Beweinung Christi*, die den Leichnam Christi in dramatischer *Verkürzung* zeigt, ist nicht nur die gekonnte Verkürzung beeindruckend. Bestechend ist besonders die kompositorische Einbeziehung des Betrachters, dem das Gefühl vermittelt wird, er stünde zu den Füßen des Toten, der mit seinen klaffenden Wunden in den realen Raum hineinzuragen scheint.

Bewegte Bilder heidnischer Götter

Lorenzo de' Medici, der den Beinamen „il Magnifico" – der Prächtige – trug, hatte Florenz in den Siebzigerjahren des 15. Jahrhunderts zur politisch und kulturell dominierenden Macht Italiens geführt. Es war ihm unter Wahrung der republikanischen Staatsform gelungen, seine Stellung derart auszubauen, dass er zu fürstenähnlicher Autorität gelangte und, obwohl nicht Mitglied der Regierung, wie kein anderer die Geschicke der Stadt in der Hand hatte. Als persönlich hervorragend gebildeter Mann tat er sich als Gönner und Mäzen der Künstler hervor. Einer seiner bedeutendsten Protegés war neben Michelangelo der Maler Sandro Botticelli.

Botticelli fiel Lorenzo möglicherweise vor allem durch seine Bildmotive auf, die eine großartige Kenntnis der griechischen Mythologie vermuten ließen. Bisher hatten sich die Maler hauptsächlich auf eine Durchdringung und Erkundung der Wirklichkeit nach dem Vorbild der antiken Philosophen beschränkt. Die humanistisch begründete Wirklichkeitserfahrung wurde auf christliche Themen übertragen, die nach wie vor motivisch die Kunst bestimmten. Ab Mitte des Jahrhunderts allerdings zeichnete sich ein neues Verständnis für die Antike ab. Man versuchte nunmehr, das Altertum aus seinen eigenen Voraussetzungen heraus zu verstehen und nachzugestalten. In der zweiten Hälfte des Jahrhunderts tauchen neben christlichen Darstellungen zunehmend Szenen der griechischen Sagen- und Götterwelt auf.

Auch Botticellis *Geburt der Venus* entspringt diesem Themenkreis. Die griechische Aphrodite (die römische Adaption machte aus ihr die Venus) wird bei Botticelli, aus göttlichen, ungreifbaren Sphären kommend, an Land, sprich: ins wirkliche Leben getrieben. Lebensgroß, sinnlich und in anmutiger Natürlichkeit ist dieser erste monumentale und bildbeherrschende weibliche Akt der nachantiken Kunst ein programmatisches Fanal gegen die „körperlose Kunst der Gotik" und zugleich ein Bild, bei dem der Landgang der „Schaumgeborenen" zu einer Allegorie auf die ‚Wiedergeburt der Menschheit aus dem Geist der Antike, der großen Hoffnung der Renaissance, wird. Diese tiefere Bedeutung des Bildes offenbarte sich allerdings nur, wenn man es als Verbildlichung einer Idee auffasste. Eine solche Lesart setzte eine gewisse Vorbildung voraus, aber gerade das machte die heidnischen Themen für die weltlichen Herrscher so außerordentlich attraktiv. Mit dem Wissen um die dahinter verborgene Geschichte konnte eine mythologische Darstellung schnell zu einer politischen Allegorie werden oder eine geschickte Verpackung erotischer Anspielungen sein. Durch den Besitz dieser ‚Insider-Kunst' konnte man seine Distinguiertheit und sein weitreichendes Wissen unter Beweis stellen – Tugenden, die dem humanistischen Bildungsbürger der Weg waren, sich aus den Banden der kirchlichen Mächte zu befreien.

Befreiung bedeutete die Welt der Götter, Satyrn und Nymphen auch für den Künstler. Da es für diese Motive keine kanonisierte und verbindliche Ikonografie wie für die christlichen Darstellungen gab, hatte er hier größte Freiheiten und war in der Gestaltung einzig seinen Kenntnissen in den Wissenschaften – Mathematik, Philosophie, Literatur – verpflichtet. Das verlieh dem Bild wie dem Maler eine bis dahin unübliche Autonomie: Grundlage der Kunst war jetzt nicht mehr der religiöse Zusammenhang – gleichwohl die christliche Motivwelt die Malerei noch lange dominieren wird –, sondern sie fußte auf den Wissenschaften. Damit rückte der Maler, der sie beherrschte, selbst in die Nähe eines Wissenschaftlers. Aus dem ehemaligen Maler-Handwerker war ein Gelehrter geworden. Diese Veränderung markiert unter anderem den Umbruch von der Frührenaissance zur Hochrenaissance, deren größter ‚Künstler-Gelehrter' Leonardo da Vinci war.

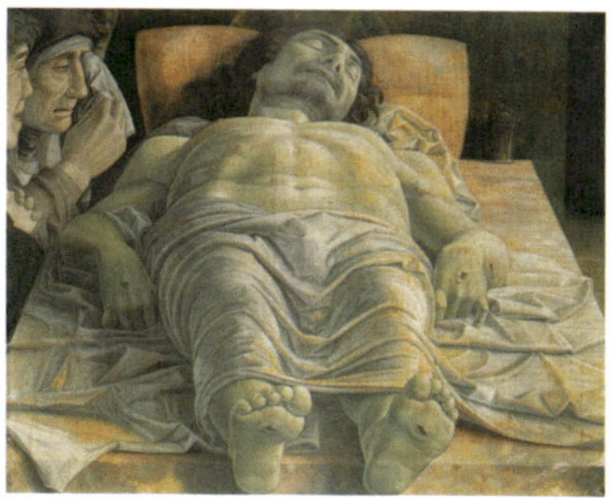

Andrea Mantegna, *Beweinung Christi*, um 1480. Harztempera auf Leinwand, 68 x 81 cm. Pinacoteca di Brera, Mailand

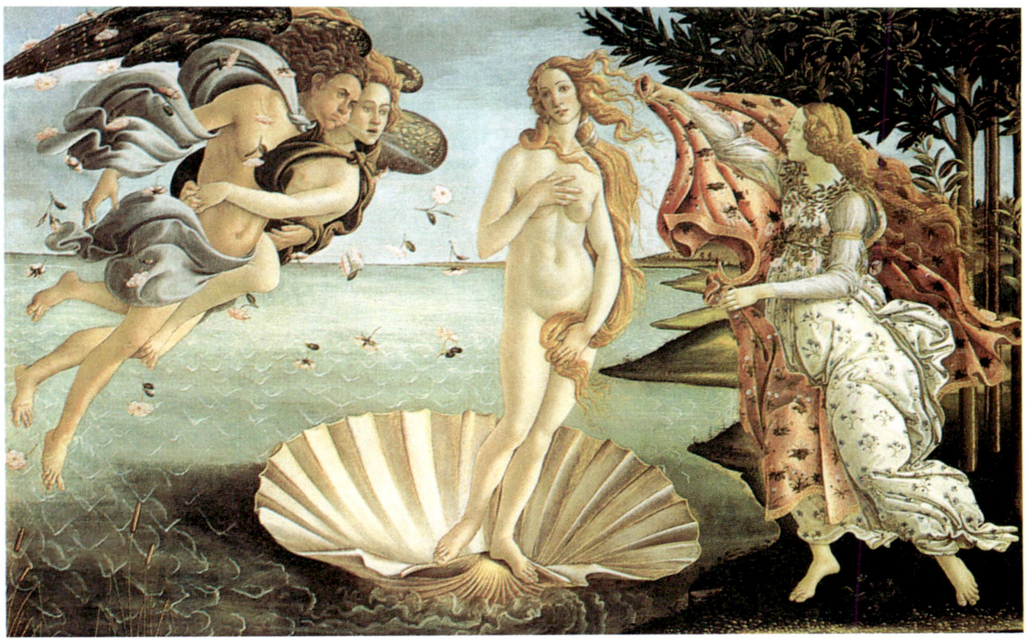

Sandro Botticelli, *Geburt der Venus*, um 1485. Tempera auf Leinwand, 172 x 285 cm. Galleria degli Uffizi, Florenz

Mit seiner *Geburt der Venus* greift Botticelli ein mythologisches Thema auf. Die aus dem Schaum der Wellen geborene Venus – Göttin der Schönheit und der Liebe – wird in einer Muschel (Fruchtbarkeitssymbol) stehend von den Wind-göttern über das bewegte Meer an Land getrieben, um dort von der Blumengöttin Flora in einen roten Umhang gehüllt zu werden. Fliegende Haare und flatternde Gewänder verleihen dem Gemälde eine wirbelnde Leichtigkeit. In Anlehnung an griechische Statuen hat Botticelli seine Göttin im Kontrapost, der lockeren *Standbein-Spielbein*-Stellung, dargestellt. Die in sich ruhende, aber dennoch bewegt wirkende Haltung der zentralen Figur verleiht dem Bild eine heitere Gelassenheit. Sie wird von hellen Pastelltönen, die zugleich das Stilisierte der Darstellung betonen sollen, noch unterstrichen.

Meister aller Wissenschaften

LEONARDO DA VINCI

1452–1519

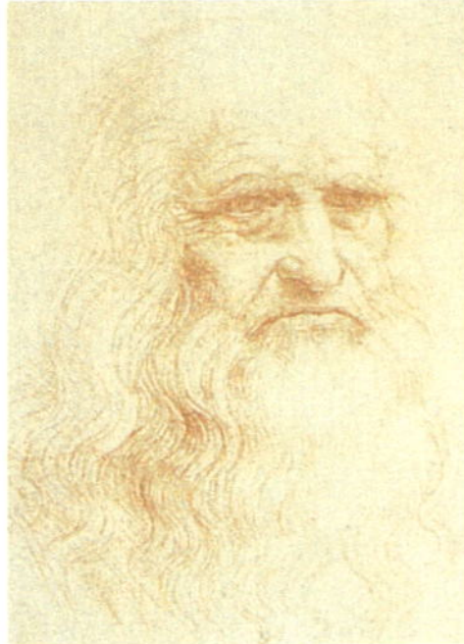

Leonardo da Vinci ist der Prototyp des schöpferischen Renaissancemenschen, des „Uomo universale". Er war nicht nur ein genialer Neuerer in der Malerei, sondern besaß auch große Kenntnisse auf allen Gebieten der (damaligen) Naturwissenschaften, der Technik und der Architektur. Schon seine Zeitgenossen bewunderten Leonardos universale Begabung und seinen unerschöpflichen Wissens- und Forscherdrang. In genialer Weise verband er nüchterne, sachliche Naturbeobachtung mit einer Leidenschaft zur künstlerisch-gestalterischen Durchdringung der nicht sichtbaren Wirklichkeit. Seine Malerei beeinflusste das Werk vieler Künstler im Laufe der Jahrhunderte.

Leonardo wurde 1452 in dem kleinen oberitalienischen Dorf Vinci geboren. Über seine Jugend ist heute wenig bekannt. Seit 1469 lebte er in Florenz, wo er ab 1471 fünf Jahre lang als Gehilfe in der Werkstatt des Malers Verrocchio arbeitete.

Unter seinen frühen Werken finden sich mehrere Marien-Darstellungen, darunter als hervorragendes Beispiel die *Verkündigung*. In diesem 1471 begonnenen Tafelbild treten die besonderen malerischen Ausdrucksmittel Leonardos bereits deutlich zutage.

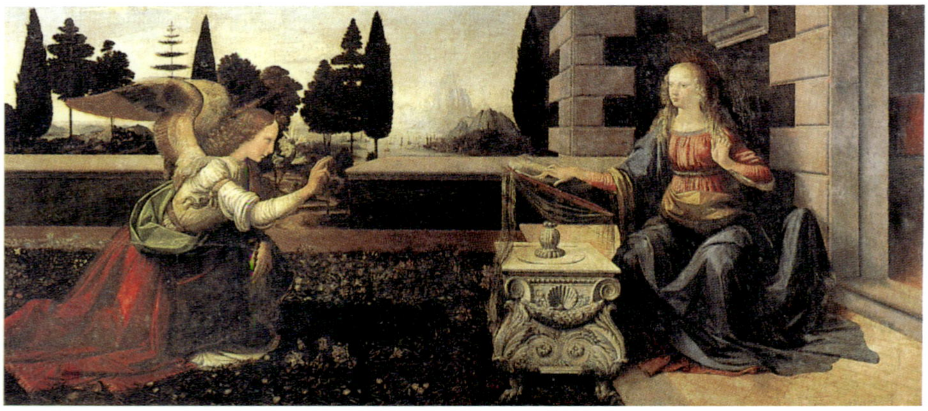

Verkündigung, um 1472. Öl auf Holz, 98 x 217 cm. Galleria degli Uffizi, Florenz

Das Geschehen spielt sich vor Marias Haus im milden Dämmerlicht des Abends ab. Der Garten erscheint weich von feuchtem Gras und Blumen und wird von einer Mauer umgrenzt. In der oberen Bildmitte öffnet sich der Wald und gibt den Blick frei auf eine tiefe Landschaft mit Bäumen und Hügeln. Der rot gewandete Erzengel Gabriel beugt das rechte Knie, um Maria die Botschaft des Herrn zu verkündigen. Die Jungfrau Maria erwidert in reiner Offenheit und ohne Scheu den Gruß des Engels. Ihr rechter Arm ruht auf einer Handarbeit.

Maria mit ihren fließenden Haaren und den weichen Gesichtszügen verkörpert Leonardos mildes weibliches Schönheitsideal. Zeichnerisch genaue Darstellung und farbliche Nuancierung zarter, weicher Physiognomien kennzeichnen die Porträts dieser Werkepoche; sie sind Ausdruck des Versuchs, dem Inneren, der Seele, im Äußeren Ausdruck zu verleihen.

Leonardo entwickelt das Sfumato

1482 ging Leonardo nach Mailand an den Hof des Ludovico Sforza, dem er zunächst als Hofporträtist diente, bald jedoch aufgrund seiner umfassenden Kenntnisse auch als Ingenieur neuer Wasserleitungen, Erfinder und Konstrukteur von Kriegsgeräten und Befestigungsanlagen und künstlerischer Ausgestalter üppiger Hoffeste und Theateraufführungen.

Während seiner Mailänder Jahre erhielt Leonardo darüber hinaus zahlreiche Aufträge zur Ausgestaltung religiöser und biblischer Themen. Er entwickelte in dieser Zeit die charakteristische Maltechnik des sogenannten *Sfumato* (ital., eigentlich „verraucht", „rauchig") zu hoher Perfektion. Das Sfumato erreicht er durch weiche Übergänge von Licht und Schatten; die Dinge verlieren ihre Starre und die Wirklichkeit erscheint wie gedämpft, was im Betrachter vielerlei Empfindungen auslöst.

Die Milderung aller scharfen Konturen und klaren Abgrenzungen schafft eine Atmosphäre der freieren malerischen Darstellung, in der sich die Farbe den Eigenschaften der Orte und Dinge anzupassen scheint – Tag und Nacht, Helligkeit und Dunkelheit werden zu bedeutenden Komponenten des Bildes. Leonardo zeigt sich damit als Meister und zugleich Überwinder der früheren florentinischen Malerei, insofern er ihr Erbe aufnimmt, aber die Orientierung an der Zeichnung als streng lineares, abstrakt geometrisches Ausdrucksmittel ersetzt durch das reiche, aber fließende Gegenspiel von Licht und Schatten, das die Körper in ihrer Lebendigkeit offenbart und eine Durchgeistigung, eine Beseelung der Körper anzeigt. Ausgangspunkt dieser Neuerung ist Leonardos positiver Begriff des Schattens. Schatten bedeutet nicht einfach mehr Abwesenheit von Licht und Farbe, sondern bildet einen eigenen Farbwert und eine Stimmung, die es zu interpretieren und wiederzugeben gilt.

Selbstbildnis (Zuschreibung unsicher), um 1515. Rötelzeichnung, 33,2 x 21,2 cm. Biblioteca Reale, Turin

Konstruierte Wirklichkeit – das *Abendmahl*

Nicht allein Farb- und Lichtwirkungen untersuchte Leonardo und setzte sie in neuer Weise in seinen Bildern ein. Wie viele seiner Zeitgenossen studierte er die Wiedergabe der räumlichen Wirklichkeit mittels perspektivischer Darstellung auf der Fläche. Das so erzielte ‚realistische' Abbild der Welt ordnete er jedoch mittels inhaltlicher und formaler innerbildlicher Bezüge zu einer neuen Bildwirklichkeit. Besonders deutlich tritt dieser Wille, „Herr über die Schönheit der Natur" zu werden, sie also wahrzunehmen, sie wiederzuerschaffen und zu überhöhen, in seinem Fresko *Das Abendmahl* hervor.

Das in den Jahren 1495 bis 1498 als Wandbild für das Refektorium des Klosters Santa Maria delle Grazie in Mailand im Auftrag der dortigen Mönche geschaffene Bild weist ein umfassendes Geflecht kompositorischer Beziehungen auf. Am unteren Bildrand, frontal zum Betrachter, erstreckt sich der Tisch, sodass der Betrachter Christus und den Jüngern direkt gegenübersteht. Christus sitzt in der Mitte und hat gerade die folgenschweren Worte gesprochen: „Einer von euch wird mich verraten!" Die Jünger weisen mit aufgeregten Gebärden diese Anschuldigung von sich und besprechen sich untereinander. Wie eine Welle breitet sich ihr Entsetzen und Erstaunen von der Bildmitte zu beiden Rändern hin aus und wird von dort zurückgeworfen. Die Christus-Figur im Mittelpunkt des Bildes dagegen ist von ruhiger Ausgeglichenheit und würdevoller Statik gekennzeichnet. Über dem Mittelfenster ist ein Rundbogen zu erkennen,

Proportionsstudie des menschlichen Körpers, um 1492. Galleria dell'Accademia, Venedig

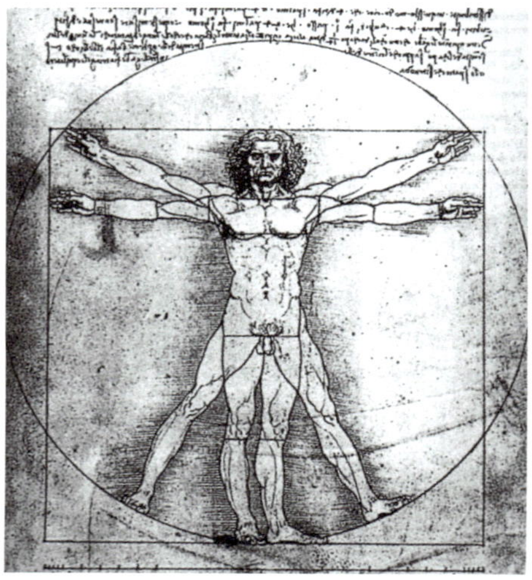

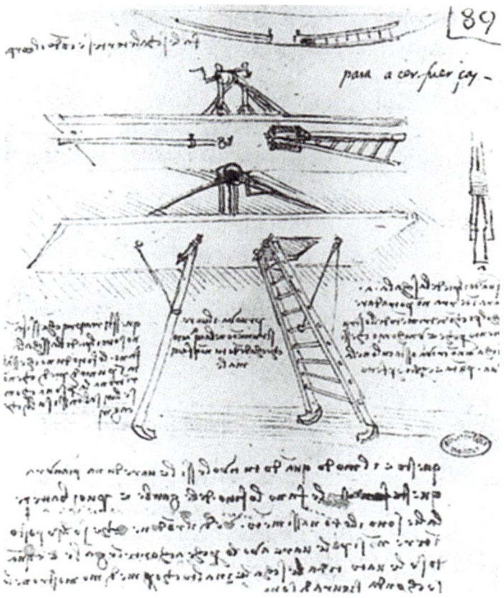

Konstruktionsskizze für einen Flugapparat.
Bibliothèque de l'Institut de France, Paris

der als ein in die Architektur erhobener Glorienschein Christi aufgefasst werden kann. Auf diese Konstruktion über dem Kopf Jesu laufen alle perspektivischen Linien des Raumes zu, besonders diejenigen der Wandteppiche und der Kassettendecke.
Die ausgewogene Verbindung von genauer Naturbeobachtung und künstlerischer Konstruktion im *Abendmahl* ist vielfach beschrieben und bewundert worden.

Leonardo als Naturwissenschaftler und Techniker

Liebe zur Natur und den Dingen verband sich bei Leonardo stets mit dem Willen, sie wissenschaftlich zu erforschen, sie zu beherrschen und zu gestalten. Als Architekt und Ingenieur entwarf er weit vorausschauende Pläne und nahm spätere Erfindungen vorweg, etwa die Konstruktion von Flugapparaten mit Muskelkraft. Seit etwa 1478 widmete er sich der Erstellung eines Kompendiums des handwerklich-technischen Wissens seiner Zeit, untersuchte die Funktionen der Mechanik und Optik mithilfe der Mathematik und erforschte die Wirk- und Bewegungsgesetze der Natur. Zusammen mit bedeutenden Medizinern betrieb er (damals offiziell noch verpönte) Studien zur menschlichen Anatomie, die er schriftlich ausarbeitete und in Zeichnungen festhielt.

Leonardos Spätwerk

Beim Einmarsch der Franzosen in Italien geriet Leonardo 1499 in die Wirren um den Sturz der Sforza-Herrschaft in Mailand. Er führte in den folgenden Jahren ein unstetes Wanderleben und reiste zwischen Mantua, Florenz, Rom, Mailand und Parma hin und her.
Ein Werk aus dieser Lebensphase hat die Jahrhunderte überdauert; es ist mit Sicherheit Leonardos berühmtestes Bild, vielleicht sogar das bekannteste der Kunstgeschichte überhaupt: die *Mona Lisa*, auch *La Gioconda – Die Heitere* genannt.
Zu diesem Bild, welches um 1503 entstanden ist, gibt es viele bis heute offene Fragen. Zunächst einmal ist nicht sicher, um wen es sich bei der Dargestellten handelt. Vasari, der den Namen Mona Lisa überlieferte und angab, das Bild sei ein Porträt der Gattin des Francesco del Giocondo, berichtete über die Entstehung des Werkes, ohne es je selbst gesehen zu haben. Im Laufe der Kunstgeschichte fanden sich daher eine Reihe von Deutungen und Zuschreibungen. Leonardo strebte, wie schon früher, auch in diesem Porträt keine bloß naturalistische Abbildung an. Er schuf das äußere Bildnis einer jungen Frau, deren sanftes Lächeln und deren freundlich-ruhige Augen auf ein Inneres, auf die Seele verweisen. Die *Mona Lisa* scheint deshalb nicht nach dem Augenschein, sondern von innen heraus aufgebaut zu sein – was übrigens ebenso für die faltigen Gebirgszüge im Hintergrund gilt. Der Zauber des Sfumato, des gedämpften, zarten Lichtes ohne jede Schärfe und Schroffheit, kommt in diesem Porträt besonders gut zum Ausdruck. Gerade im Verunklärenden des Sfumato, in den nicht klar bestimmbaren Zügen liegt das Lebendige des Gesichts: Je nachdem mit welch einer Erwartungshaltung man der Mona Lisa ins Gesicht sieht, blickt sie entsprechend zurück.
Seit 1507 in den Diensten des französischen Königs stehend, folgte Leonardo1515 der Einladung Franz' I. nach Frankreich, wo er vom König ein Landgut erhielt und in hohen Ehren lebte. Im Mai 1519 starb Leonardo da Vinci auf Schloss Cloux bei Amboise.

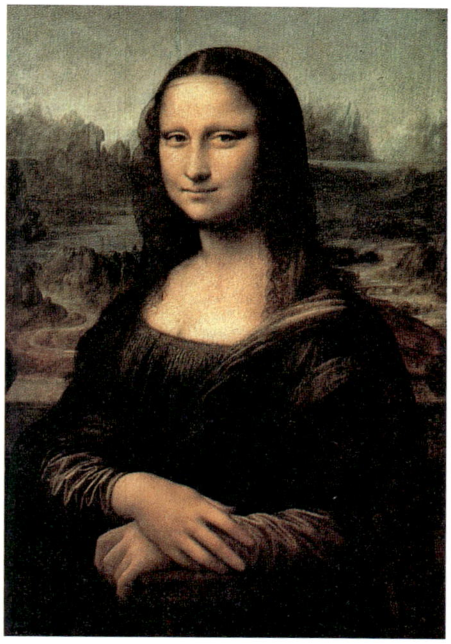

Mona Lisa, um 1503. Öl auf Holz, 77 x 53 cm.
Musée du Louvre, Paris

Das Abendmahl, 1495–98. Tempera und Öl auf Putz, 460 x 880 cm. Santa Maria delle Grazie (Refektorium), Mailand

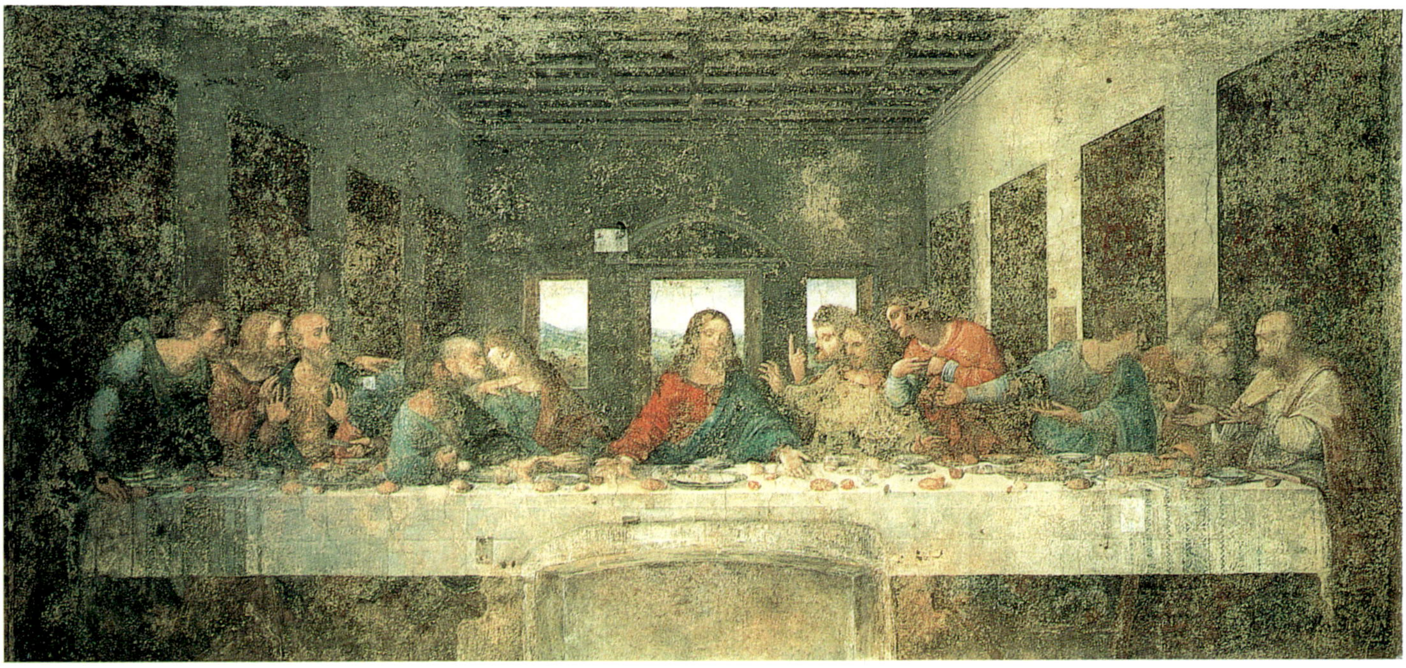

Genialer Schöpfer der schweren Leichtigkeit

MICHELANGELO BUONARROTI

1475–1564

Michelangelo gilt vielen als der Vollender der Renaissance, in dessen Person und Schaffen sich Größe und Tragik dieser Epoche wie in keinem anderen zeigen. Seine Kunst auf den Gebieten der Malerei, Bildhauerei und Architektur bildet ein einheitliches Werk, in dessen Zentrum die schöpferische menschliche Gestalt mit ihrer Kraft und ihrem Leiden steht. Das künstlerische Schaffen ist für Michelangelo Mittel zur Selbst- und Welterkenntnis des Menschen und wird ihm zu einer Art Universal-Religion.

Michelangelo Buonarroti, 1475 als Sohn einer vornehmen Bürgerfamilie in Caprese bei Arezzo geboren, trat schon 1488 in die Werkstatt Ghirlandaios in Florenz ein. Bald wechselte er zu Bertoldo di Giovanni, der ihn in den Umkreis der Medici einführte. 1490 lernte er durch Lorenzo il Magnifico die Größen der Neuplatonischen Akademie kennen, deren humanistische Ideen für sein Werk wichtig werden sollten.
Nach dem Sturz der Medici 1494 ging er zunächst nach Bologna, kehrte ein Jahr später kurz nach Florenz zurück und begab sich 1496 erstmals nach Rom. 1501 wieder in Florenz, suchte er die künstlerische Auseinandersetzung mit seinem Antipoden Leonardo da Vinci. Die Wandgemälde der beiden Künstler im Palazzo Vecchio sind heute nicht mehr erhalten, jedoch gibt ein anderes Werk Auskunft über den damaligen Malstil Michelangelos. *Die Heilige Familie*, auch *Tondo Doni* genannt, entstand 1503/04. Die Zentralfigur Maria kauert mit untergeschlagenen Beinen auf dem Rasen im Vordergrund, wendet sich mit weit ausholender, vom Maler bewusst überzogener Rechtsdrehung des Oberkörpers (genannt „Linea Serpentinata") dem hinter ihr knienden Joseph zu und nimmt das muskulöse Jesuskind in Empfang. Hinter einer Mauer erkennt man rechts den noch kindlichen Johannes den Täufer. Durch die räumliche Trennung wird angedeutet, dass sich der Weg der beiden trennen wird: Johannes geht in die Welt und verkündet das Kommen des Herrn, Christus dagegen beginnt bereits seinen Weg der inneren Einsamkeit und sich vorbereitenden Passion. Alle Gestalten wirken ernst und feierlich. Die klare Abgrenzung der Hauptgruppe gegen den Hintergrund, die Landschaft in hellen Farben und die Plastizität der Szene können als bewusst gegensätzliche Kompositionsmittel der subtilen ‚verschleiernden' *Sfumato*-Technik Leonardos verstanden werden.

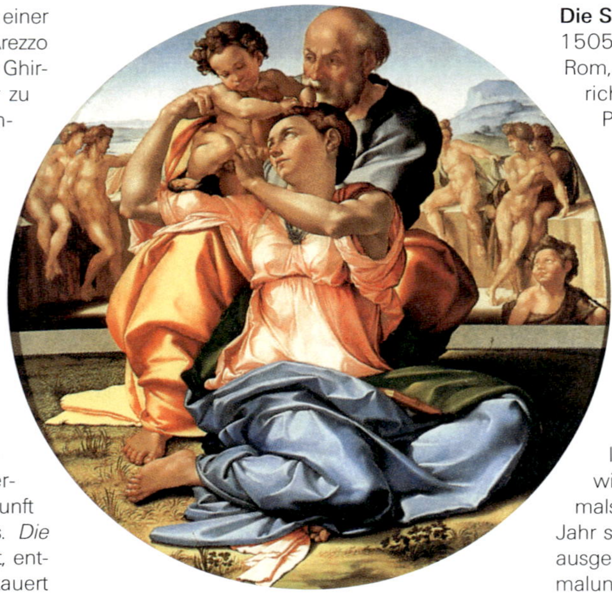

Die Heilige Familie (Tondo Doni), um 1503. Tempera auf Holz, Durchmesser 120 cm. Galleria degli Uffizi, Florenz

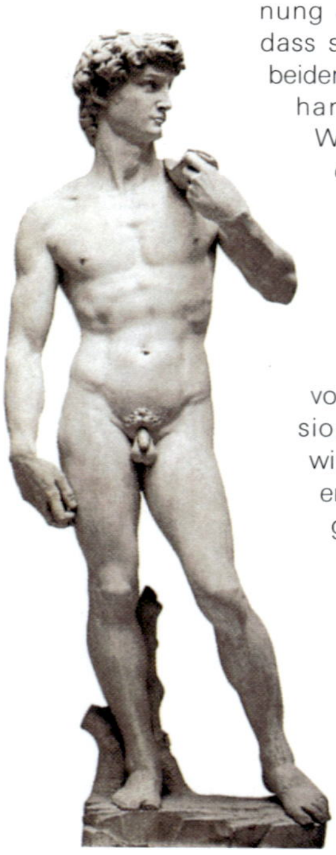

David, 1501–04. Marmor, Höhe 550 cm. Galleria dell'Accademia, Florenz

Michelangelo als Bildhauer

Michelangelo glaubte, vor allem in der Bildhauerei seine Vorstellung vom Menschen als dem Mittelpunkt der göttlichen Schöpfung verwirklichen zu können. Als vollendete Umsetzung dieser Idee galt ihm die nackte männliche Figur, der Gigant. Als Erziehungsideal, als sittliche Macht stand dieser zwar in der Tradition der Antike, doch hatte Michelangelo eine andere Auffassung der Skulptur. Für Michelangelo ist der Körper primär Masse und Volumen, das dem widerständigen Material Stein abgerungen werden muss, gebunden an die irdische Schwerkraft – eine Auffassung, die der Künstler auch in die Malerei übertrug.
In den Florentiner Jahren entstand zwischen 1501 und 1504 auch der berühmte David, ursprünglich als Nischenfigur für den Dom geplant, dann aber vor dem Palazzo Vecchio aufgestellt. Die Figur strahlt in ihrem Widerstreit von Detailreichtum und Großform ein heroisches, aber gebändigtes Pathos aus.
Der Unterkörper trägt die wuchtende Last des kraftvollen Oberkörpers. Alles Gewicht ruht auf dem durchgestreckten rechten Bein (von der Antike definiert als „Standbein", im Gegensatz zum entspannten „Spielbein"), während der übrige Körper wie zu einem Kraftakt gespannt ist. Die Hände sind schwer und groß, ihr Eindruck verstärkt sich noch durch den Griff der linken Hand nach der Schulter. Alle Aufmerksamkeit und Energie konzentriert sich im Haupt und ist in den Augenbrauen an der Nasenwurzel wie in einem Brennpunkt zusammengezogen.
In seiner Einheit von Stärke und Zorn wurde der David schon von den Zeitgenossen als gigantischer Wächter der Freiheit und Unabhängigkeit, als politische Allegorie der Stadtrepublik Florenz und ihrer staatsbürgerlichen Tugenden angesehen.

Die Sixtinische Kapelle

1505 holte Papst Julius II. den Künstler nach Rom, wo er ihm zunächst den Auftrag zur Errichtung seines Grabmals in der Kirche S. Pietro in Vincoli erteilte. Papst Julius war ein Kriegsherr, der persönlich mit dem Schwert in der Hand an der Spitze seiner Truppen mehrere Städte unterwarf und dem Kirchenstaat einverleibte. Zugleich war er ein Schutzherr der Künste, der die bedeutendsten Künstler seiner Zeit um sich versammelte und versuchte, sie unter seinen Willen zu zwingen. Sein Jähzorn verführte ihn sogar dazu, Michelangelo mit dem Stock an seine Arbeit zu prügeln.
1508 beauftragte der Papst Michelangelo, der sich lieber ganz der Bildhauerei gewidmet hätte, mit der Auskleidung der damals noch schlichten Sixtinischen Kapelle. Ein Jahr später begann der Künstler mit der Hauptausgestaltung, die bis 1512 dauerte. Die Ausmalung nahm Michelangelo wohl allein vor.
Er gliederte das kolossale Tonnengewölbe der Kapelle durch eine gemalte Scheinarchitektur und wählte als erzählerisches Hauptthema die Erschaffung der Welt und des Menschen bis zu dessen Sündenfall. Er gab den Zyklus der Genesis wieder – neun Episoden, angefangen von der Scheidung von Licht und Finsternis bis zur Verhöhnung Noahs – und fügte aus anderen Zusammenhängen Einzelgestalten hinzu: Pro-

Madonna mit Kind, Rötelzeichnung. Casa Buonarroti, Florenz

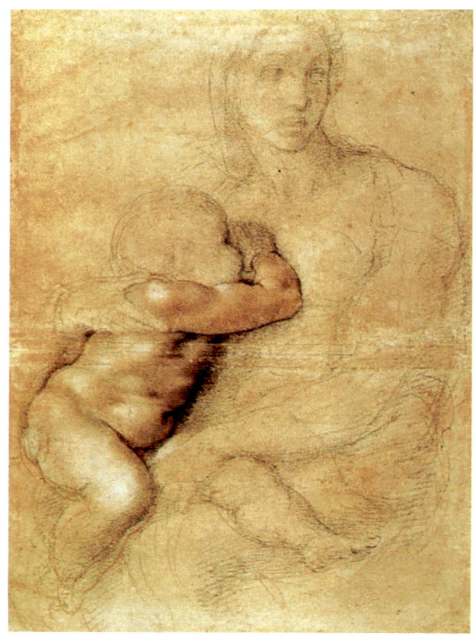

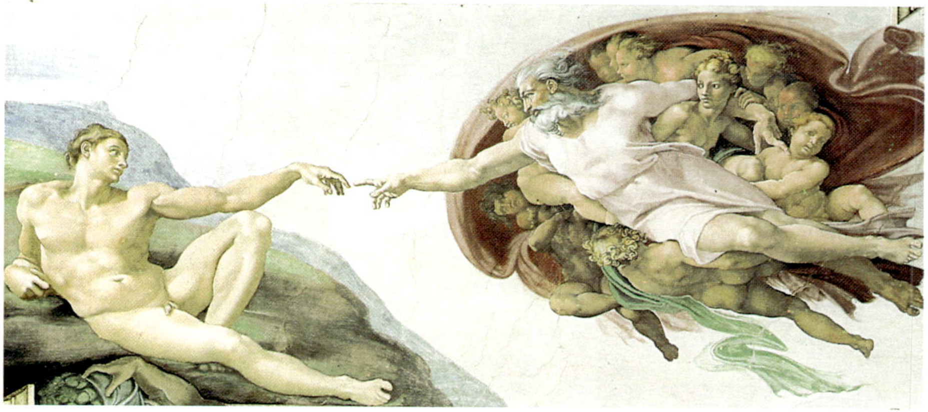

Erschaffung Adams (Ausschnitt aus dem Deckenfresko der Sixtinischen Kapelle), 1508–12. Fresko, ca. 280 x 570 cm. Sixtinische Kapelle, Vatikan, Rom

pheten, Sibyllen, die Vorfahren Jesu und sogenannte „Ignudi" (nackte Knaben).
In diesem ehrgeizigen Projekt, das immer wieder überschattet war von schweren Konflikten mit dem Auftraggeber, verwirklichte Michelangelo seine Vorstellungen von der Darstellung der christlichen Mythologie durch die Verschmelzung des Gegensatzes von körperlicher Gebundenheit und geistig-inspirierter Freiheit.
Seine Ausgestaltung der Sixtinischen Kapelle ist gekennzeichnet durch einen unerschöpflichen Vorrat an Formen und Drehungen des menschlichen Körpers, wodurch eine unaufhörliche Bewegtheit des ganzen Geschehens (und damit eine ‚Aktualität' und Diesseitigkeit) suggeriert wird.
Im Zentrum der biblischen Schöpfungsgeschichte, wie Michelangelo sie auffasste, steht der zu eigener Tat- und Schöpferkraft befreite Mensch – das Renaissanceideal in seiner höchsten Vollendung. In der Erschaffungsszene kulminiert das Aufeinandertreffen zweier mächtiger Energien: Gott als wirkende Kraft und der Mensch, der noch in sich ruht. Es fehlt nur der Funke, der von Finger zu Finger überspringt und dem Menschen seine Tatkraft verleiht.
Gott erscheint wie ein gewaltiger Wirbelwind, in seinem linken Arm hält er die noch unerschaffene Eva, seine Hand ruht auf der Schulter des noch ungeborenen Jesusknaben.
Nach dem Tod Julius' II. schickte sein Nachfolger Leo X. aus dem Hause Medici den Künstler zurück nach Florenz, damit er dort in der Capella Medicea die Grabmale für die Medici-Herzöge Giuliano und Lorenzo anfertige. In diesen Arbeiten schwindet der heroische Typus der bisherigen Arbeiten und ein stärker vergeistigter, melancholischer Ausdruck der Figuren tritt hervor, der das Ausgespanntsein des Menschen zwischen Zeit und Ewigkeit beleuchtet.

Das Jüngste Gericht

Paul III. Farnese, der 1534 Papst wurde, löste Michelangelo aus allen Verpflichtungen aus und ernannte ihn zum obersten Baumeister, Bildhauer und Maler des Vatikans. Daraufhin zog Michelangelo für den Rest seines Lebens nach Rom.
Im gleichen Jahr wurde er mit der Darstellung des *Jüngsten Gerichts* in Form eines Wandfreskos an der Stirnseite der Sixtinischen Kapelle beauftragt, das er 1541 fertigstellte.
Das Werk ist eine der eindrucksvollsten Umsetzungen des Themas in der Kunstgeschichte überhaupt. Ein ganzer Kosmos enthüllt sich, in dessen Mittelpunkt ein nackter Christus in übermenschlicher Kraft und strahlender Jugend steht. Der Auferstandene in seiner göttlichen Majestät trägt noch die Wundmale der Passion.
In der oberen Hälfte des Freskos stehen links von Christus die Patriarchen und die aus der Vorhölle Erlösten mit Adam als dem ersten Menschen und Präfiguration Christi, rechts die Heiligen und Märtyrer mit ihren Marterwerkzeugen. Darüber halten flügellose Engel in gewaltiger Anstrengung die Marterwerkzeuge, mit denen Christus gepeinigt wurde.
Schräg unterhalb von Christus sitzt der heilige Bartholomäus, der seine abgezogene Haut hält, auf der sich das verzerrte Selbstbildnis des Künstlers findet.
Tief unterhalb von Christus blasen Engel die Posaunen des Jüngsten Tages. Schwer erheben sich auf der linken unteren Bildzone die Toten aus ihren Gräbern, über ihnen steigen die Erwählten bereits auf. Es ist jedoch kein freies Schweben, sondern ein gewaltsames Überwinden der Schwere in Klettern, Klammern, Festhalten und Emporziehen. Auf der rechten Seite findet sich in derselben Höhe der Höllensturz der Verdammten. Racheengel als Vollstrecker des göttlichen Richterspruches stoßen die Unseligen zur Erde zurück, wo sich Teufel bleischwer an ihre Leiber hängen. Sie verfallen der Gewalt Charons und Minos', womit Michelangelo auf antike Unterweltvorstellungen zurückgriff.
Die Nacktheit der Figuren erregte bald schon den Unwillen späterer Päpste und der Gegenreformation, sodass Michelangelos Schüler Daniele da Volterra 1559/60 Christus und andere Figuren mit Gewändern übermalte und das Fresko so vor der von der Inquisition geplanten Vernichtung rettete.
In seinen letzten Lebensjahren widmete sich Michelangelo vor allem Kirchenentwürfen und Arbeiten an der Peterskirche in Rom. Er konstruierte Pläne für eine Holzkuppel des Petersdomes, die nach seinen Plänen 1590 von seinem Schüler della Porta gefertigt wurde.
Im Februar 1564 starb Michelangelo in Rom.

Das Jüngste Gericht, 1534–41. Fresko, 1700 x 1330 cm. Sixtinische Kapelle, Vatikan, Rom

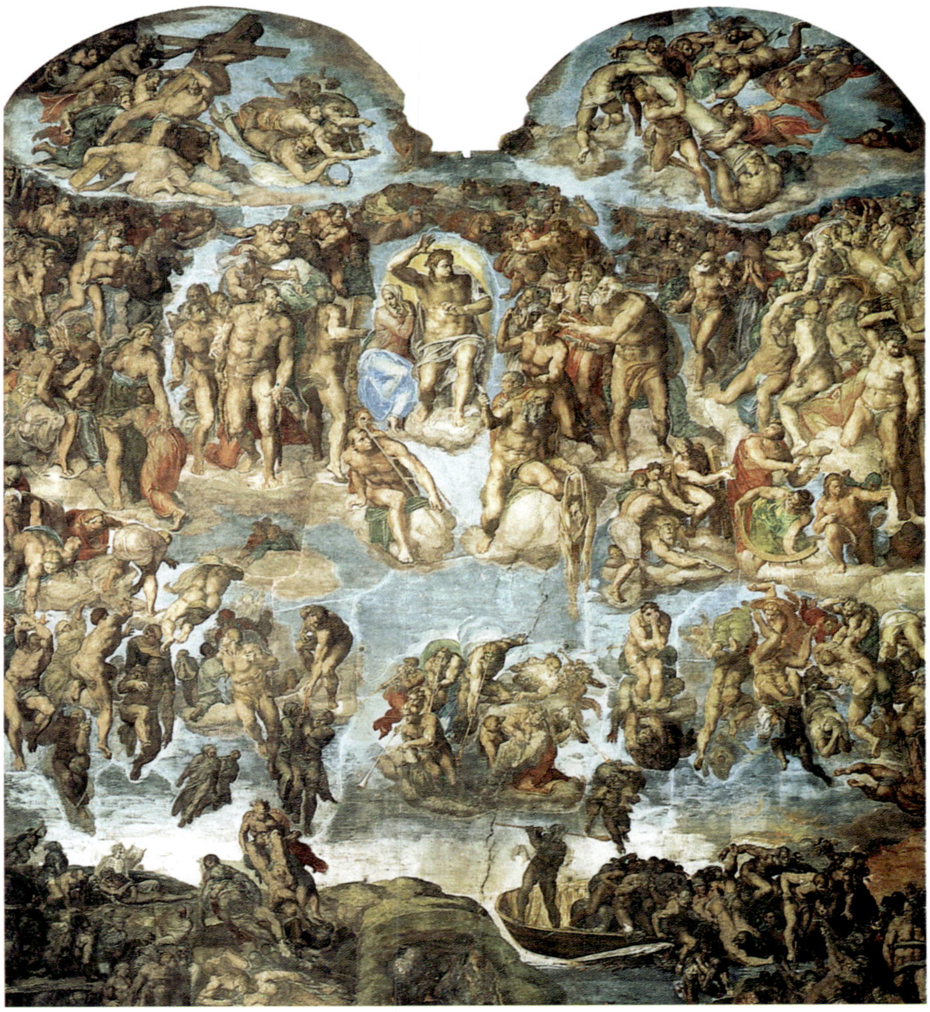

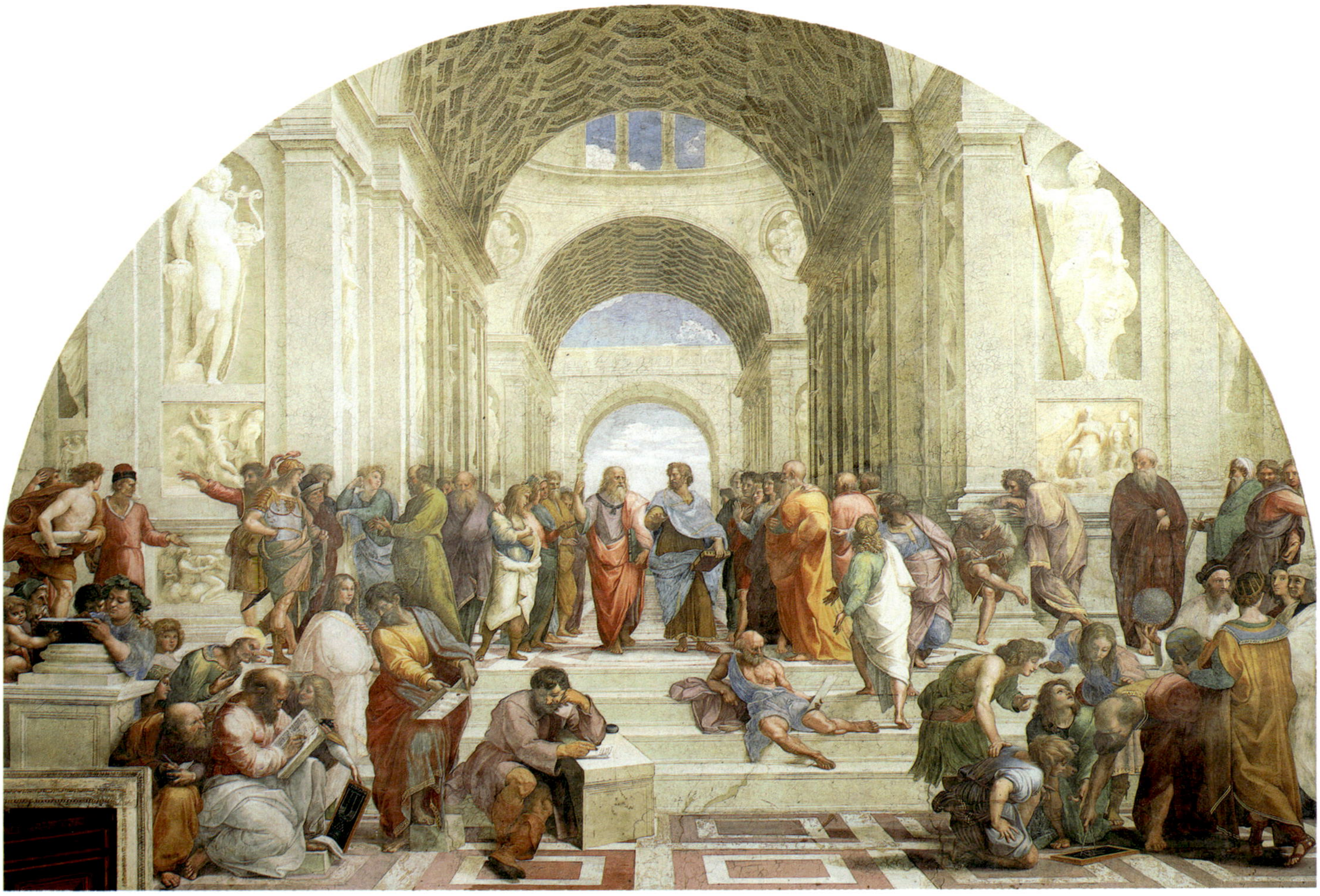

Höhepunkt der Renaissancekunst: ***Die Schule von Athen***, 1510–11. Fresko, Breite 772 cm. Stanza di Raffaello, Vatikan, Rom

RAFFAEL

1508 ging Raffael nach Rom, wo er von Papst Julius II. bei der Ausgestaltung der Stanzen (ital. „Zimmer") im Vatikan eingesetzt wurde, die damals als päpstliche Arbeitszimmer oder kleine Bibliothek dienten. Bald schon war er der führende Künstler am päpstlichen Hof und bekam viele Gehilfen zugeteilt.
Die Gestaltung der gesamten Stanzen wird beherrscht von einer neuplatonisch-humanistischen Geisteshaltung, welche Weisheit und Schönheit in edler Menschlichkeit vereinen will. Die *Schule von Athen* unterstreicht durch ihre zentralperspektivisch gegliederte Bogen- und Hallenarchitektur die Versammlung der sieben Freien Künste unter einem gemeinsamen Dach als freies Gespräch der bedeutendsten Vertreter dieser Disziplinen. Das Fresko erzielt seine dynamische Wirkung vor allem durch die Verknüpfung des strengen, klaren Aufbaus der schweren Architekturelemente mit der warmen Lebendigkeit der angeregt diskutierenden griechischen Gelehrten.

Trotz des scheinbar völlig zwanglosen Disputes der berühmten Männer folgt die Zusammenstellung der einzelnen Gruppen doch ebenfalls einer klaren Ordnung. So ist links im Vordergrund des Bildes die Gruppe der Philosophen und Dichter um Anakreon und Pythagoras zu sehen, während sich rechts die Mathematiker und Naturgelehrten um Euklid und Ptolemäus (mit Weltkugel) versammeln. Vor der linken Gruppe sitzt eine gedankenversunkene Figur (sie trägt die Züge Michelangelos) an einem als Schreibpult dienenden Steinquader, die den Betrachter in das Bild hineinführen soll. Die Haltung dieser Figur ist, ebenso wie die des auf der Treppe ruhenden Mannes, auf den Fluchtpunkt aller Bildlinien zwischen den Köpfen der Zentralfiguren ausgerichtet.
In der Bildmitte – durch den hintersten Torbogen hervorgehoben – wandeln in freundschaftlichem Streitgespräch der weißbärtige Platon mit den Gesichtszügen Leonardo da Vincis und der energische Aristoteles, dessen Hand nach vorne deutet.

HOCHRENAISSANCE 1500–1530

Große Kunst zum Ruhme Roms

Intrigen, Verschwörungen und Machtrangeleien hatten dazu geführt, dass Florenz seine exponierte Stellung Ende des Jahrhunderts verloren hatte. Unter dem Pontifikat Julius' II. wurde Rom in den ersten Jahrzehnten des 16. Jahrhunderts für kurze Zeit das Kunstzentrum Italiens. In einer Zeit, in der es zum guten Ton gehörte, sich durch Kultur auszuzeichnen, war auch der Papst daran interessiert, nur die besten Künstler für sich arbeiten zu lassen. Indem er die Macht und Größe der Kirche mit Kunst und Kultur zu legitimieren suchte, hoffte er, die um Machtzuwachs kämpfenden weltlichen Herrscher mit ihren eigenen Mitteln schlagen zu können. Michelangelo und Raffael wurden nach Rom berufen und traten dort in päpstliche Dienste.
Nun, da die Künstler die Gestaltung von Raum, Farbe, Körper, Licht und Bewegung vollendet beherrschten, wurde die Gabe der Erfindung höher geschätzt als die reine Nachbildung der Wirklichkeit, um die die Künstler im 15. Jahrhundert gerungen hatten. Jetzt sollte die Kunst die Schönheiten der Natur verdichten, sie künstlerisch nachbilden. Die Maler erreichten dies durch eine gekonnte Synthese aus Erfahrung und Idealität, aus Natureindruck, künstlerischen Gesetzen und

individueller Auffassung. Wirklichkeitswiedergabe und künstlerische Gestaltung durchdrangen sich dabei derart, dass die Bilder bei aller kompositorischen Gesetzmäßigkeit niemals gekünstelt wirkten, sondern die Kompositionen geradezu den Anschein von zwingender Notwendigkeit erweckten. Diese Form und Inhalt vereinheitlichenden ‚großen Würfe' aus einem Guss, deren symmetrische Pyramidal- und Kreiskompositionen harmonische, in sich ruhende Bildgefüge darstellten und über Jahrhunderte das klassische Schönheitsideal bildeten, zeichnen die Kunst der Hochrenaissance aus. Mit ihr verknüpfen sich vor allem vier Namen: Leonardo da Vinci, Michelangelo, Raffael und Tizian. Durch ihre individuell so unterschiedlich geprägten künstlerischen Auffassungen traten sie als große Künstlerpersönlichkeiten, voller Euphorie als „Genies" bewundert, aus der breiten Masse der immer noch in Zünften organisierten Maler hervor.

Während die Namen Michelangelo und Raffael mit Rom verbunden sind, steht Tizian für die Malerei Venedigs.

VENEZIANISCHE MALEREI 1500–1570

Das farbenfrohe Leben

Venedig war neben Florenz und Rom das dritte bedeutende Kunstzentrum der Renaissance, seine alles überragende Künstlerpersönlichkeit Tiziano Vecellio, genannt Tizian. Dessen malerisches Denken, seine auf Farbeffekte aufbauenden und natürlich wirkenden Kompositionen prägten nicht nur die venezianische Malerei, sondern gaben der Kunst entscheidende Impulse, die bis ins 19. Jahrhundert – als Maler wie Delacroix die Farbe als Bedeutungsträger wiederentdeckten – fortlebten.

Von der Florentiner Schule, die mit Michelangelo ihren glanzvollen Höhepunkt erreicht hatte, unterscheidet sich die Kunst der glitzernden Lagunenstadt insbesondere durch die Farbenpracht und eine die Sinne berührende, schwelgerische Darstellung edler Materialien. Feine Tuche, prachtvolle Gewänder, schimmerndes Glas und glitzernde Juwelen gehörten zum Alltag der reichen Stadtrepublik. Die Regierung hatte einen Erlass verfügt, demzufolge jedes Handelsschiff, das Richtung Orient fuhr, Kunstschätze und andere Kostbarkeiten von dort zurückzubringen hätte. Die farbenprächtige Welt des Morgenlandes beeinflusste die venezianische Malerei stark. Den Venezianern war nicht die Zeichnung, der mathematisch konstruierte Bildaufbau (das *disegno*) wichtig, sondern die malerische Anlage (das *colorito*) des Bildes. Man erfasste das Leben hier nicht so stark nach den Prämissen der Antike; man suchte in der Kunst nicht die formale Schönheit, die Perspektive und die ganz hohe Wissenschaft wie in Rom und Florenz, sondern den sinnlichen Farbeindruck. Die venezianischen Maler dachten in Farben. Leuchtendes Kolorit mit samtig-satten Rot- und Blautönen, ein ganz neues Gefühl für atmosphärisches Licht in der Naturdarstellung sowie eine gefühlvolle Perso-

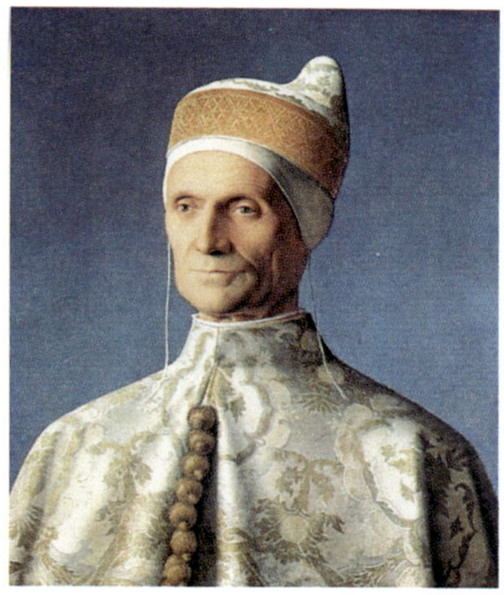

Giovanni Bellini, *Der Doge Leonardo Loredan*, 1501–05. Öl auf Holz, 61,5 x 45 cm. National Gallery, London

Im Gegensatz zu der für die Frührenaissance üblichen Profildarstellung setzte sich in der zweiten Hälfte des 15. Jahrhunderts die Dreiviertelansicht in der Porträtmalerei mehr und mehr durch, da sie eine individuellere Charakterisierung des Modells erlaubte. Der Doge Loredan, das Staatsoberhaupt der Republik Venedig, erscheint als weiser, würdevoller Mann. Der Maler verzichtet auf die traditionellen Insignien der Macht und verlegt sie in die kühle, präzise Art der Darstellung, die zugleich Würde und Unnahbarkeit ausstrahlt.

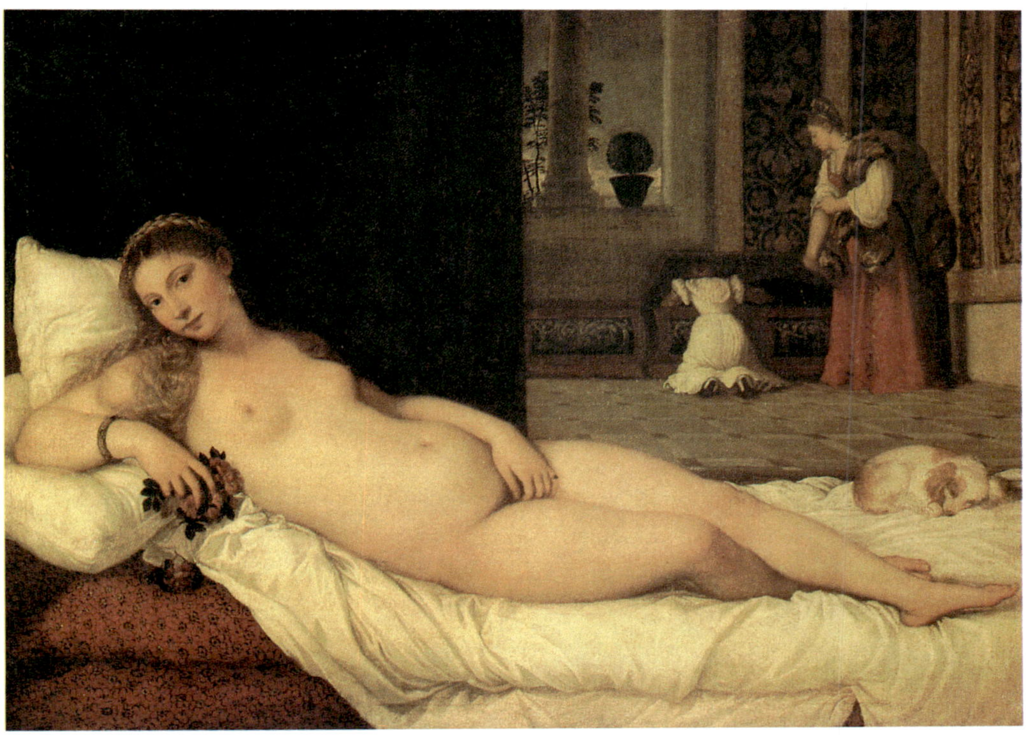

Tizian, *Venus von Urbino*, um 1538. Öl auf Leinwand. 119,5 x 165 cm. Galleria degli Uffizi, Florenz

Leuchtend hebt sich der helle Körper der Venus von Urbino von dem dunklen Hintergrund ab. Von Zofen umsorgt, liegt die Venus, die möglicherweise die Gesichtszüge der Geliebten des Auftraggebers trägt, in ungezwungener Pose auf dem Bett in ihrem Gemach. Auffordernd aus dem Bild herausblickend, ist sie sich des betrachtenden Gegenübers wohl bewusst.

Die individuell ausgeführten Züge des Modells, die lebensnahe Darstellung des Körpers (an der deutlich wird, dass die Venezianer den Akt nicht – wie lange Zeit in Florenz üblich – nach Statuen, sondern nach einem lebenden Modell schufen) und der warme, für Tizian typische Farbklang geben dem Gemälde einen ausgesprochen intimen Charakter und eine besondere, sinnliche Ausstrahlung. Trotz aller ‚Privatheit' der Darstellung gelingt es Tizian jedoch, seine Venus zu einer entrückten Göttin zu machen – zu einem zeitenthobenen Ideal weiblicher Schönheit.

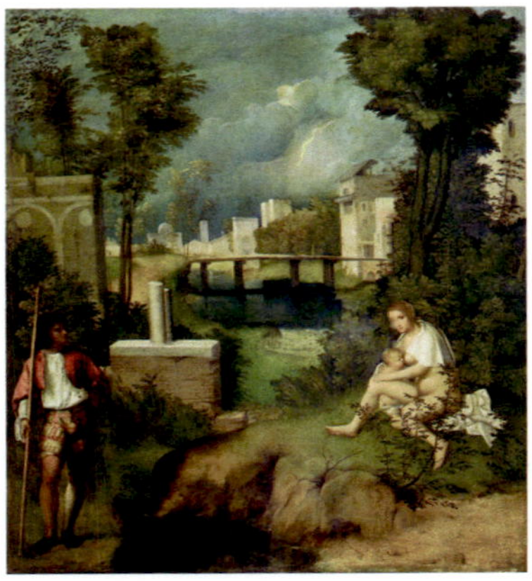

Giorgione, *Das Gewitter*, um 1505. Öl auf Leinwand, 82 x 73 cm. Galleria dell'Accademia, Venedig

Giorgiones Bild gilt als eines der ersten *Landschaftsbilder*, da hier die Landschaft nicht nur hintergrundfüllendes Beiwerk ist, sondern wesentlich zur Stimmung des Bildes beiträgt. Der zuckende Blitz erhellt auf gespenstische Weise die Häuser und verleiht dem Bild eine mysteriöse Atmosphäre, die mit dem bis heute nicht geklärten Inhalt des Bildes korrespondiert.

Correggio, *Die Heilige Nacht*, um 1530. Öl auf Pappelholz, 256 x 188 cm. Gemäldegalerie Alte Meister, Dresden

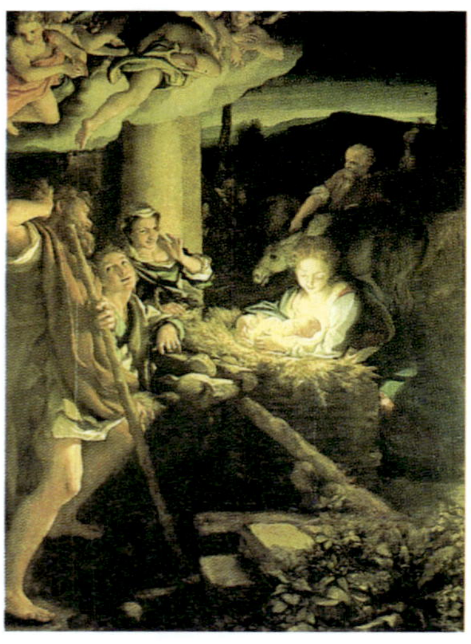

nenzeichnung sind kennzeichnend für die Kunst Venedigs. Vielleicht lag es auch an der wasserglitzernden Lagunenstadt selbst, dass die Maler hier ein ganz besonderes Gefühl für den Einfall des Lichts und ungewöhnliche, brillante Lichteffekte entwickelten. Ermöglicht und begünstigt wurde die leuchtende Malweise durch eine Technik, die die Venezianer bei den Niederländern, mit denen sie ebenfalls Handelsbeziehungen pflegten, kennengelernt hatten: die *Ölmalerei*. Während man bei der bis dahin üblichen *Temperatechnik* pulverisierte Farbpigmente mit einem schnell abbindenden Malmittel, meist Ei, vermischte, wurde die Farbe nun in Öl gebunden. Die Ölfarbe war geschmeidiger als Tempera, erlaubte ein noch brillanteres Lasieren, trocknete langsamer und ermöglichte dadurch nass in nass eingemalte, weich verstrichene Übergänge. Ihr Glanz verlieh den Dingen eine völlig andere Materialität, als es die abdeckenden Temperafarben oder gar die stumpfe *Freskotechnik* vermochten.

Dem Staat zur Ehre, dem Auge zum Gefallen

Die Möglichkeiten dieser neuen Technik schöpfte Giovanni Bellini in seinem Porträt des *Dogen Leonardo Loredan* voll aus. Nicht nur die imposante, prächtige Stofflichkeit des schweren Brokatumhanges, sondern auch die Physiognomie, die ohne jeden Zweifel große Porträtähnlichkeit besitzt, strahlen Würde, Weisheit und zugleich eine große Menschlichkeit aus. Die ganze Macht und Herrlichkeit der venezianischen Republik wird in diesem Bild in einer einzelnen Person repräsentiert. Das Porträt ist Herrscher-, Standes- und Charakterbild in einem.

Neben der malerischen Brillanz bot die Ölmalerei weitere Vorteile: Einerseits waren Ölbilder in der feuchten Lagunenstadt wesentlich haltbarer als Fresken, andererseits benötigte die geschmeidige und relativ elastische Ölfarbe auch nicht länger den glatten Malgrund der Holztafel. Man ging deshalb dazu über, auf Keilrahmen gespannte Leinentücher zu bemalen. Das war billiger und in zweifacher Hinsicht sinnvoll: Die Leinwände erlaubten zum einen, Ölbilder in der Größe eines Wandgemäldes zu malen, zum anderen ließen sich die zusammenrollbaren Leinwände besser transportieren. Ein Aspekt, der in Venedig von nicht unerheblicher Bedeutung war, denn Kunst wurde auch exportiert.

Besonderer Nachfrage erfreuten sich allegorische Darstellungen arkadischer Idyllen aus der griechischen und römischen Mythologie: Bacchanten, Götterfeste, Venusdarstellungen waren beliebte Motive. Die ruhende Venus, Göttin und irdische Schönheit in einem, ausgestreckt auf einem Diwan liegend, so wie auch Tizian sie (in mehreren Fassungen) gemalt hat, blieb bis ins 19. Jahrhundert Vorbild für den liegenden Akt. Rubens, Goya und Manet haben diese Venus-Darstellung in unterschiedlichen Variationen nachempfunden.

Sowohl die Übernahme heidnischer Motive aus der griechischen Götterwelt als auch das beginnende Interesse am Thema Landschaft, wie es sich in Giorgiones Gemälde *Das Gewitter* manifestiert, in dem die Natur mit schwerem Wolkenhimmel zum Hauptakteur wird, sind Novum und Charakteristikum für die venezianische Malerei. Als sogenannte *Stimmungslandschaft* ist die Natur hier nicht mehr nur Beiwerk im Hintergrund, sondern trägt als wesentliches Bildelement dazu bei, eine bestimmte Atmosphäre zu erzeugen. Der zuckende Blitz in Giorgiones *Gewitter*, der die Häuser gespenstisch aufleuchten lässt, verstärkt das Mysteriöse, Undurchsichtige der gesamten Szenerie. Was ist das Thema des Bildes? Liegt ihm eine Fabel zugrunde? Bis heute hat man die Bedeutung des Gemäldes nicht befriedigend entschlüsseln können. Als allegorische Darstellungen könnten die Säulen zwar als Zeichen für Tapferkeit zu verstehen sein und die Mutter die liebende Fürsorge, die Caritas, verbildlichen, doch ging es dem Maler wohl weniger um den narrativen Inhalt des Bildes, denn er hat mehrfach Figuren übermalt. Vielmehr lag ihm offensichtlich an der Stimmung der dargestellten Szene. Figur und Landschaft bilden hier sowohl kompositorisch als auch atmosphärisch eine Einheit. Auf einer zeitgenössischen Inventarliste wird das Bild denn auch schlicht als „Landschaftsbild“ geführt – es ist eines der ersten überhaupt. Die Hinwendung zu einem profanen Thema wie der Landschaft, aber auch die verweltlichende Darstellung biblischer Szenen wie Veroneses *Hochzeit zu Kana* korrelierten mit einer versteckten Politik der selbstbewussten Republik: Die Venezianer sannen auf grundlegende Eigenständigkeit. Dies umso stärker, als im 16. Jahrhundert erste Zweifel an der wirtschaftlichen Weltmachtstellung des bis in den vorderen Orient sich erstreckenden venezianischen Reiches aufkamen. Die Entdeckung des Seeweges nach Indien um 1500 hatte für Venedig einen schweren Schlag bedeutet, denn damit verlor es das Handelsmonopol für Pfeffer und Gewürze. Keinesfalls wollte man sich nun auch noch von Rom bevormun-

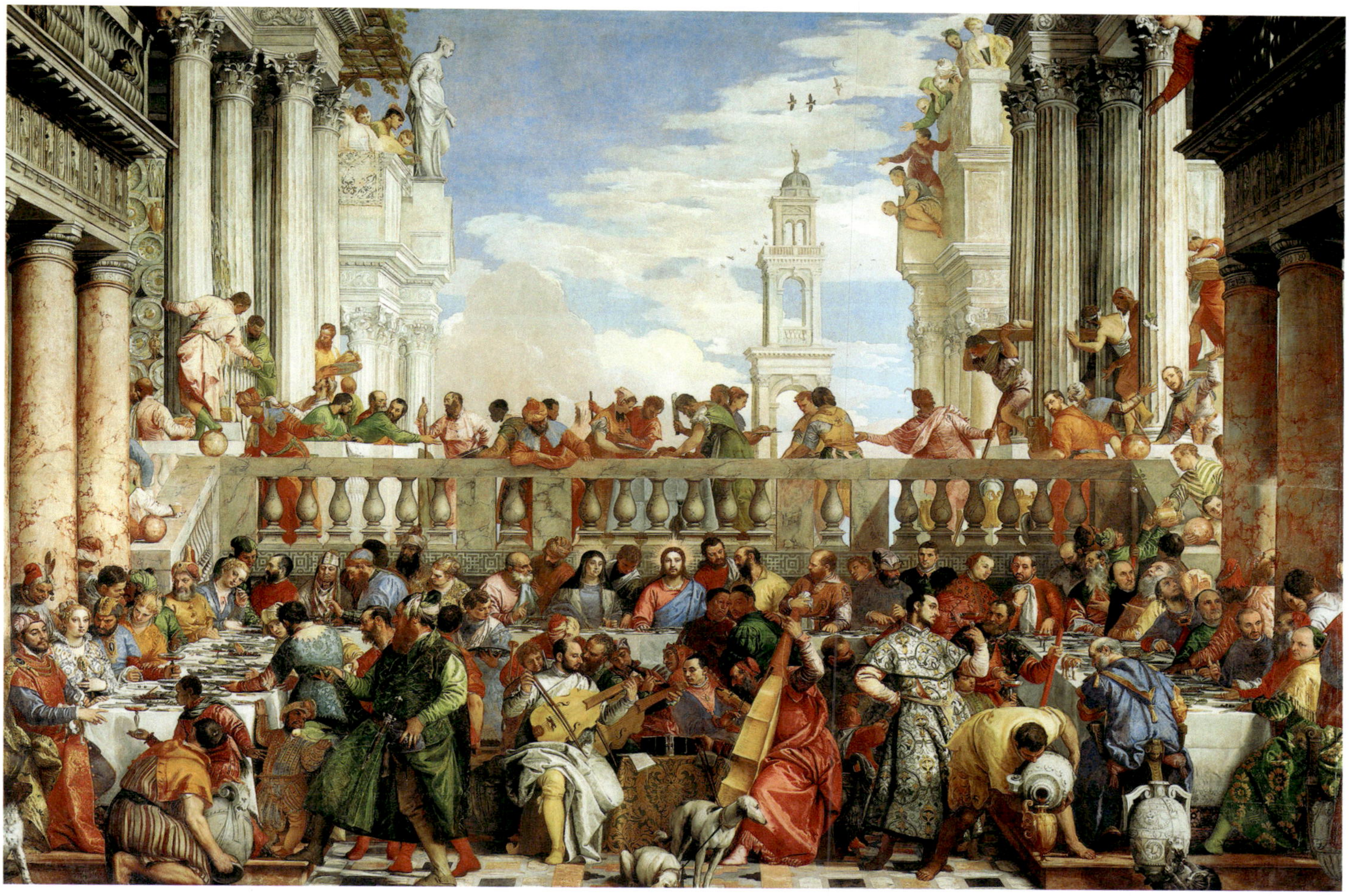

den lassen. Mit der Abwendung von christlichen Motiven behauptete sich die Schule von Venedig gegen die immer schärfer werdenden Kunstdogmen der katholischen Kirche, die umso massiver wurden, je deutlicher sich im Norden die protestantische Reformation abzeichnete.

Heitere Hochzeit, von der Kirche beargwöhnt

Um Macht und Einfluss bangend, spürte die katholische Kirche im 16. Jahrhundert inquisitorisch vermeintlicher Ketzerei nach – auch in der Kunst. Die Üppigkeit, die Sinnenfreude und die scheinbar uneingeschränkte Heiterkeit seiner Kunst sowie die Neigung, biblische Szenen in Form venezianischer Patrizierfeste zu gestalten, trugen Veronese, einem der bedeutendsten und gefragtesten venezianischen Maler, ein Verfahren vor der päpstlichen Inquisition ein. Veronese musste sich wegen einer Abendmahls-Darstellung, in der er neben Zwergen und Narren auch Deutsche – also potenzielle Anhänger der Reformationsbewegung – dargestellt hatte, vor einem Kirchentribunal verantworten. Der Angeklagte überstand das Verfahren mit gestellter Naivität und Bauernschläue. Er berief sich, gewagt genug, auf künstlerische Freiheiten und stellte fest, dass „das Bild ja groß genug ist und viele Personen fassen kann". Beides trifft auch auf die *Hochzeit zu Kana* zu. Hier wie dort erkennt man erst auf den zweiten Blick, dass es sich um ein biblisches Motiv handelt. Auf dem sieben mal zehn Meter messenden Gemälde *Die Hochzeit zu Kana* – es ist eines der breitesten je auf Leinwand gemalten Bilder – ist Jesus, umgeben von prunkvoll gewandeten Bürgern und emsig beschäftigtem Gesinde, einer unter Hunderten. Die bildparallele Anordnung der Festtafel, in deren Mitte Jesus Christus sitzt, erinnert zwar entfernt an das Abendmahl von Leonardo, aber ansonsten geht die Heilsgeschichte, die wundersame Verwandlung von Wasser in Wein, in dem üppigen venezianischen Bankett fast unter. Die helle, lichtdurchflutete, bewegte Darstellung mit ihren vielen kleinen, über das ganze Bild verteilten Szenen vermittelt einen so lebendigen Eindruck, dass man das Stimmengewirr und die Musik der kleinen Kapelle im Vordergrund förmlich zu hören meint. Unterstützt wird dieser wirklichkeitsnahe Eindruck durch die illusionistisch perfekt gemalten Fassaden prächtiger Renaissancepaläste, an denen entlang der Blick des Betrachters ins Freie gelenkt wird – hinweg über eine Galerie, auf der Köche mit gewetzten Messern wild gestikulierend die Speisen bereiten.

Paolo Veronese, *Die Hochzeit zu Kana*, 1562/63. Öl auf Leinwand, 669 x 990 cm. Musée du Louvre, Paris

Veronese lebte und arbeitete ab 1553 bis zu seinem Tode in Venedig, wo er zahlreiche Gemälde schuf, in denen er Größe, Glanz und Reichtum der Lagunenstadt verherrlichte. Sein Sinn für klassische Formen, seine Liebe zum Detail und seine Vorliebe für gemalte Prunkarchitektur brachten ihm viele Aufträge für monumentale Werke ein, die er nur mithilfe unzähliger Gesellen seiner großen Werkstatt ausführen konnte. Das riesige Ölgemälde *Die Hochzeit zu Kana* wurde für das von Andrea Palladio gerade neu errichtete Refektorium des Benediktinerklosters S. Giorgio Maggiore geschaffen. Die farbenfroh und fantasievoll gekleideten Hochzeitsgäste in ihrer lebhaften Gedrängtheit vermitteln den Eindruck ausgelassener Fröhlichkeit. Jesus sitzt als einer von Hunderten – insgesamt versammelt das Bild 132 Personen – mitten unter ihnen. Auch bedeutende Zeitgenossen Veroneses sind in dieser illustren Gesellschaft auszumachen, die sich von einem kleinen Orchester unterhalten lässt (Besetzung: am Kontrabass Tizian, an der Bratsche Veronese und am Violoncello Tintoretto).

Die Verknüpfung der vielen Einzelszenen zu einem großen Ganzen und die farbenprächtige, opulente Gestaltung weisen bereits auf die Kunst des Barock, der nächsten großen Epoche, hin. Auch Correggios schwungvolle Linien, dramatische Windungen der Körper und wirkungsvolle Hell-Dunkel-Effekte, mit denen er seine *Heilige Nacht* inszenierte, entsprechen bereits einer neuen Bildauffassung. Hier kündigt sich das stilistische Bindeglied zwischen Renaissance und Barock deutlich an – der Manierismus.

MANIERISMUS 1530–1600

Die andere Wirklichkeit

Waren die ausgewogenen, harmonischen und idealisierenden Darstellungen der Renaissance Ausdruck des gewonnenen Selbstbewusstseins eines Menschen, der sich als Maß aller Dinge empfunden hatte, so wurde diese Sicherheit in den ersten Jahrzehnten des 16. Jahrhunderts tief erschüttert. Da waren zunächst die Glaubensfragen, die durch die Reformationsbestrebungen in den nördlichen Ländern neu zur Disposition standen. 1517 eröffnete Martin Luther mit seinen Wittenberger Thesen den reformatorischen Glaubenskrieg gegen die katholische Kirche. Das Papsttum war für die Protestanten zum Inbegriff allgemeinen Sitten- und Glaubensverfalls geworden. Stein des Anstoßes waren vor allem die sogenannten „Ablassbriefe", mit denen sich die Gläubigen beim Papst von ihren Sünden freikaufen konnten. Die Gelder dieses lukrativen Geschäfts flossen in den prächtigen Neubau von St. Peter in Rom. Solche Geschäftemacherei war für Luther ebensowenig mit dem christlichen Glauben zu vereinbaren wie die Prunksucht und katholische Bilderverehrung, die er schlicht „Götzendienst" schalt. Das Schwelgen in Pracht und Herrlichkeit hatte seiner Meinung nach mit Religiosität nichts zu tun. Das Streben nach weltlichem Glanz, so der Reformator, würde die Menschen vielmehr dazu verleiten, Bilder und Statuen mehr zu verehren als Gott.

Das rasche Wachsen der reformatorischen Bewegung bestätigte, wie groß das Bedürfnis nach grundlegenden Neuerungen innerhalb der Kirche war. Der Preis, der dafür gezahlt wurde, war allerdings hoch. Über 100 Jahre wurden im Namen des Glaubens überall in Europa blutige Kriege geführt. Die Einheit der Kirche zerbrach, ihre Autorität wurde zunehmend infrage gestellt. Die dadurch hervorgerufene allgemeine Verunsicherung wurde noch verstärkt durch neueste wissenschaftliche Erkenntnisse, die das alte Weltbild im wahrsten Sinne des Wortes aus den Angeln hoben. Kopernikus hatte festgestellt, dass nicht die Erde, sondern die Sonne der ruhende Mittelpunkt des Weltalls ist, um den alle Sterne und Planeten, inklusive der Erde, kreisen. Das heliozentrische Weltbild widersprach gänzlich dem Selbstverständnis und dem Herrschaftsanspruch der katholischen Kirche, war doch die Vorstellung, dass der Stellvertreter Gottes nicht im Zentrum des kosmischen Geschehens sitzt, wenig attraktiv. Zudem hatte die spektakuläre Weltumseglung Fernando de Magellans und Christoph Kolumbus' Entdeckung Amerikas die Vermutung bestätigt, dass die Erde tatsächlich eine Kugel und keine begrenzte Scheibe ist. Mit der Entdeckung der „Neuen Welt" wurden nicht nur die politischen Kräfteverhältnisse innerhalb der „Alten Welt" neu gemischt – Spanien und Portugal teilten Lateinamerika untereinander auf und Spanien

Jacopo Pontormo,
Die Heimsuchung Mariens, um 1530.
Öl auf Holz, 202 x 156 cm.
Pfarrkirche, Carmignano bei Florenz

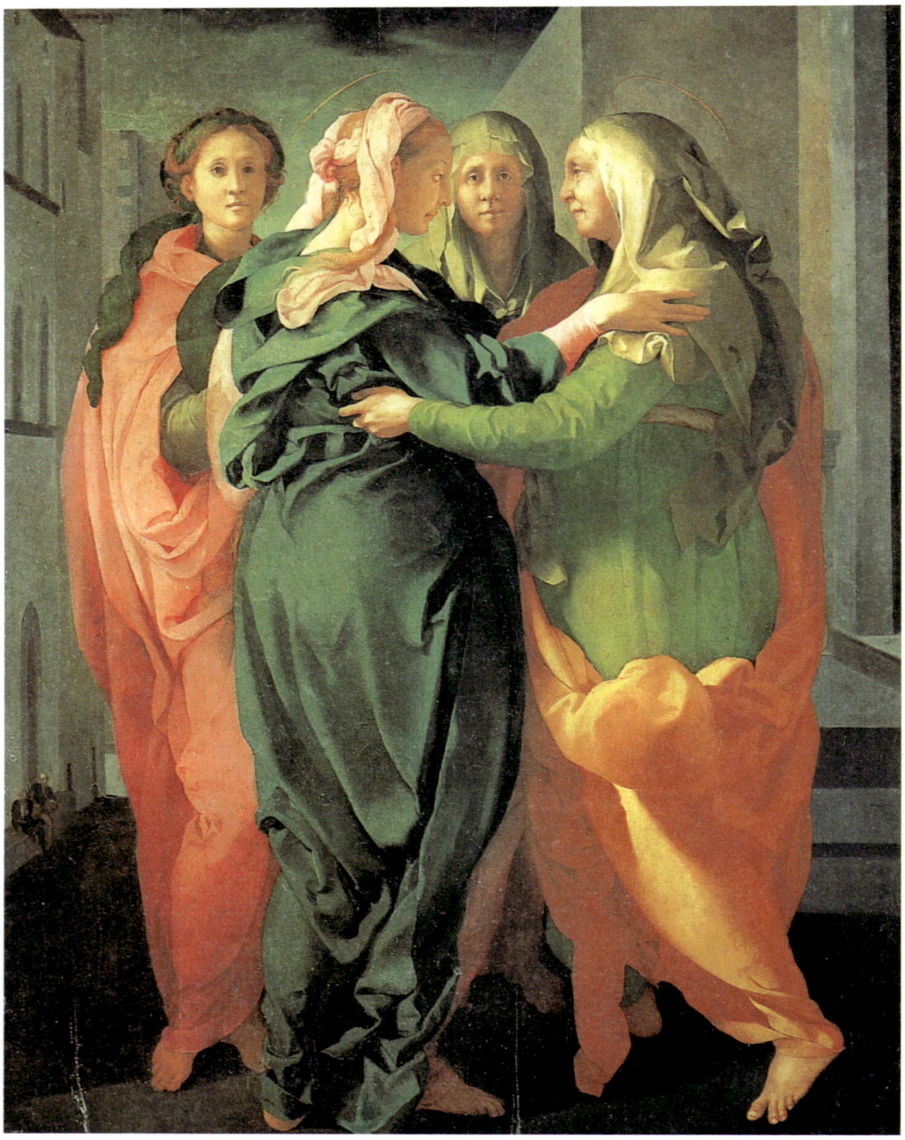

wurde zu einem mächtigen Reich, in dem, wie Karl V. es ausdrückte, „die Sonne nie untergeht" –, auch die überzogene Annahme, sich in Mitteleuropa, oder gar in Rom, im Zentrum der Welt zu befinden, wurde in ihren Grundfesten erschüttert. Darüber hinaus war die Gegensätzlichkeit von Glaubensdoktrin und humanistischem Denken nun unübersehbar geworden. Der Optimismus der Renaissance war dahin.

Die „kopernikanische Wende" des Weltbildes spiegelt sich in der italienischen Kunst dieser Zeit deutlich wider. Die Maler verloren – wie viele ihrer Zeitgenossen – den Glauben in die wohlgeordnete Harmonie. Sie waren der Auffassung, dass die rationalen, auf Ausgeglichenheit beruhenden Kunstgesetze nicht mehr das richtige Mittel seien, um eine bewegte und aus den Fugen geratene Welt(sicht) zur Anschauung zu bringen. Insofern ist die Kunst dieser Zeit – der Manierismus – die Kunst einer Umbruchsituation, getragen von der Suche nach einer neuen Bildsprache.

Die Maler der jungen Generation hatten das Gefühl, den von Leonardo, Michelangelo und Raffael zur Perfektion gebrachten Stil nicht weiter entwickeln zu können. Den großen Meistern war es gelungen, Bilder zu malen, die einerseits ganz natürlich und wirklichkeitsgetreu wirkten, andererseits aber perfekt durchkomponiert waren. In ihren Augen hatten die Maler alles vollbracht, was nach den gängigen Regeln der Kunst zu erstreben und zu erreichen war. Deshalb suchten die Manieristen nach neuen Spannungsmomenten in der Kunst. Ähnlich wie viele hundert Jahre später die Avantgardisten der Moderne, setzten auch sie sich gegen den traditionellen Kunstkanon zur Wehr, indem sie das Formenrepertoire der gewonnenen ‚klassischen' *Bildsprache* zerlegten, verzerrten und neu kombinierten.

Jacopo Pontormo verschmolz die Einflüsse seiner Lehrer Andrea del Sarto und Leonardo mit Anregungen aus Raffaels Spätwerk sowie der Malerei Michelangelos und gelangte zu einer *Bildsprache*, die bei aller Realistik doch entrückt wirkt. In seinem Gemälde *Die Heimsuchung Mariens*, das die Begegnung zwischen Maria und Elisabeth darstellt, erscheinen die Frauen wie überirdische Wesen. Sie berühren kaum den Boden. Ihre Körper verlieren sich im üppigen Faltenwurf der metallisch leuchtenden Gewänder. Wie flackerndes Feuer stehen sie in der Luft. Das an der Renaissancemalerei geschulte Auge wurde belehrt, dass es mehr gibt als eine rein naturalistische Sichtweise.

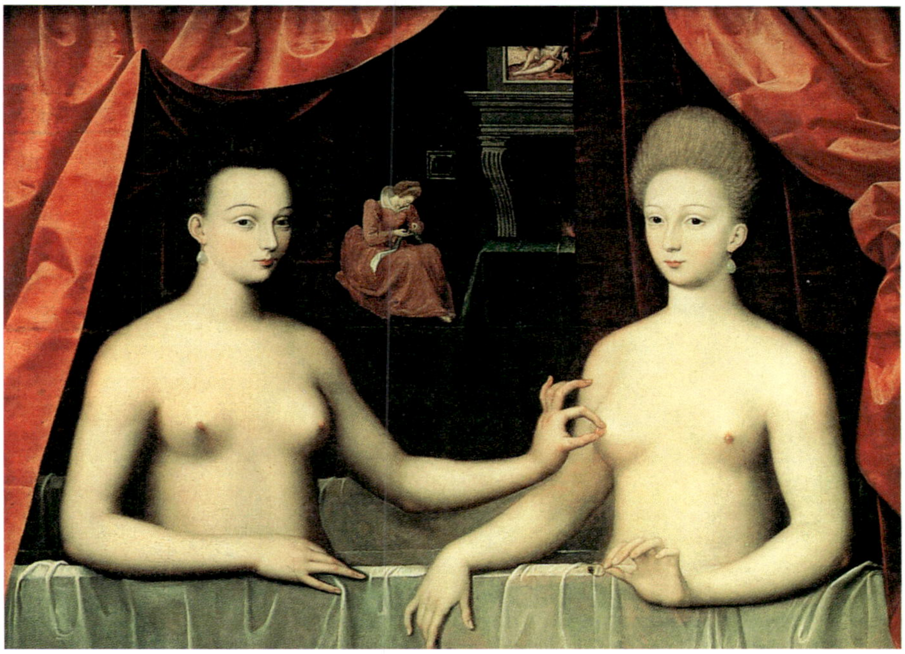

Schule von Fontainebleau, *Gabrielle d'Estrées und ihre Schwester im Bad*,
um 1592. Öl auf Holz, 96 x 125 cm.
Musée du Louvre, Paris

Dargestellt ist die Geliebte Heinrichs IV., Gabrielle d'Estrées, mit ihrer Schwester. Im Bade sitzend, sind sie sich ihres Beobachters wohl bewusst. Der Ring, den die eine der beiden in der Hand hält, ist ein Liebesring und weist ebenso wie das Bademotiv auf den Geliebtenstatus der einen Schwester (oder beider?) hin. Die Bedeutung der Geste der anderen Schwester ist jedoch rätselhaft, möglicherweise ist sie nur eine erotische Pikanterie, wie man sie im französischen Manierismus liebte.

Die manieristischen Maler betonten die individuelle Malweise, die persönliche Sicht und bildnerische Auffassung der Dinge stärker als alle Künstler vor ihnen. Sie entdeckten den Symbolgehalt der bildnerischen Gestaltung, das expressive Moment der Malerei. Bewusst verstießen sie gegen das Diktat der Ausgewogenheit. Die für die Renaissance typischen Kreis- und Pyramidalkompositionen entfielen. Klassische Kompositionsmuster wurden zugunsten überraschender Effekte, asymmetrischer und sehr bewegt wirkender Kompositionen aufgebrochen. Die Maler verzichteten auf eine gliedernde, das Bild stabilisierende Architektur. Anstelle eines *zentralperspektivisch* ausgerichteten Bildgefüges, das den Blick des Betrachters in einem Punkt sammelt, erscheint nun ein dynamisierter Bildraum mit unbestimmbarer Tiefe. Das Raumkontinuum wird entweder in die Fläche zurückgeholt oder aber mit fluchtenden Blickkorridoren ins Extreme gesteigert. So stehen in Parmigianinos Madonnenbild unmittelbarer Vordergrund und ferner Hintergrund übergangslos, fast fragmentarisch nebeneinander. Die Bildgewichte sind ungleich verteilt. In die linke Bildhälfte setzt der Maler eine dichtgedrängte Engelschar, während sich rechts ein *Tiefenraum* öffnet, dessen einzigen Schwerpunkt eine hell erleuchtete Säulenreihe bildet, hinter der sich eine weite, dunkle Landschaft erstreckt. Dennoch fällt das Bild nicht in zwei Teile auseinander. Es gelingt dem Maler durch Überschneidungen (der künstlich gebauschte Mantel der Madonna hält den fluchtenden Blick in die Tiefe zurück) und geistreiche Formanalogien, das Bild zusammenzuhalten. So stellt er beispielsweise einen kom-

Parmigianino,
***Madonna mit dem langen Hals*,**
um 1536. Öl auf Holz, 216 x 132 cm.
Galleria degli Uffizi, Florenz

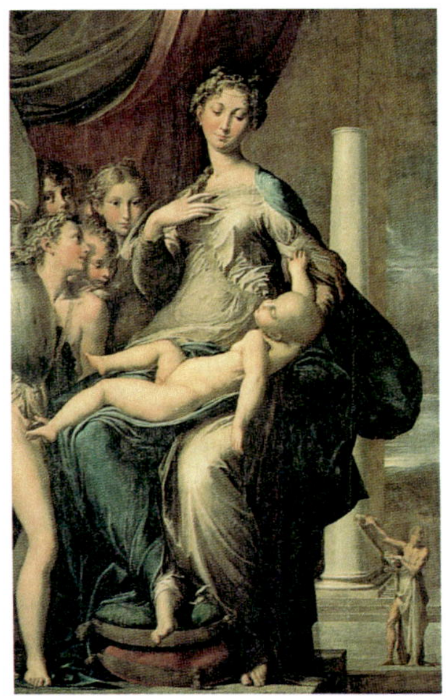

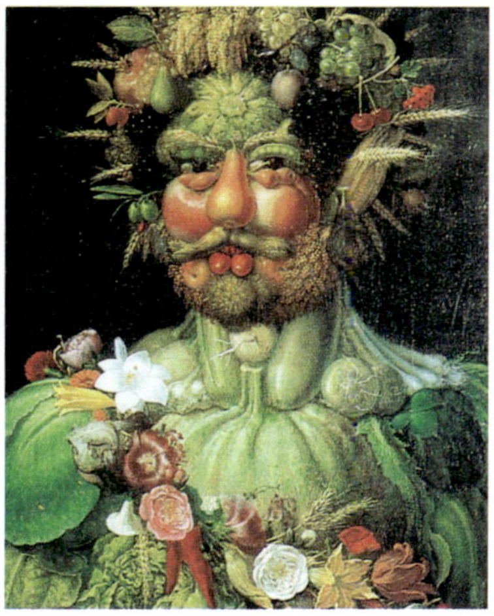

Giuseppe Arcimboldo, *Kaiser Rudolf II. als Vertumnus*, 1590. 70,5 x 57,5 cm. Skokloster, Uppsala (Sammlung Baron R. von Essen)

Arcimboldo war einer der originellsten Manieristen. Seine aus einzelnen Gegenständen zusammengesetzten Porträts sollen zeitgenössischen Dokumenten zufolge verblüffende Ähnlichkeit mit den auf diese ungewöhnliche Weise Dargestellten gehabt haben. Die Skurrilität seiner Bilder stellt den Künstler, der mit seiner Malerei hohes Ansehen erlangte, in eine Traditionslinie, die von Bosch bis zu den Surrealisten reicht.

positorischen Bezug zwischen der Säule im Hintergrund, dem aufleuchtenden Knie Marias und dem überlängten Bein des Engels im Vordergrund her.

Schlanke, extrem in die Länge gezogene Gliedmaßen, gespreizte, sich windende und drehende Körper, die allen traditionellen Proportionsgesetzen widersprechen, bilden ein Charakteristikum des Manierismus. Auch Parmigianino gab seiner Madonna ungewöhnlich lange Gliedmaßen. Besonders auffällig ist der grazil gebogene Schwanenhals, der dem Bild den Titel *Madonna mit dem langen Hals* eintrug. Der Maler übersteigerte das Idealisierte der organischen Figurenzeichnung Raffaels in eine stilisierte Eleganz, die von den Zeitgenossen als „Grazie" bewundert wurde. Diese artistisch selbstbewusste und zugespitzte Künstlichkeit, das Gewollte, die Art des Gemachten, die gelegentlich – wie bei den Porträts von Arcimboldo – die Form einer originellen Spielerei annahm, gab dem Manierismus seinen Namen („maniera", ital. „Art"). Im darauffolgenden 17. Jahrhundert allerdings erhielt der Begriff seinen negativen Beigeschmack, der ihm bis heute anhaftet. Nunmehr assoziierte man damit eine erlernte, starre Formelhaftigkeit jenseits allen Naturstudiums. Im 16. Jahrhundert jedoch erfreute sich diese Malerei an den Höfen in ganz Europa großer Beliebtheit, insbesondere am Hof Franz' I., der zwischen 1530 und 1560 sein Schloss Fontainebleau, unweit von Paris, von einer Gruppe italienischer, flämischer und französischer Künstler ausgestalten ließ. Der prunkvolle Dekorationsstil der „Schule von Fontainebleau", der, wie das Bild *Gabrielle d'Estrée und ihre Schwester im Bad* zeigt, nicht frei von Frivolität und Pikanterie war, hatte jedoch wenig mit den italienischen Tendenzen des Manierismus gemein. Er findet seine Fortsetzung vielmehr hundert Jahre später im französischen Rokoko.

Fremde Welten und göttliche Sphären

Hinter den neuen Bildwelten und dem Bruch mit der ordnenden Perspektive, die Ausdruck einer beherrschbaren und beherrschten Welt gewesen war, verbarg sich die Frage, ob es überhaupt so etwas wie eine ‚richtige' Wirklichkeit gab oder ob es nicht vielmehr darauf ankam, wie man die Dinge sah. Die Manieristen überführten den illusionistischen, die Realität imitierenden Bildraum in einen ‚geistigen' Bildraum, in dem gezeigt wird, was eigentlich unsichtbar und nur dem inneren Auge zugänglich ist. In dieser Herangehensweise, bei der die individuelle Sicht und Auffassung des Künstlers zum Maßstab erhoben werden, hat die moderne Kunst ihre Wurzeln. Kein Wunder also, dass gerade ein Maler wie El Greco, einer der Hauptmeister des Manierismus, zu Beginn des 20. Jahrhunderts von den Künstlern als ‚Urahn der modernen Kunst' entdeckt wird.

Der Grieche Domenikos Theotokopulos, den man am spanischen Hofe, wo er die meiste Zeit seines Lebens arbeitete, nur El Greco, den Griechen, nannte, gehört neben dem Venezianer Tintoretto zu den wichtigsten Malern der zweiten Hälfte des 16. Jahrhunderts. Beide Maler wollten wie Parmigianino Neues schaffen. Doch waren ihre Bilder nicht nur ein raffiniertes Spiel mit neuen künstlerischen Mitteln, sondern sie wollten

Tintoretto, *Das letzte Abendmahl*, 1591–94. Öl auf Leinwand, 365 x 568 cm. S. Giorgio Maggiore, Venedig

Tintoretto war eine schwierige und rastlose Natur. Seine Bilder strahlen meist Aufgeregtheit und quälende Unruhe aus. Seine Gestalten wirken wie von inneren Dämonen getrieben, was durch starke Farbkontraste zwischen düster-unheilvoll und gespenstisch grell sowie durch Körperverschränkungen und perspektivische Verkürzungen in nervösem Pinselstrich unterstützt wird. Sein Wille zur gewaltsamen Übersteigerung und zu frühbarockem Pathos macht ihn zu einem bedeutenden Vertreter des Manierismus. Die Abendmahlsdarstellung aus seinem Todesjahr ist ein düsteres Mysterienbild: Die einfache Tafel mit dem Figurenblock der Apostel führt den Blick in die Tiefe des Raumes, wodurch die schmächtige Gestalt Jesu fast unauffällig inmitten des Geschehens wirkt.

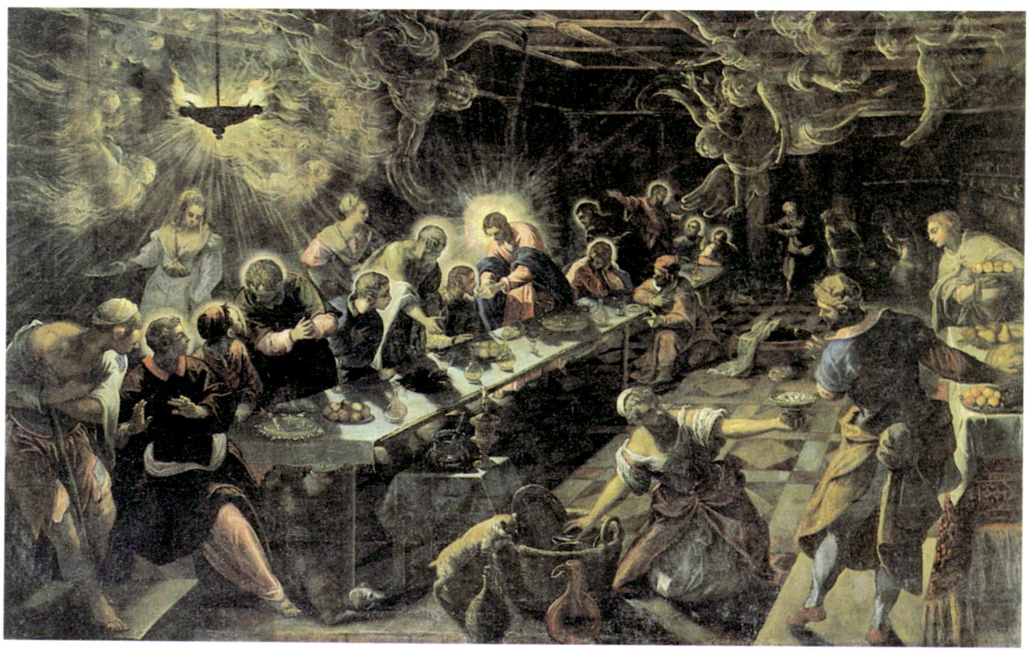

mit ihren Werken vor allem geistige Gehalte, das Nicht-Sichtbare zur Anschauung bringen.

Auch Tintoretto bewunderte die Meister der Renaissance, namentlich Michelangelo und Tizian. Er strebte nach eigenen Aussagen danach, „die Zeichnung Michelangelos mit der Farbe Tizians zu vereinen", um so das Unmögliche, das nicht abbildbar Transzendente aufscheinen zu lassen. Er suchte nach einer Bildsprache, die den spirituellen Gehalt, das Göttliche empfindbar werden ließ. Die wirklichkeitsorientierte Renaissancemalerei, die mythologische Gestalten und christliche Heilige so zwanglos in diesseitige Gefilde geholt hatte, erwies sich bei diesem Vorhaben als wenig hilfreich. Ziel der Manieristen war es ja gerade, keinen täuschend echten Bildraum zu schaffen, in den der Betrachter meint, jederzeit eintreten zu können, sondern sie strebten Bilder an, die nicht Abbild dieser Welt waren und in denen ein Hauch von fremden, göttlichen Sphären wehte. Da es in der Natur keine Anschauung für solch eine übernatürliche Welt gibt, waren die Maler auf ihre Fantasie angewiesen. Wie Theaterregisseure inszenierten sie ihre Geschichten. Durch unwirkliche, bühnenhafte Lichtführung mit dramatischen Hell-Dunkel-Effekten, durch eigenwillige Perspektiven oder gewagte *Verkürzungen* versuchten sie, die Darstellungen dem wirklichen Leben zu entrücken. Sie verwandelten religiöse Szenen in mitreißende Szenarien. Ein Vergleich der Abendmahlsbilder von Leonardo und Tintoretto macht die unterschiedliche Auffassung und Herangehensweise sehr deutlich: Im Gegensatz zu Leonardos ausgewogener, symmetrischer *Frontalkomposition* erfährt der Bildraum bei Tintoretto durch den diagonal zur Bildfläche gestellten Tisch eine Dynamisierung. Bei Leonardo war Jesus, was er dem christlichen Glauben nach eben ist: ganz menschlich und ganz göttlich in einem. Leonardos *Abendmahl* ist irdisch und von heilsgeschichtlicher Ewigkeitsbedeutung zugleich. Diese friedliche Koexistenz fällt bei Tintoretto wieder auseinander. Es gibt einen deutlichen Unterschied zwischen dem Weltgetriebe im Vordergrund, wo sich das Gesinde an den Speisen und Getränken zu schaffen macht, und der Heilsgeschichte in der Tiefe des Bildes. Vereint werden diese beiden Ebenen nur duch die Lichtführung und die ekstatische Bewegung des gesamten Bildaufbaus, den eine über dem ganzen wirbelnde, kaum sichtbare Engelschar kompositorisches Gleichgewicht verleiht.

Jene überirdische, mystische Atmosphäre, eine suggestive Malerei, bei der Wirkliches und Unwirkliches, die Welt des Geistes nicht von der wahrnehmbaren Welt zu unterscheiden ist, war den Malern der Renaissance noch fremd gewesen. Im Barock, ab ungefähr 1600, erleben die durchgeistigten Bildwelten, wie sie die Manieristen bereits im 16. Jahrhundert geschaffen hatten, ihre Vollendung. Die Barockmaler lassen die irdische Wirklichkeit hinter sich oder treiben ein verwirrendes Spiel mit Schein und Wirklichkeit. Die bezwingende Wirkung einer solchen *Illusionsmalerei,* wie sie durch die perfekte Beherrschung der *Linear-* und *Farbperspektive* möglich geworden war, erkannten vor allem die Kirchenväter. Angesichts der aus dem Norden bedrohlich laut werdenden Reformationsbestrebungen schien der katholischen Kirche eine suggestive Kunst außerordentlich geeignet, um dem Glauben Attraktivität zu verleihen. Auf dem Konzil von Trient, das den Auftakt zur sogenannten „Gegenreformation" in den katholischen Ländern bildete, beschloss man 1562, in der Kunst fortan die mystischen und übernatürlichen Seiten des religiösen Erlebens in den Vordergrund zu stellen.

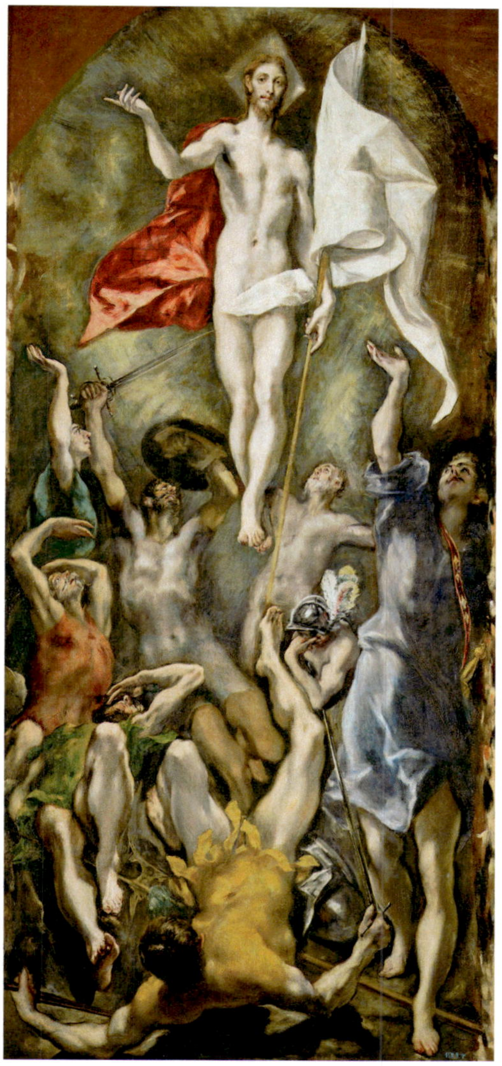

El Greco, *Auferstehung Christi*, um 1584–94. Öl auf Leinwand, 275 x 127 cm. Museo del Prado, Madrid

Die Gestalten in El Grecos Bildern, die überwiegend biblische Themen und Heiligenlegenden darstellen, wirken stets überschlank, manchmal wie unwirklich überdehnt, in die Länge gezogen, und in Drehungen schlangenhaft bewegt, wodurch der Maler ein geistiges Streben zum Himmlischen, zur Entrückung ausdrücken wollte. Die Gebärden und Gesichter sind von Leidenschaft oder Schmerz gekennzeichnet und haben einen Zug ins Visionäre. Mensch und Welt bilden bei El Greco zwar noch eine organische Einheit, aber ihr Gleichgewicht scheint in Unordnung geraten zu sein. Der Maler bevorzugt den raumlosen Hintergrund, das meist fahle Licht wirkt unheilvoll und die Farben, auch der Körper, bleich und blutleer.

Die *Auferstehung Christi* ist der Triumph des Lichtes über die Mächte der Finsternis. Der Auferstandene ist lichtverklärt, rein und schwerelos. Seine rechte Hand weist auf den Triumph des Vaters, während die Füße noch wie am Kreuz übereinanderliegen. Hinter Christus wird der purpurne Mantel der irdischen Majestät sichtbar, während die weiße Fahne vom ewigen Frieden kündet.

Am unteren Bildrand liegt der römische Hauptmann als Verkörperung des irdischen Widerparts zu Boden geworfen. Zwischen beiden erscheint ein Knäuel von Gesichtern und Leibern, deren schimmernde Haut mit ihrer Kleidung zu verwachsen scheint und die in ihrem Greifen, Aufbäumen, Staunen und Flehen nachgerade gespenstisch wirken.

ALTNIEDERLÄNDISCHE MALEREI 1420–1580

Der Blick von außen

Auch im Norden deutete Anfang des 15. Jahrhunderts vieles auf den Beginn einer ‚neuen Zeit' hin. Flandern, damals Teil des großen Herzogtums Burgund, gehörte neben Florenz zur reichsten und wirtschaftlich fortschrittlichsten Region Europas. Wie in Italien bildete sich auch hier eine städtische Kultur heraus, in der das Bürgertum an Einfluss gewann.

Trotz dieser allgemeinen gesellschaftlichen Übereinstimmung hat es im Norden jedoch keine der italienischen Renaissance vergleichbare Aufbruchstimmung in den Künsten gegeben. Wesentlich länger blieb die Malerei mittelalterlichen Traditionen verhaftet. Nur langsam holte im Norden das Diesseits die sakralen Themen ein. Die Maler verlegten religiöse Szenen in ein irdisches Ambiente und versuchten, Raum, Farbe, Körper und Licht möglichst naturalistisch wiederzugeben. Auf dem linken Flügel des *Middelburger Altars* von Rogier van der Weyden beispielsweise erscheint die Mutter Gottes dem Kaiser Augustus in einer zeitgenössischen holländischen Wohnstube. Die irdische Welt ist allerorten präsent. Das große, geöffnete Fenster gibt den Blick auf Felder und Wiesen frei, wodurch dem Bild räumliche Tiefe verliehen wird.

Rogier van der Weyden,
Linker Flügel des Middelburger Altars,
um 1460. Holz, 91 x 40 cm. Staatliche Museen zu Berlin – Preußischer Kulturbesitz, Gemäldegalerie

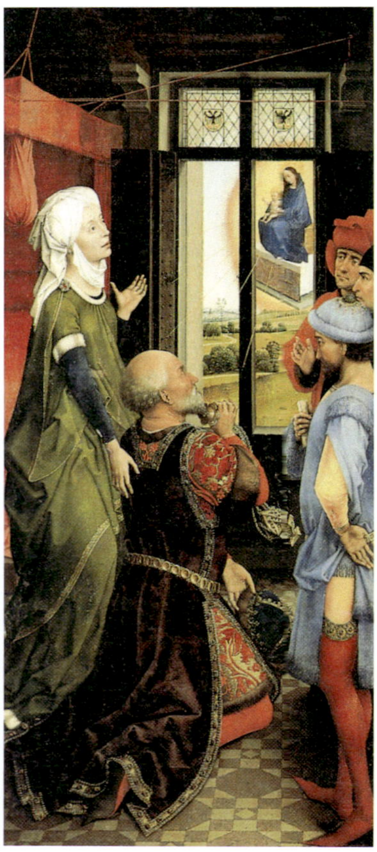

Malen, was man sieht

Während der italienischen Kunst im 15. Jahrhundert die mathematisch errechnete *Linearperspektive* zugrunde lag, war für die Niederländer die sogenannte *Erfahrungsperspektive* bestimmend. Im Gegensatz zu den italienischen Renaissancekünstlern, die sich um eine wissenschaftlich-rationale Durchdringung der Welt bemühten und ein Bild gleichsam von innen aufbauten, versuchten die Niederländer, den Geheimnissen der Welt durch den exakt beobachtenden Blick von außen, der jedes Detail erfasst, auf den Grund zu kommen. Lehrmeister waren den Malern die unmittelbare Anschauung sowie das Wissen um die Beschaffenheit der Dinge. Man malte, was man sah – und kam damit, wie die Zeichnung der Fußbodenfliesen bei Rogier van der Weyden zeigt, der zentralperspektivischen Wirkung sehr nahe. Bei dieser anschauungs- und erfahrungsverhafteten Herangehensweise erkannten die Künstler darüber hinaus auch, dass Formen mit zunehmender Entfernung an Kontur verlieren und dass die Farbintensität abnimmt und ins Bläuliche wechselt. Für die den Interieurszenen Tiefe verleihenden Landschaftsausblicke erfanden sie – lange vor Leonardo – die *Luft-* und *Farbperspektive*.

Der sezierende Blick von außen, die additive Zusammenschau, kennzeichnet auch Jan van Eycks *Verlobungsbild Arnolfini*. Das weltliche Thema und die Privatheit des Bildes sind – in einem Land, wo die Altarmalerei das maßgebliche Genre war – sicherlich zu großen Teilen der Nationalität des Auftraggebers geschuldet. Giovanni Arnolfini war ein überaus reicher italienischer Kaufmann und Bankier, der in Brügge die Filiale des elterlichen Geschäftes leitete. Die ihm aus der Heimat bekannte Wertschätzung des Individuums, die dort bekannte Sitte bedeutender Männer, sich konterfeien zu lassen, und das nötige Kleingeld mögen ihm Anlass gewesen sein, bei van Eyck diesen „gemalten Trauschein" in Auftrag zu geben.

Trotz der akribischen Detailgenauigkeit, mit der van Eyck Dinge im Vordergrund wie im Hintergrund minutiös erfasst, bleibt die Einheit der Komposition durch eine alle Dinge gleichermaßen umspielende feine Farb- und Lichtmodulation gewahrt. Diese homogenisierende Malweise ist vor allem der im Norden früh verbreiteten Technik der Ölmalerei zu verdanken. Die geschmeidige, langsam trocknende Farbe erlaubte ein bedächtiges Arbeiten mit wiederholten Ein- und Überarbeitungen. Sie ermöglichte feinste farbliche Nuancierungen. Faltenwürfe wurden durch samtig verstrichene Übergänge zu immer helleren Tönen plastisch herausgearbeitet, und funkelnden Materialien konnten mit feinen Pinseln punktgenau zarte, helle Glanzlichter aufgesetzt werden. Gewänder, Körper und Gesichter erhielten eine bis dahin unbekannte naturalistische Stofflichkeit.

Diese als „ars nova" (lat. „neue Kunst") gepriesene Technik wurde durch niederländische Künstler, die als Hofmaler an südliche Höfe berufen worden waren, bald auch außerhalb der Niederlande bekannt und bewundert. In umgekehrter Richtung ist der Einfluss der italienischen Renaissance auf den Norden jedoch erst sehr viel später festzustellen.

Die irdische Hölle

An der Wende vom 15. zum 16. Jahrhundert steht das Werk von Hieronymus Bosch. Während Leonardo, Raffael und Michelangelo in Italien den Idealen klassischer Schönheit nachspürten, entwarf Bosch himmlische und höllische Visionen, deren fabelhafte Wesen geradewegs der mittelalterlichen Vorstellungswelt entsprungen zu sein scheinen. Die Botschaft dieser Bilder jedoch entsprach ganz dem Geist der Zeit, denn im Gegensatz zur optimistischen Weltsicht der italienischen Renaissance wurde die ‚Eroberung der Wirklichkeit' im Norden von Zweifel und Verunsicherung begleitet.

Die durch die ökonomischen Veränderungen hervorgerufenen sozialen Konflikte, die Kriege, Pestepidemien und Hungersnöte, die im 15. Jahrhundert die Niederlande plagten, sahen die Menschen als Indiz, sich Gottes Zorn zugezogen zu haben und damit aus dem allumfassenden göttlichen Schutz entlassen worden zu sein. Die Verunsicherung kulminierte in religiösem Fanatismus: Endlose Prozessionen sich kasteiender und der Sündhaftigkeit bezichtigender Menschen zogen durchs Land, die Hexenverfolgungen nahmen ein grausames Ausmaß an, unzählige Sekten priesen ihren Weg zum göttlichen Seelenheil. Die römische Kirche verlor nicht zuletzt aufgrund ihrer weltlichen Machtinteressen zunehmend an Autorität in Glaubensfragen und bot den verunsicherten Menschen kaum mehr Halt. Die Religion erlebte eine tiefe Krise. Das Bedürfnis nach richtungweisender Neuorientierung, nach „Reformation", war unübersehbar.

In den Werken Hieronymus Boschs kommt dieses Lebensgefühl bildhaft zum Ausdruck. Die Kunst der alten Niederländer stand ganz in der Tradition mittelalterlicher Himmels- und Heilsvisionen, die sie auf die Erde holten. Bosch „verirdischt" die Hölle, indem er die Abgründe des

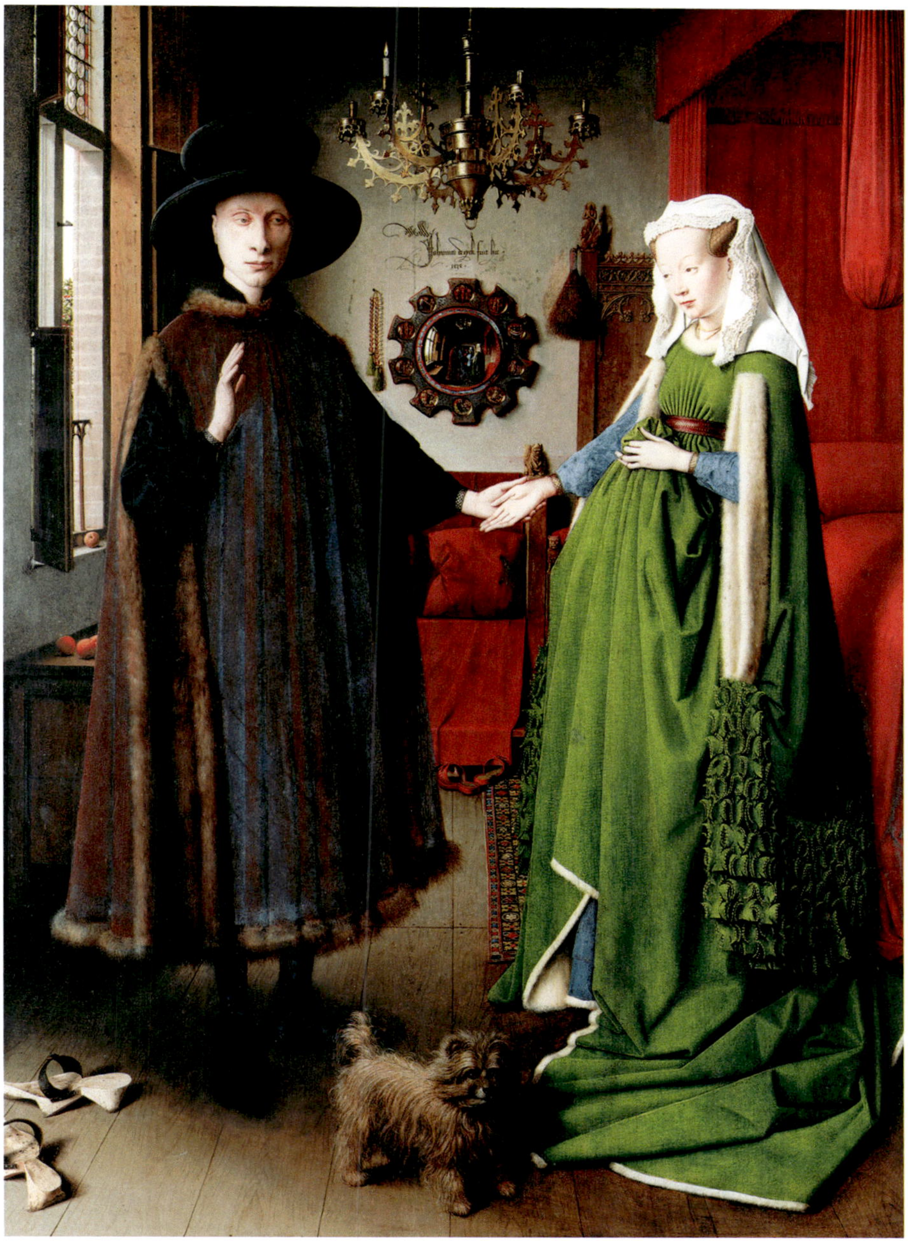

1348: Von Asien dringt die Pest nach Europa vor.

1415: Der Reformator Jan Hus wird als Ketzer verbrannt.

1450: Erfindung des Buchdrucks mit beweglichen Bleilettern durch Johannes Gutenberg in Mainz.

1453: Eroberung Konstantinopels durch die Türken: Ende des tausendjährigen Kaiserreiches von Byzanz.

1507: Nikolaus Kopernikus entwickelt das heliozentrische Weltbild.

1510: Die Augsburger Handelsherren Fugger betreiben die „Welthandelsgesellschaft".

1513: Niccolò Machiavelli verfasst seine Schrift *Der Fürst*.

1517: Martin Luther schlägt 95 Thesen zur Reformation an der Schlosskirche zu Wittenberg an.

1518: Adam Rieses erstes Rechenlehrbuch erscheint.

1519: Fernando Magellan bricht zur ersten Umsegelung der Welt auf.

1522: Erster Druck von Luthers deutscher Übersetzung des Neuen Testaments, die u. a. maßgeblich sein wird für die neuhochdeutsche Schriftsprache.

1525: Die aufständischen Bauern unter Thomas Müntzer werden von den deutschen Fürsten geschlagen.

1529: Die Türken belagern zum ersten Mal Wien.

1531: In Antwerpen wird die erste internationale Börse eingerichtet.

1541: Johannes Calvin führt seine reformierte Kirchenordnung ein.

1542: Die Portugiesen erreichen Japan.

1555: Der Augsburger Religionsfrieden regelt die Glaubensverhältnisse in Deutschland und besiegelt die Glaubensspaltung.

Karl V. überträgt seinem Sohn, Philipp II., die Herrschaft über die Niederlande und ein Jahr später die Regentschaft über Spanien.

1568: Beginn des Freiheitskampfes der Niederlande gegen die spanische Oberherrschaft.

1569: Gerhard Mercator entwickelt seine Weltkarte für Seefahrer.

1572: In der Bartholomäusnacht werden Tausende von Hugenotten in Frankreich ermordet.

1579: Die Niederlande erklären sich in der Utrechter Union als unabhängiger Staat.

Jan van Eyck, *Verlobungsbild Arnolfini*, 1434. Harztempera auf Holz, 82 x 60 cm. National Gallery, London

Jan van Eycks hohe Begabung zur perspektivisch richtigen Darstellung, seine Detailgenauigkeit und seine lebensnahe Gestaltung von Figuren und Raumkörpern machten ihn zum Wegbereiter realistischer Wirklichkeitswiedergabe. Mit seiner naturalistischen Darstellung eines Paares in einem genau erfassten bürgerlichen Interieur markiert das *Verlobungsbild Arnolfini* den Umbruch von der sakralen zur profanen Kunst. In prächtiger Kleidung stehen Mann und Frau im Ehegemach, um den Bund der Ehe zu schließen. Vor ihnen ein Hündchen als Symbol ehelicher Treue. Über ihnen, im glänzenden Kronleuchter, eine einzelne brennende Kerze, die die Anwesenheit Christi symbolisiert. Der Maler hat die Zeremonie im Bild festgehalten und mit seiner Unterschrift beglaubigt: „Johannes van Eyck hic fuit – Jan van Eyck ist dabeigewesen" steht über dem Spiegel, in dem man zwei weitere Trauzeugen erkennen kann.

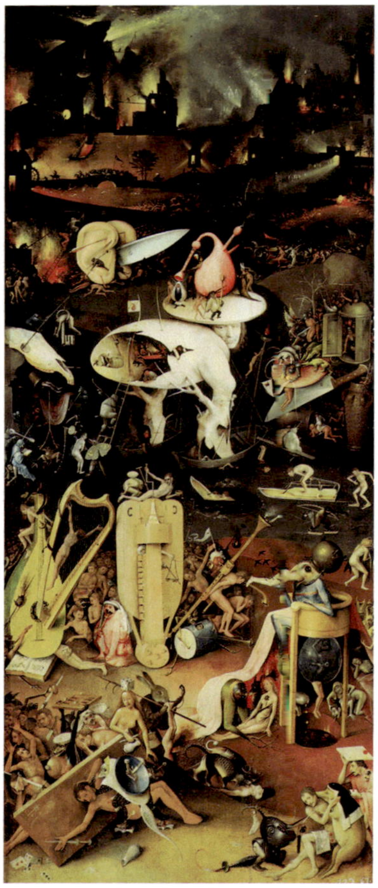

Hieronymus Bosch, *Die Hölle* (rechter Flügel des Triptychons *Der Garten der Lüste*), um 1503. Öl (?) auf Holz, 220 x 97 cm. Museo del Prado, Madrid

Menschen, seine Lasterhaftigkeit und die Verfehlungen in größter Abbildgenauigkeit darstellt. Durch die bruchlose atmosphärische Behandlung von Landschaft, Mensch, Tier und unterschiedlichsten Stofflichkeiten gewinnt die Hölle ‚reale' Ausmaße, ersteht die Hölle auf Erden. Dass den Gemälden eine gedankliche Konzeption vorausging und dass manche Figuren und Details, die heute bloß surreal anmuten, als verschlüsselte Zeichen damals einem bestimmten Kreis von Menschen verständlich waren, ist mit Sicherheit anzunehmen.

Seine Fantastik, die ihn schon zu Lebzeiten zu einer Berühmtheit machte, besteht darin, dass hier Realismus (in der Malweise) und Sinnbildlichkeit (in der Bedeutung) zu einer großartigen Einheit verschmelzen. Die Gemälde, die einer alten Quelle zufolge schon damals gefälscht wurden, haben auch viele hundert Jahre nach ihrer Entstehung immer noch eine unheimlich-bezwingende Wirkung. In ihnen sahen unter anderem die Surrealisten, die zu Beginn des 20. Jahrhunderts ebenfalls bedrückende Traumgebilde malten, ein großes Vorbild. Doch war Boschs Anliegen ein anderes als das seiner späten Adepten. Er wollte nicht die Abgründe der menschlichen Seele, sondern die des menschlichen Handelns offenlegen. Hinter den beklemmenden Visionen verbarg sich der moralische Zeigefinger: Seine Bilderwelten waren Warnungen vor höllischen Qualen, die der Mensch bei seinen diesseitigen, weltlichen Verfehlungen zu erwarten hätte.

Weltliche Sinnbilder

Einen vergleichbar moralisch-belehrenden Unterton haben auch die Bilder von Pieter Bruegel, dem bedeutendsten niederländischen Maler des 16. Jahrhunderts. Er verfolgte eine ähnlich veranschaulichende Malerei wie Bosch, aber aufgrund seiner humanistischen Weltsicht stellte der rundum gebildete Maler keine jenseitigen Höllenvisionen oder religiöse Themen dar, sondern Zeitgenössisches, Aktuelles. Sein *Turmbau zu Babel* ist – gemäß der biblischen Moral – als Warnung vor menschlicher Selbstüberhöhung zu verstehen, die der Maler in eigener Anschauung bei seinen Zeitgenossen beobachtet haben mag. Antwerpen – die Stadt, in der Bruegel lebte, als er das Bild malte – hatte sich Anfang des 16. Jahrhunderts binnen kürzester Zeit zu einer der größten Städte Europas entwickelt. Die Entdeckung des Seeweges um Afrika herum nach Indien und die Entdeckung Amerikas bescherten den Hafenstädten an der Westküste einen rasanten Aufstieg. In Antwerpen landeten Waren und Menschen aus aller Welt. Es herrschte ein beinahe babylonisches Sprachgewirr, und mancher schnell reich gewordene Kaufmann mag in selbstgefälliger Zufriedenheit geschwelgt haben. Nicht von ungefähr hat Bruegel das Motiv des Turmbaus zu Babel gleich dreimal gemalt. Gerade diese Geschichte erlaubte es ihm, seinen Mitmenschen den mahnenden Spiegel vorzuhalten. Bruegels zeitgenössisches Panorama gerät zu einem Sinnbild, bei dem die *Übersichtslandschaft* kein Ausschnitt aus der (realen) Welt mehr ist,

Pieter Bruegel, *Turmbau zu Babel*, 1563. Öl auf Holz, 114 x 155 cm. Kunsthistorisches Museum, Wien

Ab 1562 wandte sich Pieter Bruegel der Ältere verstärkt dem Monströsen und Lasterhaften, den Dämonen und den Ängsten des menschlichen Lebens zu, die er in gleichnishafter Form mit oft stark moralisierender Tendenz darstellte – häufig ins Groteske überzeichnet. Das Gedankengut der humanistisch geprägten Reformation und des beginnenden Freiheitskampfes der Niederlande schlägt sich in Bruegels Werken nieder. Mit äußerster Präzision stellt er ameisenhaft wirkende, mit dem *Turmbau zu Babel* beschäftigte Bauarbeiter samt ihren Utensilien dar. Jede einzelne Tätigkeit erscheint in sich sinnvoll, doch wird die Vergeblichkeit des ganzen Vorhabens deutlich, wenn Bruegel (oft auf derselben Bauhöhe) bloße Anfänge mit halbfertigen und bis in alle Einzelheiten vollendeten Bauabschnitten zusammenstellt. Neuaufbau und Verfall dieses aus weithin übersichtlicher Landschaft aufragenden Bauwerks scheinen sich die Waage zu halten.

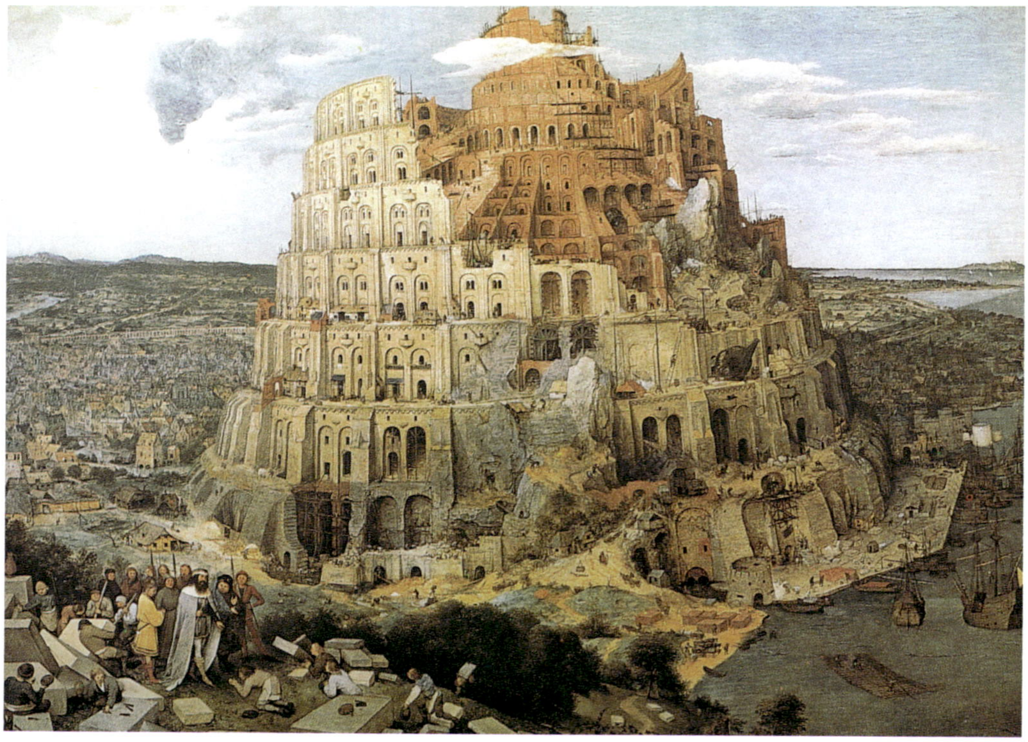

sondern selbst ein in sich abgeschlossener Kosmos. Stadt, Land, Berge, Flüsse, Küste, Himmel bilden eine Weltlandschaft. Sie wird durch die malerische Gestaltung zusammengehalten: In der sensiblen Licht- und Farbbehandlung verschmelzen die miniaturistischen Details zur Einheit. Zudem gab Bruegel die zeichnerische Akribie nicht zugunsten der Fernwirkung auf, sondern ganz im Gegenteil wird auch die Luft, die Atmosphäre selbst zum Darstellungsgegenstand erhoben.

Die Verbindung von Realismus und Sinnbildlichkeit, die Bruegel – im Anschluss an Bosch – nunmehr in ‚alltäglichen' Szenarien zur Anschauung brachte, wies der niederländischen Kunst neue Bahnen. Sie war wegbereitend für die *Sittenbilder*, die vor allem im darauffolgenden Jahrhundert im holländischen Barock zu voller Blüte gelangten.

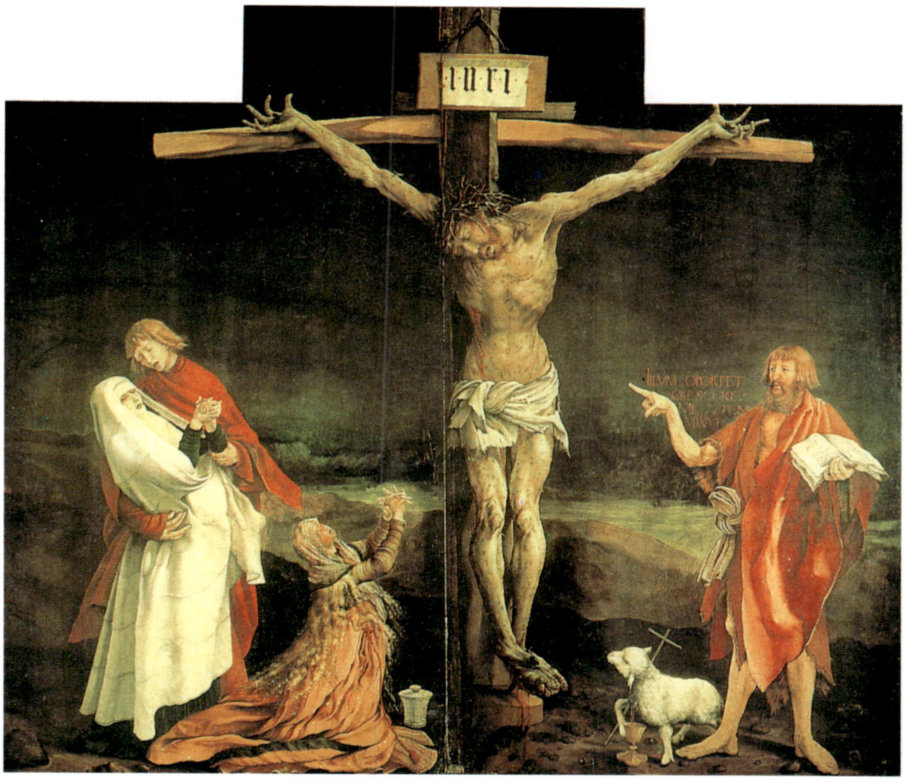

RENAISSANCE IN DEUTSCHLAND 1490–1540

Alte Bildwelten von neuem Geist erfasst

In Deutschland, jenseits der wie eine Informationsbarriere wirkenden Alpen und fern der Antike, die dem neuzeitlichen Denken im Süden der Nährboden war, fand die Wende vom Mittelalter zur Neuzeit mit einer Verzögerung von fast 100 Jahren statt. Während sich in Italien Früh- und Hochrenaissance ausbildeten, verharrte die Kunst in Deutschland noch in Stilformen der Gotik. So hinterfing Mariendarstellungen immer noch ein Goldgrund, während diese Technik in anderen Ländern Europas schon lange nicht mehr gebräuchlich war. Es dauerte bis zum Beginn des 16. Jahrhunderts, ehe die Loslösung von mittelalterlicher Kultur und Bewusstsein auch in der deutschen Kunst sichtbar wurde.

Vermittelt wurde die humanistische Geisteshaltung und Kunstauffassung der südlichen Renaissance sowohl durch italienische Wanderkünstler als auch durch den Mitte des 15. Jahrhunderts erfundenen *Kupferstich*, der eine billige und auflagenstarke Vervielfältigung der bedeutendsten Renaissancewerke der italienischen Meister ermöglichte. Dank dieser neuen Technik kamen auch die deutschen Künstler mit der ‚neuen' Kunst in Kontakt. Sie wurden animiert, Bildungsreisen zur „Wiege der Kunst" zu unternehmen, um die italienischen Meister vor Ort im Original studieren zu können. Welch großen Eindruck die Kunst Italiens auf Albrecht Dürer machte, lässt sich seiner euphorischen Begrüßung der Renaissance entnehmen: „Uns ist in tausend Jahren nichts von Kunst zukummen ... Sie hat sich erst in anderthalbhundert Jahren wieder angespunnen. Und ich hoff, sie soll fürbas wachsen, auf das sie ihre Frucht gebär." Zur Verwirklichung dieser Hoffnung trug Dürer selbst in entscheidendem Maße bei. Die um die Wende zum 16. Jahrhundert einsetzende und nur wenige Jahrzehnte dauernde Epoche, in der die Malerei und Grafik in Deutschland eine überraschende Blüte erlebte, wird gelegentlich auch als „Dürer-Zeit" bezeichnet. Neben Albrecht Dürer, Hans Baldung Grien und Albrecht Altdorfer prägten Mathias Grünewald, Lucas Cranach d. Ä. und Hans Holbein d. J. diese Periode.

Das bildkünstlerische Schaffen in Deutschland war um die Wende vom 15. zum 16. Jahrhundert immer noch eng mit der Kirche und ihren *ikonografischen* Kategorien verbunden. Eine Abschwächung dieser Abhängigkeit äußerte sich zunächst lediglich darin, dass sich die Kunst von der Architektur befreite und sich auf den wichtigsten Ort der Kirche, den Altar, konzentrierte. Ein außergewöhnliches Beispiel der Altarmalerei ist der *Isenheimer Altar*, den Mathias Grünewald gestaltete. Es handelt sich dabei um einen sogenannten „Wandelaltar" mit mehreren beidseitig bemalten Flügelpaaren. Sie ließen sich je nach den liturgischen Bedürfnissen wie die Seiten eines Buches aufklappen (wandeln). In geschlossenem Zustand erschien die Kreuzigung

Mathias Grünewald, *Christus am Kreuz* (Isenheimer Altar, linker und rechter Außenflügel in geschlossenem Zustand), 1513–15. Harztempera auf Holz, 269 x 307 cm. Museum Unterlinden, Colmar

Grünewald fühlte sich noch ganz der Bilder- und Gedankenwelt des Mittelalters verpflichtet, doch sind seine Werke durch einzigartig leuchtende Farben und aufs höchste gesteigerte Ausdruckskraft der Szenen und Figuren gekennzeichnet. Die nächtliche Darstellung des toten Christus am Kreuz wirkt in ihrer Plastizität schockierend. Christus ist, verglichen mit der Personengruppe zu seiner Rechten, ins Kolossale vergrößert, sein geschundener, blutiger Körper trägt bereits die grünliche Farbe des in Verwesung übergehenden Fleisches. Links neben dem Kreuz kniet die händeringende Maria Magdalena; neben ihr der Lieblingsjünger Johannes, der die ohnmächtig zusammensinkende Gottesmutter Maria aufzufangen scheint. Rechts neben dem Kreuz deutet Johannes der Täufer auf den toten Christus.

Grünewald galt lange Zeit als Außenseiter in der Geschichte der Malerei. Erst die Expressionisten entdeckten seine drastische Farbgebung und seine kraftvolle Gestaltung des menschlichen Schmerzes und Ausdrucks neu, während seine eindringliche Realistik die Maler der Neuen Sachlichkeit, allen voran Otto Dix, faszinierte.

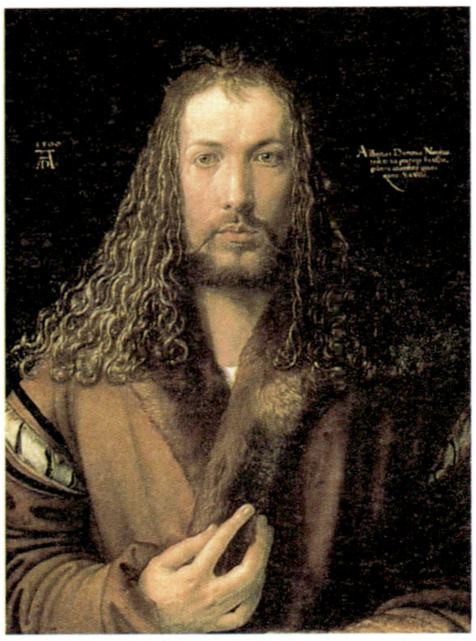

Albrecht Dürer, *Selbstbildnis*, 1500. Öl auf Holz, 67 x 49 cm. Alte Pinakothek, Bayerische Staatsgemäldesammlungen, München

Die nicht zu übersehende Christusähnlichkeit mag zunächst die Vermutung nahelegen, Dürer hätte sich hier in blasphemischer Selbstüberhöhung als Heiland darstellen wollen. Ihm ging es jedoch nicht um Gleichsetzung, sondern um die tiefe „Verwandtschaft" zwischen göttlicher Schöpferkraft und dem – von Gott mit schöpferischen Fähigkeiten ausgestatteten – Künstler.
Die Inschrift in der rechten Bildhälfte verweist darauf: „Ich, der Nürnberger Albrecht Dürer, habe mich selbst auf diese Weise mit dauerhaften Farben im 29. Lebensjahr nachgebildet." Bewusst verwendet Dürer hier anstatt „malen" den mehrdeutigen Begriff „bilden", der an einen Schöpfungsakt denken lässt. So wie der Schöpfer selbst, muss auch der Künstler sein Werk ordnen, soll es die Schönheit der göttlichen Schöpfung widerspiegeln.

Lucas Cranach d. Ä., *Kardinal Albrecht als hl. Hieronymus*, 1527. Öl auf Holz, 57 x 37,6 cm. Staatliche Museen zu Berlin – Preußischer Kulturbesitz Gemäldegalerie

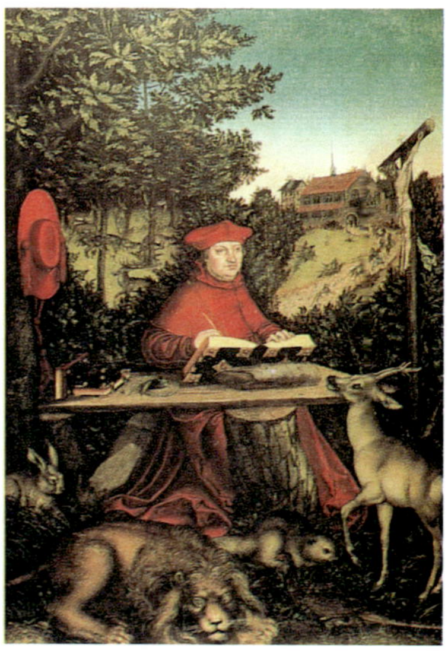

Christi. Grünewalds schonungslos eindringliche Wirklichkeitsschilderung bei gleichzeitiger leidenschaftlicher Übersteigerung der künstlerischen Ausdrucksmittel Farbe und Form machen das Besondere seiner Darstellung aus: Form und Farbe haben bei Grünewald sowohl realistischen Darstellungs- als auch expressiven Symbolwert. Durch die verkrampften Hände, die einerseits als reales Abbild und andererseits auch als Zeichen für Schmerz zu lesen sind, sowie durch das fahle Inkarnat, das in brutalem Kontrast zum schwarzen Nachthimmel und den blutrot gewandeten Figuren am Fuße des Kreuzes steht, werden die Qualen des sterbenden Heilands in zweifacher Weise – realistisch wie ‚abstrakt' – visualisiert: Sie werden abgebildet und zugleich nachempfindbar gemacht.

Auch wenn vieles in Grünewalds Darstellung der mittelalterlichen *Ikonografie* entspricht, so legen der geschlossene Bildaufbau und die Körperhaftigkeit seiner Figuren, die differenzierte Farbbehandlung und die minutiöse Malerei die Vermutung nahe, dass dem Maler sowohl die italienische Kunst als auch Werke der niederländischen Meister bekannt gewesen sein dürften. Die aus dieser Mischung entwickelte *Bildsprache* war für die damalige Zeit offensichtlich so ungewöhnlich, dass der Maler keine direkten Nachfolger gefunden hat. Erst die Künstler des 20. Jahrhunderts, namentlich die deutschen Expressionisten, entdeckten diesen Maler, der zwischen Mittelalter und Neuzeit steht, für sich wieder. Grünewalds expressive Farb- und Formbehandlung sprengt den zu seiner Zeit gegebenen Kanon der Gestaltungsgesetze mit dem Ziel, die Bildwirkung zu steigern. In diesem Punkt unterscheidet sich Grünewald deutlich von Albrecht Dürer, dem „das Maß in allen Dingen das Beste" war.

Hatte Dürer anfangs in guter nördlicher Tradition versucht, die Welt durch genaue Betrachtung zu erfassen, so taten sich ihm während seiner Lehr- und Wanderjahre, die ihn nach Italien brachten, völlig neue Welten auf: In Italien lernte er die Mathematik und Geometrie als Hilfswissenschaften der Kunst kennen und schätzen und wurde vertraut mit dem Studium der Natur und der menschlichen Anatomie. Perspektive, Proportionsverhältnisse, Maß und Harmonie waren für ihn neue, faszinierende Kompositionselemente. Zugleich stieß er, der er als zunftmäßig ausgebildeter Handwerker gearbeitet hatte, auf ein Künstlerselbstverständnis, das sich von dem seinen deutlich unterschied. Im Süden begegneten ihm die Künstler als Gelehrte und Wissenschaftler, und nach italienischem Vorbild entwickelte sich auch Dürer zu einem Künstler-Gelehrten: Aus seinen Gemälden, zahllosen Zeichnungen und Stichen spricht das Interesse am abbildgenauen Detail ebenso wie der Versuch, die Welt auf mathematisch-rationaler Grundlage darzustellen und den Menschen zu ergründen: Dürer wollte sowohl das äußere Abbild als auch die „innere Physiognomie" erfassen. Seine von diesem Ideal geprägten Porträts sowie seine die Materie wissenschaftlich durchdringende künstlerische Vorgehensweise verschafften den Ideen der Renaissance Eingang in die deutsche Kunst. In dem *Selbstbildnis* von 1500 scheint das durch die Italienreisen veränderte Künstler-Selbstverständnis des Malers auf. Es ist das idealisierte Bild eines bestimmten Künstlertypus. Die nicht zu übersehende Christusähnlichkeit verweist auf den „gottbegnadeten Künstler", so wie ihn die italienische Hochrenaissance sah.

So belebende Impulse die deutschen Künstler auch von der italienischen Renaissance empfingen, so entscheidend waren für die deutsche Kunstentwicklung die Geschehnisse im eigenen Land, namentlich die sich abzeichnende Reformation. Dort, wo die bilderfeindlich eingestellte protestantische Reformationsbewegung sich durchgesetzt hatte, waren auch Bilder religiösen Inhalts nicht mehr gefragt. Für die Künstler bedeutete dies zunächst einen schweren Schlag, denn damit entfiel der für sie bislang wichtigste Auftrag- und Geldgeber. Sie mussten sich anderen *Sujets* zuwenden. *Porträt-* und *Landschaftsmalerei* wurden bevorzugte *Genres*.

Einer der bedeutendsten deutschen Porträtisten der Zeit war Hans Holbein, der allerdings die meiste Zeit seines Lebens als Hofmaler König Heinrichs VIII. in England tätig war. Hier entstand auch das *Bildnis des Kaufmanns Georg Gisze*. Holbein zeigt den deutschen Kaufmann, der im Kontor der hanseatischen Kaufleute in London arbeitete, aus objektivierender Distanz. Doch die kühle Sachlichkeit der Betrachtung, die Mensch und Ding im gleichen Maß erfasst, paart sich bei ihm mit einer subtil psychologisierenden Gestaltung: Haltung, Ausdruck und sprechende Attribute geben beredt Auskunft über Charakter und gesellschaftliche Position Giszes. In seinen Bildnissen verbindet Holbein die nordeuropäische Vorliebe für das kostbare Detail mit der Größe und Würde der italienischen Renaissance. Einzelheiten werden zu großer Wirkung gebracht und zugleich dem großen Ganzen untergeordnet.

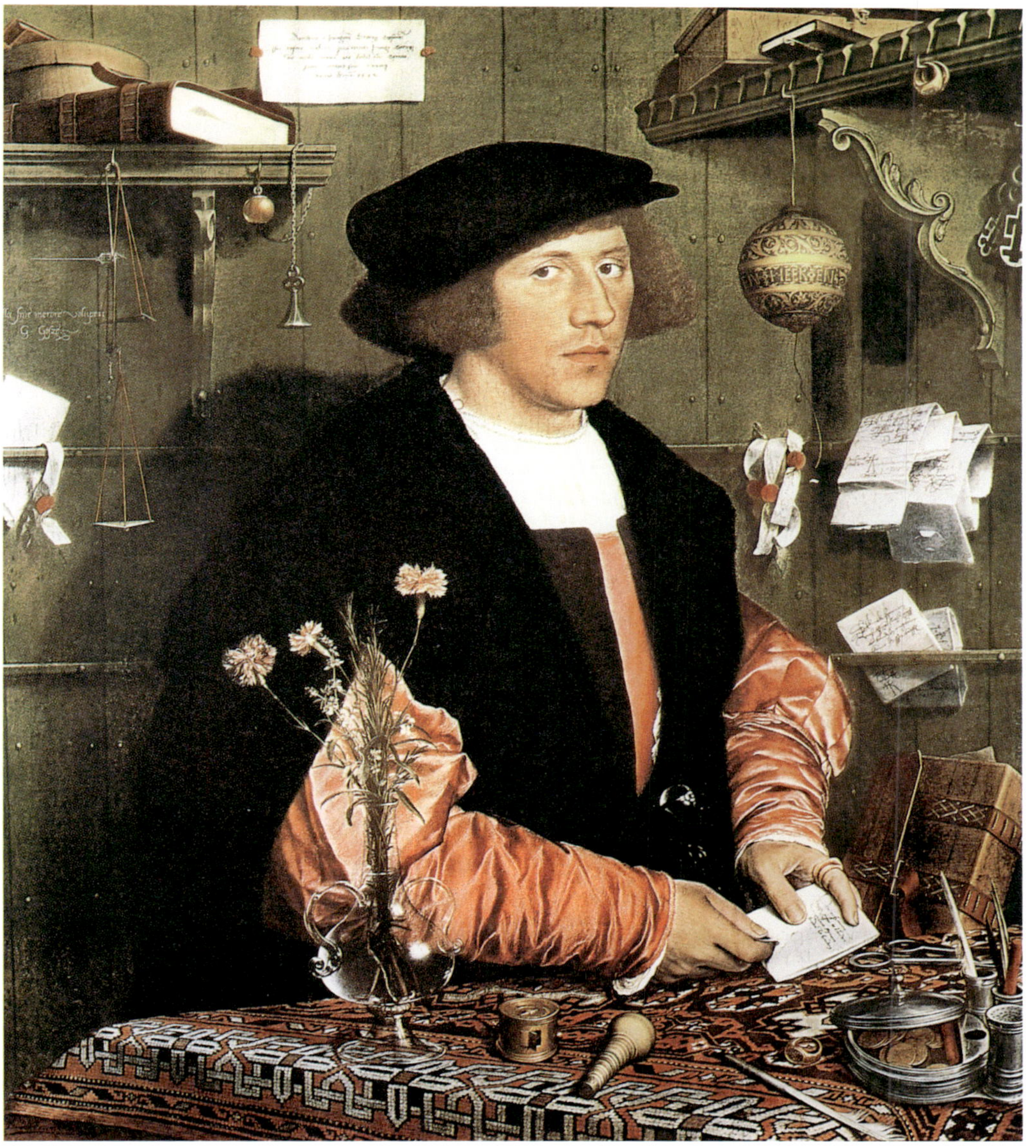

Hans Holbein, *Bildnis des Kaufmanns Georg Gisze*, 1532. Öl auf Eichenholz, 96,3 x 85,7 cm. Staatliche Museen zu Berlin – Preußischer Kulturbesitz, Gemäldegalerie

Hans Holbein d. J. wirkte zunächst in Basel. Er war befreundet mit Erasmus von Rotterdam, der ihn nach England empfahl, wo sich Holbein 1532 endgültig niederließ. Ab 1536 trat er als Hofmaler in die Dienste Heinrichs VIII., der ihn jedoch nicht exklusiv beschäftigte, denn auch Privatleute konnten Bilder bei Holbein in Auftrag geben – so auch der in London ansässige deutsche Kaufmann Georg Gisze.
Die Darstellung zeigt Gisze als Halbfigur, d. h. den Oberkörper mit beiden Armen. Der junge wohlhabende Mann steht in seinem mit allerlei Arbeitsgerät – Rechnungsbuch, Schreibzeug, Schere, Siegellack und Streusandbüchse – ausgestatteten Kontor hinter einem mit einem prachtvollen orientalischen Teppich belegten Tisch. Hinter ihm, oberhalb des Kopfes, gibt ein an die Wand gehefteter Steckbrief Auskunft über den Porträtierten: „Was Du hier siehst, zeigt Georgs Züge und Bild; so lebendig ist sein Auge, so seine Wangen geformt. In seinem 34. Lebensjahr im Jahr des Herrn 1532." Seine (Charakter-)Züge werden in symbolischer Form dargestellt. Die deutlich in den Vordergrund gerückte Blumenvase mit einem Sträußchen aus Nelken und Rosmarin versinnbildlicht die Tugenden des Dargestellten: Liebe, Treue, Reinheit und Bescheidenheit. Zugleich verweist die Klarheit des Glases auf die Lauterkeit des Kaufmanns. Die Zerbrechlichkeit der feinen Vase kann jedoch auch, ebenso wie die Uhr, die das Verstreichen der Zeit anzeigt, als Zeichen für die Vergänglichkeit gelesen werden.

Auch Lucas Cranach d. Ä. war ein hervorragender Porträtist. Am bekanntesten ist wohl sein Porträt von Martin Luther. Cranach, den eine enge Freundschaft mit dem Reformator verband, stand selber der Reformationsbewegung nahe und gilt als deren repräsentativer Maler. So lieferte er die Illustrationen zur sogenannten *Luther-Bibel*, die 1522 erschien.

Seine Sympathie für die Reformation hinderte ihn jedoch nicht daran, in seiner Werkstatt auch Altarwerke und Andachtsbilder sowohl gemäß protestantischer als auch katholischer *Ikonografie* herzustellen. Zwar sind in seinem umfangreichen Werk Einflüsse des Humanismus spürbar, doch das italienische Formengut der Proportionen und die Suche nach dem idealen Menschenbild blieben ihm fremd. Seine Bilder atmen eine volkstümliche Natürlichkeit, wie sie auch für die Maler der „Donauschule" charakteristisch ist, die oberitalienische Renaissanceeinflüsse mit spätgotischen deutschen Traditionen verbanden. Sie behandelten die Natur wie die Figuren in einer höchst malerischen Weise als Farb- und Lichtphänomene und führten Mensch und Landschaft zu einer bis dahin ungewöhnlichen Einheit. Eine innerbildliche Hierarchie, die die Landschaft zum bloßen Hintergrundwerk reduziert erscheinen lässt, gibt es auch bei Cranachs *Heiligem Hieronymus* nicht mehr. Der Eremit ist eingebettet in eine üppige Landschaft – Pflanze, Tier und Mensch, alles ist gleichermaßen intensiv erfasst. Cranachs erzählerisch-deutliche Sprache, sein Bildvokabular weist ebenso wie das Grünewalds oder Dürers noch mittelalterliche Bildtraditionen auf. Von einer „Erneuerung der Kunst" im italienischen Sinne zu sprechen fällt daher schwer. Die Kunst der Renaissance in Deutschland erscheint eher wie ein belebender, aus Süden kommender Wind, der die Künstler erfasste und vorantrieb, bevor – um im Bild zu bleiben – der Sturm des Dreißigjährigen Krieges zu Beginn des folgenden 17. Jahrhunderts alle künstlerische Weiterentwicklung in Deutschland verwehte.

Die eitle Pracht

BAROCK

1600–1750

BAROCK IM KATHOLISCHEN EUROPA 1600–1750

Der Himmel auf Erden

Der von den Reformatoren im 16. Jahrhundert eröffnete Glaubenskampf gegen die katholische Kirche wuchs sich im 17. Jahrhundert zu einem Kampf um weltliche Macht schlechthin aus. Im Namen des Glaubens wurden überall in Europa blutige Kriege geführt, in deren Folge sich die politischen Kräfteverhältnisse völlig veränderten.

So bewegt wie die Geschichte, so vielfältig war auch die Kunst dieser Zeit. Kaum eine Epoche vereint so unterschiedliche Geisteshaltungen und so verschiedene künstlerische Auffassungen wie das Zeitalter des Barock. Abhängig und geprägt von der nationalen, vor allem aber der konfessionellen Zugehörigkeit bildeten sich in den katholischen Ländern Italien, Frankreich, Spanien, Flandern und im protestantischen Holland jeweils sehr eigene Stilrichtungen aus.

Das traditionsreiche Italien übernahm wieder einmal eine Art Vorreiterposition. Hier überwanden die Maler die „maniera" des 16. Jahrhunderts, deren gewollte Künstlichkeit im Laufe der Zeit zu einer blutleeren Dekorationsmalerei verkommen war. In Abgrenzung zum Manierismus pries der Künstlerbiograf Bellori – ähnlich wie Vasari in der Renaissance – das 17. Jahrhundert als eine Art Wiedergeburt. Er meinte damit die Wiederbelebung des klassischen Stils der Renaissancemaler, insbesondere Raffaels, dessen künstlerische Errungenschaften den zeitgenössischen Künstlern in unterschiedlicher Weise Vorbild wurden. Die innere Lebendigkeit der Komposition, die tiefempfundene Schönheit und die Orientierung an klassischen Idealen, wie man sie bei den Meistern der Hochrenaissance fand, aber auch die Impulse, die von den dynamischen Kompositionen Tintorettos ausgingen, führten zu einer variantenreichen Bilderwelt.

Der die Sinne betörenden *Monumentalmalerei*, wie man sie vor allem in Italien liebte, stand als weitere Ausprägung eine Malerei zur Seite, die wegen ihrer Klarheit und Strenge auch „style classique" oder „Barock-Klassizismus" genannt wird. Diesen klassizistischen Stil bevorzugte man vor allem in Frankreich, denn die bewegte Formensprache, die die italienische Kunst bestimmte, traf den französischen Zeitgeschmack überhaupt nicht. Noch heute bedeutet das Wort „baroque" auf französisch „überladen, schwülstig".

Im protestantischen Holland schließlich entwickelte sich ein bürgerlicher Realismus, bei dem sich der Blick der Maler mit der typisch niederländischen Liebe zum Detail auf die unmittelbare Umgebung richtete. Die *Landschaftsmalerei* erlebte eine nie dagewesene Blüte, die *Genremalerei* und das *Stillleben* entwickelten sich zu eigenständigen *Bildgattungen*.

Trotz der vielen Gesichter wird diese Epoche unter dem Namen „Barock" in der Kunstgeschichte als letzte große gesamteuropäische Stilrichtung zusammengefasst.

Die massige Barockkunst klingt Mitte des 18. Jahrhunderts im zierlicher werdenden Rokoko

1600: Gründung von Handelskompanien für Ostindien in England und in den Niederlanden.

1602: Galileo Galilei entdeckt die Fall- und Pendelgesetze.

1609: Als Zentrum des europäischen Bankverkehrs wird die Börse von Amsterdam gegründet.

1618: Beginn des Dreißigjährigen Krieges in Deutschland (bis 1648).

1622: Richelieu wird Kardinal und entwickelt sich zum Drahtzieher der französischen Politik (bis 1642).

1626: Als Hauptniederlassung der Niederlande in den nordamerikanischen Kolonien wird Neu-Amsterdam (heute New York) gegründet.

1633: Galilei muss sein Bekenntnis zur kopernikanischen Lehre wiederrufen.

1635: Amtliche Gründung der Académie française zur Förderung von Kunst und Wissenschaft.

1637: In Venedig wird die erste öffentliche Oper aufgeführt.

1640: Holland erhält das Monopol für den Handel mit Japan. Erhebung Portugals gegen Spanien.

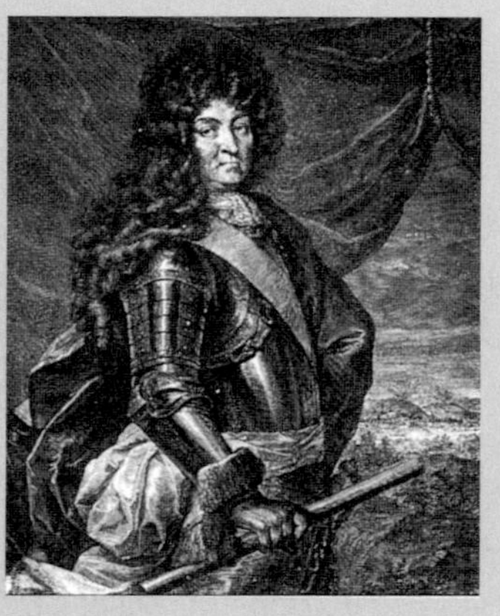

Der „Sonnenkönig" Ludwig XIV. auf einem zeitgenössischen Kupferstich von Gerard Edelinck

1642: In Sachsen-Gotha wird die allgemeine Schulpflicht für Kinder eingeführt.

1648: Gründung der Académie royale de peinture et sculpture in Paris.

1649: England wird Republik.

1661: Ludwig XIV. besteigt den französischen Thron. Baubeginn des Schlosses von Versailles.

1664: Molière verfasst das Schauspiel *Tartuffe*.

1670: Holland ist die bedeutendste Welthandelsmacht.

1672: Isaac Newton veröffentlicht seine Erkenntnisse bei der Zerlegung des Sonnenlichts in Spektralfarben.

1675: Gründung der Sternwarte von Greenwich.

1682: Ludwig XIV. verlegt die Residenz von Paris nach Versailles.

1683: Die Türken belagern Wien.

1685: Hugenottenvertreibung in Frankreich; Industrieförderung durch Aufnahme der Flüchtlinge in Brandenburg und Holland.

1687: Isaac Newton veröffentlicht sein grundlegendes Werk über die Schwerkraft.

1700: Nach dem Aussterben der spanischen Habsburger kommt es zum Spanischen Erbfolgekrieg zwischen Frankreich und Österreich.

1701: Preußen wird Königreich.

1709: Peter der Große besiegt die Schweden bei Poltawa; Russland wird die führende Macht im Osten. In Herculaneum finden die ersten Ausgrabungen statt.

1718: Der Physiker Fahrenheit erfindet das Quecksilberthermometer.

1720: Staatsbankrott Frankreichs.

1721: Johann Sebastian Bach komponiert *Sechs Brandenburgische Konzerte*.

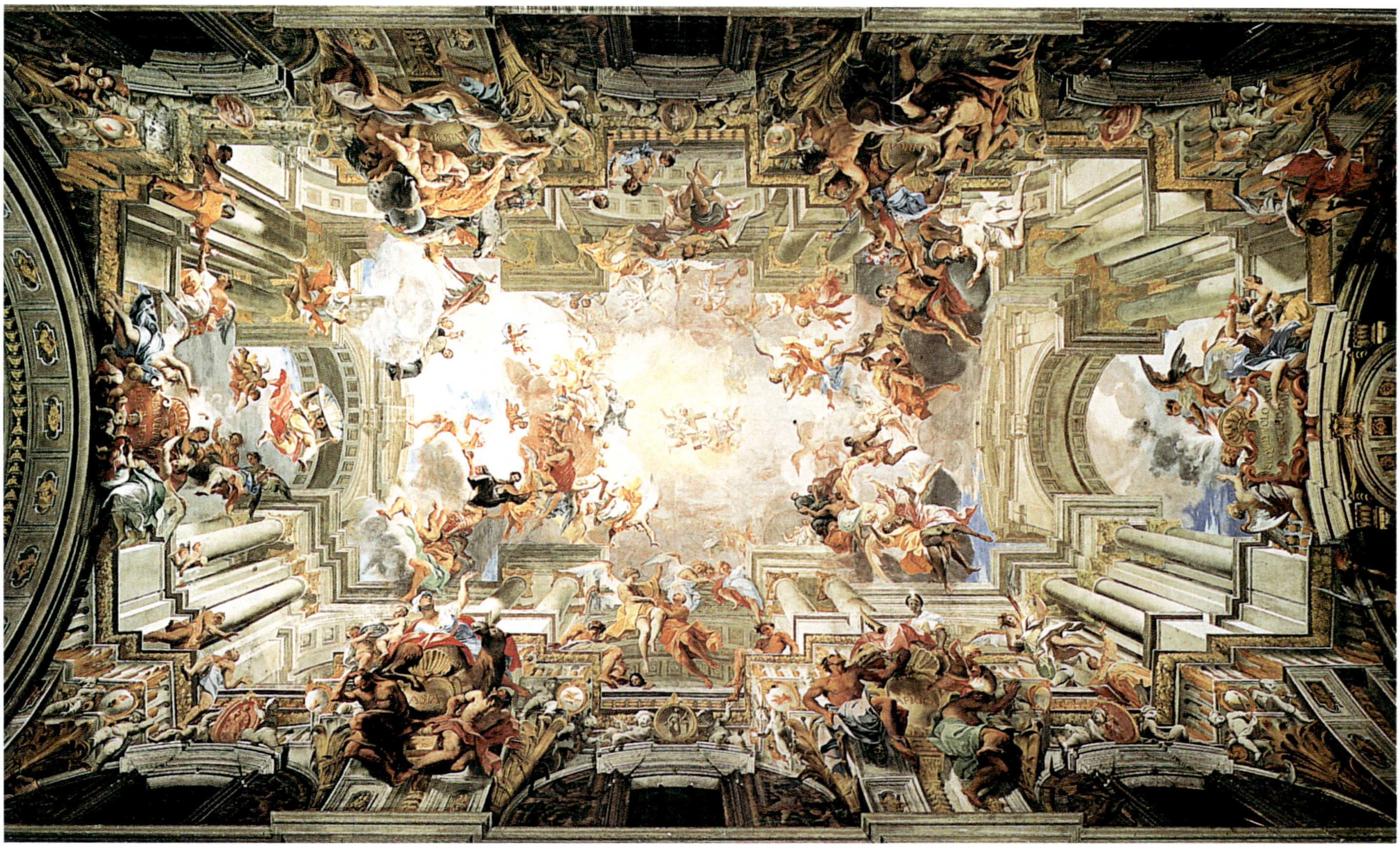

aus, bevor sie im Zeitalter der Aufklärung vom Klassizismus abgelöst wird und die Moderne sich mit ihrem bunten Kaleidoskop zeitlich und geografisch parallel laufender unterschiedlicher Stile ankündigt.

Die große Illusion – Barock in Italien

In Italien profitierten Kunst und Künstler vor allem vom Wiedererstarken der katholischen Kirche, die im Zuge der Gegenreformation zum bedeutendsten Auftraggeber und Mäzen avanciert war. Während in Deutschland der Dreißigjährige Krieg tobte, verwandelte sich Rom in eine prächtige Metropole der Kunst, in die es Künstler aus aller Welt zog. Der ‚Kunsteinsatz' der Kirche war sowohl Selbstinszenierung als auch Propaganda in eigener Sache, denn die Kirchenväter setzten auf die Überzeugungskraft des Schönen: Die Kunst erschien den kirchlichen Auftraggebern als ein geeignetes Medium der Rekatholisierung, da sie es vermochte, die Menschen gefühlsmäßig gefangenzunehmen. In Italien entstanden daher unter anderem fulminante Darstellungen der christlichen Historie oder der Mythologie. In oft monumentalen, rauschhaft bewegten und bewegenden Gemälden inszenierte man religiöse Inbrunst. Dabei orientierte man sich erneut an den Malern der Renaissance, die es in hervorragender Weise vermocht hatten, Diesseitiges und Göttliches zwanglos zu vereinen. Diese ‚innere Größe' erkannten die Maler besonders in der vollendeten Gestaltung von Körper-Raum-Bezügen der Kunst der Hochrenaissance. Deren künstlerisch durchgeformte und dennoch natürlich wirkende Darstellungsweise schien dazu angetan, die Glaubwürdigkeit der dargestellten biblischen Szenen zu erhöhen und somit der nur postulierbaren Lehre ‚Realität' zu verleihen. Kirchen und Paläste wurden mit riesigen Wandgemälden geschmückt, deren Motive hauptsächlich jenem Themenkreis entsprangen, der von den Protestanten am stärksten in Zweifel gezogen wurde. Dazu gehörten die Visionen der Heiligen, das Leben der Märtyrer und die Marienverehrung. Aber auch der antike Mythos fand Eingang in die sakrale Malerei.

Vorzugsweise ließ man in den Kirchen die Deckenflächen bemalen, zu denen der Betrachter aufschauen musste und die gemeinhin mit Himmelsregionen assoziiert werden. Was man jetzt in den Gotteshäusern bewundern konnte, war der Himmel auf Erden. Durch geschickte *Trompe-l'œil*-Effekte geht zum Beispiel in dem Deckenfresko von Andrea Pozzo der reale Kirchenraum unmerklich in die gemalten Himmelszonen über, wird der Blick in himmlische Gefilde freigegeben. Die Figuren stehen schwerelos in der Luft und scheinen bei aller Realistik in der Darstellung

Andrea Pozzo, *Allegorie auf das Missionswerk der Jesuiten*, 1661–94.
Deckenfresko des Langhauses von San Ignazio, Rom

Andrea Pozzo war einer der bedeutendsten Dekorationsmaler des Barock. Das Deckengewölbe der Kirche San Ignazio, das „die Verbreitung des Feuers durch die göttliche Liebe des Jesuitenordens" darstellt, ist nicht nur Pozzos Hauptwerk, sondern es stellt zugleich den Höhepunkt der barocken illusionistischen Deckenmalerei dar.
In seiner *Allegorie auf das Missionswerk der Jesuiten* verherrlicht der Maler, der selbst jesuitischer Laienbruder war, die Arbeit des Ordens, der seine Mission – ganz im Sinne der Gegenreformation – darin sah, die Menschheit von Unglauben und Ketzerei zu befreien. Im Zentrum der Darstellung thront die Heilige Dreifaltigkeit. Die Figur Gottvaters sendet einen Lichtstrahl zum heiligen Ignatius, dem Gründer des Ordens. Der wiederum sendet vier Strahlen zu den vier Erdteilen im *Attikageschoss* der gemalten Scheinarchitektur, die unmittelbar an die reale Architektur anschließt und aus dieser heraus erwachsen zu sein scheint.
Mit perfekter Technik und präziser perspektivischer Berechnung gelang es dem Maler, die Grenzen zwischen Schein und Wirklichkeit zu verwischen.

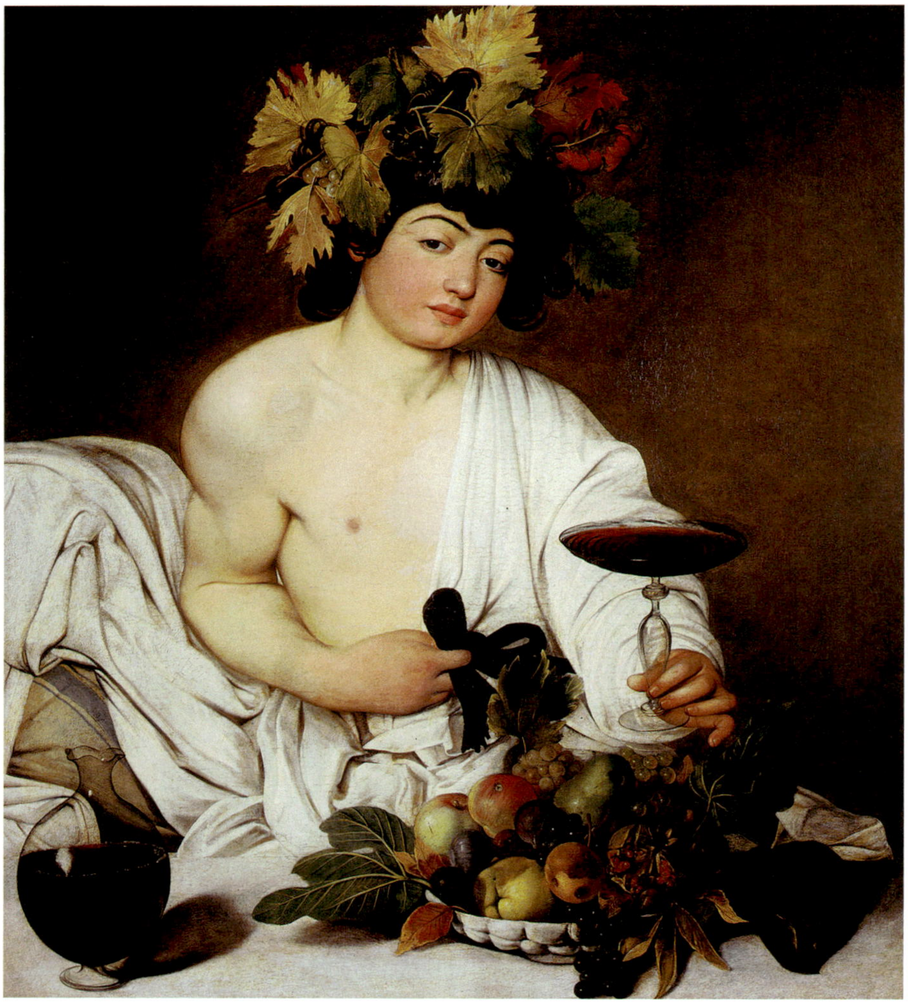

Caravaggio, *Bacchus*, um 1593.
Öl auf Leinwand, 94 x 85 cm. Galleria degli Uffizi, Florenz

Caravaggio war eine eigenwillige Persönlichkeit, zu dessen zügellosem Leben Raufereien, Duelle, ein Mordprozess, Gefängnishaft und mehrfache Flucht gehörten. Trotz seiner persönlichen Unruhe und stetigem Ortswechsel weist sein Werk doch eine in sich geschlossene, einheitliche Entwicklung auf.
In der Malerei vertrat er als gewaltsamer Neuerer einen kraftvollen Realismus ohne Pathos und Verklärung, mit dem er als Sinnenmensch gegen eine manierierte Geistigkeit in der Kunst opponierte. Besonders auffällig ist seine Lichtführung, die die Figuren aus dem Dunklen eines oft nicht näher beschriebenen Hintergrunds hervortreten lässt. Laut Bericht eines Biografen ging Caravaggio tatsächlich so weit, „dass er die Modelle niemals im Tageslicht aufstellte, sondern in einem dunklen, geschlossenen Raum, der sein Licht nur senkrecht von oben empfing. Dadurch wurden die wichtigsten Teile des Körpers beleuchtet, während das Übrige im Schatten blieb." Caravaggios Bacchus ist ein sehr irdischer Gott. Der kräftige Jüngling könnte – so meint man – auch jeden Moment aufstehen, um die antikisierende „Verkleidung", die der Maler seinem Modell zugedacht hat, wieder abzulegen.

gleichsam ungreifbar – sie sind nicht durch ihre ‚Leibhaftigkeit' (wie etwa bei Masaccio) gekennzeichnet, sondern durch ihre Spiritualität. Ebenso ist der gesamte Bildraum kein ‚begehbarer' Raum mehr, sondern als höchst unwirklicher Ort gleichfalls von dieser Geistigkeit erfasst. Hier schweben Engel, Heilige und Menschen im trauten Nebeneinander durch die Luft. Der Betrachter wird in die wirbelnde Dynamik dieser ‚Zwischenwelt' einbezogen. Kein Fluchtpunkt sammelt sein Schauen. Diagonal- und Kurvenlinien lenken den Blick S-förmig durch den Bildraum, bis er – nach stetem Crescendo – am Ziel, bei Jesus Christus, ankommt.

Die perfekte Beherrschung der perspektivischen Darstellung ermöglichte den Malern des Barock die Öffnung des realen Raumes in einer augentäuschenden Weise: Die tatsächliche Architektur wird malerisch weitergearbeitet und in die Illusion überführt. Gemalter und echter Raum durchdringen sich – die festen Grenzen zwischen Wirklichkeit und Vision, zwischen Realität und Transzendenz verschwinden. Um solche gewaltigen Gemälde, die selbst wie eine einzige großartige Bewegung wirken, zusammenzuhalten, bedarf es einer Komposition, die den vielstimmigen Chor konzentriert wie eine komplexe Partitur. So ist den großflächigen Deckenfresken ein engmaschiges kompositorisches ‚Gewebe' unterlegt, das jede Figur, jeden Bildteil an einen anderen bindet. Diese Stück für Stück geknüpften inneren Bildbezüge werden meist durch Berührungskontakte, Blicke oder Bewegungsrichtungen der Figuren hergestellt. Kein Element, keine Stimme kann entfernt werden, ohne dass das Gesamtgefüge, der Klang, darunter leiden würde.

Straßenjungen in göttlichem Licht – Caravaggio und die Caravaggisten

Gegen diese reich orchestrierten Darstellungen religiöser Themen wandte sich der Maler Caravaggio. Er war der Überzeugung, dass es für die göttliche Erscheinung keine sichtbaren Belege gäbe, wie die ‚Himmel-auf-Erden-Bilder' sie suggerierten. Ihm waren die metaphysischen Wahrheiten einzig mit dem inneren Auge fassbar. Er überwand den *Illusionismus* durch einen bis dahin nicht gekannten Realismus, der seine Zeitgenossen gleichermaßen schockierte und beeindruckte.

Caravaggios dunkle, auf wenige Personen reduzierte Darstellungen stehen im krassen Widerspruch zu den sich in lichtdurchfluteten Höhen tummelnden himmlischen Heerscharen. Seine Figuren erscheinen niemals unkörperlich und spirituell-unwirklich, sondern fast greifbar nah und – auch heute noch – zeitgenössisch. Caravaggio war dafür bekannt, dass er seine Modelle auf den Straßen Roms suchte. Er malte seine Heiligen oder mythologischen Figuren – wie *Bacchus*, den Gott des Weines – als Menschen aus dem Volk, von Arbeit und Leben gezeichnet. Mit seinem radikalen Naturalismus, der oftmals als schamlose Profanisierung verurteilt wurde, warf Caravaggio den idealistischen Schönheitsbegriff der Renaissance und die Künstlichkeit des Manierismus über Bord.

Trotz größter Realistik gingen ihm die geistigen Gehalte der Darstellungen jedoch niemals verloren, denn er fing sie durch eine ungewöhnliche Lichtbehandlung ein: Seine schlagschattenhafte *Chiaroscuro*-Malerei – die später auch als „Kellerlukenstil" bezeichnet wurde, da sie die Figuren unvermittelt aus dem Dunkel auftauchen lässt – ist das beherrschende Stilelement seiner Bilder. Das Licht erscheint fast als handelnder Teil des Geschehens. Es stellt Räumlichkeit her, bringt die Farben zum Leuchten, dynamisiert die Komposition, verleiht den Körpern Plastizität und den Bildern insgesamt eine fast mystische Spiritualität. Trotz größter Präsenz erhalten seine Darstellungen einen entrückten und überwirklichen Charakter – der Maler transzendierte seine so realistische Beschreibung durch die Art und Weise, wie er sie gestaltete. Eine biblische oder mythologische Geschichte wurde nicht einfach illustriert, sondern deren geistige Dimension durchdrungen und in der Malerei spürbar gemacht. Die Aussage wurde sozusagen in die malerische Gestaltung verlegt.

Seine außerordentliche Lichtbehandlung hat unter den Zeitgenossen wie auch später viele Bewunderer gefunden. Französische Künstler wie Georges de La Tour, vor allem aber die holländischen Maler, die sich im 17. Jahrhundert in Rom aufhielten, nahmen Caravaggios Stil in so vollendetem Maße auf, dass schon Zeitgenossen sie als „Caravaggisten" bezeichneten – was insofern ungewöhnlich ist, als dass die meisten Stilbezeichnungen erst weit im Nachhinein gefunden wurden. Noch zu Lebzeiten Caravaggios erschien ein Buch des Holländers Carel van Mander über *Italienische Künstler, die gegenwärtig in Rom sind*. Ein kleines Kapitel widmete er dem jungen Caravaggio, welches er mit der Aussage abschloss, dass die Manier Caravaggios dazu angetan sei, unter den jungen Künstlern Nachfolger zu finden.

Die „Utrechter Caravaggisten" traten eben diese Nachfolge unmittelbar an. Sie verbanden die Lichtführung und Komposition ihres großen Vorbildes mit den für die niederländische Malerei typischen ‚alltäglichen' Motiven. Gerrit van Honthorst beispielsweise beleuchtete eine Szene beim Zahnarzt in caravaggesker Manier und tauchte sie damit in ein Licht, das dem Geschehen einen geheimnisvollen und zugleich intimen Charakter verleiht.

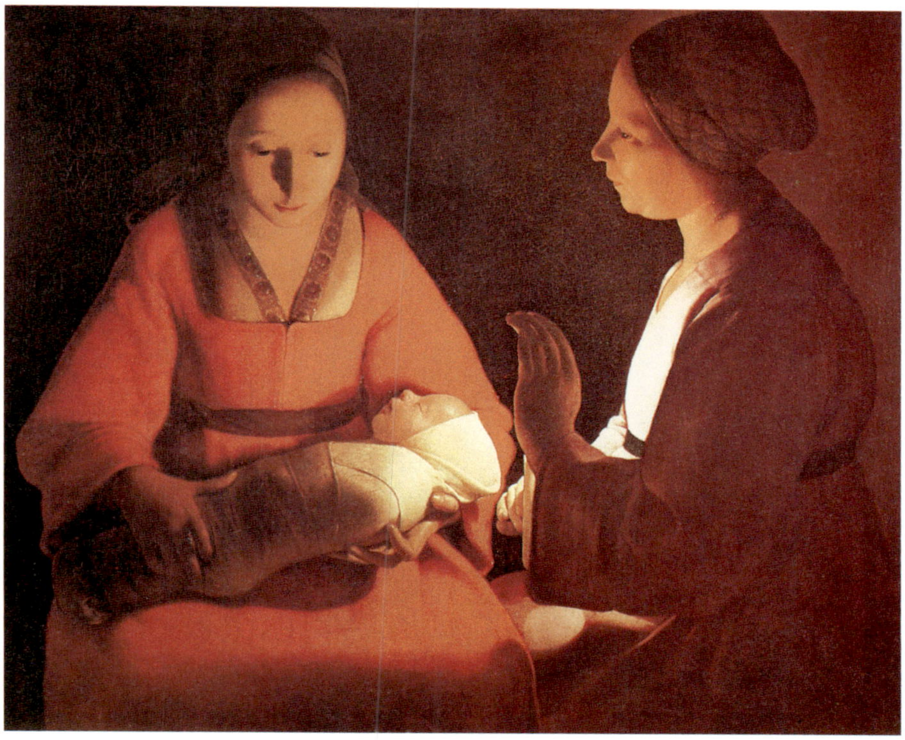

Georges de La Tour, *Die Geburt*, um 1644. Öl auf Leinwand, 76 x 91 cm. Museé des Beaux-Arts, Rennes

Georges de La Tour gehört zu den Malern, die die dramatischen Hell-Dunkel-Effekte Caravaggios übernahmen. Er ist der bedeutendste Vertreter der französischen „Caravaggisten". Im Gegensatz zu der Helldunkelmalerei der „Utrechter Schule" verzichtete de La Tour jedoch auf anekdotisches Beiwerk und schuf so eindringlich stille Bilder, deren einzige Lichtquelle oft eine verborgene Kerze ist.

Sehnsucht nach antiker Schönheit – Barock-Klassizismus

Parallel zur barocken *Illusionsmalerei* und der schlichten Monumentalität Caravaggios entwickelte sich ein völlig anderer Stil. Seine Klarheit und Strenge trugen ihm den Namen „Barock-Klassizismus" ein. Der „style classique", dessen

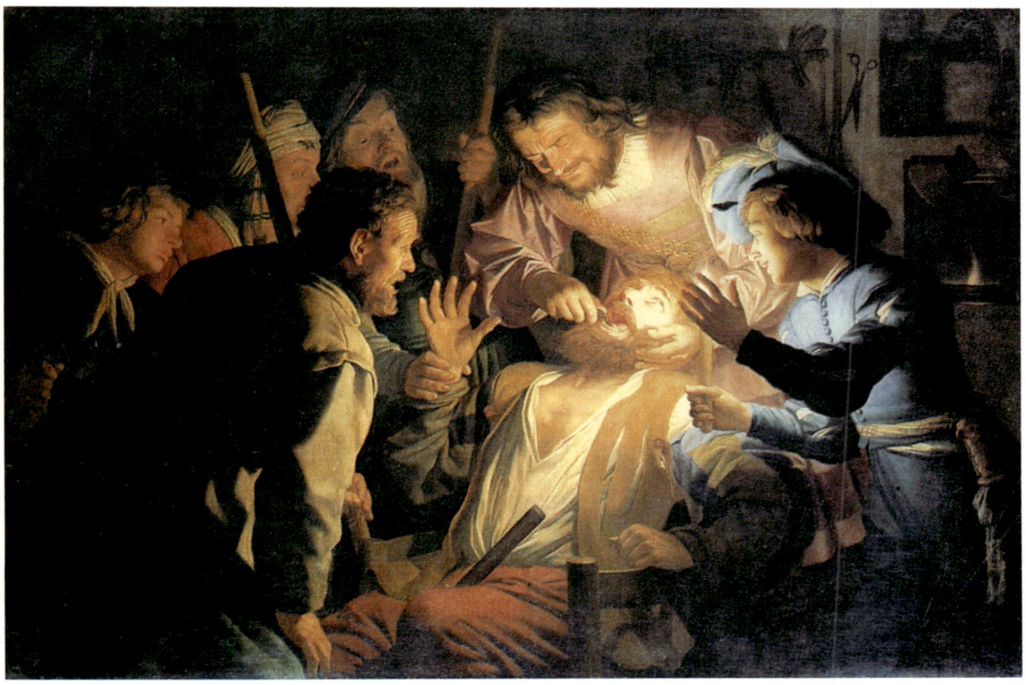

Gerrit van Honthorst, *Der Zahnarzt*, 1622. Öl auf Leinwand, 147 x 219 cm. Gemäldegalerie Alte Meister, Dresden

Der „Utrechter Caravaggist" van Honthorst verbrachte viele Jahre seines Lebens in Rom, wo er die Kunst Caravaggios kennenlernte und sich selbst dort als „Nachtbildmaler" einen Namen machte. Die harten Lichtkontraste des großen Vorbilds Caravaggio formte van Honthorst jedoch in milderes Licht um, das – im Gegensatz zu den Schlaglichtern Caravaggios – den gesamten Bildraum erfüllt.

Mit großer Liebe zum Detail schildert er in seinen Bildern volkstümliche Szenen. Neugierig scharen sich die Schaulustigen um den Patienten beim Zahnarzt. Als genauer Beobachter hielt der Maler vor allem die unterschiedlichen Gesichtsausdrücke in beeindruckender und höchst realistischer Weise fest. Das alltägliche Thema und die lebensnahe, erzählfreudige Darstellungsweise standen in bewusstem Gegensatz zu manieristischen Tendenzen.

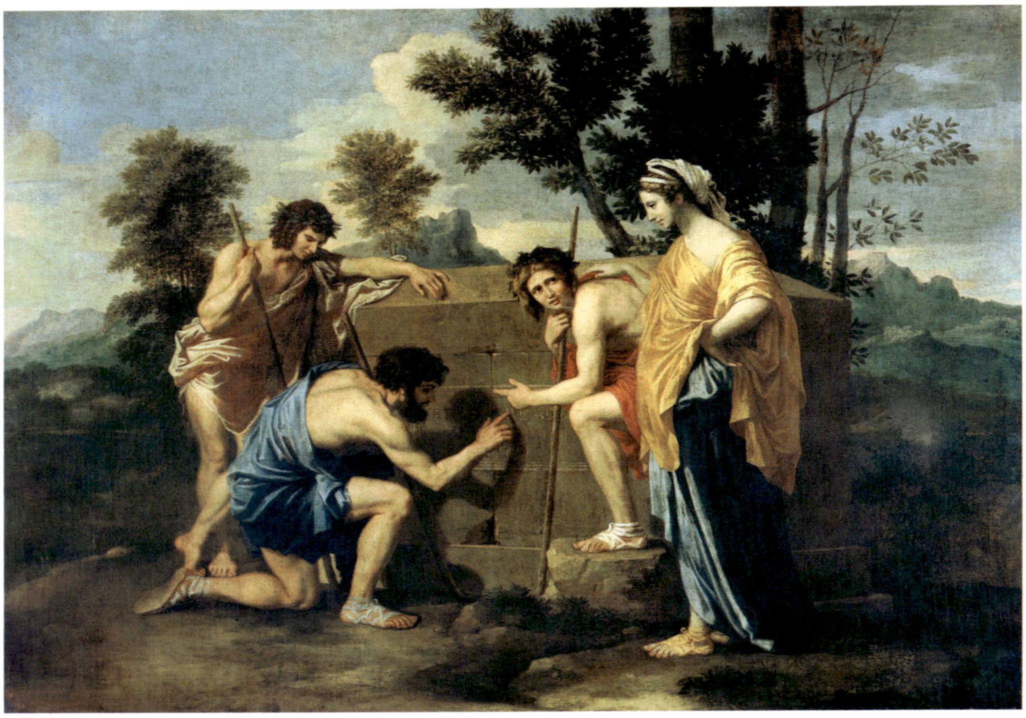

Nicolas Poussin, *Et in Arcadia ego (Die Hirten von Arkadien),* 1638/39. Öl auf Leinwand, 85 x 121 cm. Musée du Louvre, Paris

Poussin fühlte sich den Schönheitsidealen der Antike und der Renaissance verpflichtet, von denen er sich bei der Erschaffung seiner stilisierten Landschaftsbilder leiten ließ. So entspringt seine Naturdarstellung nicht der direkten Anschauung, sondern ist immer das Ergebnis eines idealisierenden Schaffensaktes, der anstelle des naturalistischen Abbildes die überhöhte Form – die ideale Form „an sich" – zum Ziel hat.
Dieses Anliegen versinnbildlicht die Inschrift auf dem Sarkophag des Bildes: „Et in Arcadia ego – Auch ich bin in Arkadien". Die Hirten entziffern die Inschrift und sinnen über den Traum von Arkadien nach, dem sagenhaften Land des Glücks und des Friedens, in dem die Menschheit in Übereinstimmung mit den Göttern und der Natur lebte. Erdige Farben und eine in sich ruhende, geschlossene Bildkomposition geben der geistigen Bildaussage die emotionale Substanz.

bedeutendste Vertreter Nicolas Poussin und Claude Lorrain waren, bestimmte das Barock in Frankreich. Allerdings verbrachten die beiden gebürtigen Franzosen die meiste Zeit ihres Lebens in Italien: Im Land der klassischen Antike und der Großmeister der Renaissance glaubten sie jenes sittliche und geistige Ideal zu finden, dem sie in ihrer Kunst nachspürten und das sie in ihrer Heimat vermissten.

In Frankreich hatte der Absolutismus im 17. Jahrhundert seinen Höhepunkt erreicht: Ludwig XIV., der sich als so unverzichtbar wie die Sonne empfand und sich daher selbstherrlich „Sonnenkönig" titulierte, wollte in seinem Allmachtsanspruch auch der Kunst den Weg weisen. 1648 wurde auf sein Geheiß die „Académie Royale de Peinture et de Sculpture" gegründet, eine der ersten Kunstakademien, in der die Schüler nach einem festen Unterrichtsplan in die Geheimnisse der Kunst eingeweiht wurden. Zudem vergab die Akademie die Aufträge zur Ausschmückung des Schlosses von Versailles, das Ludwig ab 1661 in pompösem Maßstab für sich erbauen ließ. Die Akademie wurde zur maßgeblichen Instanz des „bon goût", bestimmte den Kunstgeschmack.

Gern hätte der König wohl auch Poussin unter seinen Hofmalern gehabt, dessen klarer, an klassischen Idealen orientierter Stil dem Akademismus der Franzosen in vielerlei Hinsicht entsprach. Poussin wurde schon zu Lebzeiten in seinem Heimatland als großer Künstler gefeiert. Doch monumentale, machtverherrlichende *Historienmalerei,* wie der König sie wünschte und sein Hofmaler Charles Le Brun sie ausführte, war niemals Poussins Sache gewesen. Schon in den Diensten des Vorgängerkönigs, Ludwigs XIII., hatte er es nur zwei Jahre ausgehalten, um dann wieder nach Italien zurückzukehren. Hier, in der Landschaft der Campagna bei Rom und an der neapolitanischen Küste, fand er die gesuchte Inspiration und in den Vatikanischen Museen Roms die Vorbilder, die er – als malerischer Autodidakt – intensiv studierte.

Wie kein anderer Maler seiner Zeit hat sich Poussin mit der antiken Mythologie und Philosophie sowie der Kunst der Renaissance beschäftigt. Wie die Renaissancemaler strebte auch Poussin nach dem malerischen Einklang von Form und Inhalt, dem Ineinanderaufgehen von äußerer Erscheinung und zugrundeliegender Idee. Die Idee wurde somit nicht nur im Motiv, sondern gleichermaßen in der Malerei selbst umgesetzt. Der Inhalt vermittelt sich ähnlich wie bei Caravaggio ebenso durch die Art und Weise der Darstellung. So haben die *Hirten von Arkadien,* obwohl vor einem Sarkophag kniend mit Tod und Vergänglichkeit konfrontiert, in ihrer Statuarik etwas Überzeitliches, Ewigkeitsverheißendes. Im Zusammenspiel von Vergänglichkeit (im Motiv) und Ewigkeit (in der Gestaltung) liegt die eigentliche Aussage des Bildes, das somit zu einer gemalten Reflexion des Themas wird.

In seinen späten Werken verzichtete Poussin weitgehend auf Figuren, sie tauchten in den Landschaftsdarstellungen, denen er sich nun zu-

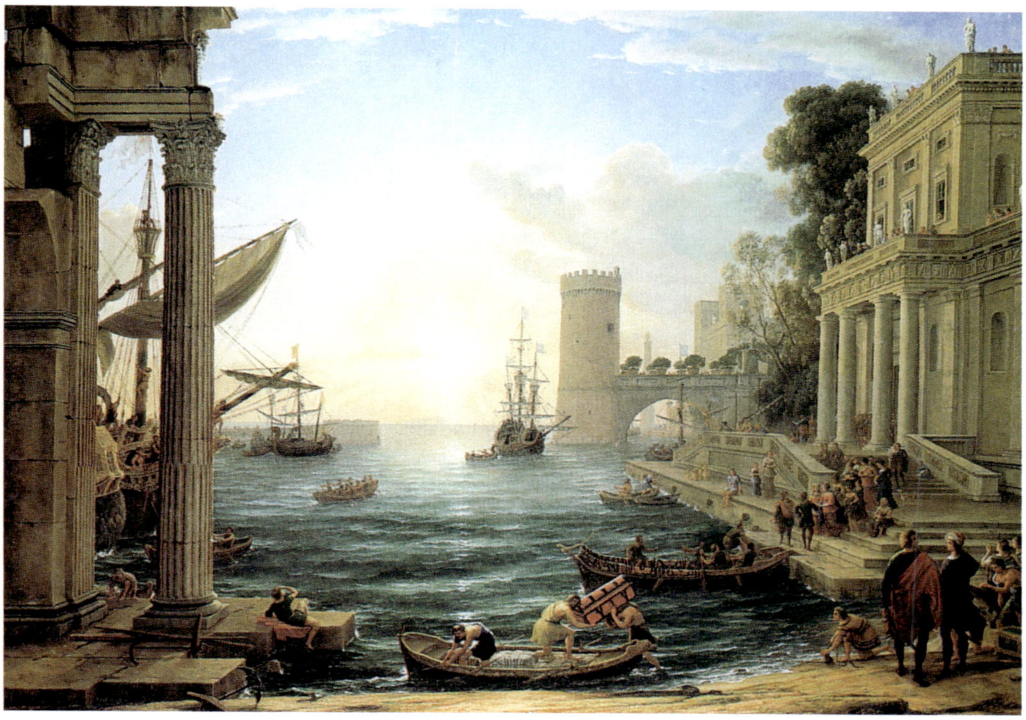

Claude Lorrain, *Einschiffung der Königin von Saba*, 1648. Öl auf Leinwand, 149 x 194 cm. National Gallery, London

Lorrain, der von der gleichen Sehnsucht wie Poussin erfasst war und ebenfalls sein Leben in Rom zubrachte, schuf in seinen Gemälden ein Traumreich der Natur und Kultur, in dem eigentlich alles auf die Darstellung des Lichtes abzielte. Die Natur erscheint niemals in ihrer gewaltigen Lebendigkeit, sondern als friedliche Idylle, wie eine sichtbare Umhüllung der menschlichen Empfindungen. Eingestreute Architekturelemente aus allen Epochen gelten der Steigerung dieses Ideals.

Das Thema des Bildes – die Abfahrt der Königin – scheint sekundär zu sein, es kommt darauf an, dass Menschen in friedlicher Weise einen Hafen bevölkern, der sich aus wirklichen Bestandteilen zusammensetzt, aber in seiner Einheit aus der Fantasie stammt. Alles aber scheint bloße Staffage zu sein für die unendliche Weite des Meeres und des Himmels und das geheimnisvolle Leben des Sonnenlichts.

wandte, höchstens als Staffage auf. Die Landschaft wurde zum alleinigen Bedeutungsträger. Poussin inszenierte die Ansichten wie Blicke in ein versunkenes Paradies, wodurch seine „heroischen Landschaften“ zu Sinnbildern einer Sehnsucht nach Gleichklang, Harmonie und vollendeter Schönheit gerieten. Gerade der doppelte Gehalt, diese sich im Motiv wie in der künstlerischen Gestaltung manifestierende gedankliche Durchdringung des Themas, machte die Landschaften Poussins für die nachfolgenden Künstlergenerationen bis hin zu Cézanne immer wieder interessant. Sein strenges Formenvokabular ließ den Maler darüber hinaus zum ‚Ahnherrn‘ der über Jahrhunderte klassizistisch geprägten französischen Malerei werden.

Ähnlich wie Poussin widmete sich auch Claude Lorrain der Landschaft. Während für Poussin die Landschaftsmalerei erst allmählich zum zentralen Anliegen wurde, so war sie für Lorrain von Anfang an das zentrale Thema. Die Handlung – meist der klassischen Sagenwelt entlehnte Szenen – spielte dabei nur eine untergeordnete Rolle, denn Lorrain fasste die klassische Antike nicht so tiefgründig auf wie Poussin. Hauptakteure sind bei ihm die Landschaft und das Licht. Seine Werke wirken oft lyrischer, verträumter als die des Maler-Philosophen Poussin, seine Darstellungen sind von elegischen Stimmungen erfüllt. Weitläufige Ebenen oder das offene Meer sind in ein warmtöniges Licht getaucht, dem der Maler in allen Abstufungen mit feinsten Farbnuancen nachspürte. Als atmosphärischer Schleier dient es dazu, eine *arkadisch*-idyllische Stimmung zu erzeugen. Besondere Effekte wie die untergehende Sonne oder eine frühe Morgenstimmung entrücken die dargestellten Szenen, sodass die Bilder stofflich kaum fassbar erscheinen. In Lorrains lichtdurchfluteten, brauntonigen „idealen Landschaften“ wird die Naturdarstellung so sehr der künstlerischen Gestaltung unterworfen, dass Goethe, ein großer Bewunderer Lorrains, in ihnen „zwar kein Stück Wirklichkeit, aber die größte Wahrheit“ fand. In ihnen sah er jene „edle Einfalt und stille Größe“ verwirklicht, die man zu seiner Zeit, dem 18. Jahrhundert, vor allem an der klassischen Antike schätzte und die man in der Kunst neu aufleben ließ.

Malerei in Flandern und Spanien

Den Gegenpart zur klassizistisch-strengen Variante der Barockmalerei, deren Vertreter bald als „Poussinisten“ bezeichnet wurden, übernahm der Flame Peter Paul Rubens. Seine Adepten nannte man später „Rubinisten“. Natürlich malten weder die „Poussinisten“ noch die „Rubinisten“ genau wie die namengebenden Vorbilder, sondern entsprachen ihnen jeweils lediglich in der künstlerischen Auffassung. Die Frage, die die Künstlerschaft in zwei Lager spaltete, war so grundlegend wie einfach: „*Disegno* oder *colorito* – Zeichnung oder Farbe, worauf soll eine Komposition aufbauen?“

Rubens, der bedeutendste Vertreter des flämischen Barock, war ausgemachter ‚Anti-Klassizist‘. Nicht Ruhe, Gleichmaß und eine fast statisch

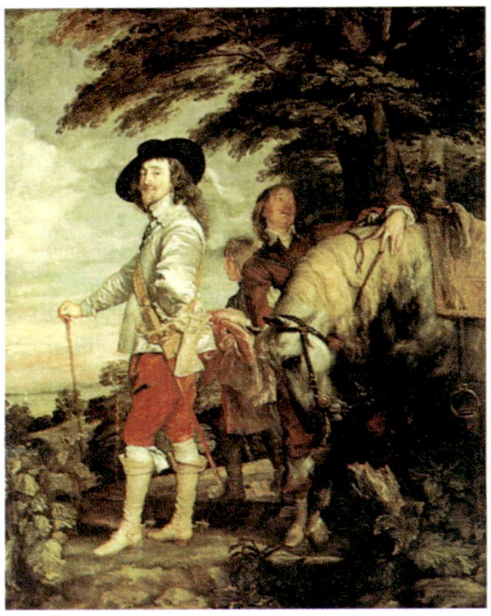

Anthonis van Dyck, *Karl I. von England auf der Jagd*, um 1635. Öl auf Holz, 266 x 207 cm. Musée du Louvre, Paris

Peter Paul Rubens, *Raub der Töchter des Leukippos durch die Dioskuren Castor und Pollux*, 1617. Öl auf Leinwand, 224 x 210,5 cm. Alte Pinakothek, Bayerische Staatsgemäldesammlungen, München

wirkende Ausgewogenheit bestimmen seine Bilder, sondern vielmehr jene bewegte Dynamik, wie sie auch im italienischen Barock zu finden ist. Rubens' Werke sind gekennzeichnet von flächenhafter Komposition und sind wie die venezianische Malerei des 16. Jahrhunderts stark von der Farbe her gedacht.

Akzentuierende Farbkontraste, ausgreifende Bewegungen der Körper und ein sich daraus ergebendes vielteiliges und spannungsvolles Kompositionsgefüge zeichnen auch sein Bild *Raub der Töchter des Leukippos* aus, die in einer dramatischen Aktion von den himmlischen Zwillingen Castor und Pollux entführt werden. Der Maler hatte bei einem längeren Italienaufenthalt u. a. Werke von Carracci und Caravaggio, aber auch die der Maler der Hochrenaissance kennengelernt und eingehend studiert. Die vielen aufgenommenen Einflüsse sind in seinem Werk unverkennbar: In Aufbau, Rhythmus und in der Massenverteilung erinnern seine Bilder an Michelangelo oder gelegentlich an Raffael, in der Farbigkeit an Tizian. Von Caravaggio übernahm er die dramatische Bildgestaltung und Lichtführung. All diese benennbaren Vorbilder verschmelzen bei dem Flamen jedoch zu einem ganz persönlichen Stil.

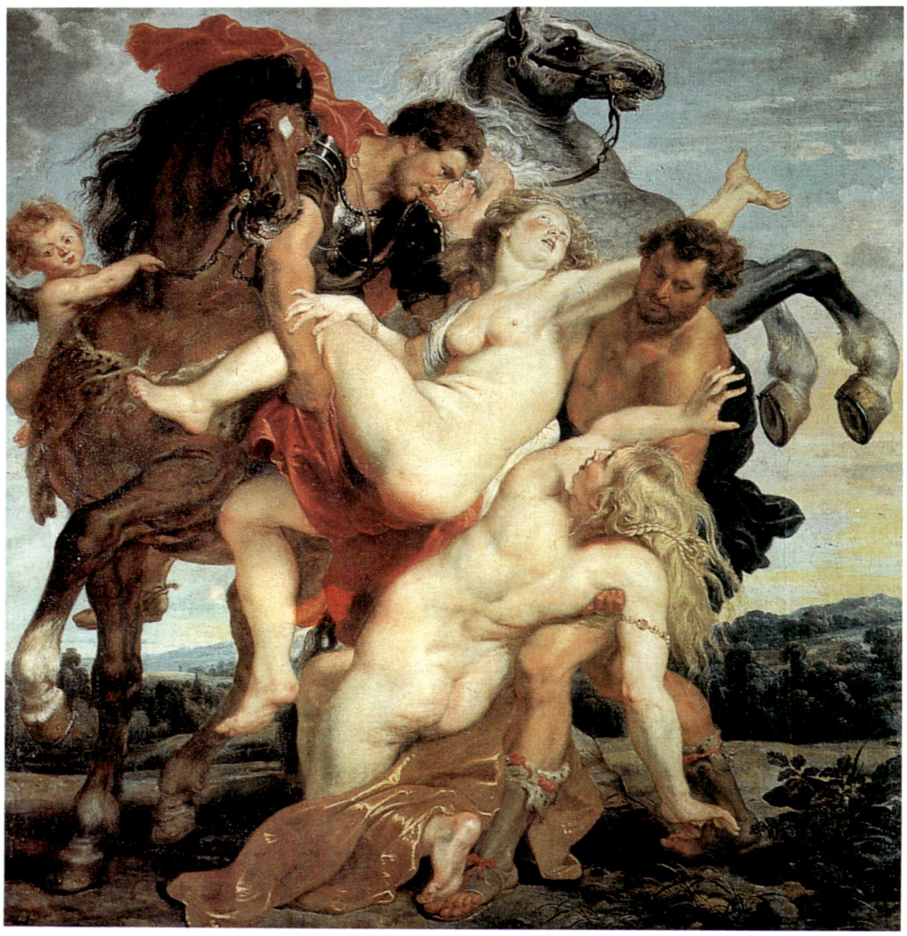

Die Lebendigkeit und Virtuosität, die Heiterkeit und Sinnenfreude seiner Bilder erfreute sich bei seinen Zeitgenossen allergrößter Beliebtheit, zumal Rubens es verstand, seine Altarbilder, Porträts, Landschaften, Jagd- und mythologischen Szenen mit jener Lebensnähe zu verbinden, die seit van Eyck in den Niederlanden Tradition hatte. Seine sinnlichen Darstellungen von (dem Schönheitsideal entsprechend üppigen) Göttinnen und Nymphen, aber auch bewegende Darstellungen religiöser Szenen sowie sensible Porträts begründeten seinen Ruhm. Rubens gehörte zu den ersten wirklichen Großverdienern der Kunstgeschichte, der seine Bilder zu bis dahin ungeahnten Preisen verkaufte. Um der großen Nachfrage gerecht zu werden, gründete er eine Werkstatt, in der die Gemälde arbeitsteilig, d. h. in Koproduktion mit anderen Werkstätten oder unter Mithilfe seiner Schüler und Gesellen, die die Gemälde nach Rubens' Skizzen anfertigten, hergestellt wurden. Aus diesem Betrieb gingen rund 3000 Arbeiten hervor, von denen aber nur etwa 600 tatsächlich von der Hand des Meisters stammen. Der straff durchorganisierte Werkstattbetrieb war zugleich Ausbildungsort, und es war für junge Maler eine große Ehre, Schüler des gefeierten Rubens zu sein.

Aus der großen Schar der Rubens-Schüler ragt als der begabteste Anthonis van Dyck heraus. Er machte sich später als Porträtmaler am englischen Hof und Begründer des „höfisch-eleganten Stils" einen Namen. In seiner Darstellung von Karl I. entwickelte van Dyck einen neuen Typus des Herrscherporträts: Der König stolziert als eleganter Gentleman durchs Bild. Nur die Diener und das edle Pferd hinter ihm deuten auf seinen Rang hin. Die lässig-stolze Pose, das lockere Understatement pointieren die Unantastbarkeit des Königs eindringlicher, als es jedes traditionelle, typisierte Herrscherbild vermocht hätte.

In einer ähnlich selbstgewissen Pose hätte sich auch Rubens malen können. Denn nicht nur als Künstler war ihm Erfolg beschieden. Der gebildete und sprachbegabte Maler stand zudem in diplomatischen Diensten mehrerer europäischer Herrscherhäuser, die offen um seine Gunst buhlten und beste Arbeitsbedingungen versprachen. Drückende Verpflichtungen, die einem Hofmaler sonst auferlegt waren, entfielen für ihn. Er selbst konnte bestimmen, wo er leben wollte, was, wie und für wen er seine Bilder malte.

Ein wesentlich weniger selbstbestimmtes Leben als Hofmaler führte Diego Velázquez, der für das spanische Königshaus arbeitete. In Spanien, der

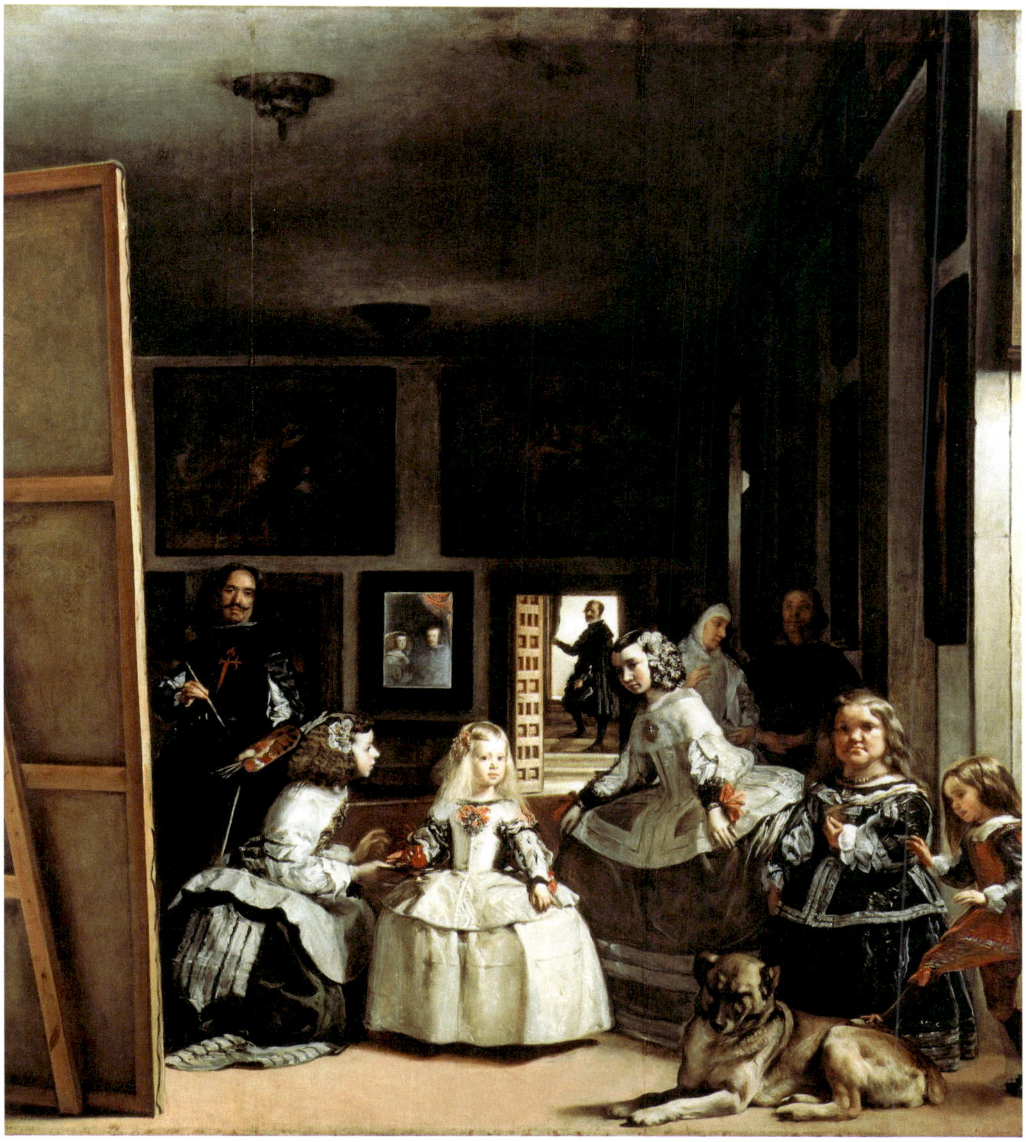

Diego Velázquez, *Las Meninas (Die Hofdamen)*, 1656. Öl auf Leinwand, 318 x 278 cm. Museo del Prado, Madrid

Als der bedeutende italienische Barockmaler Luca Giordano die *Meninas* zu sehen bekam, rief er aus: „Dies ist die Theologie der Malerei!" Und weiter: „Wie die Theologie die Einzelwissenschaften umfasst, so fasst dieses Bild die Möglichkeiten der Malerei zusammen."
Raum, Stofflichkeit, Blickkontakt und Handlung zwischen Personen, das Leben und die Abbildlichkeit selbst werden in diesem monumentalen Werk zum Thema.
Funktion und Entstehungshintergrund des ungewöhnlichen Bildes geben noch heute manche Rätsel auf. Aber was gezeigt ist, lässt sich genau benennen. Der Saal samt den Gemälden an den Wänden ist identifizierbar, ebenso alle Personen: Frontal in der Mitte die Prinzessin und mögliche Thronfolgerin Margarita, umgeben von zwei jungen Hofdamen („Meninas", portug. „kleine Damen"), des weiteren Zwerge und Hofbeamte. Links steht Velázquez mit Pinsel und Palette vor einem großen Bild. Er scheint im Begriff, den Betrachter zu porträtieren. Der Spiegel hinten im Raum gibt hier genauere Auskunft: Es ist das Königspaar, dem sich an der Stelle des Betrachters die ganze Szene präsentiert und das seinerseits auf der Leinwand des Malers repräsentiert wird.
Velázquez, nicht nur Maler, sondern auch respektabler Hofmarschall, entwickelt ein Spiel von malerischer, höfischer und staatlicher Repräsentation. Mit Pinselstrichen von virtuoser Lässigkeit gelingt ihm eine fast überwirkliche Illusion, in der Schein und Sein nicht zu trennen sind.

Hochburg der Gegenreformation und Inquisition, war das Bildrepertoire sehr eingeschränkt, das Themenspektrum weitaus kleiner als anderswo. Neben religiösen Themen machten höfische Porträts den Hauptanteil der Kunstproduktion aus. Auch Velázquez' berühmtes Bild *Las Meninas – Die Hofdamen* ist eine solche Auftragsarbeit. Velázquez verehrte Rubens – eine Bewunderung, die auf Gegenseitigkeit beruhte –, doch seine Bildsprache unterscheidet sich deutlich von der bewegten Linienführung des Flamen. Wenngleich sich gerade *Las Meninas* durch eine äußerst raffinierte Spiegelkomposition auszeichnet, so ist der Maler doch in erster Linie ein Kompositeur der Farbe und steht damit der Malerei Tizians nahe. Vermutlich hat Velázquez seine Bilder *alla prima* ohne Vorzeichnung direkt auf die Leinwand gemalt. Seine Gestalten erhalten ihre Plastizität durch einen subtil getönten, nuancenreichen Farbauftrag, dessen feiner, weicher Pinselstrich die jeweilige Stofflichkeit so wiederzugeben versuchte, wie sie sich in unterschiedlichen Lichtverhältnissen dem Auge darbot – eine Herangehensweise, die im 19. Jahrhundert vor allem von Delacroix und Manet bewundert werden sollte.

Einen Realismus anderer Art pflegte der Spanier Bartolomé Estebán Murillo. Caravaggios Malerei, seine Lichtführung, aber auch seine lebensnahe Realistik und die würdevolle Darstellung einfacher Menschen hatte die spanische Malerei in auffälligem Maße beeinflusst. Ähnlich wie Caravaggio suchte auch Murillo seine Modelle auf der Straße, und auch ihm gelang es, sie in einem religiösen Bildzusammenhang zu entrücken und zu verklären, ohne ihnen ihre Frische und Unbekümmertheit zu nehmen.

Diese lebensnahe Realistik fand ihre vollendetste Ausprägung jedoch in den sogenannten „Bodegones" („bodegon", span. „Schänke"), die sich in Spanien trotz der Priorität sakraler Themen, in Anlehnung an die zeitgleich in Holland entstehenden *Sittenbilder*, zu einem eigenständigen *Genre* entwickeln konnten.

Bartolomé Estebán Murillo, *Unbefleckte Empfängnis*, um 1670. Öl auf Leinwand, 274 x 190 cm. Museo del Prado, Madrid

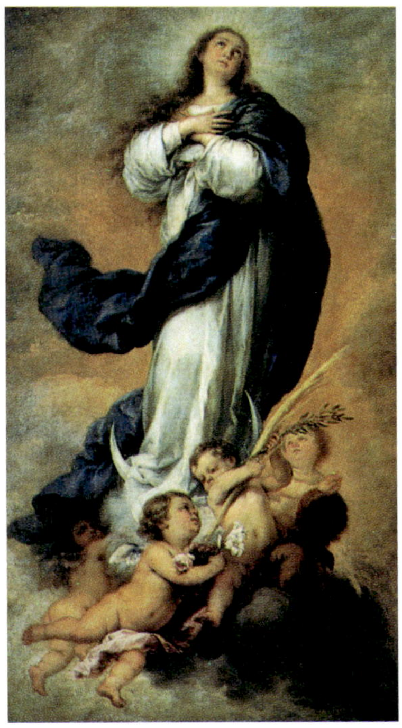

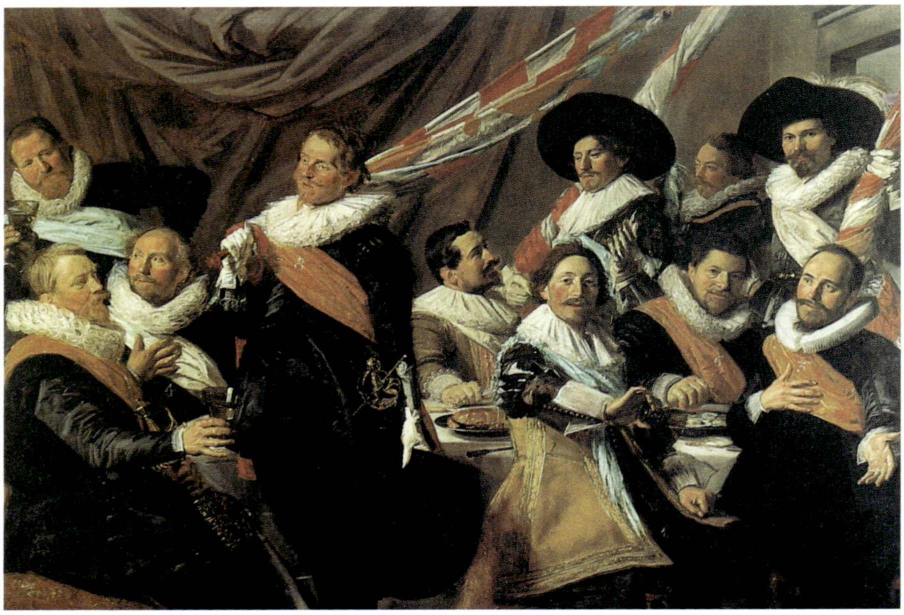

Frans Hals, ***Bankett der Offiziere der St.-Georg-Schützengilde***, um 1627. Öl auf Leinwand. Frans Hals-Museum, Haarlem

Eine fröhliche Gesellschaft. Einladend und erwartungsvoll schaut der mittlere Schütze aus dem Bild heraus, als wolle er den Betrachter auffordern, sich doch zu ihnen zu gesellen. Oder erwartet er nur den Mundschenk und schüttet deswegen rasch noch die letzten Tropfen aus seinem Glas?

Der lebendig wirkenden Darstellung unterliegt ein minutiös durchdachtes Kompositionsgefüge. Der stehende Fahnenträger in der Mitte des Gemäldes teilt das Bild in zwei Hälften. Die diagonal von unten links nach oben rechts ragende Fahnenstange erfährt eine Gegenbewegung durch die von rechts nach links aufsteigenden kompositorischen Linien der Köpfe. Typisch für die Barockmalerei sind auch die durch Kopf- und Handhaltung hergestellten Bezüge der einzelnen Personen untereinander. So entsteht ein engmaschiges Kompositionsgeflecht, das die Gruppe einmal mehr als eine „Einheit" erscheinen lässt.

BAROCK IN HOLLAND 1600–1750

Von Bauern und feinen Leuten

Während die meisten europäischen Staaten unter den Auswirkungen des Dreißigjährigen Krieges litten, entwickelte sich Holland zum reichsten Land der Welt. Die nördlichen Provinzen der Niederlande hatten 1648 die Unabhängigkeit vom katholisch-habsburgischen Spanien und damit zugleich die Religionsfreiheit erlangt. Religiöse Darstellungen verschwanden jetzt fast völlig bzw. wurden von Rembrandt, dem bedeutendsten Maler des holländischen Barock, auf völlig neue Weise ins Bild gesetzt. Mit den rauschhaften Marienverehrungen und Heiligen-Szenarien des Barock in den katholischen Ländern hatten seine intellektualisierten Darstellungen der christlichen Historie nichts gemein. Doch entsprachen Rembrandts biblische Darstellungen, die sich dem unmittelbaren Verstehen häufig widersetzen, immer weniger den bürgerlichen Bildvorlieben, und der zwischenzeitlich so gefeierte Künstler, dessen malerische Verve und brillante Technik vor allem in Bildern wie *Die Nachtwache* gerühmt worden waren, starb verarmt.

An zeitgenössischen Inventar- und Auktionslisten lässt sich der Kunstgeschmack im „Goldenen Zeitalter" deutlich ablesen: Zu den favorisierten Motiven gehörten Bilder aus dem Alltagsleben, in denen die Käufer ihre eigene Welt, ihr Selbstverständnis und Selbstbewusstsein gespiegelt sehen konnten. Der Wunsch der zu Wohlstand gekommenen Bürger, die eigenen vier Wände mit Kunst zu schmücken – ein Privileg, das sonst nur dem Adel vorbehalten war –, führte dazu, dass sich in Holland sowohl das malerische Repertoire als auch der Kunstmarkt grundlegend veränderten. Wie in Flandern wurden auch in Holland straff durchorganisierte, nach marktwirtschaftlichen Gesetzen arbeitende Werkstätten eingerichtet. Man malte, was gefragt war, spezialisierte sich auf beliebte Motive. Das bürgerliche Publikum bevorzugte vor allem die in der künstlerischen Hierarchie nieder angesiedelten Genres: Landschaften, Szenen des alltäglichen Lebens, sogenannte *Sittenbilder*, und *Stillleben*.

Aber auch die *Porträtmalerei* blühte. Als zahlungskräftige Gesellschaftsschicht ließ sich nun das aufstrebende Bürgertum – Kaufleute, Ratsherren, Gelehrte und Gildemitglieder – im Bild verewigen. Gerade Letztere bildeten zunächst die größte Klientel. Für ihre Gildehäuser, die es in jeder größeren Stadt gab, ließen die Verbände Gruppenporträts anfertigen, so etwa die St.-Georg-Schützengilde, die sich von Frans Hals konterfeien ließ. Die Unmittelbarkeit und Menschlichkeit, mit der Hals seine Modelle wiedergab, wurde wegweisend für die Bildnisse des holländischen Barock. Hals gestaltete seine Bilder wie Momentaufnahmen, ohne Pose, voll Bewegung, Lebendigkeit und Handlung. Bei ihm werden die Repräsentanten nicht mehr, wie traditionell üblich, in Reih und Glied neben- und hintereinander gestellt, sondern der Darstellung liegt das typisch barocke Kompositionsgewebe zugrunde, das mittels innerbildlicher Bezüge aus der Gruppe ein zusammenhängendes Geflecht macht. Obwohl alle Personen sehr individuell gezeichnet sind, erscheinen sie als eine Gemeinschaft, in die der Betrachter durch einladende Blicke und Gesten mit aufgenommen wird. Die Lebendigkeit und Augenblicklichkeit der Auffassung wird durch den spontan wirkenden, lockeren *Duktus* noch unterstützt.

Sitte und Unsitten – Genremalerei

Eine Intimität anderer Art findet sich in den Gemälden von Jan Vermeer van Delft. Er gilt heute als großartigster Chronist des holländischen Bürgertums. Seine handlungsarmen, stillen *Interieurszenen* bestechen durch perlmuttartig schimmernde Farb- und Lichtarrangements und den diskreten Charme versteckter Botschaften. Immer wieder hat der Maler auf seinen Bildern Frauen dargestellt, die in eine stille Beschäftigung, sei es das Lesen eines Briefes, das Musizieren oder eine Handarbeit, versunken sind. Die grandiose Behandlung des meist seitlich durch ein Fenster einfallenden Lichtes wurde erst viel

JAN VERMEER

Jan Vermeers Arbeiten sind ausdrucksstarke, mit Liebe zum Detail gemalte Werke. Seine bevorzugten Themen sind Stadtansichten, kostbare Interieurs mit Orientteppichen, Perlen und Turbanen sowie die Menschen. Doch war Vermeer kein Menschenmaler im Sinne eines Porträtisten, denn in seinen Bildern gerinnt alles zum Stillleben, alles scheint zu einem kostbaren Arrangement zu erstarren. Menschen tauchen quasi nur als Beiwerk ihrer Umgebung auf.

Über Vermeers Leben und seine Ausbildung als Maler ist heute nur wenig bekannt. Überliefert ist aber, dass er in Delft am 31. Oktober 1632 getauft wurde.

Über die Malerei hinaus, die er so gewissenhaft betrieb, dass er im Jahr nicht mehr als zwei Bilder fertigstellte, machte er sich auch einen Namen als Kunsthändler und Kunstexperte. Seine geringe künstlerische Produktion lässt darauf schließen, dass er weniger für den öffentlichen Kunstmarkt als für Förderer und Mäzene arbeitete. Seine letzten Lebensjahre jedoch waren durch eine dramatische Verschlechterung seiner finanziellen Lage gekennzeichnet. Verarmt und unzufrieden starb Vermeer 1675.

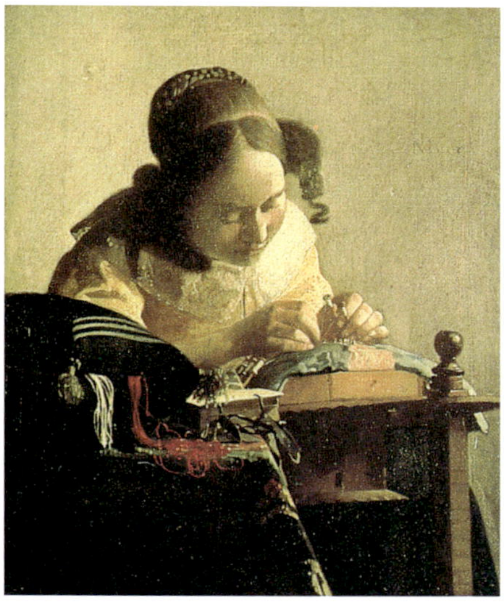

Die Spitzenklöpplerin, um 1669. Öl auf Leinwand, 24,5 x 21 cm. Musée du Louvre, Paris

An seinem Bild *Herr und Dame beim Wein* lassen sich einige kompositorische Merkmale feststellen, die für Vermeer typisch sind. So ist die Szene – wie übrigens auch die spätere *Malkunst* – in einer linken Zimmerecke angesiedelt und wird durch nur eine Lichtquelle, die den Raum von links ausleuchtet, erhellt. Typisch für Vermeers Maltechnik sind die intensiven Farbkontraste: Das Rot des Kleides setzt der Maler neben das leuchtende Weiß der Haube, der schwarze Hut des Mannes kontrastiert mit der grauen Wand. Durch die Verwendung einer *Camera obscura* war es Vermeer möglich, perspektivische Verzerrungen zu vermeiden und auf diese Weise fast übernatürlich realistisch wirkende Räume darzustellen.

Aber auch motivisch hat das Bild *Herr und Dame beim Wein* Beispielcharakter, denn wie so häufig in Vermeers Gemälden ist dem sichtbaren Abbild einer Szene eine tiefere, moralisierende Bedeutung unterlegt, die nur durch die Entschlüsselung subtiler, versteckter Hinweise verständlich wird: Es wird eine amouröse Szene zweifelhaften Charakters gezeigt. Die junge Frau hat ihr Glas so zum Mund geführt, als ob sie sich dem abwartenden Blick ihres eleganten Kavaliers entziehen will. Dieser, ohne eigenes Glas, ist bereit, ihr nachzuschenken. Es entsteht der Eindruck, als ob er sie betrunken und somit willenlos machen wolle. Dennoch haftet dem Vorgang nichts Derbes, vordergründig Erotisches an.

Vermeer schafft Distanz zwischen den handelnden Personen und dem Betrachter, indem er die Figuren in den Bildmittelgrund setzt und ‚Berührungen' mit dem Bildrand, die den Eindruck unmittelbarer Nähe hervorrufen würden, vermeidet. Das Interieur wird nicht als Umgebung für die Figur aufgefasst, sondern umgekehrt sind die Figuren offenbar Bestandteil des Interieurs. Nicht die Szene umfängt die Person, sondern die Person ist abhängig von der Szene. Gleiches gilt für *Die Malkunst* – ein Bild, das ebenfalls die sublime Bildsprache und Motivwahl Vermeers verdeutlicht. Bei dem posierenden Modell handelt es sich um die Muse Klio, die Patronin der Geschichte. Vermeer wollte durch diese Darstellung zum Ausdruck bringen, dass sich der Künstler seine Themen in der Geschichte suchen sollte, womit er der damals gültigen Auffassung folgte, nach der das Historienbild als eine der vornehmsten Gattungen der Malerei galt.

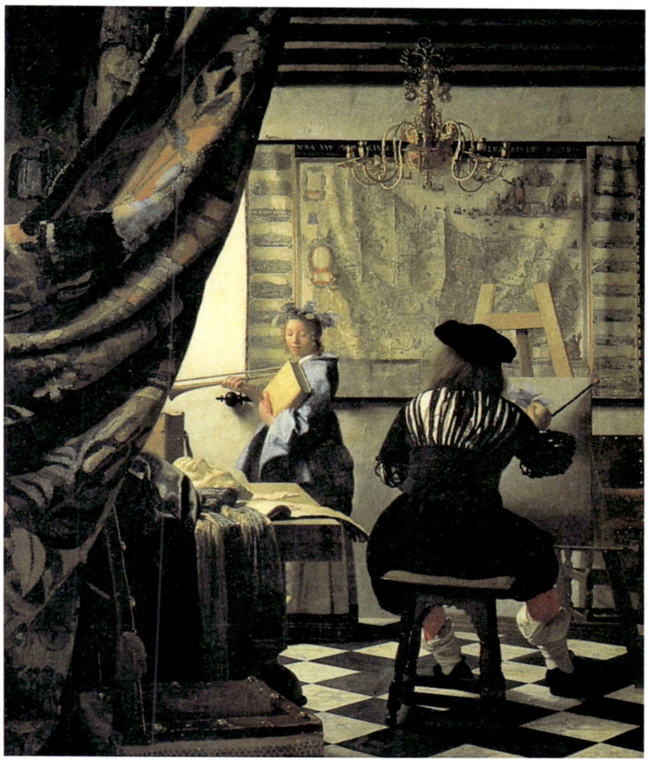

Die Malkunst (Allegorie der Malerei), um 1665. Öl auf Leinwand, 120 x 100 cm. Kunsthistorisches Museum, Wien

In dem Bild *Die Spitzenklöpplerin* ist Vermeers Technik des Farbtupfenauftrags erkennbar, auf die später die Impressionisten zurückgreifen sollten: Der weiße Kragen des Kleides und die Arbeit unter den Händen zeigen deutlich die nebeneinandergesetzten einzelnen Farbpunkte, die, von Ferne betrachtet, das einheitliche Ganze ergeben.

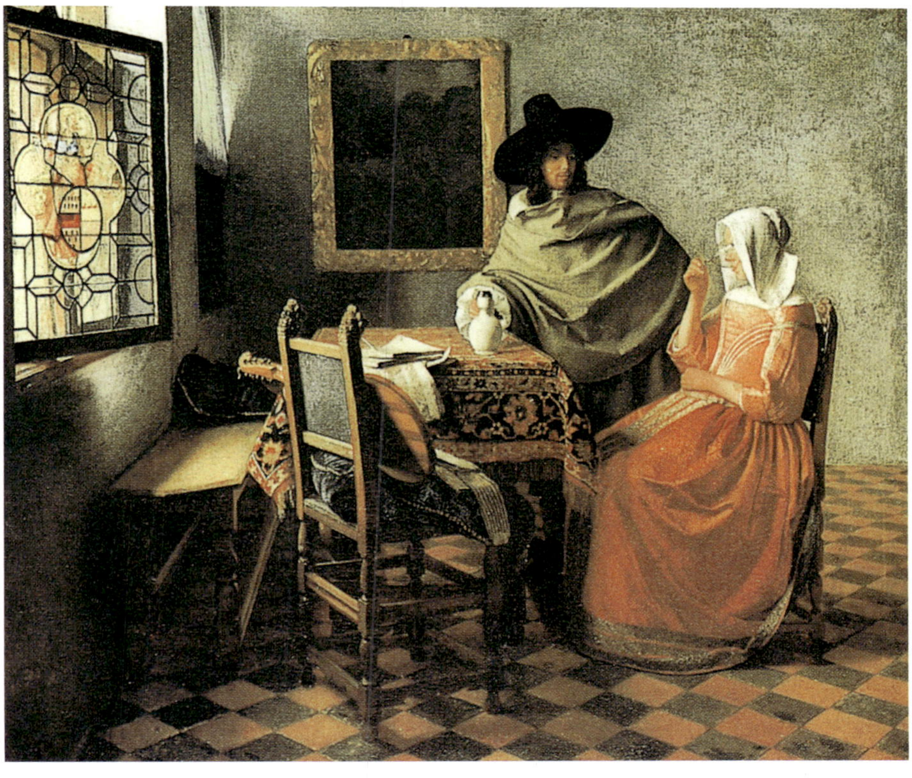

Herr und Dame beim Wein, um 1658–60. Öl auf Leinwand, 66,3 x 76,5 cm. Staatliche Museen zu Berlin – Preußischer Kulturbesitz, Gemäldegalerie

Maler des dramatischen Lichtes

REMBRANDT HARMENSZ. VAN RIJN

1606–1669

Als ein Hauptmeister der Barockmalerei wurzelt Rembrandt unzweifelhaft in der Kunst seiner Zeit. Aber wie nur wenige Maler ist er durch die Jahrhunderte hindurch aktuell geblieben. Das Handeln oder auch Nachdenken und Grübeln seiner Menschen, ihr Geist, mutet unmittelbar verständlich und vertraut an. Viele Maler und Schriftsteller, unzählige Museumsbesucher setzten und setzen sich mit Rembrandt als einem geradezu modernen Beobachter, Regisseur und Bibelinterpreten auseinander.

Der am 15. Juli 1606 in Leiden geborene Rembrandt Harmenszoon van Rijn wuchs in gutbürgerlichen Verhältnissen auf. Sein Vater Harmen hatte es als Inhaber einer Mühle zu beachtlichem Wohlstand gebracht; seine Mutter Neeltje stammte aus einer angesehenen Bäckerfamilie. Als der junge Rembrandt das soeben begonnene Philosophie-Studium 1620 abbrechen wollte, um sich zum Maler ausbilden zu lassen, wurde dieser Wunsch von den Eltern unterstützt. Sein erster Lehrer war der Leidener Meister Jacob van Swanenburgh, der Rembrandt für drei Jahre aufnahm und ihm die handwerkliche Grundausbildung gab. Danach wechselte Rembrandt ins Atelier von Pieter Lastman in Amsterdam, der hier zu den bedeutendsten Historienmalern gehörte. Er hatte Italien bereist und dort die dramatische Inszenierung von Licht und Schatten für sich entdeckt.

Nach sechs Monaten beendete Rembrandt seine Lehrzeit in Amsterdam und kehrte nach Leiden zurück. Im Alter von 18 Jahren war er nun ein selbstständiger Maler, der allerdings zunächst noch die finanzielle Unterstützung seiner Eltern benötigte. Er begann ehrgeizig, erhielt jedoch für seine ersten Arbeiten keine öffentliche Anerkennung. Eine Reihe von Selbstbildnissen aus dieser Zeit zeugt von seiner hohen künstlerischen Selbstachtung, aber zugleich auch von einem humorvollen Hang zum Komödiantischen und zur Verkleidung. Durch kritische Selbstbeobachtung und -reflexion entwickelte er das psychologisierende Selbstporträt, mit dem er auch in späteren Bildnissen Einsicht in seine jeweilige persönliche seelische Befindlichkeit gab.

Rembrandt als Historienmaler

Die Historienbilder Rembrandts zeichnen sich dadurch aus, dass sie nicht allein eine bestimmte Begebenheit illustrieren, sondern immer zugleich den Menschen und seine Gefühle zeigen. Rembrandt interpretierte Themen neu und eigenwillig, durchbrach herkömmliche Kompositionsschemata. So setzte er sich von Lastmans Art ab, Historienstücke unter freiem Himmel spielen zu lassen, wo die Landschaft als dramatische Kulisse eingesetzt wird und wo die Farben im ungebrochenen Licht kontrastieren. Er ließ Szenen oft in Innenräumen spielen und fand eine ganz eigene Art der Lichtbehandlung.

Durch seine betonte Hell-Dunkel-Malerei erzielte Rembrandt suggestive, emotionale Effekte. Er leuchtete seine Bilder nicht aus, sondern ließ große Bildteile im Dunkeln; seine oft fast überhellen Lichtpartien dagegen haben meist keine konkreten Lichtquellen – das Licht scheint von innen heraus zu strahlen und hat symbolischen Charakter. Damit stand er in der Tradition Caravaggios.

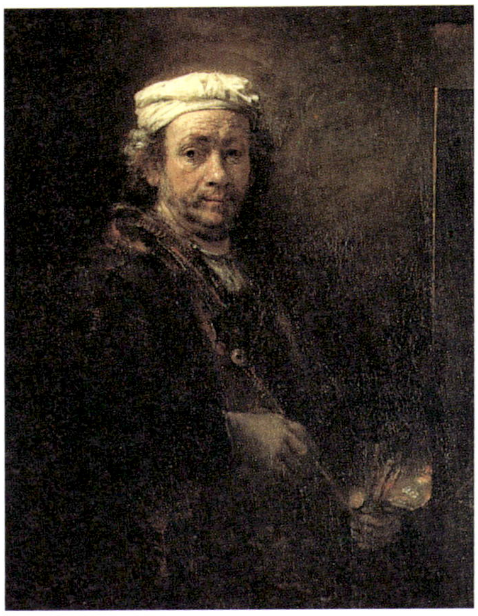

Selbstbildnis vor Staffelei, 1660. Öl auf Leinwand, 110 x 86 cm. Musée du Louvre, Paris

Die Anatomie des Dr. Tulp, 1632. Öl auf Leinwand, 162,5 x 216,5 cm. Mauritshuis, Den Haag

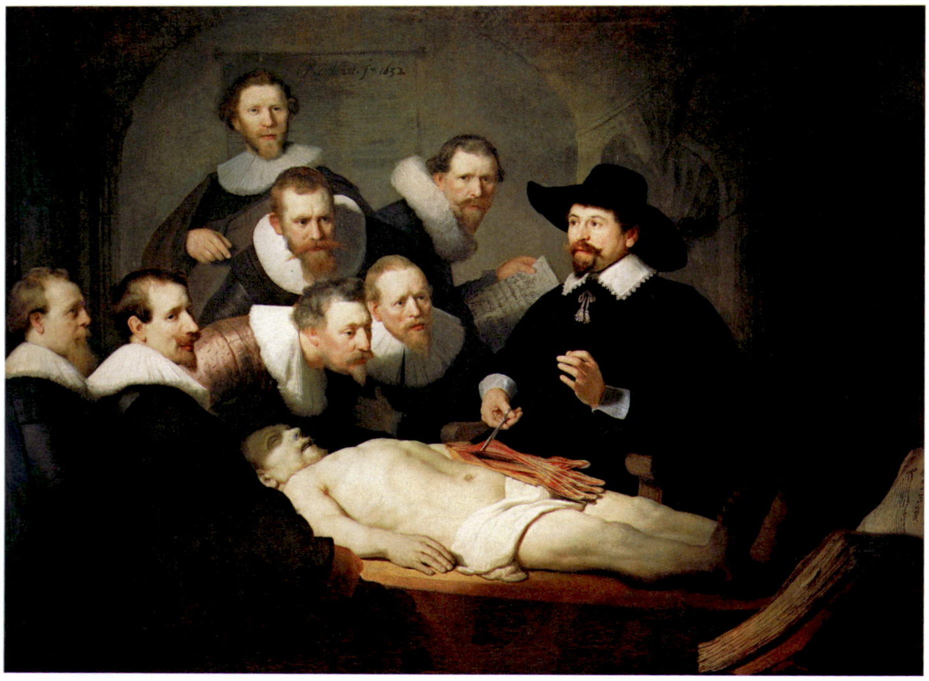

Auf dem Höhepunkt des Erfolgs

Im Jahr 1628 kam der namhafte Dichter, Gelehrte und Regierungsberater Constantijn Huygens nach Leiden. Er sah Arbeiten von Rembrandt und war begeistert. Sein überschwängliches Lob hatte die erhofften Folgen: Es fanden sich bald mehr Käufer und Rembrandts Ruhm wuchs schnell. Nun konnte Rembrandt es sich erlauben, Schüler in sein Atelier aufzunehmen, die schon nach kurzer Zeit seinen Malstil mit solcher Perfektion übernahmen, dass es den Kunsthistorikern noch heute schwerfällt, einen echten Rembrandt von einer Schülerarbeit zu unterscheiden. Das beste Beispiel hierfür ist das Gemälde *Der Mann mit dem Goldhelm*, das erst kürzlich von Experten als das Werk eines Schülers entlarvt wurde.

Im Jahr 1630 stand Rembrandt am Anfang seiner produktivsten Schaffensphase. Gezielt intensivierte er die Produktion von Radierungen, die er in hohen Auflagen verkaufte, und erreichte so, dass seine Werke – und mit ihnen sein Name – weit verbreitet wurden. Er gewann immer mehr an Ansehen, und sein Vermögen wuchs.

1631 übersiedelte er nach Amsterdam, wo er für die einflussreiche Chirurgengilde sein erstes Gruppenporträt malte: *Die Anatomie des Dr. Tulp*. Es gelang ihm, in diesem Bild eine bis dahin unbekannte Lebendigkeit zu erzeugen. Er nahm die Anatomiestunde nicht als vordergründiges Motiv für die Darstellung einer Gildengruppe, sondern stellte umgekehrt durch die gespannte Aufmerksamkeit der Mediziner den Unterricht als solchen in den Vordergrund, um die Gildemitglieder auf diese Weise in ihrer ‚natürlichen' Umgebung individuell konterfeien zu können. Außerdem erwies sich Rembrandt auch in diesem Werk als hervorragender Lichtregisseur: Die Gesichter der Mediziner tauchte er in auffällig helles Licht und erreichte damit, dass alle Personen – obwohl jede einzeln und für sich steht – gemeinsam aus dem umgebenden Dunkel hervorgehoben und

auf diese Weise als zusammengehörige Gruppe erkennbar werden.
Nach der Fertigstellung dieses Werkes wurde Rembrandt innerhalb weniger Monate zu einer Berühmtheit und erhielt in den folgenden Jahren eine wahre Flut von Aufträgen aus der Bürgerschicht und selbst vom Hof in Den Haag.
Durch seine Hochzeit mit der aus einer angesehenen Patrizierfamilie stammenden Saskia van Uylenburgh im Jahr 1634 wurde Rembrandt als gleichgestelltes Mitglied in die Oberschicht aufgenommen. Dieser soziale Aufstieg, das Vermögen seiner Frau Saskia, seine Einnahmen als Lehrer und der Verkauf von Bildern machten Rembrandt zum arrivierten, wohlhabenden Großbürger. Doch blieb er kein reicher Mann. Was er verdiente, trug er in Auktionshäuser. Wie besessen sammelte er Gewänder, Waffen, Bücher, Kupferstiche und vieles mehr, was er in seinen an Staffage reichen Bildern abgebildet hat. Diese Ankäufe belasteten sein Vermögen derartig, dass er schließlich beim Kauf eines neuen Hauses in der vornehmen Breestraat nicht einmal die Anzahlung leisten konnte.

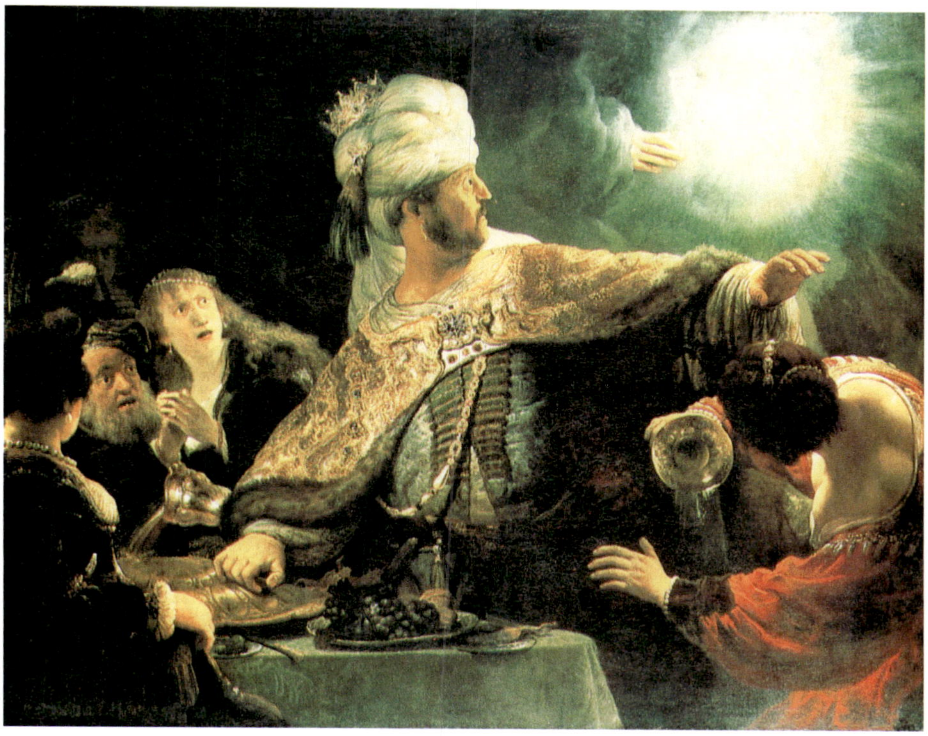

Das Gastmahl des Belsazar, 1630. Öl auf Leinwand, 167,6 x 209,2 cm. National Gallery, London

Der eigenwillige Regisseur und sein Ende

Zu Beginn des Winters 1639 bestellte die Bürgerkompanie des Hauptmanns Frans Banningh Cocq ein Gruppenbildnis bei Rembrandt. Als das Gemälde, das für den großen Saal der Cloeveniersdoelen gedacht war, 1642 enthüllt wurde, hielt sich die Begeisterung der Auftraggeber allerdings in Grenzen: Sie hatten weniger ein Kunstwerk erwartet als eine Dokumentation ihrer Würde; ein jeder wollte sich möglichst vorteilhaft porträtiert sehen. Nach allgemeinem Verständnis aber war von Würde und Repräsentation auf Rembrandts Bild wenig zu sehen, waren doch die meisten der abgebildeten Personen entweder halb verdeckt, befanden sich im Hintergrund oder ihre Gesichter waren überschattet. Außerdem hatte Rembrandt statt achtzehn Personen einunddreißig auf das Bild gebannt, hatte also ‚Statisten' zur reinen Illustration und Belebung der Szene hinzugenommen. Damit setzte er das Bild in krassen Widerspruch zu konventionellen Gruppenbildnissen seiner Zeit, deren einziges Anliegen in aller Regel darin bestand, die einzelnen Personen in repräsentativer Pose zu zeigen. Weil die Figuren auf herkömmlichen Genrebildnissen beliebig austauschbar wirkten, gestaltete Rembrandt sein Bild wie ein szenisches, vom Inhalt getragenes Historiengemälde: Der Hauptmann hebt befehlend den Arm, die Trommel wird gerührt, die Flinte geladen, der Hahn gespannt. Rembrandt baute eine Szene auf, schuf mit Licht und Schatten Raumtiefe und inszenierte barocke Bewegungen vor einer klassischen Kulisse.
Im Gegensatz zum katholischen Rubens verzichtet Rembrandt auf Allegorien. Aber seine Bildkonzepte sind geistreich durchdacht; hinter dem sichtbaren Bildgehalt befindet sich immer eine tiefere Bedeutung.
Die späten Gemälde, Zeichnungen und Radierungen Rembrandts haben auffällige Gemeinsamkeiten: Die Spuren des Arbeitsprozesses sind nicht getilgt, das ‚Handwerkszeug' bleibt sichtbar. Farbe wird nicht übergangslos vertrieben (d. h. verschmelzend ineinandergemalt), sondern dicke Farbspuren liegen übereinander. Schraffuren in der Grafik sind großzügig und kühn, ohne pedantische Feinteiligkeit. Überall spielen Zufälligkeiten des Tuscheverlaufs, der Formen der Federn, Radiernadeln und Pinsel usw. eine Rolle.
Aber Rembrandt stellte mit einzigartiger, offenbar traumwandlerischer Sicherheit diese Zufälligkeiten in den Dienst seines Formwollens. Aus scheinbar lässig gezogenen Pinsel- oder Federstrichen entstehen äußerst nuancenreiche Differenzierungen insbesondere der Physiognomien. Gegen Ende seines Lebens wurde Rembrandt, der wenige Jahre zuvor noch als lebenslustiger Verschwender galt, zum Eigenbrötler. Sein Ruf verkam, doch sein Ruhm wuchs weiter. Als im Jahr 1647 der Prinz, sein wichtigster Auftraggeber, starb, begann der langsame, unaufhaltsame Abstieg. Der neue Statthalter, Prinz Wilhelm II., bevorzugte die neue klassizistische Malerei.
Am 4. Oktober 1669, im Alter von 63 Jahren, starb Rembrandt Harmenszoon van Rijn im Armenviertel von Amsterdam.

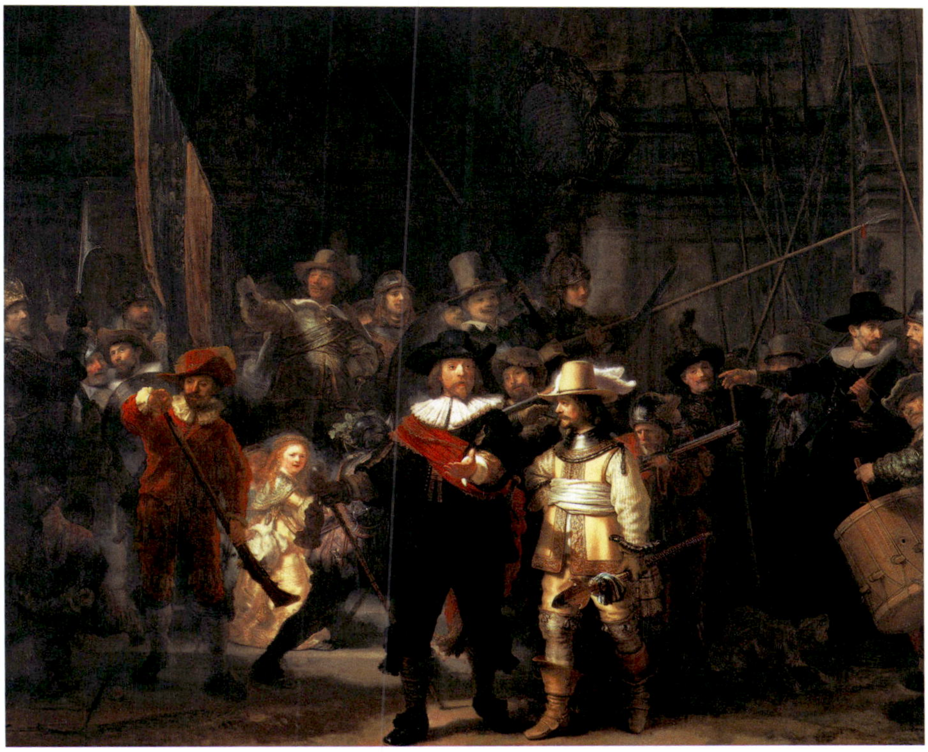

Die Nachtwache, 1642. Öl auf Leinwand, 359 x 438 cm. Rijksmuseum, Amsterdam

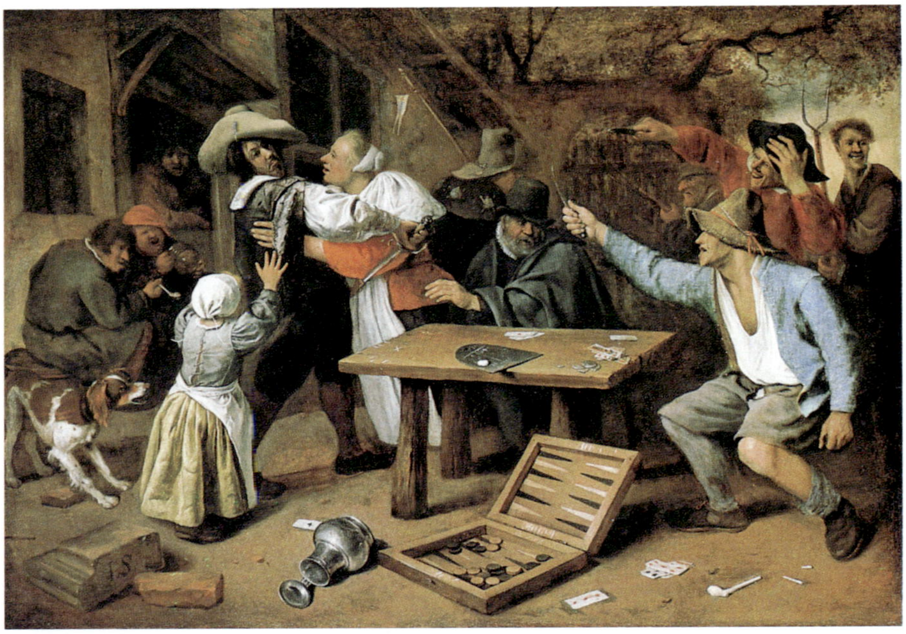

Jan Steen, *Der Streit beim Spiel*, Öl auf Leinwand, 90 x 119 cm. Staatliche Museen zu Berlin – Preußischer Kulturbesitz, Gemäldegalerie

Alkohol ist geflossen, der leere Krug vom Tisch gefallen. Ebenso das Spielbrett, das offensichtlich Grund für den herben Streit zwischen den beiden Männern ist. Aufgebracht hat der eine bereits sein Messer gezückt, während der andere mühsam von Frau und Kind zurückgehalten wird. Wie auf einer Bühne führt Jan Steen hier ein moralisches Lehrstück vor, das zeigt, wohin Glücksspiel und Trunksucht führen können

später – nämlich von den Impressionisten – erkannt und geschätzt. Als man im 19. Jahrhundert die holländische Genremalerei wiederentdeckte, glaubte man darin einen fast fotografischen Realismus zu erkennen. Das war allerdings ein Trugschluss, denn obwohl sie einerseits naturalistisches Abbild der Wirklichkeit sind, haben Vermeers Bilder fast immer auch eine hintergründige Aussage. Sie sind nicht nur Dokument zeitgenössischen Lebens, sondern zugleich „Erziehungsbilder", die die richtige und die falsche Lebensweise vor Augen führen sollten. Verführung beim Wein, Kuppelszenen und Ähnliches scheint in den so still wirkenden Bildern Vermeers häufig mit auf.

Wesentlich drastischer und derber geht es bei Jan Steen zu, der mit seinen Genreszenen aufzeigte, wohin es führen kann, wenn man Anstand und Moral fahren lässt. Streit im Wirtshaus, wilde Gelage, wüste, chaotische Haushalte sind immer wiederkehrende Themen seiner Bilder. Im holländischen Sprachgebrauch ist ein chaotisches Durcheinander noch heute „ein Haushalt von Jan Steen". Witzig und doch mit erhobenem Zeigefinger rückt Steen das „irdische Fegefeuer" – die Zerstörung der wirtschaftlichen Existenz und damit die Armut – als mahnenden Hinweis ins Bild.

Anekdotische Darstellungen aus dem Wirtshaus, Kuppel- und Bordellszenen (sogenannte „bordeeltjes") erfreuten sich im holländischen Barock überaus großer Beliebtheit – vielleicht auch, weil diese Darstellungen nicht ganz frei von einer gewissen Doppelmoral sind, halten sich hier doch Verurteilung und Attraktion der Verfehlung die Waage.

Vergängliche Schönheit, auf ewig festgehalten – Stillleben

Eine moralisierende Komponente enthielt selbst die so wertfrei scheinende *Stilllebenmalerei*, die im 17. Jahrhundert in Holland eine nie wieder erreichte Blüte erlebte. Zwar war eine präzise, detailgenaue Abbildung, die der unterschiedlichen Stofflichkeit der Gegenstände nachspürte, auch der Renaissance nicht fremd gewesen – man denke nur an die Schätze, die Holbeins *Kaufmann Gisze* um sich versammelt hielt –, doch dass eine Anhäufung von Gegenständen zum einzigen Bildthema erkoren wurde, ist eine Errungenschaft des 17. Jahrhunderts; erst im Barock entwickelte sich das Stillleben zu einer eigenen Bildgattung.

Sehr häufig zeigen die niederländischen Stillleben Güter des Reichtums: blitzendes Messing, feingeschliffene Gläser, schimmernde Perlen und exotische Muscheln oder kostbares Porzellan. Die Maler hielten in malerischer Virtuosität jedoch nicht nur die Schönheit der Dinge zum Greifen nah fest – obwohl vielen Käufern die gemalten Kostbarkeiten der Ersatz für echte waren –, sondern sie nutzten die stoffliche Faszination der Dinge auch, um die Vergänglichkeit alles Sinnlichen und Schönen dieser Welt in Erinnerung zu rufen. Oft finden sich in den Stillleben Dinge wie Totenschädel, Stundengläser, niedergebrannte Kerzen oder gesprungene Saiten – sogenannte *Vanitas-Motive* – als direkte Verweise auf die Endlichkeit des Seins: Alle Schönheiten, die Kunst, Natur und Alltagsgegenstände bereithalten, sollen zwar erkannt und genossen, aber nicht überbewertet werden. Und genau diese Betrachtungsweise reklamieren die Stillleben verdeckt auch für sich selbst: Der Reiz dieser großartigen Malerei besteht gerade darin, dass man, obwohl eine geschälte Zitrone, ein blinkender Kelch und ein funkelndes Glas so verblüffend ‚echt' aussehen, doch immer weiß, dass es nur gemalt, die Pracht ein purer Schein ist.

Stimmungsvolle Sinnbilder – Landschaftsmalerei

Auch in der *Landschaftsmalerei* offenbart sich oftmals ein doppelter Bildsinn. Aber natürlich ging es den Landschaftsmalern vor allem darum, ihr Land, um dessen Unabhängigkeit die Holländer erbittert gekämpft hatten, darzustellen. Die flache niederländische Landschaft, mit tiefem Horizont und einem gewaltigen Himmel, der sich im Gewässer spiegelt, wird – auch hier wieder unter Berücksichtigung der bürgerlichen Käuferschicht – in meist kleinen, in jede Stube passenden Formaten eingefangen. Diese Kabinettgröße steht in spannungsreichem Kontrast zu den dargestellten Weiten. Flusslandschaften, Kanäle, auf denen Handel getrieben wird, oder dem Meer abgetrotzte Polderlandschaften gehören ebenso wie Stadtansichten zu den gängigen Motiven der holländischen Landschaftsmalerei.

Allerdings sind diese Landschaftsbilder nicht immer konkrete Abbilder tatsächlich existenter Landschaften. Es sind weniger topografisch genaue Ansichten (wie sie etwa die *Veduten*-Maler Italiens unter anderem als gemalte Erinnerungsstücke für die immer zahlreicher werdenden Touristen malten), sondern sie haben ein doppeltes Gesicht: Es sind Abbilder und Sinnbilder zugleich. Als stimmungsvoll erfasste naturalistische Schilderungen haben sie bis heute nichts an Wirkung eingebüßt. Noch immer meint man, den Wind oder durch schwere Wolken brechende Sonnenstrahlen regelrecht zu spüren.

Nachdem diese empfindsame Malweise im 18. Jahrhundert, als große heroische Themen die Kunst bestimmten, als „Alltagskunst" abgetan worden war, sollten die *Freilichtmaler* der „Schule von Barbizon" und die Impressionisten die atmosphärische holländische *Landschaftsmalerei* im 19. Jahrhundert für sich wiederentdecken. Allerdings ist die impressionistische Auffassung der *Landschaftsmalerei* bei aller Ähnlichkeit eine völlig andere. Zwar haben auch die Holländer ihre von den Impressionisten bewunderte Naturnähe und Lebendigkeit erreicht, indem sie Skizzen und Vorzeichnungen in der Natur anfertigten, auf deren Grundlage sie dann im Atelier ihre Ölbilder ausarbeiteten – wie übrigens alle ihre Kollegen, von Lorrain bis Velázquez, reine Ateliermaler waren –, jedoch besteht der Unterschied zu der dem Eindruck verhafteten Malerei des Impressionismus darin, dass die holländischen Landschaftsmaler ihren Bildern häufig eine über die Abbildlichkeit hinausgehende Bedeutungsebene unterlegten: Oftmals waren die Darstellungen als Gleichnisse gemeint, bei denen feststehende ikonografische Zeichen wie etwa ein einsamer Baum am Wasser, der für die Kraft des Glaubens steht, den eigentlichen Sinngehalt des Bildes ausmachten.

Vor allem Jacob van Ruisdael ist ein Meister dieser „paysages moralisés". In seinen „belehrenden Landschaftsbildern" finden sich allenthalben *Vanitas-Motive* wie zerfallene Kirchen oder abgestorbene Bäume, die auf die Vergänglichkeit verweisen. Auch im Bild *Die Mühle von Wijk* haftet der stimmungsvollen Atmosphäre eine sinnbildhafte Bedeutung an. Die mächtige Mühle hat in ihrer Monumentalität fast wehrturmartigen Charakter. Sie stellt sich trotzig dem schweren Himmel, an dem sich ein Unwetter zusammenzubrauen scheint, entgegen. Die schwermütige Friedlichkeit gerät zu einem Bild zweifelhafter Ruhe – der Ruhe vor dem Sturm.

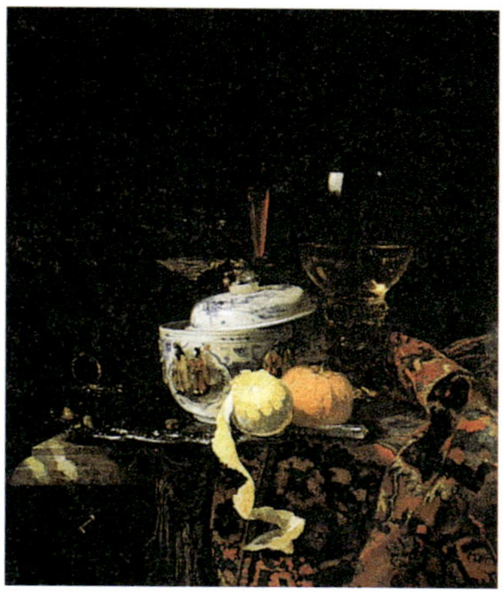

Willem Kalf, *Stillleben mit chinesischer Porzellandose*, 1662. 64 x 53 cm, Öl auf Leinwand. Staatliche Museen zu Berlin – Preußischer Kulturbesitz, Gemäldegalerie

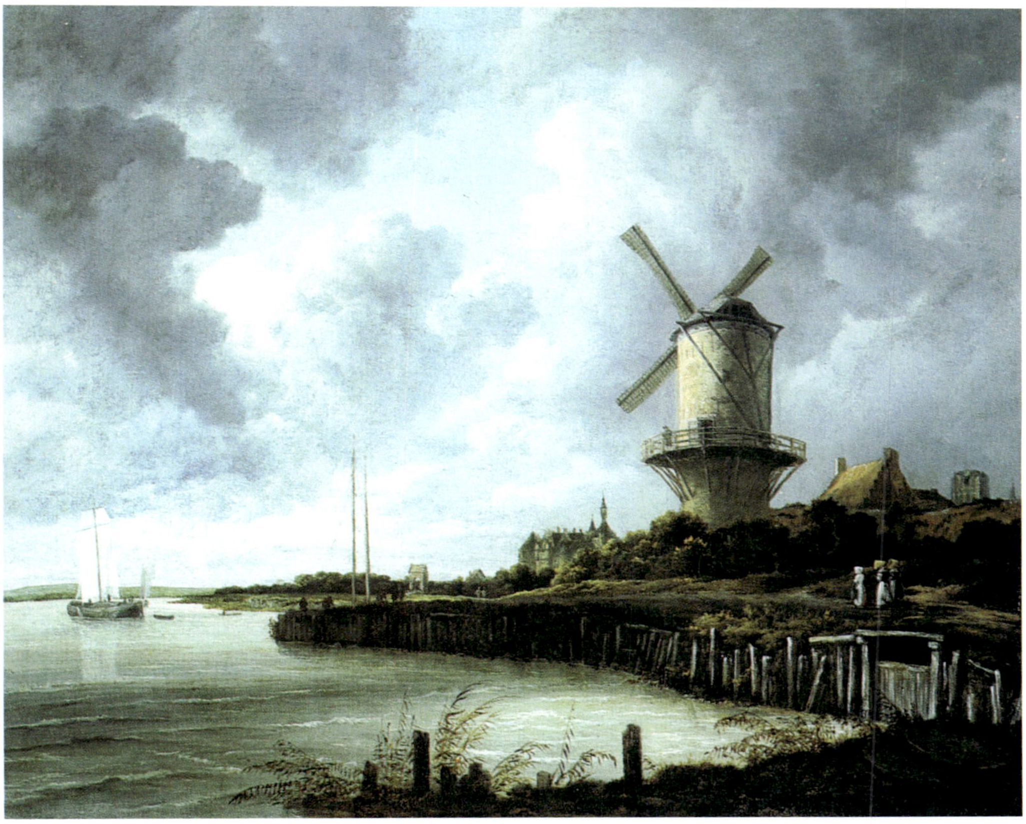

Jacob van Ruisdael, *Die Mühle von Wijk*, um 1670. Öl auf Leinwand, 83 x 101 cm. Rijksmuseum, Amsterdam

Ruisdael, der in seiner Jugend die holländischen Provinzen und das angrenzende Deutschland bereist hatte, lebte ab 1656 bis zu seinem Tode in Amsterdam. Seine frühen Ideallandschaften in heroisch-romantischer Stimmung veränderten sich nun. Sie sind gekennzeichnet durch eine starke Öffnung des Bildraumes in die Tiefe und eine Vorliebe für schwermütig wirkende Flachlandschaften, die von übermächtigen Wolken überzogen werden.
Die *Mühle von Wijk* gibt ebenfalls eine solche Stimmung wieder. Schwere, düstere Wolken spiegeln sich im Wasser und scheinen ebenso wie das Segel des Bootes ein heraufziehendes Unwetter anzukündigen. Hinter der mächtigen Mühle duckt sich ein Dorf schutzsuchend in die flache Uferlandschaft. Die Holzpfähle des Ufersaums sind krumm, auf ungleicher Höhe und an einigen Stellen schadhaft, als böten sie zusammen mit den spärlichen Ufergewächsen im Vordergrund nur einen sehr ungenügenden und gefährdeten Schutz gegen das bevorstehende Wüten der Elemente.

Der schöne Schein

ROKOKO UND KLASSIZISMUS

1715–1830

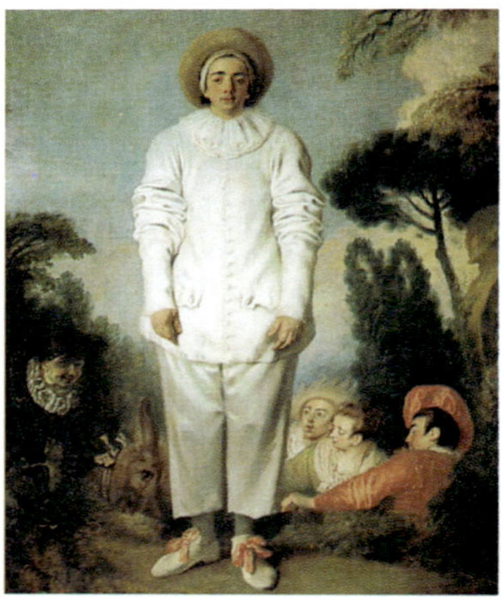

Jean Antoine Watteau, *Gilles*,
1718/19. Öl auf Leinwand,
184 x 149 cm. Musée du Louvre, Paris

REGENCE UND ROKOKO 1715–1780

Zierliche Bilder für den Salon – Régence

Das 18. Jahrhundert ist das Zeitalter der Aufklärung. Es ist gekennzeichnet von einer klaren Hinwendung zum Diesseits, zum Pragmatismus, zum Machbaren. Mit dem Glauben an die Kraft der Vernunft, die Welt rational durchdringen und ergründen zu können, und mit einer daraus resultierenden kritischen Haltung traditionellen Autoritäten gegenüber – allen voran der Kirche und dem Adel – bereiteten Philosophen, engagierte Sozialreformer, Forscher, Literaten und bildende Künstler seit Mitte des Jahrhunderts einer Entwicklung den Boden, die ihren politischen Höhepunkt 1789 in der Französischen Revolution finden sollte. Die dieses historische Ereignis vorbereitenden gesellschaftlichen Umwandlungsprozesse fanden auf unterschiedliche Weise ihren Niederschlag in der Kunst.

Als im Jahr 1715 der Sonnenkönig starb, war sein Nachfolger Ludwig XV. noch nicht mündig, sodass Herzog Philipp von Orléans für sieben Jahre die Regierungsgeschäfte (die „Régence") übernahm. Sein Führungsstil unterschied sich grundlegend von der absolutistischen Autorität Ludwigs XIV. Eine der ersten Amtshandlungen des Übergangsregenten war die Verlegung der Residenz von Versailles nach Paris. Dieser Umzug kam einer Auflösung des alten Hofes gleich, denn auch der Adel, der vormals üblicherweise am Hof lebte, beeilte sich nun, dem Herrscher in die lebhaftere Hauptstadt zu folgen, wo Theater, Bälle und private Zusammenkünfte vielfache Zerstreuung boten. Damit hatte sich das Zentrum der Macht und des kulturellen Lebens vom abseits gelegenen Versailles in die Stadt verlagert, der königliche Hof sich gleichsam in Privatgesellschaften aufgelöst. In dem Maße, wie sich das geistige Klima und das Selbstverständnis der kulturtragenden Schicht wandelte – zu ihr gehörten neben der Aristokratie inzwischen auch die Handelsbourgeoisie, Bankiers und Steuerpächter, deren Bankkonten den Staat nicht unwesentlich mittrugen –, veränderte sich auch die Kunst: Die pathetisch-feierliche Barockmalerei, in der das Machtstreben und -bewusstsein des Absolutismus seinen unmittelbaren Ausdruck gefunden hatte, trat zugunsten des Zierlichen und Intimen, des Gefälligen und Dekorativen, des Stimmungsvollen und Gefühlsbetonten zurück. Dieser frühen Ausprägung des Rokoko gab man den Namen der Übergangsregierung: Régence.

Die repräsentative Malerei des französischen Barock-Klassizismus traf weder Geist noch Geschmack einer Gesellschaft, die sich ohne großes höfisches Zeremoniell privatissima amüsierte und sich einer gewissen Libertinage im Lebensstil erfreute. Die neuen Auftraggeber verlangten jetzt Bilder, die der Intimität und Privatsphäre der kleinen eleganten Stadtschlösschen, für die sie geschaffen wurden, entsprachen. So veränderten sich zum einen die Formate, zum anderen veränderten sich aber auch das Bildrepertoire und das Formenvokabular. Die französischen Rokokomaler orientierten sich nicht länger an dem flächigen, umrissbetonten, klassizistisch-strengen Stil Poussins. Ihr neuer Leitstern hieß Rubens. Das Werk des flämischen Meisters enthielt jene Lebensfreude und Sinnlichkeit, jene leuchtende Farbigkeit, Stofflichkeit und die Handlung auf einen Punkt zuspitzende Komposition, wie sie die absolutistische Repräsentationskunst bei aller schwunghaften Linienführung nie ausgebildet hatte. Die den neuen Stil kennzeichnende Abwendung vom großen Heroischen hin zum Sinnenfreudigen, zum Dekorativ-Intimen manifestiert sich ein erstes Mal in den Bildern von Antoine Watteau.

Alles nur Theater – gemalte Rollenspiele

Als Maler der „fêtes galantes", der „galanten Feste", erlangte Watteau Ansehen und die Mitgliedschaft als Meister dieses von ihm neu geschaffenen Genres an der Académie Royale. Mit seinen Darstellungen des distinguierten Zeitvertreibs der vornehmen Gesellschaft, die mit ihren rauschenden und erfindungsreichen Festen die Gepflogenheiten des Hofes auf ihre Weise neu gestaltete, hatte er den Nerv der Zeit getroffen. Watteau fand die Vorlagen für seine Bilder häufig bei Festen reicher Freunde. Seine Bilder zeichnen einerseits ein realistisches Bild davon, wie sich die zeitgenössische Gesellschaft vergnügte, andererseits behält der Maler zu den dargestellten Szenen immer eine fast melancholische Distanz. Die differenzierte Farbgebung und die zarte, an Lorrain erinnernde verschleiernde Malweise entrückt die Szenen und verleiht ihnen, nicht zuletzt wegen des oft prospekthaft wirkenden Hintergrunds, den Anschein von Kulissenhaftigkeit.

Ist *Gilles* tatsächlich ein trauriger Clown oder spielt hier jemand nur den traurigen Clown? Wirkliches Theaterspiel oder bloß Verkleidungsspiel, wie es die feine Gesellschaft auf ihren kleinen intimen Festen gern betrieb? Bewusst lässt Watteau die Schilderung im Unklaren – als woll-

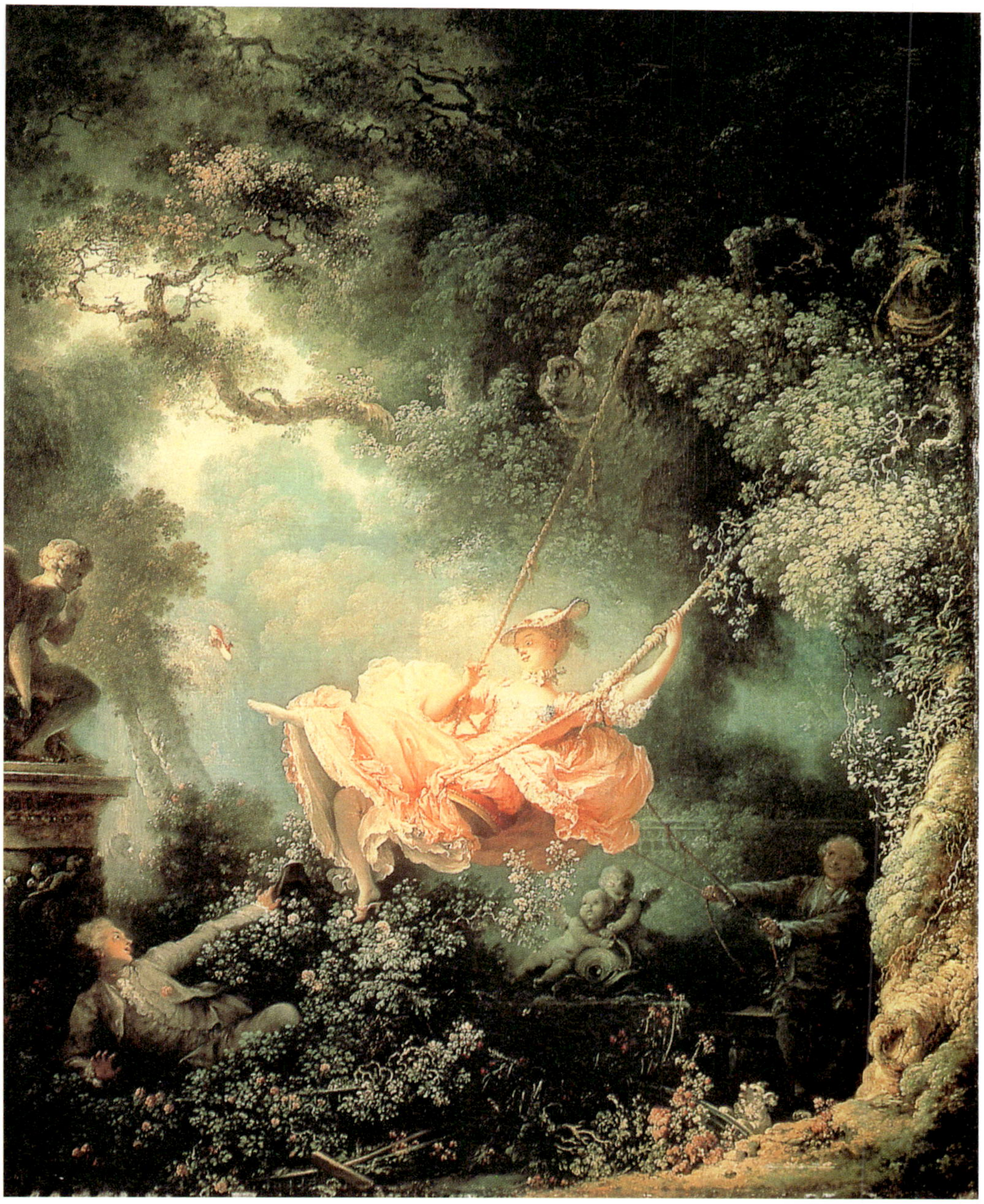

Jean-Honoré Fragonard, *Die Schaukel*, 1767. Öl auf Leinwand, 81 x 65 cm. Wallace Collection, London

Fragonard gilt als Maler des heiteren, verspielten Rokoko. Er verstand es, einfache Tätigkeiten und Situationen in geschmackvolle, ästhetische Szenen zu übersetzen, die einzig der Schönheit und Liebe dienen sollten. Seine Vorliebe für erotische Szenen ohne Peinlichkeit, der schnelle Rhythmus seiner Bilder und seine Betonung der Eigengesetzlichkeit des Kunstwerkes ohne verbrämende Rückgriffe auf die antike Mythologie machen ihn zu einem bedeutenden Interpreten des Sittenbildes seiner Zeit.

Er war ein virtuoser Kolorist, der vor allem Blätter und Wolken durch eine schwungvolle Pinselführung lebendig machte, doch wirken seine Farben durch starke Beimischungen von Weiß oft künstlich. Eigentümlicherweise wurde Fragonard vom französischen Hof unter Ludwig XV. als zu freizügig abgelehnt, doch erhielt er zahlreiche Aufträge von reichen Privatiers.

Das Gemälde *Die Schaukel* war eine Bestellung des Schatzmeisters des französischen Klerus. Der Auftraggeber verlangte eine Szene, in der der Liebhaber – er ist im Rosengebüsch vorne links zu sehen – seiner Geliebten unter den Rock schauen könne; die Schaukel sollte dabei ursprünglich von einem Bischof angestoßen werden. Nachdem der Auftrag wegen seiner Pikanterie an Fragonard gekommen war, ersetzte dieser den Bischof allerdings durch einen Gärtner.

Die Dame mit Hut in ihrem pastellrosa Rokokokleid wird von einem milden, warmen Sonnenstrahl beschienen, der in die Waldlandschaft dringt. Der rechte Fuß der Schaukelnden hat im Schwung den Schuh abgestreift, das Bein ist nach vorne gestreckt und gibt so dem Liebhaber den verlangten Blick frei.

1717: Mit der Stiftung einer Großloge in London beginnt die internationale Freimaurer-Bewegung.

1720: Balthasar Neumann beginnt mit dem Bau der Würzburger Residenz.

1723: Johann Sebastian Bach wird Thomaskantor in Leipzig.

1735: Der schwedische Naturforscher Carl von Linné entwickelt eine neue Systematik zur Klassifikation von Pflanzen.

1740: Friedrich II. schafft in Preußen die Folter ab und stiftet den Verdienstorden „Pour le mérite".

1743: In Österreich und Portugal wird die Freimaurerei verboten.

1745: Die Geliebte Ludwigs XV., Madame Pompadour, gewinnt an politischem Einfluss.

1748: Mit dem Frieden von Aachen findet der Österreichische Erbfolgekrieg sein Ende.

1751: Gründung der liberalen „Vossischen Zeitung" in Deutschland.

1752: Benjamin Franklin erfindet den Blitzableiter.

1755: Erdbebenkatastrophe in Lissabon.

1756: Wolfgang Amadeus Mozart wird geboren.

1760: Die Zarin Elisabeth gibt russischen Gutsbesitzern das Recht, ungefügige Bauern nach Sibirien zu verbannen.

1765: James Watt erfindet die Dampfmaschine.

1768: Die „Encyclopedia Britannica" wird ins Leben gerufen.

1773: Mit der „Boston Tea Party", der Versenkung mehrerer Schiffsladungen Tee im Hafen von Boston, lehnen sich nordamerikanische Siedler gegen die Kolonialpolitik Englands auf.

1774: Die Südgrenzen Kanadas werden festgelegt.

1776: Die dreizehn amerikanischen Kolonien erklären sich von England unabhängig.

1781: Immanuel Kant veröffentlicht seine philosophische Abhandlung *Kritik der reinen Vernunft*. Johann Heinrich Voss übersetzt Homers *Odyssee*.

1788: Erste Verbrecherkolonie in Australien. Adolf Freiherr von Knigge veröffentlicht seinen Kodex *Über den Umgang mit Menschen*.

1789: Ausbruch der Französischen Revolution. George Washington wird der erste Präsident der USA.

1791: Wolfgang Amadeus Mozart komponiert die von freimaurerischen Gedanken getragene *Zauberflöte*.

1792: In Frankreich wird die Zivilehe eingeführt.

1792: Frankreich wird zur Republik erklärt und erhält das Klassenwahlrecht.

1793: Mit der Hinrichtung Ludwigs XVI. und Marie Antoinettes beginnt die Pariser Schreckensherrschaft unter Danton und Robespierre (bis1794).

1796: Der englische Arzt Edward Jenner führt die erste Pockenimpfung durch.

1797: Alois Senefelder entwickelt das Flachdruckverfahren Lithografie.

1804: Napoleon Bonaparte krönt sich selbst zum Kaiser der Franzosen. Ausarbeitung des Code Napoléon (Zivilgesetzgebung).

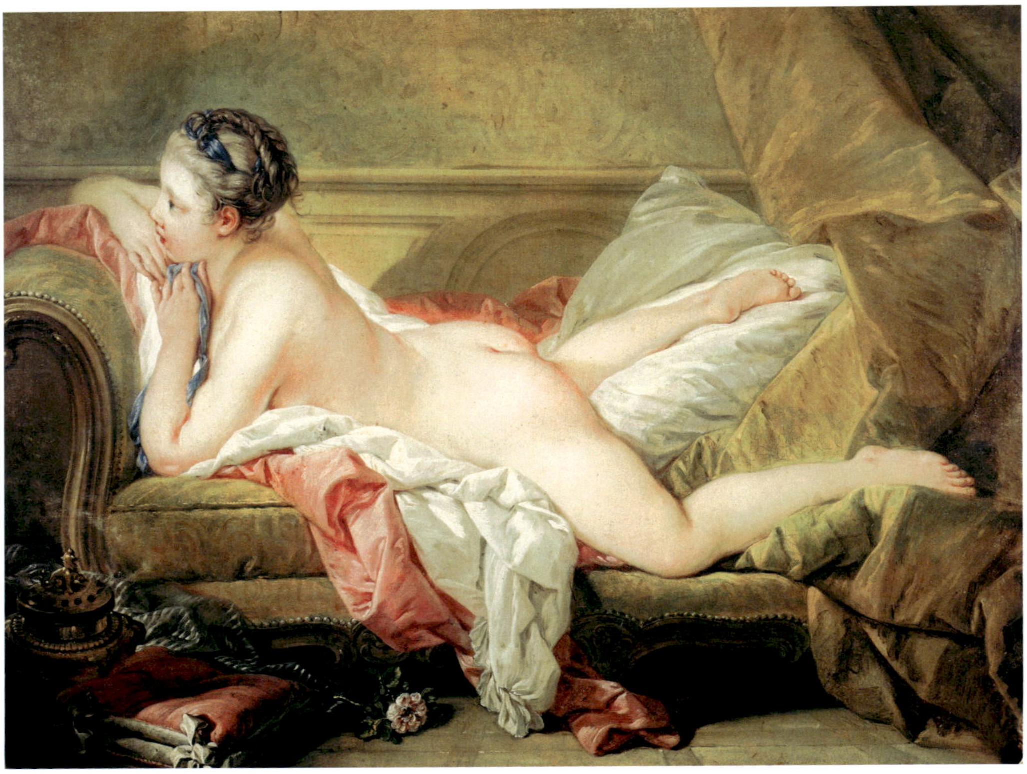

François Boucher, *Ruhendes Mädchen (Louison O'Murphy)*, 1752. Öl auf Leinwand, 59 x 73 cm. Alte Pinakothek, Bayerische Staatsgemäldesammlungen, München

Boucher galt als der Modekünstler im Frankreich seiner Zeit. Sein Schaffen war äußerst vielseitig und umfasste neben Gemälden und dekorativen Ausschmückungen zahlloser Residenzen rund um Paris auch Handzeichnungen, Illustrationen (etwa zu Molière) und kunstgewerbliche Arbeiten, besonders im Bereich der feinen Porzellanmalerei. Er war der Maler des Gefällig-Graziösen und Vergnüglichen und liebte die Darstellung von Schäferszenen, die er oft mit kunstvollen Arrangements verband, etwa mit Allegorien der Jahreszeiten. Seine Bilder zielen auf eine effektvolle Gesamtwirkung, die ihm wichtiger war als die Betonung einzelner Gegenstände und Personen. Er verwandte helle, porzellanhaft glatte und eigentlich eher kühle Farben in ausgesuchten Nuancierungen, die ein eigenes Licht auszustrahlen scheinen. Das Gemälde *Ruhendes Mädchen* ist ein Porträt der jugendlichen Geliebten des Marquis de Marigny, des Bruders der Madame de Pompadour.

te er die Grenze zwischen Theater und distinguiertem Rollenspiel verwischen und mit seinen Bildern das Leben schlechthin als ein einziges Theaterspiel darstellen. Watteaus feine Distanz zum Dargestellten und die dadurch erzeugte Tiefgründigkeit verlor sich jedoch bereits in der nächsten Künstlergeneration. Was blieb, war die ungebrochene Selbstdarstellung des Adels.

Schäferspiele und amouröse Tändeleien – Rokoko

Nach dem Machtantritt Ludwigs XV. 1722 erlebte die Rokokokunst in Frankreich ihren Höhepunkt, als deren Hauptvertreter François Boucher und sein Schüler Jean-Honoré Fragonard zu sehen sind. Vornehme Galanterie, amouröse Tändeleien, intime, verfängliche Situationen, erotisch-anzügliche Augenblicke, das sind die favorisierten Motive der Rokokomalerei. Die Gemälde von Boucher und Fragonard spiegelten und schufen zugleich den Zeitgeschmack des frühen 18. Jahrhunderts und hatten großen Erfolg.

Um die Jahrhundertmitte wurde der französische Lebensstil auch an anderen europäischen Höfen modern, und zwar vor allem in Spanien und Deutschland, das in unzählige kleine Königreiche und Fürstentümer zersplittert war. In Preußen ließ sich König Friedrich II. nach französischem Vorbild das Rokokoschlösschen „Sanssouci" (frz. „Ohne Sorge") bauen; in Süddeutschland beauftragte man den renommierten italienischen Maler Giovanni Battista Tiepolo, der sich als Gestalter großartiger Wandgemälde einen Ruf weit über die Landesgrenzen hinaus erworben hatte, mit der Ausgestaltung der Würzburger Residenz. Sein vollendeter *Illusionismus* bezeugt augenfällig die venezianische Herkunft des Malers, waren diese beeindruckenden, raumöffnenden Wandbilder doch schon seit Veronese eine venezianische Spezialität.

Auch wenn die Maler des Rokoko von den aufklärerischen Zeitgenossen bald der Frivolität und der Verherrlichung der aristokratischen Verschwendungssucht gescholten wurden, so sind doch Werke wie Fragonards *Schaukel* oder Bouchers sinnliche Akte zugleich eine provokante Auflehnung gegen die Moral der Kirche und bedienen in dieser Hinsicht aufklärerisches Gedankengut, wie es von Philosophen der Zeit, z. B. Rousseau und Voltaire, vertreten wurde. Diese nämlich forderten – in Übereinstimmung mit dem deutschen Denker Kant – den Menschen auf, „den Mut zu haben, sich des eigenen Verstandes zu bedienen". Die Menschen sollten sich nicht mehr auf überkommene, von Kirche und Adel bestimmte Denkmuster und Doktrinen verlassen, sondern sich auf ihre ihnen von der Natur gegebenen Fähigkeiten, das Denken, ihren Intellekt, besinnen. „Retour à la nature – Zurück zur Natur", forderte Rousseau, womit er keinesfalls einen plumpen Rückfall in vorzivilisatorische Zustände meinte, sondern angesichts der höfischen Lebensweise die Abkehr von der Scheinhaftigkeit, hin zur schlichten Natürlichkeit.

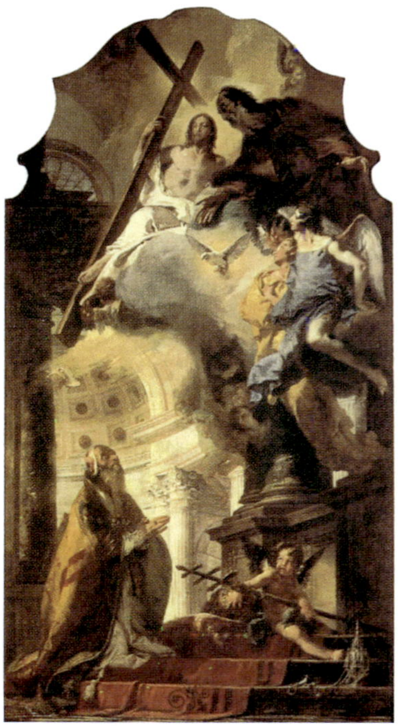

Giovanni Battista Tiepolo, *Die Verehrung der Trinität durch den heiligen Papst Clemens*, 1739. Öl auf Leinwand, 488 x 256 cm. Alte Pinakothek, Bayerische Staatsgemäldesammlungen, München

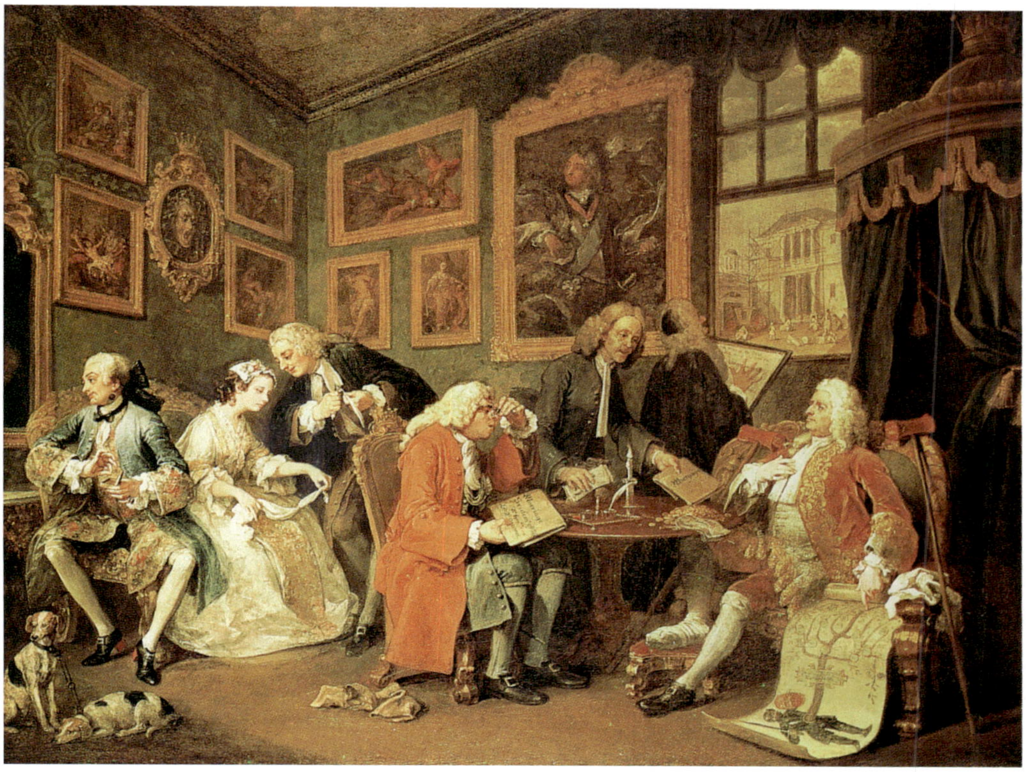

William Hogarth, *Hochzeit nach der Mode: Der Ehevertrag*, 1743–45. Öl auf Leinwand, 68,6 x 88,8 cm. National Gallery, London

In einer Folge von sechs Bildern erzählt Hogarth moralisierend die (erfundene) Geschichte einer zu Zerrüttung und gewaltsamem Tod führenden Zweckehe zwischen einem Grafensohn und der Tochter eines reichen Kaufmannes. Die Bilder wurden als Vorlage für eine entsprechende Folge von *Kupferstichen* gemalt, die schon vor Fertigstellung erfolgreich zur Vorbestellung angeboten wurde und in ganz Europa Beachtung fand.
Beim *Ehevertrag* sitzen links im Zimmer, das in einer für das 18. Jahrhundert typischen Weitwinkelperspektive wiedergegeben ist, die aneinander völlig uninteressierten Ehekandidaten. Rechts verhandeln die Väter. Der Graf braucht die Mitgift seiner Schwiegertochter zur Finanzierung eines im Bau befindlichen Palastes, der durchs Fenster zu sehen ist. Überhaupt sind alle Details des Bildes, auch die kleinen Gemälde (Kopien bekannter Italiener), auf den Gang der Handlung bezogen.

Kunst im Zeichen der Aufklärung

Die geforderte Schlichtheit und Sachlichkeit findet sich vor allem in den Bildern von Jean-Baptiste Siméon Chardin. Zeitgleich und in deutlicher Abgrenzung zur Darstellung der feinen Gesellschaft anderer Maler öffnete Chardin den Blick für das Leben jenseits der aristokratischen Leichtlebigkeit und der frivolen Spielerei. In stillen Bildern, deren Rückgriff auf die holländische *Genremalerei* unverkennbar ist, stellt er häufig die Bescheidenheit und Schlichtheit des einfachen Lebens des dritten Standes dar. Mit diesen intimen, im positiven Sinne unspektakulären Bildern postulierte Chardin erneut eine bürgerliche Ästhetik, wie sie auch schon kennzeichnend für die *Sittenbilder* des holländischen Barock gewesen war. Die brillante malerische Behandlung, deren aufgelöster Farbauftrag später u. a. von den Impressionisten als vorbildlich angesehen wurde, vor allem aber seine unprätentiösen *Sujets* waren ganz nach dem Geschmack der Aufklärer.

Malerei in England

In ebenfalls aufklärerischer Absicht geißelte der englische Maler William Hogarth mit seinen sozialkritischen bänkelartigen *Bilderbögen*, den sogenannten „moral pictures", die Unmoral der Gesellschaft. Damals war man allerdings noch der Auffassung, dass Bilder, die Niederes darstellten, selbst nieder seien und solche Themen sich für die hehre Kunst nicht geziemten. Als Ölgemälde fanden satirische Bilder wie die Persiflage auf die *Hochzeit nach der Mode* daher wenig Anerkennung. Umso beliebter allerdings waren die vielen Kupferstiche, die Hogarth – clever die Situation durchschauend – selber nach seinen Gemälden anfertigte. Mit den billigeren Drucken erreichte er nicht nur eine breitere, sondern vor allem auch eine sich vom angestammten Kunstpublikum unterscheidende Öffentlichkeit, die offensichtlich großen Gefallen an diesen volkstümlichen *Bilderbögen* fand. Gerade die *Druckgrafik* machte Hogarth weit über die Landesgrenzen hinaus bekannt.

England galt den aufklärerischen französischen Geistern in vielerlei Hinsicht als Vorbild. Der englische König hatte bereits im 17. Jahrhundert den größten Teil seiner Macht an die Volksvertretung abgeben müssen, die nun im Parlament mitregieren durfte. Das wachsende Selbstbewusstsein des Bürgertums förderte in England eine Haltung, bei der man sich eher für handfeste Dinge wie zum Beispiel die Forschung eines Isaac Newton interessierte als für Fabelwesen und die Mythologie. Christliche Themen waren im protestantischen Inselreich ohnehin nie sehr gefragt gewesen.

Die von der Aufklärung geprägte Geisteshaltung beeinflusste auch das Kunstverständnis. In Ablehnung der Barockmalerei und der dekorativen zeitgenössischen Tendenzen, die man als verkommen und hohl empfand, suchte man nun eine Kunst, die unverfälschte Empfindungen offenbarte. Vor allem zwei Maler verfolgten, wenn

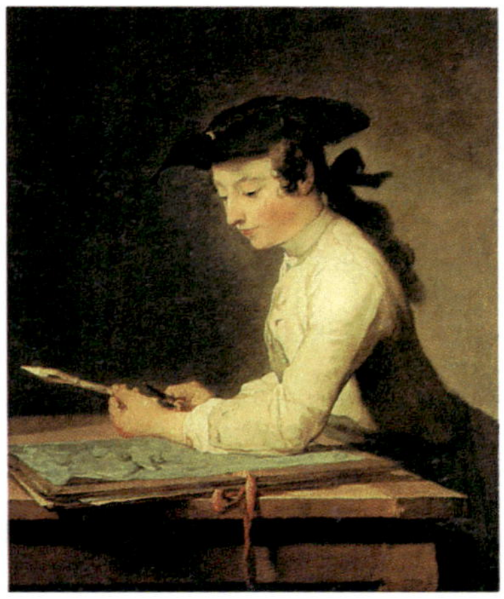

Jean-Baptiste Siméon Chardin, *Der Zeichner*, 1737. Öl auf Leinwand, 81 x 67 cm. Staatliche Museen zu Berlin – Preußischer Kulturbesitz, Gemäldegalerie

Die gespitzte Feder in der Hand, betrachtet ein junger Mann eine Zeichnung, die einen alten Mann darstellt. Möglicherweise spielte Chardin mit der fast karikaturhaft wirkenden Zeichnung auf die von ihm wenig geschätzte Nachahmung akademischer Vorbilder in der Kunstausbildung an. Für ihn hatte das Naturstudium Vorrang.

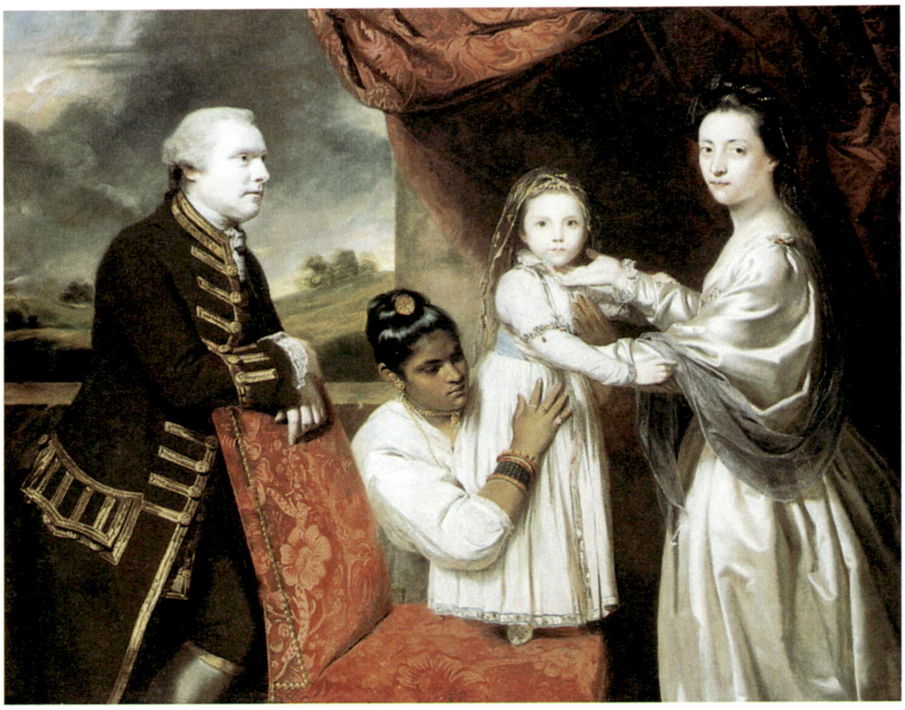

Sir Joshua Reynolds, *George Clive und seine Familie*, 1766.
Öl auf Leinwand, 140 x 171 cm. Staatliche Museen zu Berlin – Preußischer Kulturbesitz, Gemäldegalerie

auch auf höchst unterschiedliche Weise, dieses Ziel: Thomas Gainsborough und Sir Joshua Reynolds. Reynolds orientierte sich bei seiner Suche nach dem Ursprünglichen, nach wahrer Schönheit an klassischen Idealen. Die Kunst der Antike war ihm Leitbild, um seine eigenen Werke zu jener Erhabenheit und Größe zurückzuführen, die er bei der dekorativen zeitgenössischen Kunst so vermisste. Dieses Ziel verfolgte er als Lehrer und Präsident der ersten englischen Akademie, deren Mitbegründer er war.

Nicht an klassischen Idealen orientiert, sondern mit einer intuitiven Malerei, die dem eigenen Sehen und Empfinden verpflichtet war, versuchte Thomas Gainsborough, dem Sentiment Ausdruck zu verleihen. Die ihn an die Wünsche der Auftraggeber bindende Porträtmalerei, die sowohl für ihn als auch für Reynolds das Hauptbetätigungsfeld darstellte, war Gainsborough jedoch stets ein Gräuel. „Nichts ist schlimmer als die Gentlemen", klagte er. Seine Liebe galt der Landschaftsmalerei: „Ich mache Porträts, um zu leben, und Landschaften, weil ich sie liebe."

Gainsborough war tief beeindruckt von der damals wenig geachteten holländischen *Landschaftsmalerei* mit ihrem naturnahen Realismus. Im Gegensatz zu dem gängigen akademischen Ideal einer *arkadisch*-klassizistischen Landschaft im Stile Lorrains oder einer konventionellen Rokoko-Gartenkulisse mit verschnörkeltem Buschwerk gestaltete er in seinem Bild *Robert Andrews und seine Frau* die Natur so, wie sie sich dem Auge des Malers darbot. Mit dieser realistischen Auffassung ist dem Maler neben dem Porträt des Auftraggebers zugleich ein Porträt der Landschaft gelungen, die – obwohl von Menschenhand gestaltet – unberührt und natürlich wirkt. Damit entsprach sie in hervorragendem Maße dem aufklärerischen Ideal: Die (gestaltete) „Natürlichkeit", wie sie auch die englischen Landschaftsparks und Gärten, die um die Mitte des Jahrhunderts in Mode kamen, kennzeichnet, galt – im Gegensatz zur künstlichen Geometrie der französischen Gärten – den englischen Aufklärern als Sinnbild der natürlichen Schönheit und der individuellen Freiheit.

Im Postulat der Natürlichkeit reichen sich die beiden so unterschiedlich wirkenden Maler Reynolds und Gainsborough die Hand. Obwohl oftmals als wahre künstlerische Gegenspieler dargestellt, ging es beiden darum, die Malerei von allem geschmäcklerisch Stilisierten zu befreien. Während der Akademiemaler Reynolds dies unter Zuhilfenahme der klassischen Ästhetik zu er-

Thomas Gainsborough, *Robert Andrews und seine Frau*, um 1749. Öl auf Leinwand, 70 x 119 cm. National Gallery, London

Gainsborough war der bedeutendste englische Maler seiner Zeit. Landschaftsmaler aus Leidenschaft und Porträtmaler aus (finanzieller) Notwendigkeit, übernahm er Elemente der niederländischen Genre- und Landschaftsmalerei, um sie mit einer Lässigkeit und Kühle im Gestus der dargestellten Personen zu verbinden, die als typisch englisch empfunden wurde. Kaltes, „nüchtern" zu nennendes weißes Licht fällt auf Robert Andrews und seine Frau und lässt das Ehepaar wie losgelöst vor der lebendigen, in warmen, erdigen Tönen gehaltenen Landschaft erscheinen. Links und rechts führen Sichtachsen an der Figurengruppe vorbei in die Tiefe des Bildes, wodurch ein dynamischer Vorder-Hintergrund-Bezug hergestellt wird.

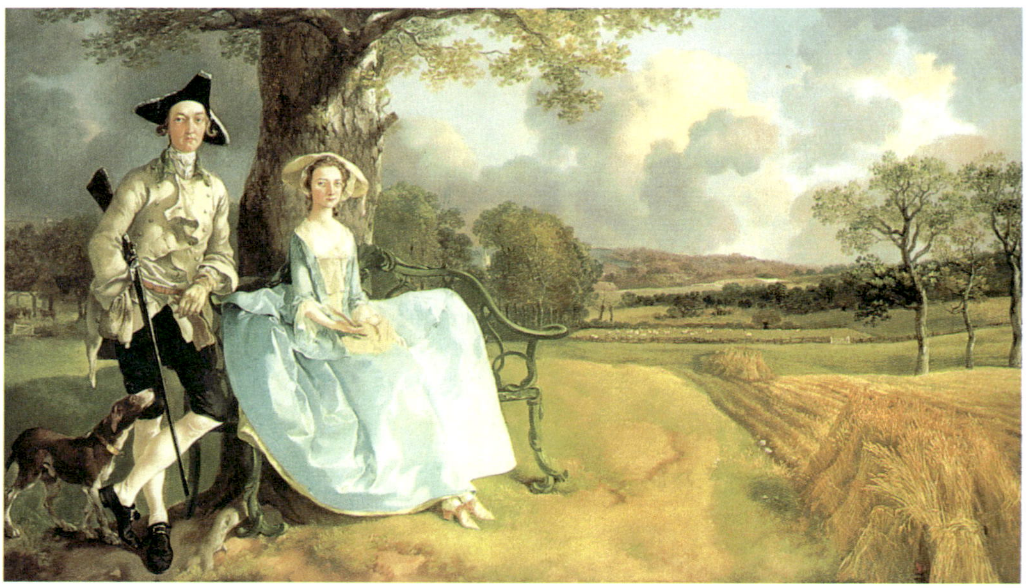

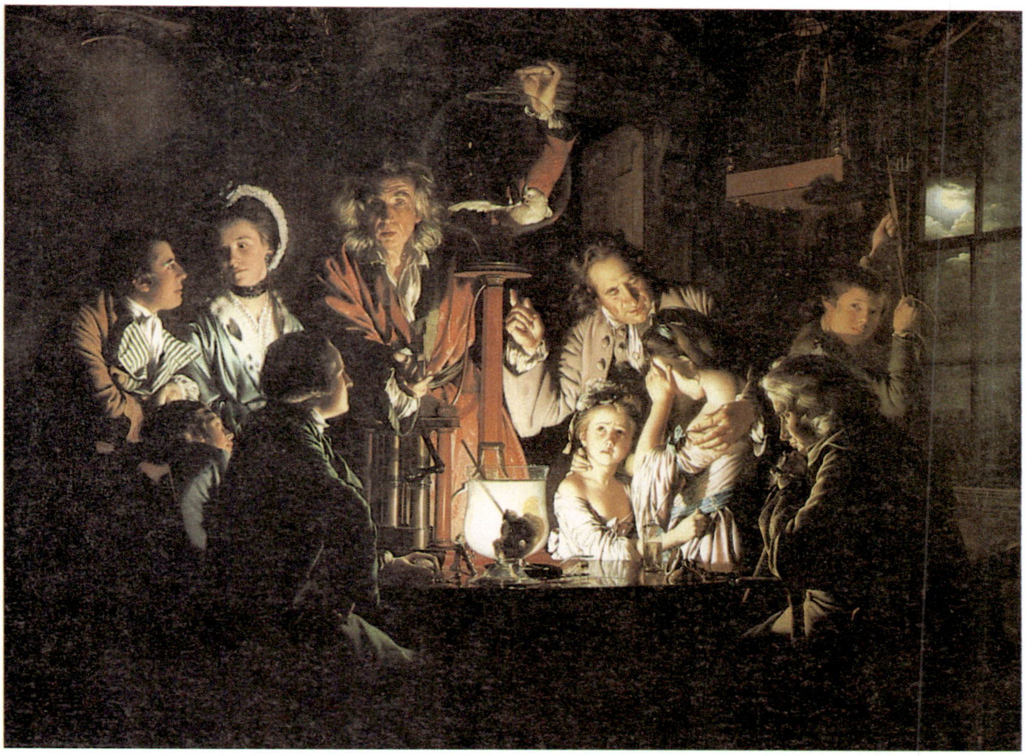

Joseph Wright of Derby, *Das Experiment mit der Luftpumpe*, 1768.
Öl auf Leinwand, 183 x 244 cm.
National Gallery, London

Der Physiker, der mit seinen wallenden silbernen Haaren und dem roten Mantel eher wie ein Magier wirkt, hat mithilfe einer Luftpumpe – die Apparatur steht links neben dem Kolbenständer – in einem Glaskolben ein Vakuum erzeugt. Um die Luftleere sichtbar zu machen, wurde ein Vogel in den Glasbehälter gesetzt, der im Laufe des Experiments leblos zu Boden gesunken ist. Nun wird der Deckel geöffnet und das Tier durch Sauerstoffzufuhr wieder zum Leben erweckt. Die Gruppe der Schaulustigen hat sich im Halbkreis versammelt, der von dem vor das Bild tretenden Betrachter geschlossen wird.
Die kontraststarke Hell-Dunkel-Malerei verleiht der Szene ein fast mystisches Flair und eine symbolische Bedeutung: Im metaphorischen Sinn wird in diesem Bildzusammenhang die verdeckt stehende Kerze zum Licht der Vernunft, das im Dunkeln brennt und die Beteiligten zu einer eingeschworenen Gemeinschaft zusammenschließt.

reichen suchte, verließ sich der Quasi-Autodidakt Gainsborough eher auf die Intuition.
Gainsboroughs Herangehensweise, die dem Erfassen der Wirklichkeit mit den Sinnen den Vorrang einräumt, war im 18. Jahrhundert in England weit verbreitet. Während der französische Rationalismus das rein abstrakte Denken zur Grundlage aller Erkenntnisse erklärte, gingen die englischen Empiriker davon aus, dass alles Wissen über die Wirklichkeit nur über die Sinneswahrnehmung erworben werden könne. Die Beobachtung, Trial-and-error-Versuche und die daraus abgeleiteten Schlussfolgerungen waren ihnen die einzig gültige Erkenntnisgrundlage.
Joseph Wright of Derbys Gemälde vom *Experiment mit der Luftpumpe* ist ein geradezu programmatisches Bild dieser Geisteshaltung: Es ist nicht Illustration, sondern Dokument eines neuen geistig-intellektuellen Interesses, das nicht zuletzt durch die beginnende industrielle Revolution geweckt wurde, deren Anfänge in Mittelengland, wo auch Wright lebte, in den letzten Jahrzehnten des 18. Jahrhunderts deutlich in Form erster Fabriken sichtbar wurden. 1765 hatte James Watt die Dampfmaschine erfunden, mit der Menschenkraft und Pferdestärke ersetzt werden konnten und die die Grundlage für die gesamte weitere Entwicklung darstellte. Sicherlich war diese bewegende technische Errungenschaft nicht ganz unschuldig am Interesse des Malers für physikalische Phänomene, ebenso wie die Popularisierung von Wissen in der Entwicklung des bürgerlichen Bewusstseins in der zweiten Hälfte des Jahrhunderts eine große Rolle gespielt hat. Dieses Bedürfnis hat Wright dargestellt und zugleich bedient.
Insofern spiegelt dieses Bild einen epochalen Gesinnungswandel wider, der in der zweiten Hälfte des 18. Jahrhunderts in einem neuen künstlerischen Stil seine endgültige Ausprägung findet: im Klassizismus.

KLASSIZISMUS 1770–1830

„Edle Einfalt – stille Größe"

Gemäß der Maxime der Aufklärung, die der Ratio, also dem verstandesmäßigen Erfassen der Welt, absolute Priorität einräumte, erhoben auch die Künstler die Forderung nach einer klaren, verstandesmäßig geleiteten Kunst. Ihr Vorbild war – wieder einmal – die Antike. Die erneute Orientierung an der Kunst des Altertums trug der Richtung die Bezeichnung „Klassizismus" ein.
Durch aufsehenerregende Ausgrabungen in Pompeji und Herculaneum war die griechische und römische Antike um die Mitte des 18. Jahrhunderts erneut ins Blickfeld der Künstler geraten und Rom zum geistigen Zentrum und ‚Künstlertreff' des Klassizismus geworden. 1764 erschien Johann Winckelmanns *Geschichte der Kunst des Altertums*, eine Schrift, die Kunstgeschichte machen sollte. Der deutsche Archäologe und glühende Liebhaber der antiken Bildhauerkunst stellte den barocken „Verwirrungen des

Jacques Louis David, *Der Schwur der Horatier*, 1784/85. Öl auf Leinwand, 330 x 425 cm. Musée du Louvre, Paris

David war wie kein anderer Künstler aktiv in das politische Geschehen seines Landes verwickelt, und seine Kunst ist ohne die Aufbruchstimmung der Französischen Revolution und des Napoleonischen Zeitalters nicht zu verstehen. Die Vermischung von künstlerischem und politischem Antrieb schuf einen neuen Kunststil für politische Ausdrucksformen, der sich von der Zweckfreiheit einer reinen Kunst verabschiedete. Sein Gemälde *Der Schwur der Horatier* machte David 1784 mit einem Schlag zum Hauptvertreter eines „revolutionären Klassizismus". Die ausgewogene Darstellung mit ihrem Zug ins Monumentale orientiert sich an der klaren und nüchternen römischen Bilderwelt.
Das Gemälde zeigt die Horatier-Drillinge bei ihrem Schwur, gegen drei ausgewählte Krieger der Albaner stellvertretend für das gesamte Heer bis zum Tode für die Vorherrschaft Roms zu kämpfen.
Das Bild ist Ausdruck der revolutionären moralischen Forderungen nach persönlichem Einsatz, staatsbürgerlichem Pflichtgefühl und begeistertem Patriotismus.

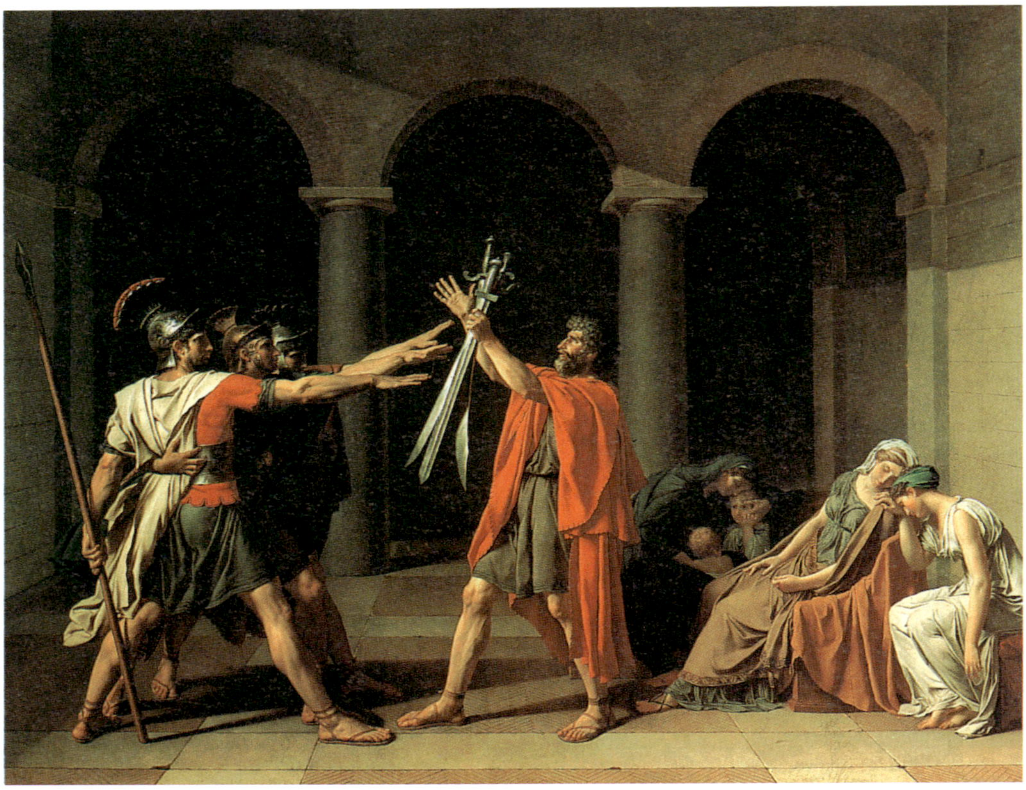

Formensinns und der Maßlosigkeit im Ausdruck" die „edle Einfalt und stille Größe" entgegen, wie er sie in der klassischen Antike verwirklicht fand. Winckelmanns pauschale Verurteilung der Barockmalerei traf allerdings nicht auf den klaren Barock-Klassizismus Nicolas Poussins zu. Poussin, der sich gut hundert Jahre zuvor ebenfalls an den klaren Formen der Griechen orientiert hatte, wurde nun, nach einer Periode, da die „Rubinisten" tonangebend gewesen waren, von den Klassizisten ebenfalls ‚wiederentdeckt'. Seine linienbetonte Zeichnung, die in ihrer Klarheit von vornherein einen Vorwurf gegen die an Rubens geschulte Rokokomalerei enthielt, entsprach der klassizistischen Forderung nach „Reinheit"; in ihr sah man das „Gute und Wahre", das moralisch Unbescholtene verwirklicht.

Auch wenn der manchmal kühle, glatte und imitatorische *Historismus* der klassizistischen Malerei heute nicht weniger geschmäcklerisch und äußerlich wirkt als das Rokoko, gegen das er sich wandte, so manifestiert sich in dieser Kunst doch etwas Neues: Ähnlich wie die Künstler der Renaissance durch die Rückbesinnung auf das Altertum einer neuen Geisteshaltung und einer neuen Ära des Wissens zum Leben verholfen hatten, so bereiteten die Maler des Klassizismus am Vorabend der Französischen Revolution ebenfalls einer neuen Epoche den Boden. Doch empfanden die ‚Anti-Rokoko-Maler' die Antike nicht wie ihre Renaissancekollegen nach, sondern sie bedienten sich ihrer in Form und Inhalt als ästhetische Vorlage, um zeitgenössisches Gedankengut, die aktuelle Weltsicht zur Anschauung zu bringen.

Der Klassizismus markiert, wenn auch zunächst kaum merklich, einen geistesgeschichtlichen Einschnitt. Ihm liegt ein Weltbild zugrunde, das mit den aus der Renaissance überkommenen Werten, die über Jahrhunderte verbindlich gewesen waren, nur noch wenig gemein hat: Die Sicht des Menschen von seiner Welt hatte sich über die Jahrhunderte grundlegend gewandelt. Die Aufklärung, die industrielle Revolution und der Zerfall absolutistischer Feudalherrschaft hatten zu einer veränderten Auffassung von Gott, der Welt und dem Menschen geführt, der christliche Glaube hatte seine zentrale gesellschaftliche Wirkungsmacht eingebüßt. Dieser Wertewandel spiegelt sich auch in der Kunst: Religiöse Motive, die bis zum Barock in der Malerei bestimmend gewesen waren, verschwanden nun fast völlig; die Mythologie wurde durch die Historie, durch Rückgriffe auf die antike Geschichte und durch bürgerliche Bildwelten ersetzt.

Auch die gesellschaftliche Bedeutung der Kunst erfuhr eine Neubestimmung. Kunst wurde – zumal nach der Französischen Revolution – zu einer zunehmend öffentlichen Angelegenheit: Die ehemalige private Kunstsammlung des französischen Monarchen, die sich in seinem Schloss, dem Louvre, befand, wurde nach 1789 partiell der Bevölkerung zugänglich und somit zu einem der ersten öffentlichen Museen gemacht.

Heroisches Pathos in strenger Form

Mit der Öffnung des traditionellen Kunstbetriebs erfuhr auch die Künstlerrolle eine eklatante Veränderung. Man griff nun nicht mehr auf einen immer gleichen Themenkanon und ikonografisches Repertoire zurück, sondern suchte sich die Themen seiner Bilder selbst, gestaltete sie entsprechend seiner persönlichen Sicht der Dinge.

Jacques Louis Davids Furore machender *Schwur der Horatier* ist geradezu ein Paradebeispiel der neuen, die eigene Gesinnung zur Schau tragenden Kunstauffassung. Dargestellt ist eine Szene aus der römischen Geschichte, in der republikanische Bürger als freie Menschen zu den Waffen greifen, um die Geschicke des Staates selbst in die Hand zu nehmen. Nicht Könige oder Fürsten treffen hier die Entscheidung, sondern freie Bürger setzen sich verantwortungsbewusst für das Wohl der Nation ein. Ein solches Bild musste am Vorabend der Französischen Revolution wie eine Offenbarung wirken. Zeitgenossen priesen es denn auch als „das schönste Bild des Jahrhunderts".

Der ungenierte Griff in den Fundus der (Kunst-) Geschichte erscheint angesichts des beginnenden Maschinenzeitalters mit seinen Dampfmaschinen und ersten Fabriken irritierend und unzeitgemäß. Doch gerade in diesem Anachronismus liegt das Wirkungspotenzial der Bilder verborgen: Ziel der Künstler war nicht länger die Aneignung der Wahrnehmungswelt, sei es nachahmend, sei es idealisierend, sondern der Wirklichkeit des Lebens wurde die Kunstwirklichkeit gegenübergestellt. Dem theatralen Bühnenraum eines klassizistischen Gemäldes fehlt die Luft zum Atmen. Trotz des fast fotografischen Realismus, der die klassizistischen Werke auszeichnet, ruft die Formensprache doch keine malerische Stimmung hervor: Eine kühle, zurückgenommene Farbigkeit, harte Umrisse, statische Kompositionen, Verzicht auf illusionistische Raumwirkungen und atmosphärische Aufladungen sowie die Vernachlässigung lebhafter Licht- und Schattenmodellierungen – all das macht die Bilder nüchtern und hält den Betrachter auf Distanz. Indem die Künstler durch die Orientierung an der Antike eine höchst unnatürlich wirkende Bildsprache entwickelten, machten sie zugleich deutlich, dass es in ihren Bildern nicht um Abbilder der Wirklichkeit ging, sondern dass die Darstellungen in erster Linie und vor allem Träger von Botschaften waren. Strenge und Härte der Formen sind Ausdruck einer glühenden Idee von Askese und Pathos. Geboren aus dem Geist des aufklärerischen Rationalismus, wurde das Kunstwerk im Klassizismus als künstlerische Ausformung einer – bei David durchaus politisch motivierten – Gesinnung begriffen. In diesem Sinne sind klassizistische Bilder reine „Ideenbilder".

Auch Jean Auguste Dominique Ingres, der bedeutendste Schüler Davids, malte solche „Ideenbilder", wiewohl ihm das politische Engagement seines Lehrers, der später zum ‚Hofmaler' Napoleons wurde, völlig fremd war. Seine „Idee" war die Idee der Schönheit. Die klare klassische Form diente ihm zur Findung absoluter Harmonie und Ausgewogenheit im Bild. Ingres, der sich selbst in erster Linie als Zeichner sah, hielt sich zunächst eng an die Natur, die er dann ins Klassische idealisierte. Das klare Formenvokabular des Klassizismus, das bei David Träger und Ausdruck revolutionärer Tugend und Idee war, wird bei Ingres zum Ausdruck absichtsloser Schönheit der reinen Form.

So unterschiedlich die Ausprägungen der klassizistischen Malerei sind, so wenig ist der Klassizismus als eine in sich geschlossene Epoche zu begreifen. Die klassizistische Malerei ist vielmehr eine Variante in dem breiten Spektrum der Gegenbewegungen zu Barock und Rokoko. Ingres' Malerei verkörpert etwas später zudem auch einen Gegenpol zum Neobarock der französischen Romantiker Géricault und Delacroix.

Die Einheit der Kunst war gegen Ende des 18. Jahrhunderts endgültig zerbrochen, künstlerische Stile laufen von nun an parallel. Fast zeitgleich mit dem Klassizismus entwickelte sich eine Malerei, die verklärend-idealisierend der Gefühlswelt den Vorrang vor dem rationalistischen Kalkül gab: die Romantik. Auch wenn beide Richtungen völlig entgegengesetzt erscheinen, so sind es doch zwei Seiten einer Medaille – der bindungsfrei gewordenen Kunst, die den subjektiven Ausdruck und die individuelle Aussage zum obersten Gebot erhoben hat.

An der Schnittstelle dieser Zeitenwende und außerhalb einer konkreten Stilzuordnung steht der Maler Francisco de Goya. Keinesfalls vom Klassizismus ergriffen und doch den barocken *Illusionismus* hinter sich lassend, ging der spanische Maler seinen eigenen Weg. Seine Malerei ist zwar von der dramatischen Lichtführung und der fulminanten Farbigkeit der Barockmaler erfüllt, doch seine Bildthemen sind diesseitig, engagiert und bei aller malerischen Lockerheit scharf im Strich, wenn es darum geht, die Zustände in seinem gesellschaftlich rückständigen Land offenzulegen.

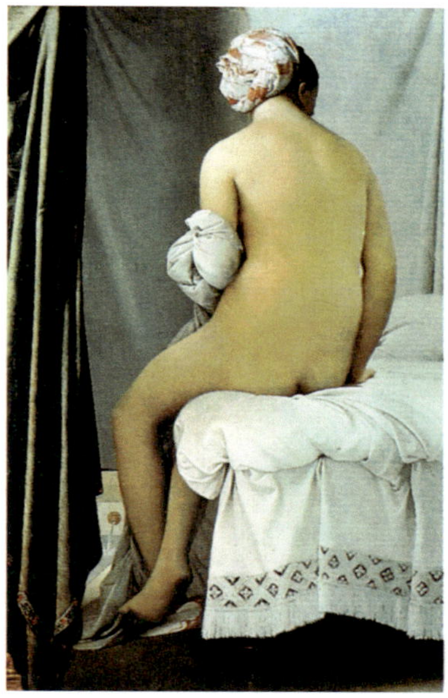

Jean Auguste Dominique Ingres, *Die Badende von Valpinçon*, 1808. Öl auf Leinwand, 146 x 98 cm. Musée du Louvre, Paris

Ingres war ein hervorragender Zeichner; für ihn musste aller Malerei die genaue Beobachtung und Zeichnung nach der Natur zugrunde liegen. So legte er stärkste Betonung auf den Umriss aller Formen, da ihm allein hieraus schon Reinheit, Schönheit und Größe zu erwachsen schienen. Er vernachlässigte die Binnenzeichnung und füllte die Flächen mit einem zarten, emailhaften Farbschmelz. Diese Auffassung führte später zu offenen Auseinandersetzungen mit den französischen Romantikern, allen voran Delacroix, der eine vom Gefühl geleitete Malerei postulierte.

Der rebellische Hofmaler

FRANCISCO DE GOYA

1746–1828

Der am 30. 3. 1746 in Fuendetodos (Saragossa) geborene spanische Maler und Grafiker Francisco José de Goya gehört zu den zwiespältigsten und faszinierendsten Künstlerpersönlichkeiten der Zeit um 1800. Einerseits machte er als Hofmaler des spanischen Königshauses und als Porträtist des Adels und gehobenen Bürgertums Karriere – andererseits trat er, vor allem in seinem grafischen Œuvre, als scharfsinniger Kritiker gesellschaftlicher Missstände und als Ankläger menschlichen Versagens in Erscheinung.

Goya lebte in einer Epoche, die von den Ideen der Aufklärung, der Französischen Revolution und den Napoleonischen Kriegen geprägt war, in einer Zeit also, die traditionelle Werte infrage stellte, in der Spanien seine Stellung als größte Seemacht der Welt an England verloren hatte, in der die Bevölkerung immer mehr verarmte und in der Kriegsgräuel bisher ungekannten Ausmaßes stattfanden. Die daraus resultierende Zerrissenheit findet wie bei keinem anderen Künstler in den Werken Goyas ihren Ausdruck.

Goya als politischer Maler

Im Jahre 1799 kündigte Goya in einer Annonce der Madrider Tageszeitung das Erscheinen einer Serie von 80 Radierungen an, mit der er sich als Gesellschaftskritiker erstmalig an ein breites Publikum wandte.
Der Titel des Zyklus, *Caprichos* (span.: Launen), ließ zunächst auf die Darstellung erheiternder Themen in Form der Bildsatire oder Karikatur schließen – ein Genre, das im Laufe des 18. Jahrhunderts in ganz Europa durch Künstler wie Hogarth oder Gillray immer bekannter und beliebter geworden war. Auch Goya wollte, so erläuterte er, mit seinen Bildern „Extravaganzen, Torheiten, Betrügereien und Laster" der Gesellschaft entlarven, Ignoranz und Dummheit des Einzelnen ans Licht holen, sich also der aufklärerischen Wirkung der Karikatur bedienen. Allerdings, fügte er hinzu, wolle er niemanden persönlich angreifen. Seine Themen seien vielmehr ideell, also nicht der Natur, sondern der Fantasie entlehnt. Damit verschaffte er sich für seine politischen und höchstbrisanten Arbeiten den sicheren Raum der künstlerischen Freiheit.
Das berühmte Blatt Nr. 43 – *Der Schlaf der Vernunft gebiert Ungeheuer* – war ursprünglich als Titelblatt für die gesamte Serie der *Caprichos* vorgesehen. Die Radierung zeigt den schlafenden bzw. träumenden Künstler (im Spanischen bedeutet der Begriff „sueño" sowohl Schlaf als auch Traum), der von Fledermäusen, Eulen und katzenartigem Getier bedrängt wird.
Auf den ersten Blick ist es die beklemmende Darstellung eines fantastischen Alptraums, ein Thema, das im 20. Jahrhundert von den Surrealisten wieder aufgegriffen werden sollte und mit dem Goya sich bis ins hohe Alter auseinandersetzte – wie unter anderem auch das grausam blutrünstige, Zerstörung und Tod symbolisierende Bild des *Saturn, eines seiner Kinder verschlingend* zeigt. Der Kommentar zum *Schlaf der Vernunft* weist den Betrachter jedoch noch auf eine andere Bedeutungsebene hin: Wenn die Vernunft schläft bzw. träumt, werden die Monstren, die ungeheuren Mächte der Nacht, d. h. Ignoranz, Willkür, Unvernunft und Gewaltherrschaft, regieren.
In den *Caprichos* wird Goya als Vertreter aufklärerischer Ideen erkennbar, die ihm durch seine zum liberalen Lager gehörenden intellektuellen Freunde in Madrid nahegebracht worden waren. Sie lehnten sich ganz im Sinne der Französischen Revolution gegen die Willkürherrschaft von Monarchie, Kirche, Adel und Justiz auf und wandten sich offen gegen die Unterdrückung der spanischen Bevölkerung, die immer mehr verelendete. Goya sympathisierte mit diesen Ideen, sie waren ihm wichtig – doch seine Stellung als Hofmaler war ihm letztendlich wichtiger. Kurze Zeit nach ihrer Veröffentlichung zog er seine *Caprichos* wieder zurück.
Dieser Rückzug war ein für Goya charakteristischer Akt. Sein ganzes Leben und sein ganzes künstlerisches Schaffen unterlagen dem Zwiespalt zwischen individuellem, rebellischem Ausdruckswillen und karrieristisch motiviertem Anpassen an traditionelle Konventionen – und genau das macht es bis heute so schwer, diesen Künstler zu begreifen.

Der Schlaf der Vernunft gebiert Ungeheuer
(aus der Serie *Los Caprichos*), um 1797.
Radierung und Aquatinta, 21,6 x 15,2 cm.
Privatbesitz.

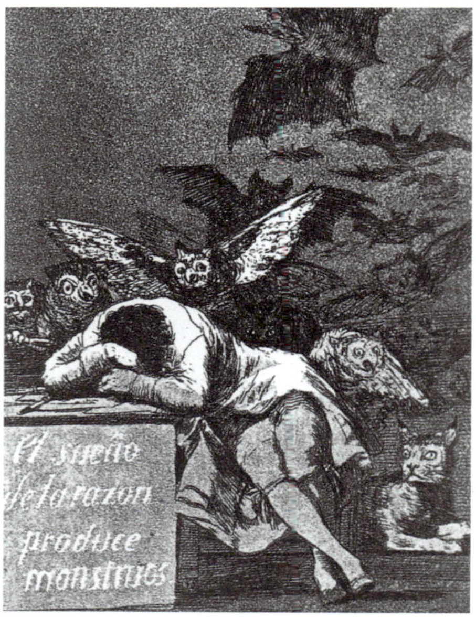

Saturn, eines seiner Kinder verschlingend,
1821. Öl auf Putz, auf Leinwand übertragen,
146 x 83 cm. Museo del Prado, Madrid

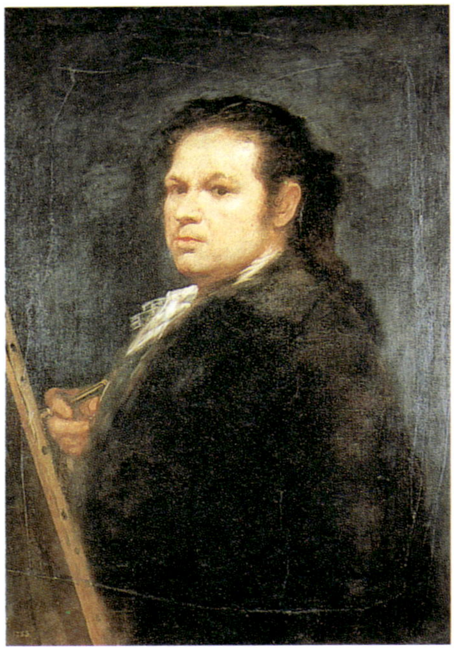

Selbstbildnis, 1783. Öl auf Leinwand,
80 x 54 cm. Musée des Beaux-Arts, Agen

Goya als Hofmaler

Das um 1789 entstandene Gemälde *Die Familie des Herzogs von Osuna* stellt eine der einflussreichsten Adelsfamilien Madrids dar. Goya hatte den Osunas viel zu verdanken, denn sie unterstützten ihn seit Mitte der 1780er-Jahre durch zahlreiche Aufträge und führten ihn in aristokratische Kreise ein, was seine Karriere vor allem als Porträtist entscheidend vorantrieb.
Goya versuchte, den aufgeklärten Liberalismus und das soziale Engagement des Herzogpaares zu erfassen, indem er auf die traditionellen, im-

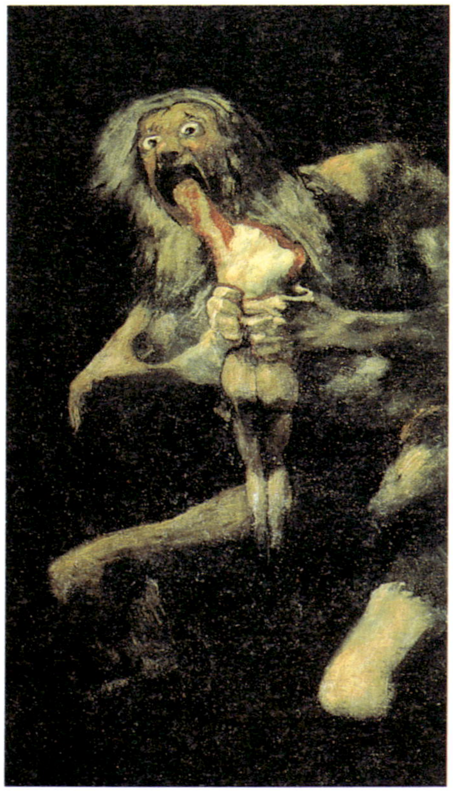

mer etwas steif und distinguiert wirkenden Repräsentationsmuster verzichtete. Stattdessen betonte er die entspannte, familiär-herzliche Verbundenheit der abgebildeten Personen und orientierte sich hierbei an englischen Vorbildern wie etwa Gainsborough.

Maler der Schönheit

Ungefähr zeitgleich entstanden zwischen 1798 und 1805 *Die bekleidete Maja* und *Die nackte Maja*, zwei Darstellungen ein und desselben Mädchens in gleicher Pose, einmal bekleidet und einmal unbekleidet. Wer der Auftraggeber war, ist unbekannt. Die Bilder kamen jedoch in den Besitz des ersten Ministers Godoy, der als gefürchteter Schürzenjäger bekannt war und die beiden Bilder – laut Überlieferung – so aufhängte, dass sich die nackte Maja hinter der bekleideten befand und durch einen Zugmechanismus jederzeit zum Vorschein gebracht werden konnte.

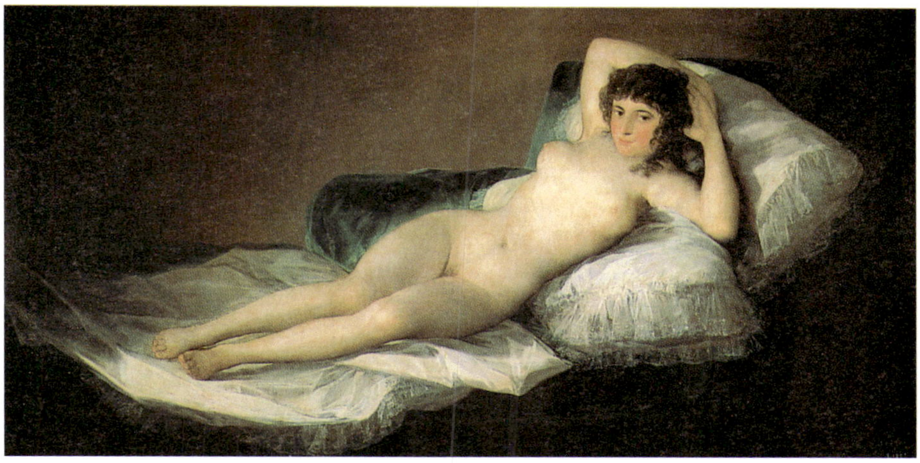

Auftragsbild für einen Schürzenjäger: *Die nackte Maja*, um 1789–1805. Öl auf Leinwand, 97 x 190 cm. Museo del Prado, Madrid

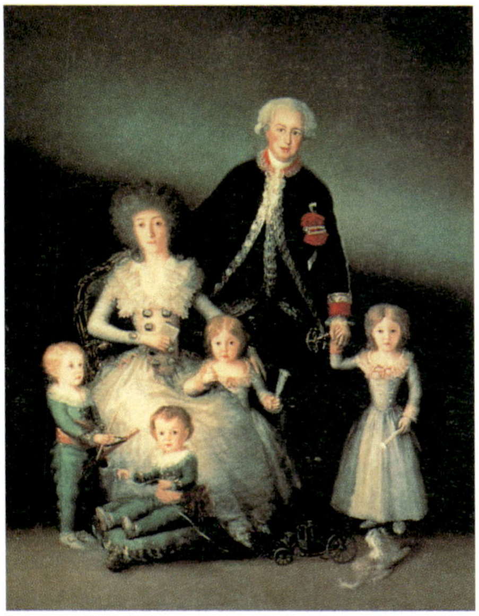

Die Familie des Herzogs von Osuna, 1788. Öl auf Leinwand, 225 x 174 cm. Museo del Prado, Madrid

Die Besonderheit und Gewagtheit der *Nackten Maja* lag darin, dass Goya den unbekleideten Körper ohne jede allegorische, mythologische oder religiöse Überhöhung darstellte und damit mit der zeitgenössischen konventionellen Aktmalerei, die ihre Wurzeln in der Renaissance hatte, brach. In Goyas Bild lenkt nichts den Blick von der offenen Sinnlichkeit und Erotik der Dargestellten ab, kein Zierat, kein Beiwerk im Zimmer, keine üppigen Stoffstaffagen. Ruhig, selbstbewusst und einladend blickt die junge Frau den Betrachter an, Raum für alle Fantasien zulassend. Diese Art der Darstellung wirkte damals so skandalös unzüchtig, dass Goya sich 1814 vor der Inquisition dafür verantworten musste.

Doch noch ein weiterer Punkt machte die Besonderheit der Bilder aus: Das dargestellte Mädchen, auf der ‚bekleideten' Version durch ihr traditionelles Kostüm als eine „Maja“ gekennzeichnet, stand für eine Gesellschaftsschicht, die ihr Selbstbewusstsein aus einem kastilischen Patriotismus bezog, der als „Majoismus“ bezeichnet wird. „Majoismus“ bedeutet eine ganz bestimmte Mentalität und „stolze Lebensart“, die sich gegen Obrigkeitsgläubigkeit und Abhängigkeit des Einzelnen von staatlichen Institutionen wandte. Goya entstammte selbst dieser volkstümlichen Gesellschaftsschicht und fühlte sich zeitlebens mit ihr verbunden.

Goya als moderner Maler

Das Bild *Die Erschießung der Aufständischen am 3. Mai 1808* aus dem Jahr 1814 gehört zu den berühmtesten Gemälden Goyas. Historischer Hintergrund für die Darstellung war die Volkserhebung in Madrid gegen den Einmarsch napoleonischer Truppen. Vielen ist dieses Bild als eines der ersten bekannt, das die ungeheure Brutalität des modernen (Waffen-)Krieges aus der Perspektive des Opfers darstellt. Die Szene vermittelt den Eindruck entsetzter Ohnmacht gegenüber einer unentrinnbaren, gottlosen, todbringenden Gewalt. Um eine solch expressive Dramatik zu erreichen, die bis heute nichts an Aktualität verloren hat, bediente sich Goya bestimmter formaler Mittel: der gezielten Lichtführung auf das zentrale Opfer, einer groben, oft skizzenhaft und brutal wirkenden Malweise, einer undeutlichen Darstellung des Raumes und einer nicht immer der anatomischen Richtigkeit folgendenden, sondern auf besondere Eindringlichkeit zielenden Körperdarstellung. Mit dieser Darstellungsweise und der neuen inhaltlichen Auffassung eines historischen Geschehens ging Goya einen Weg, der nichts mehr mit herkömmlicher Historienmalerei zu tun hatte. Allen Akademismus abstreifend, stellte Goya als zentrale Figur keinen idealisierten Helden in antikisierendem Kostüm dar und auch keinen Märtyrer, der sich in Heilserwartung einer Idee opfert, sondern einen Menschen, dem kein Glaube mehr hilft, dem die Menschenwürde genommen ist, der unausweichlich sinnloser Gewalt und Brutalität ausgeliefert ist. Hier wird ein Leben einfach ausgelöscht und nichts, auch kein Gott, kann es retten. Die dargestellte Szene steht nicht im Dienst einer zu übermittelnden Moral, sondern zeigt eine Wirklichkeit, in der moralische und rechtliche Grundsätze ihre Geltung verloren haben.

Die Erschießung der Aufständischen am 3. Mai 1808, 1814. Öl auf Leinwand, 266 x 345 cm. Museo del Prado, Madrid

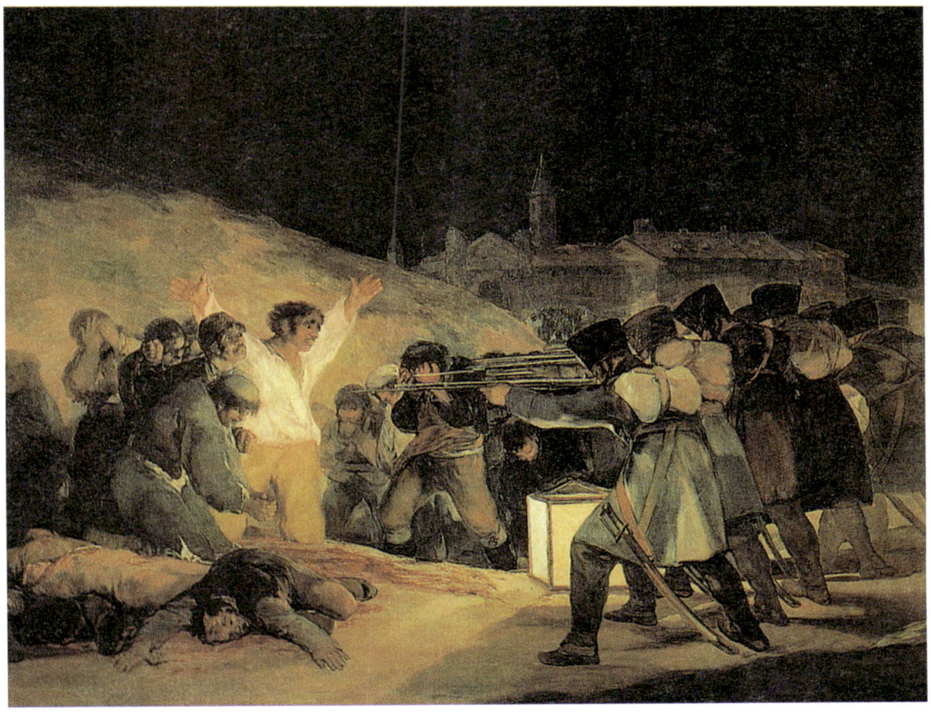

Die subjektive Sicht der Welt

ROMANTIK BIS IDEALISMUS

1800–1890

ROMANTIK IN DEUTSCHLAND 1800–1830

Weltschmerz und Sehnsucht

Nach der Französischen Revolution vollzog sich innerhalb nur einer Generation ein tiefgreifender gesellschaftlicher Wandel. Europa wurde erschüttert von Krisen, Revolutionen und Kriegen. Als 1815 nach den Napoleonischen Kriegen auf dem Wiener Kongress die Landkarte neu geordnet wurde, war klar, dass sich die Hoffnungen, die an den revolutionären Ruf nach „Freiheit, Gleichheit und Brüderlichkeit" geknüpft waren, nicht erfüllt hatten. Während dieser bewegten 25 Jahre jedoch hatten sich in den Köpfen der Menschen neue Ideen und neue Mentalitäten festgesetzt. Die Wertschätzung des Individuums, des selbst denkenden, verantwortungsbewussten Menschen, die seit der Aufklärung ein Ideal und als solches auch in der Kunst des Klassizismus deutlich geworden war, hatte unter umgekehrten Vorzeichen noch eine Steigerung erfahren: Das Ich, das subjektive Empfinden, war zum neuen Inhalt der Kunst geworden. Der kühlen, vernunftbetonten Sicht, mit der die Klassizisten die Welt zu erfassen suchten, stellte man nun das Gefühl und die daraus geborene individuelle Vorstellungskraft gegenüber. Den Formalismus, die Kontrolliertheit und intellektuelle Disziplin des Klassizismus lehnte man ab, neuer Lehrmeister war das subjektive Gefühlserleben und die Intuition. Dementsprechend entwickelte sich zu Beginn des 19. Jahrhunderts eine Fülle von Stilen, die – jeweils geprägt von nationalen Eigenheiten – unter der Bezeichnung „Romantik" zusammengefasst werden. Die deutschen Romantiker, deren Bilder von Weltschmerz, Einsamkeit und Natursehnsucht gekennzeichnet sind, eröffneten die Bewegung. Etwas später zeichneten sich auch in der englischen und französischen Malerei romantische Tendenzen ab.

Der Blick in die Unendlichkeit

Auf die krisengebeutelte Zeitenwende reagierte die junge Künstlergeneration in Deutschland mit einem Rückzug in die Innerlichkeit, in die Gefühlswelt. Sie flüchtete sich in eine sentimentale Sehnsucht nach weit zurückliegenden Zeiten, z. B. das Mittelalter, von denen man verklärend meinte, die Menschen hätten damals im Einklang mit sich und der Welt gelebt. Das Bild *Gotischer Dom am Wasser* von Karl Friedrich Schinkel – der im Übrigen hauptsächlich als Architekt tätig war – ist ebenso eine historisierend-verklärende Projektion wie die Arbeiten der „Nazarener", die sich an den Bildtraditionen der italienischen Frührenaissance und der deutschen Kunst der Dürerzeit orientierten: Friedrich Overbeck, Julius

1806: Kaiser Franz II. legt die deutsche Kaiserwürde nieder. Errichtung des Rheinbundes unter französischem Einfluss.

1807: Freiherr vom und zum Stein erlässt die preußischen Reformen (u.a. Aufhebung der bäuerlichen Erbuntertänigkeit). Fahrt des ersten Dampfschiffes.

1808: Goethes *Faust. Der Tragödie erster Teil* erscheint. Achim von Arnim und Clemens Brentano geben die Volksliedersammlung *Des Knaben Wunderhorn* heraus.

1810: Friedrich Koenig erfindet die Buchdruck-Schnellpresse.

1813: Die deutschen Befreiungskriege gegen Napoleon beginnen. Völkerschlacht bei Leipzig mit entscheidender Niederlage der französischen Armee.

1814: Napoleon wird gestürzt und nach Elba verbannt.

1815: Napoleon kehrt nach Paris zurück, wird in der Schlacht von Waterloo geschlagen und endgültig nach St. Helena verbannt. Der Wiener Kongress unter dem Vorsitz Metternichs leitet die politische Restauration in Europa ein. Gründung des Deutschen Bundes mit Bundestag in Frankfurt.

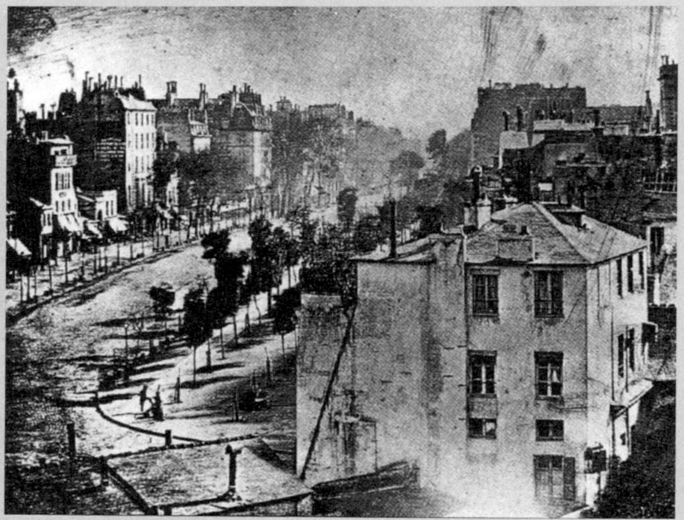

Eine der ersten Fotografien: *Boulevard du Temple in Paris*, um 1838 von Jacques Mandé Daguerre aufgenommen

1817: Das Wartburgfest der deutschen Burschenschaften unter den Farben Schwarz-Rot-Gold zeigt die Stärke liberaler und nationaler Ambitionen.

1824: Ludwig van Beethoven vollendet seine *9. Symphonie*.

1825: Höhepunkt des reaktionären Überwachungssystems Metternichs in Österreich. In St. Petersburg wird der Dekabristenaufstand für eine Konstitution niedergeschlagen.

1830: Die Juli-Revolution in Frankreich führt zum endgültigen Sturz der Bourbonen. Auch in einigen deutschen Staaten gibt es Revolutionen. Eröffnung der Eisenbahnlinie Liverpool-Manchester mit einer Lokomotive von George Stephenson.

1831: Belgien sagt sich als autonomer Staat von den Niederlanden los.

1832: Hambacher Fest der deutschen Demokraten.

1834: Erfindung des Elektromotors durch Moritz Hermann Jacobi.

1835: Die Werke des „Jungen Deutschland" werden verboten (Heine, Börne, Laube u. a.). Viele betroffene Autoren emigrieren.

1837: Victoria wird Königin von Großbritannien und Irland. Sie regiert bis 1901.

1848: Revolutionen in Deutschland, Österreich und Frankreich. Karl Marx veröffentlicht das *Kommunistische Manifest*.

1850: Höhepunkt der europäischen Massenauswanderung in die USA.

Schnorr von Carolsfeld oder Franz Pforr. In der Rückbesinnung auf vergangene Kulturepochen sind die Künstler durchaus dem Klassizismus verwandt, gleichwohl sich nun hinter ihrem Historismus eine Kritik an der vernunftbetonten Haltung der Klassik verbarg.

Getragen und verbreitet wurde die romantische Bewegung zunächst von Literaten und Philosophen, die die „schöpferische Einbildungskraft" zur Grundlage einer jeden Kunst erhoben. Dass von den Gedanken Schellings, Fichtes, Tiecks und Schlegels, die sich kritisch gegen den Rationalismus der Aufklärung wandten, auch bald die Maler erfasst werden mussten, lag fast in der Natur der Sache, gehörte doch die Überschreitung der Grenzen traditioneller Kunstgattungen und die Schaffung eines Gesamtkunstwerkes mit zu den Zielsetzungen des romantischen Kunstkonzeptes, das die „Welt in ihrer Ganzheit" erfassen wollte. Die Welt sei, so schrieb Schlegel, „kein Rechenexempel", sondern stecke voller Geheimnisse und Mysterien, die sich verstandesmäßigen Erklärungen entzögen. Sie könne nur als eine allein dem Fühlen sich offenbarende Erlebniseinheit aufgefasst werden. Schöpferische Antriebskräfte waren daher für die Romantiker die Einfühlung, die – positiv verstandene – Einbildung und die Erfindungsgabe. Das Kunstwerk wurde zum Ausdruck einer „Stimme des Inneren", wie Caspar David Friedrich, der bedeutendste deutsche Maler der Romantik, es formulierte. Diese neue Priorität bedeutete jedoch nicht etwa eine Vernachlässigung des Naturstudiums. Im Gegenteil: Die Romantiker behielten, was das Handwerk betrifft, akademische Traditionen bei. Ihr ausgezeichnetes malerisches Können stellt bis heute einen Höhepunkt der abendländischen Kunst dar.

Der romantischen Naturphilosophie Schellings zufolge, nach der der Mensch vom Göttlichen in der Natur nur so viel erfahren kann, wie in seinem Inneren vorhanden ist, spürten die Maler, ihrer ureigenen Intuition folgend, den Geheimnissen der Welt nach. Als Künstler fühlten sie sich als ein „Organ der Weltseele". Ihr bevorzugtes Genre war die Landschaftsmalerei. Die Natur wurde den Künstlern einerseits zum Spiegel der Seele, andererseits – zumal im politisch-beengten Deutschland – zum Sinnbild für Freiheit und Grenzenlosigkeit, dem sie die Begrenztheit des Menschen gegenüberstellten. Einsame Gestalten, die, den Mächten der Natur ausgeliefert, sehnsuchtsvoll in die Ferne schauen, gehören ebenso zum *ikonografischen* Repertoire wie *Vanitas-Motive,* etwa abgestorbene Bäume und überwucherte Ruinen, die die Endlichkeit des Lebens ebenso wie den ewigen Kreislauf des Werdens und Vergehens versinnbildlichen.

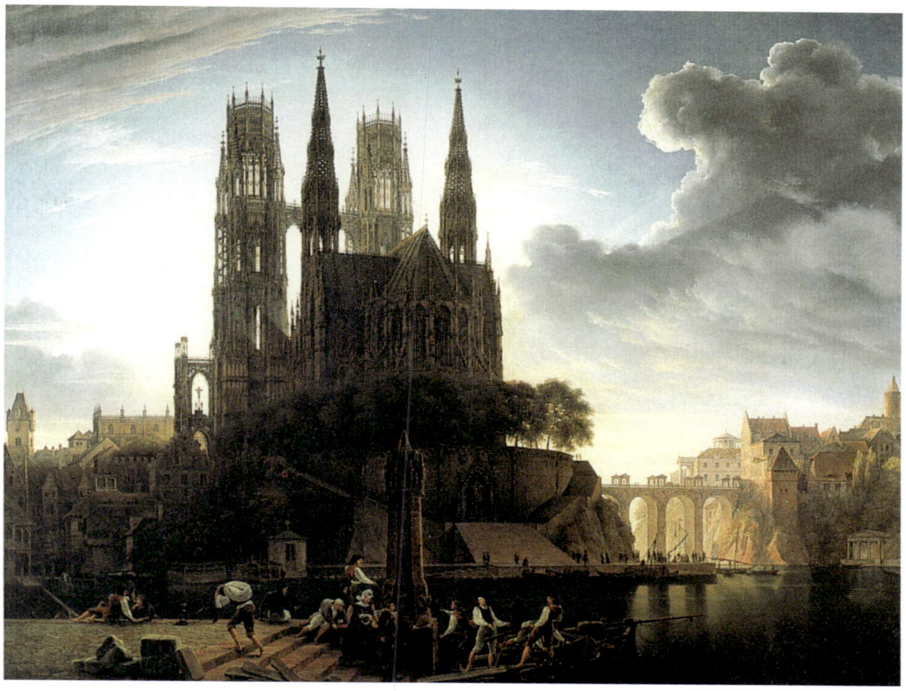

Karl Friedrich Schinkel, *Gotischer Dom am Wasser*, 1813 (Kopie von Wilhelm Ahlborn, 1823). Öl auf Leinwand, 80 x 106,5 cm. Staatliche Museen zu Berlin – Preußischer Kulturbesitz, Nationalgalerie

In den Bildern von Karl Friedrich Schinkel gehen romantische Sehnsucht und klassizistische Reinheit eine eigenwillige Verbindung ein. Die Kultur des Mittelalters diente dem Architekten und Maler ebenso wie das klassische Altertum als Leitbild einer nationalen Erneuerung, die durch das Gedankengut der Aufklärung und die Befreiungskriege gegen Napoleon verwirklicht werden sollte. Die filigrane Silhouette der Türme seines Werkes *Gotischer Dom am Wasser* hebt sich scharf gegen den leuchtenden Himmel ab, dessen überwirkliches Licht die Architektur zur Vision erhebt.

Der Rückgriff auf die Landschaftsmetaphorik war nicht neu. Schon in der Landschaftsmalerei des Barock finden sich vergleichbare *Vanitas-Motive.* Auch die subtile malerische Lichtbehandlung mit wirkungsvollen Licht- und Schatteneffekten sowie die Vorliebe für dramatische Nachtbilder entlehnten die Romantiker den barocken Meistern. Im Unterschied zur *emblematischen* Bedeutung, die diese Symbole im Barock als gemalte Sinnbegriffe hatten, musste der Bedeutungsgehalt nun jedoch jeweils durch das Empfinden neu belebt, neu erfühlt werden. Der verdeckte Mond, Sonnenstrahlen, die durch eine Wolkendecke dringen, und heraufdämmerndes Morgenlicht sind Vergegenständlichungen der unergründbaren göttlichen Präsenz und vergegenwärtigen dem endlichen Menschen die Unendlichkeit des Universums.

Auch war die romantische Malerei auf eine Einbeziehung des Betrachters, wie das Barock sie kannte, angelegt. Allerdings sind es nun nicht mehr irritierende *Trompe-l'œil-Effekte*, die die Grenze zwischen Schein und Wirklichkeit verwischen, sondern der Betrachter schaut mit den dargestellten Figuren, die zumeist als abgewandte Rückenfiguren dargestellt werden, in weite Landschaften, denen er nun ebenfalls gegenübersteht.

Diese identifikatorische Sehweise wies dem Kunstbetrachter eine neue Rolle zu: In dem Maße, wie die Bildwelten individualisiert wurden,

Friedrich Overbeck, *Porträt des Malers Franz Pforr*, um 1810. 62 x 47 cm. Staatliche Museen zu Berlin – Preußischer Kulturbesitz, Nationalgalerie

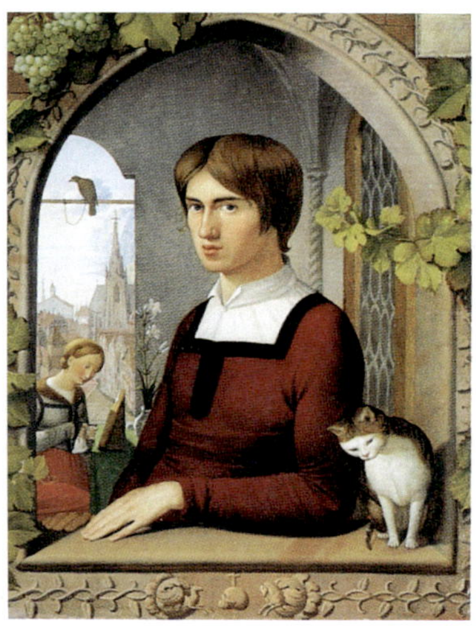

CASPAR DAVID FRIEDRICH

„Nicht die treue Darstellung von Luft, Wasser, Felsen und Bäumen ist die Aufgabe des Bildners", bekannte der Maler Caspar David Friedrich, „sondern seine Seele, seine Empfindung soll sich darin widerspiegeln." In dem Gemälde *Kreidefelsen auf Rügen* öffnet er der Empfindung einen weiten und spannungsgeladenen Projektionsraum. Schon in der Haltung der beiden Männer, von denen sich der eine ängstlich in der Grasnarbe festklammert, während der andere sich in die Ferne versenkt, finden wir den Gegensatz zwischen Furcht und Sehnsucht. Vom hoffnungsvollen Schimmer der Morgenröte auf dem Wasser trennt die Naturbetrachter ein unüberwindlicher Abgrund. Erst diese Drohung des Schrecklichen steigert das Schöne zum Erhabenen. Die gefährlich zugespitzten Felsen engen den Landschaftsausschnitt ein und erzeugen damit zugleich das Bedürfnis nach Weite. Doch die Entgrenzung und Freiheit, die der vom politischen Zeitgeschehen nach dem Wiener Kongress enttäuschte romantische Zeitgenosse in der Natur suchte, fand ihre Erfüllung allein im sehnsuchtsvollen Blick.
Auch in dem Bild *Mann und Frau in Betrachtung des Mondes* sind es wieder zwei einsame Städter, die in den Dämmer zwischen Tag

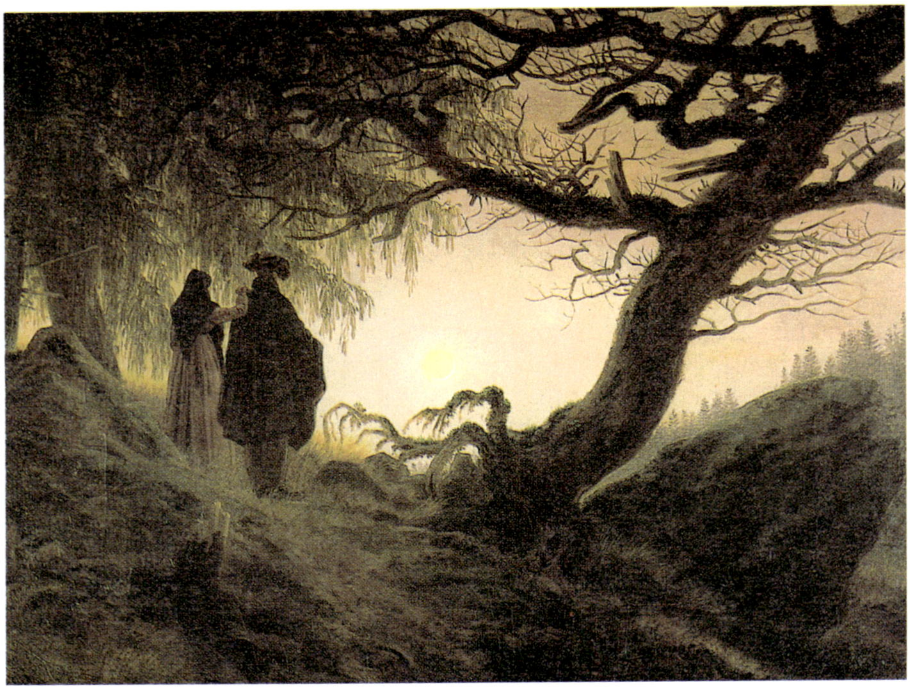

Träumerei mit philosophischem und politischem Hintergrund: ***Mann und Frau in Betrachtung des Mondes***, 1822. Öl auf Leinwand, 55 x 71 cm. Staatliche Museen zu Berlin – Preußischer Kulturbesitz, Nationalgalerie

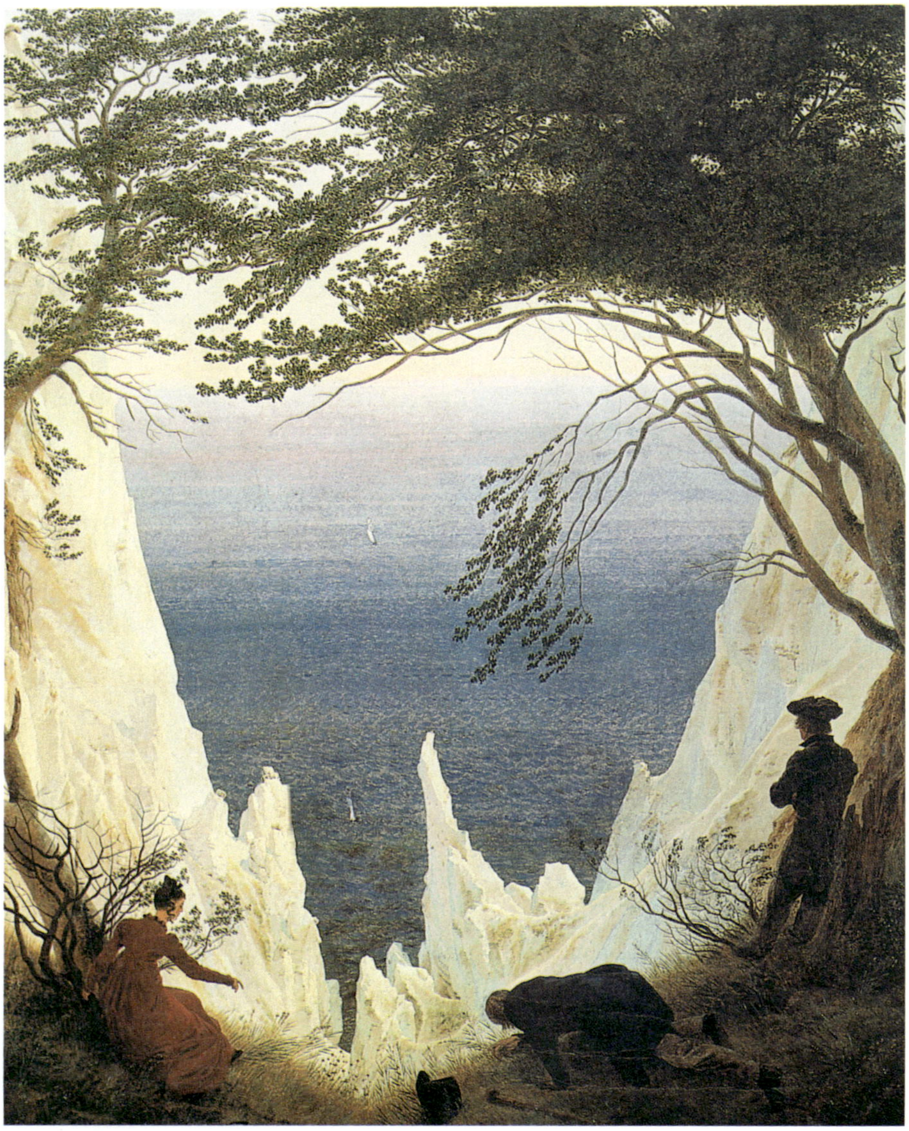

und Nacht schauen. Wieder ist der Raum, in dem sie sich erfahren, unendlich und unzugänglich. Der Mann ist, wie viele der Wanderer in Friedrichs Bildern, in die sogenannte „altdeutsche" Tracht gekleidet. Sie zitierte das Mittelalter und galt als Indiz einer patriotischen Beschwörung der Vergangenheit, aus der die Kraft zur Überwindung der deutschen Kleinstaaten gezogen werden sollte.
An der Erzeugung dieses erwartungsvollen Zustandes zwischen dem Untergang des Alten und der Erneuerung hat in den Bildern von Friedrich die Natur einen großen Anteil. Die schon halb entwurzelte Eiche, die sich in den Hang neben den Wanderern krallt, dient ebenso als Symbol für den natürlichen Kreislauf von Verfall und Wachstum wie das stimmungsvolle Zwielicht des Mondes. In anderen Bildern Friedrichs verdoppeln sich diese aus der Natur gegriffenen Metaphern in den christlichen Zeichen von Tod und Erlösung.
Friedrich, der sich nach einem Studium in Kopenhagen 1798 in Dresden niederließ, blieb der Landschaft seiner Heimat treu. Auf Reisen durch Norddeutschland oder ins Riesengebirge sammelte er Skizzen nach der Natur; im Atelier entstanden dann die dramatischen Inszenierungen, die das Genre der Landschaftsmalerei mit neuen Bedeutungen aufluden.
Caspar David Friedrich, der von Bildverkäufen und Unterricht nur mühsam leben konnte, geriet nach seinem Tod 1840 bald in Vergessenheit. Erst im 20. Jahrhundert wurde sein Werk wiederentdeckt und löste unter den Interpreten den andauernden Streit darüber aus, ob seine Verheißungen dem Diesseits der Geschichte oder dem Jenseits des Glaubens gelten. Doch gerade die Möglichkeiten, die eine Ebene der Bedeutung in der anderen zu spiegeln, kennzeichnet die romantische Reflexion.

Kreidefelsen auf Rügen, um 1818. Öl auf Leinwand, 90,5 x 71 cm. Sammlung Oskar Reinhart, Winterthur

verlangten sie nach einem ähnlich verständnisvollen und empfindsamen Rezipienten. So wie der Maler in seinem Bild das Innere nach außen gekehrt hat, wird das Bild wiederum zum Spiegel und zur Projektionsfläche für den Betrachter. Will er in einem romantischen Bild mehr sehen als nur ein Landschaftsbild, so liegt es an ihm, das Dargestellte mit seinem Empfinden, mit einer tieferen Bedeutung aufzuladen.

Die sinnstiftende Betrachtungsweise, wie sie sich in der Romantik erstmals aufs Allerdeutlichste manifestiert, ist Grundvoraussetzung für das Verständnis moderner Kunst, insbesondere der ungegenständlichen Malerei. Ein abstraktes Bild erhält seinen Sinn erst durch eine sinngebende Betrachtungsweise. Das Kunstwerk erscheint als ‚Kommunikationspartner', als Gegenüber. Darüber hinaus findet in der romantischen Kunstauffassung ein erstes Mal die Trennung von (Künstler-)Ich und Umwelt statt: Auf die objektive Welt wirft der Maler seine subjektive Sicht und zeigt uns ein durch sein Empfinden gefiltertes Bild. Der Künstler wird zum Deuter der Welt. Dieses Kunstverständnis ist ebenfalls bis in unsere Tage prägend geblieben.

Die romantische Wertschätzung des Ichs und der persönlichen Originalität führte, trotz gemeinsamer ideeller Grundlagen, innerhalb der Bewegung zu höchst unterschiedlichen künstlerischen Ausformungen. Am beispielhaftesten und typischsten für die deutsche Romantik sind die Bildwelten von Caspar David Friedrich.

Zurück in die gute Stube – Biedermeier

Als 1817 die Karlsbader Beschlüsse in Europa die Restauration einleiteten und die Demagogenverfolgungen einsetzten, war der Elan der deutschen Frühromantik bereits versickert und die geistige Aufbruchstimmung der Generation der Jahrhundertwende war Resignation und Enttäuschung gewichen. Die emanzipatorischen Ideen der deutschen Romantik wurden zugunsten der restaurativen zurückgedrängt. Aufgrund fehlender politischer Mitwirkungsmöglichkeiten zog sich der Bürger in seine private Idylle zurück. Das „Biedermeier", die Zeit zwischen 1815 und 1848, begann. Neben Moritz von Schwind und Ludwig Richter ist Carl Spitzweg der bedeutendste Maler des Biedermeier.

Erzählerisch-anekdotenhafte Szenen aus dem familiären Milieu gehörten zu seinen favorisierten Bildthemen. Doch so wie spätestens die Märzrevolution von 1848 an den Tag brachte, dass hinter der Fassade von Ruhe und Ordnung der politische und geistige Widerstand gegen den reaktionären Absolutismus weiterhin bestand, so haben auch die so harmlos, heiter und friedlich scheinenden Bilder von Spitzweg eine tiefere Bedeutungsebene.

Hinter treuherzigen Niedlichkeiten hält er den Bürgern den Spiegel vor. Die scheinbaren Idyllen sind satirisch unterlegt: Sie haben einen hintergründigen Witz, der manchmal allein durch spöttische Titel wie *Eremit, ein Hühnchen bratend* aufscheint.

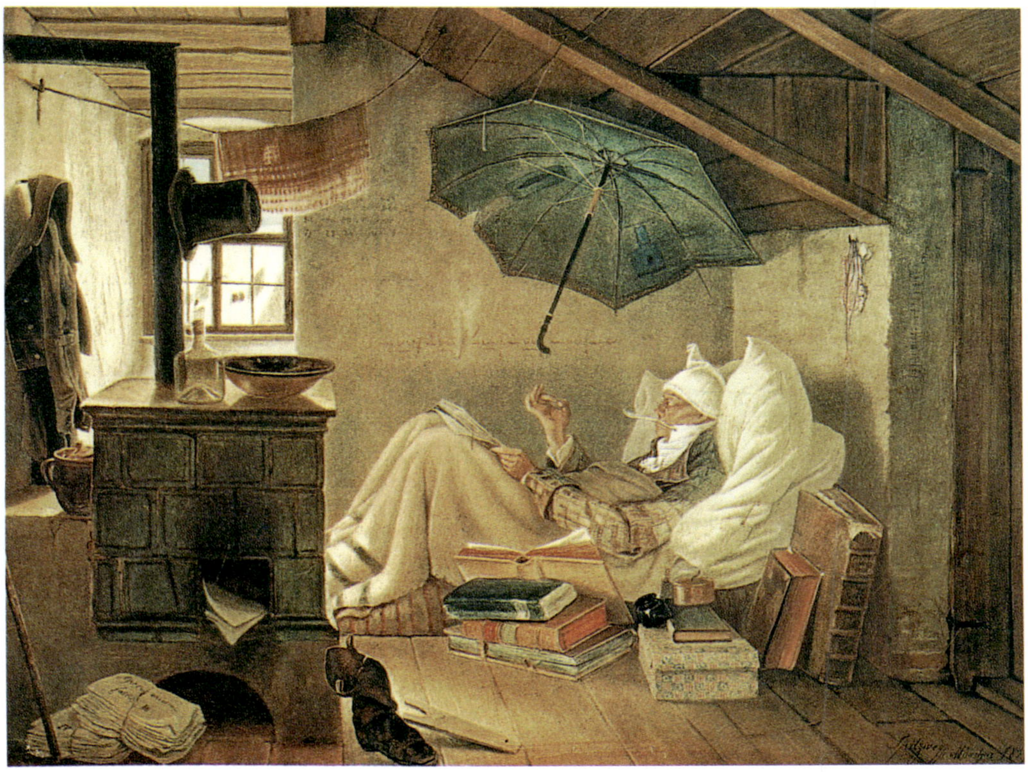

Carl Spitzweg, *Der arme Poet*, 1839. Öl auf Leinwand, 36,3 x 44,7 cm. Staatliche Museen zu Berlin – Preußischer Kulturbesitz, Nationalgalerie (verschollen)

Im Gemälde *Der arme Poet* übt Spitzweg Kritik am Bild des Intellektuellen: Der Dichter und Denker erscheint als weltfremder Kauz, der sich bei schönstem Sonnenschein ins Bett verkrochen hat. Seine Elaborate sind – wie ein großer Stapel vor dem Ofen bezeugt – gerade gut genug dazu, verfeuert zu werden. Offensichtlich ist die Dachkammer, wie der zum Schutz aufgespannte Regenschirm beweist, undicht und wohl auch nicht sehr warm: Der Dichter ist in seinem Bett eingehüllt in eine dicke Jacke.
Wie weit Spitzwegs Abstand zur Romantik bereits ist, zeigt der Vergleich seiner Bildwelten mit denen der Romantiker: Hier der Mensch, der im Bewusstsein seiner Begrenztheit über die Unendlichkeit nachsinnt, dort der Poet, dessen gespannte Aufmerksamkeit einzig der Laus gilt, die er gerade zwischen zwei Fingern zerdrückt. Gleiches gilt für den Symbolgehalt romantischer Ausblicke in die Bildtiefe, aus denen bei Spitzweg lapidar ein Dachlukenblick auf das Nachbarhaus wird.

Théodore Géricault, *Das Floß der Medusa*, 1819. Öl auf Leinwand, 491 x 716 cm. Musée du Louvre, Paris

Das Bild *Das Floß der Medusa* stellt eine reale Katastrophe dar. 1816 war die vollbesetzte französische Fregatte „Méduse" in der Nähe von Marokko gestrandet. Da die Rettungsboote nicht ausreichten, wurde ein Floß gebaut, das 149 Menschen fasste, sich im Sturm aber von den Booten losriß und 27 Tage übers Meer trieb. Géricault hat umfangreiche Vorstudien zu dem Bild betrieben: Er befragte Überlebende, zeichnete Kranke oder gar Tote und fertigte grausige Skizzen von Köpfen und Gliedmaßen Hingerichteter an.
Das Bild ist bis ins kleinste Detail, bis in jede Windung der Leiber durchkomponiert. Den dramatisch bewegten und ineinander verschlungenen Körpern galt das Hauptinteresse des Malers. Die meist nackten Gestalten wirken wie Skulpturen. Die fahle Hautfarbe der Todgeweihten steht in wirkungsvollem Kontrast zur düsteren See. Dieser Hell-Dunkel-Effekt verleiht dem Bild seine dramatische Unruhe.

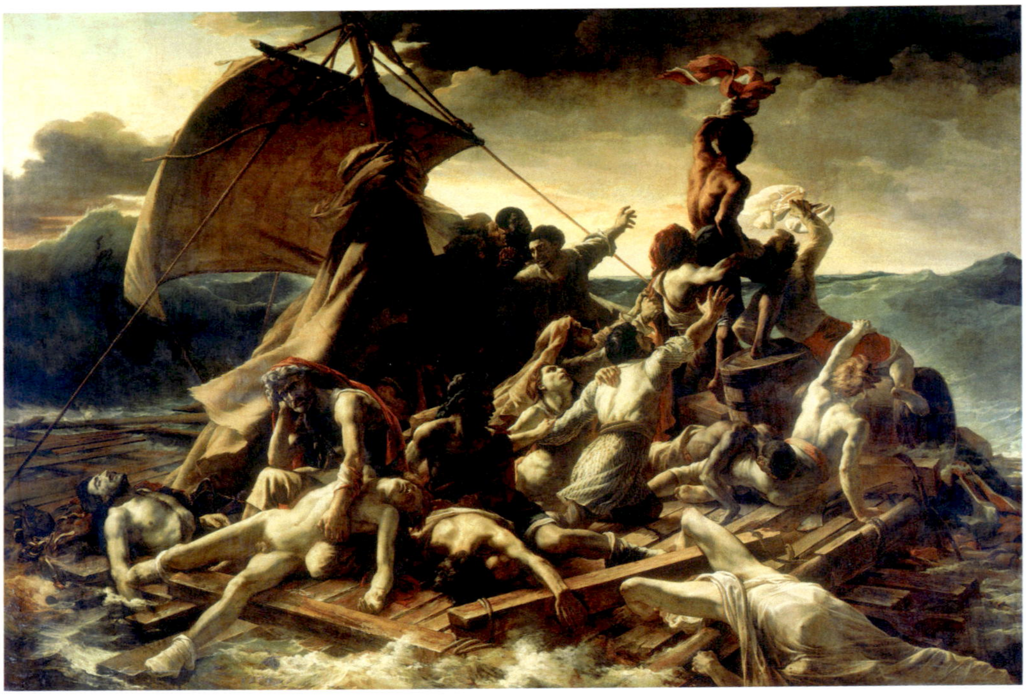

ROMANTIK IN FRANKREICH 1815–1850

Aufwühlende Bilder in neobarocker Pracht

Ähnlich wie in Deutschland setzte auch in Frankreich nach den Befreiungskriegen eine restaurative Phase ein. Ruhm und Grandeur Napoleons waren 1814/15 vorbei. Der charismatische Feldherr war nach der Schlacht von Waterloo endgültig entmachtet und wurde als Staatsgefangener der Engländer nach St. Helena verbannt. Ludwig XVIII., ein Bruder des in den Revolutionsjahren hingerichteten französischen Königs, kehrte auf den Thron zurück. Aus der Republik wurde wieder eine Monarchie. Viele Errungenschaften wurden rückgängig gemacht, der alte Adel in seine früheren Rechte eingesetzt, die Anhänger Napoleons verfolgt.

Im Mutterland der Französischen Revolution konnte sich die Romantik erst jetzt durchsetzen. Jacques Louis David und die Akademie waren bis dahin unangefochtene Autoritäten gewesen, und erst der Sturz Napoleons brach ihr Diktat. In Frankreich zeigte sich das romantische Element vor allem in der Wahl der Themen. Den „Krämerseelen", die nun im Land das Sagen hatten, entfloh die junge Künstlergeneration in leuchtend gestaltete wilde Abenteuer oder ferne exotische Länder.

Ein Pionier und neben Eugène Delacroix wichtigster Vertreter der romantischen Malerei in Frankreich war Théodore Géricault: Sein bewegendes *Floß der Medusa* war der Skandal im *Salon* von 1820. Bis dahin hatte noch nie jemand so unmittelbar und eindringlich das Grauen dargestellt. Das Bild war umso erschütternder, als dass der dargestellte Schiffbruch auf ein tatsächliches Unglück zurückging. Mit der monumentalen Darstellung, die den Betrachter zum unmittelbaren Zeugen, zum Beteiligten des Schreckens werden lässt, erreichte Géricault vor allem eine emotionale Wirkung. Seine effektvolle Inszenierung setzte sich bewusst in Widerspruch zur kalkulierten, intellektuellen Malerei des akademischen Klassizismus. Die bühnenhafte Statik der klassizistischen Maler war dem ungestümen Géricault fremd. Er war der Maler der Bewegung und des Bewegenden. Letzteres erreichte er freilich nicht allein durch die Plastizität der Figuren und malerische Durchgestaltung des gesamten Bildraumes, die das große Vorbild Michelangelo ahnbar werden lassen, sondern auch durch den Symbolcharakter, den sein Floß der Hoffnungslosen in sich trägt. Dieses Symbolpotenzial von Schiffbruch und Hoffnung ist ebenso ein romantisches Spezifikum wie die Verbindung von offensivem Realismus mit sinnbildlicher Idealität, die dem Bild jenes Pathos verleiht, das auch die Werke der Barockmaler Rubens und Velázquez – von Géricault häufig kopierte Vorbilder – kennzeichnete.

Delacroix, einige Jahre älter als Géricault, setzte nach dem frühen Tod des Malers dessen künstlerischen Weg fort. Unter dem Eindruck seiner Werke, insbesondere dem *Floß der Medusa*, schuf Delacroix Bilder, deren leuchtendes *Kolorit* und ungestüme Kompositionen die Gefühle aufpeitschen und die Gemüter erregen sollten. Mit seiner *Dantebarke* beispielsweise, einem Gemäl-

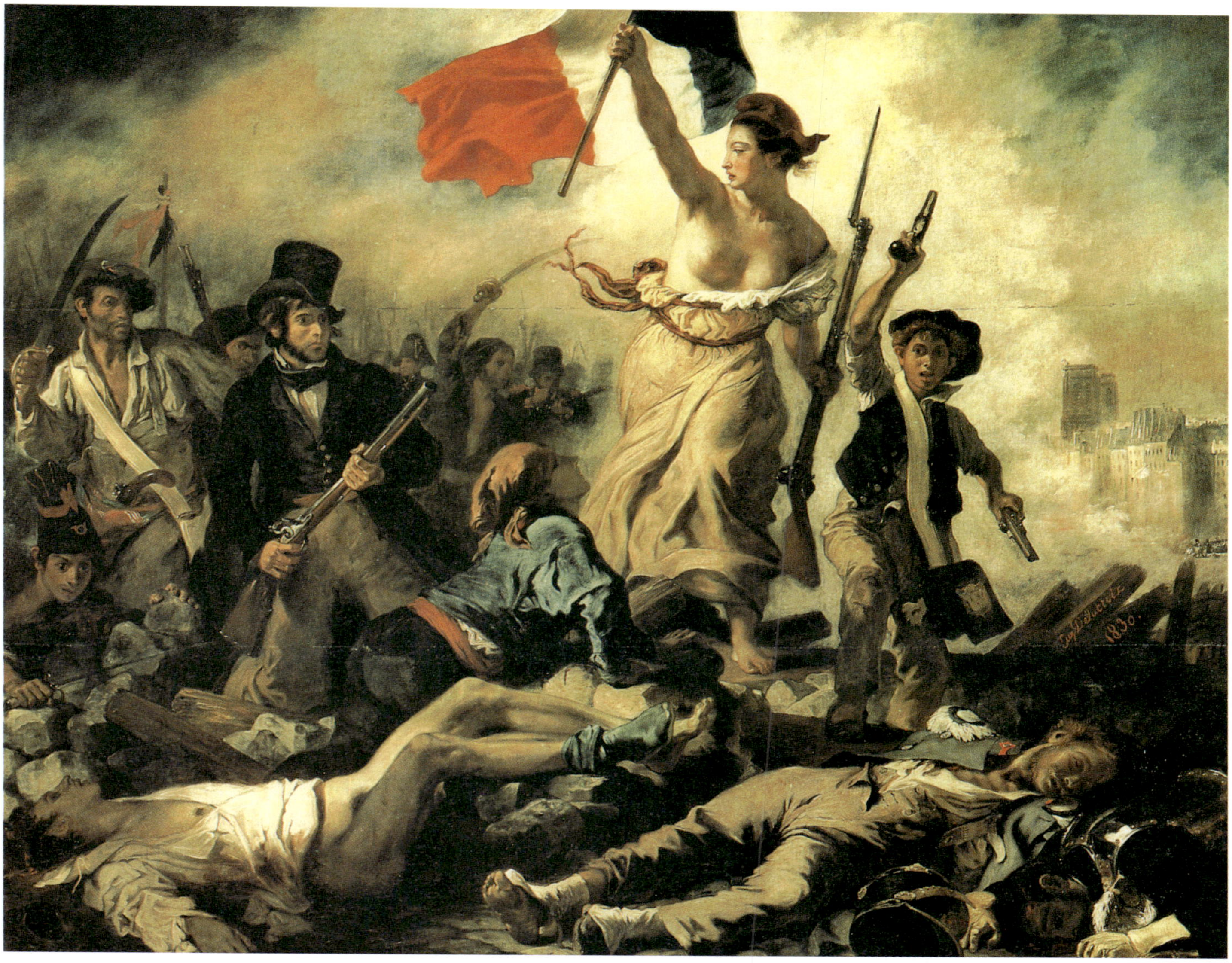

Malerei als politisches Pamphlet: ***Die Freiheit führt das Volk***, 1830. Öl auf Leinwand, 260 x 325 cm. Musée du Louvre, Paris

EUGENE DELACROIX

Am 27. Juli 1830 ging das Volk von Paris auf die Barrikaden. König Karl X. hatte per Erlass das Parlament aufgelöst und wollte die Pressefreiheit einschränken. Aus anfänglichen Ausschreitungen wurde ein Aufstand, eine regelrechte Revolution, die von aufgebrachten Bürgern aller Stände – erstmals auch von den Arbeitern – ausging. Einen wirklichen Anführer gab es nicht. So ist es in Delacroix' Gemälde denn auch die „Freiheit", die das Volk führt. Sie ist allerdings nicht abstrakt (im Sinne der klassizistischen „Ideenbilder" Davids etwa) umgesetzt, sondern erscheint sehr sinnlich und greifbar als *allegorische* Figur.

Delacroix selbst stand während der Revolution aufseiten der Aufständischen und schrieb an seinen Bruder, dass er wenigstens für das Vaterland malen wolle, wenn er schon nicht kämpfen könne. In seinem Bild hat er sich selbst als Mann mit schwarzem Zylinder in die vorderste Reihe der Kämpfer gestellt.

Delacroix' lockerer Pinselstrich und die Leuchtkraft seiner Farben rufen die Lebendigkeit seiner Werke hervor. Um die Spannung und Bewegtheit in seinen Bildern zu steigern, setzte er neben Hell-Dunkel-Gegensätzen auch bewusst Komplementärkontraste ein. Farbe hat bei ihm nicht nur Darstellungswert, sondern vor allem eine emotionale Eigenbedeutung, mit der der Maler menschliche Temperamente und Stimmungen darzustellen versuchte.

Delacroix gehört mit über 800 Bildern und großformatigen Wandgemälden sowie über 6000 Handzeichnungen zu den produktivsten und einflussreichsten Malern des 19. Jahrhunderts. In mehreren kunsttheoretischen Schriften und einem künstlerischen Tagebuch forderte er die Orientierung der Kunst am „unvergänglichen Ideal der Schönheit" und nannte Leidenschaft und Imagination die Urerlebnisse des Künstlers. Er war sich des Widerspruchs zwischen dem klassizistischen Ideal der Vollendung und dem romantischen Ideal der Unendlichkeit auch in seinen eigenen Werken bewusst. Gegen seinen Willen wurde er als Haupt der romantischen Schule in Frankreich gefeiert, da seine Gemälde als Gegensatz zur kalten, distanzierten und vollendeten Malweise von Ingres empfunden wurden.

de, das stark an das *Floß der Medusa* erinnerte, wollte er erklärtermaßen ein (publikumswirksames) ‚Skandalbild' malen. Ihm kam es nicht mehr „auf die Art der Empfindung, sondern auf deren Tiefe" an. Diese Aussage ist ein deutlicher Seitenhieb auf die Klassizisten, deren geachteter Vertreter Jean Auguste Dominique Ingres zu Delacroix' künstlerischen Intimfeinden gehörte. In deutlicher Anspielung auf Ingres mokierte sich Delacroix: „Jene vielberedete Schönheit, die einer in der Schlangenlinie, der andere in der Geraden sieht – alle bestehen darauf, bloß in Linien zu sehen. Ich stehe an meinem Fenster und erblicke eine wundervolle Landschaft, aber der Gedanke an eine Linie kommt mir dabei nicht in den Sinn!"

Damit war der jahrhundertealte Streit um das Primat der Zeichnung oder der Farbkomposition wieder entfacht. Der „klassischen Fadheit" begegnete Delacroix mit einer dynamischen Bewegtheit und einer von der Farbe her gedachten Komposition, wie er sie bei Tizian oder Rubens verehrte. Den am Klassizismus geschulten Betrachtern kam diese Malerei zunächst wie „Schmiererei" vor. Man warf dem Maler vor, das Auge würde die Konfusion der Konturen und Farben nicht entwirren können. Doch bald schon hatte sich der Maler durchgesetzt. Für sein Bild *Die Freiheit führt das Volk*, das er anlässlich der Julirevolution von 1830 gemalt hat, wurde er schließlich sogar vom König ausgezeichnet. Allerdings war dem nach der Revolution eingesetzten „Bürgerkönig" das Gemälde schließlich wohl doch etwas zu mitreißend, denn nur wenig später bat er den Maler, es zurückzunehmen.

Delacroix hatte die Farben in der Natur genauestens beobachtet. Das harte Licht des Orients, das ihn auf seiner Marokko-Reise 1832 fasziniert hatte, brachte ihm neue Einsichten über das Zusammenwirken von Farbe und Licht. Er stellte fest, dass „das Fleisch seine wahre Farbe nur in der freien Luft und besonders in der Sonne hat. Wenn ein Mensch seinen Kopf an das Fenster hält, ist er ein ganz anderer als im Inneren eines Zimmers; darin liegt die Dummheit der Atelierstudien, die sich bestreben, die falsche Farbe wiederzugeben."

Diese Erkenntnis war die entscheidende Grundlage zur wenige Jahre später sich entfaltenden *Freilichtmalerei*. Darüber hinaus führte sie Delacroix zur Entwicklung einer eigenen Farbtheorie. Ein wichtiges Ergebnis seiner Studien war die Feststellung, dass sich nuancierte Zwischentöne aus der Mischung der *komplementären Primärfarben* ergeben: „Beimischung von Schwarz bedeutet nicht, einen halben Ton zu gewinnen, sondern den Ton zu verschmutzen. Rot enthält vielmehr grüne Schatten, Gelb violette etc." Eine Erkenntnis, die etwas später vor allem von den Impressionisten mit großem Interesse aufgenommen wurde. Als Erster erkannte Delacroix den Eigenwert der Farbe. Durch das Nebeneinanderlegen fein nuancierter Töne ein und derselben Farbe, durch *Komplementärkontraste*, die sich in der Leuchtkraft gegenseitig steigern, gelang es ihm, Dynamik und Bewegung mit rein malerischen Mitteln zu erzielen. Seine Malerei und die von ihm entwickelte Farbtheorie, die der Farbe eine gänzlich eigenständige Bedeutung zumaß, sollte für all jene Maler, die sich im 20. Jahrhundert von der Gegenständlichkeit lösen, große Bedeutung erlangen.

Delacroix selbst empfing wichtige Impulse von John Constable, einem Vertreter der romantischen Bewegung in England, dessen Werke 1824 mit großem Erfolg in Paris gezeigt wurden und von denen nicht nur Delacroix lernte, sondern vor allem auch die Maler der „Schule von Barbizon", die sich in den 30er-Jahren der *Freilichtmalerei* widmeten.

ROMANTIK IN ENGLAND 1820–1850

„Malen ist Fühlen"

John Constable, der von sich selber sagte, dass Malen für ihn „nur ein anderer Ausdruck für Fühlen" sei, wendete sich in seinen Landschaftsbildern von den herkömmlichen Landschaftskompositionen im Sinne überhöhender Idealisie-

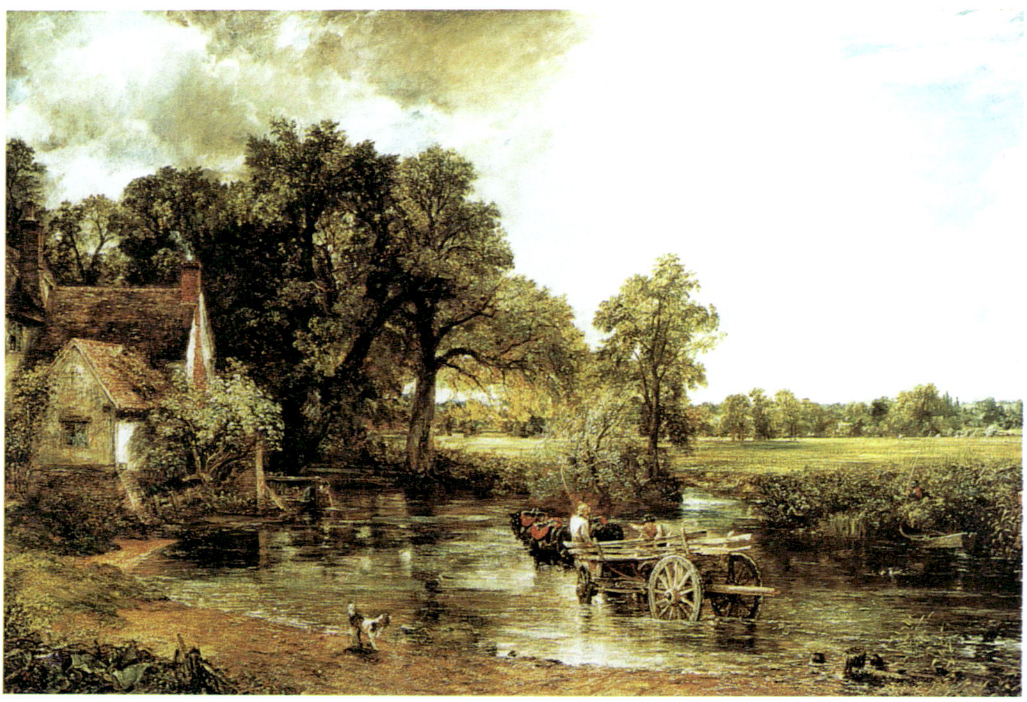

John Constable, *Der Heuwagen*, 1821. 130 x 185 cm. National Gallery, London

Der Heuwagen, der den Fluss durchquert, scheint den festen Grund unter den Rädern verloren zu haben – so sehr sind Bäume, Flusslauf und Wiesen in eine bewegte Fläche aufgelöst. John Constable liebte die Veränderung der Landschaft durch Wind und Wetter. Bevor er 1821 den *Heuwagen* vollendete, skizzierte er über drei Monate einen landschaftlichen Blick zu unterschiedlichen Tageszeiten, da in der Natur sich „nicht einmal zwei Stunden gleich" seien. Schon bald nach seinem Studienbeginn an der Royal Academy in London hatte der Müllerssohn Constable das akademische Kopieren nach alten Meistern gegen ein Studium der Natur getauscht. Seine leuchtenden Skizzen bauchiger Wolkenformationen, die heute oftmals den durchkomponierten Gemälden vorgezogen werden, begann man erst ein halbes Jahrhundert nach seinem Tode 1837 zu schätzen.

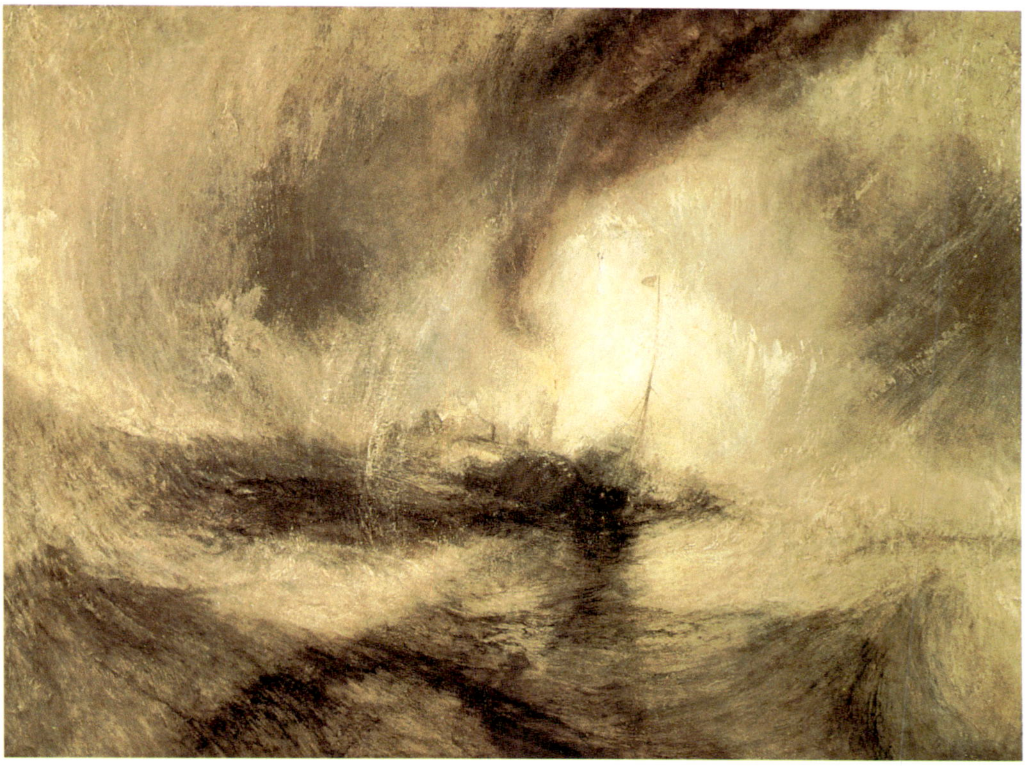

William Turner, *Schneesturm auf dem Meer*, 1844. Öl auf Leinwand, 91 x 122 cm. Tate Gallery, London

Als gelte es, den Kampf der Elemente auf der Leinwand nachzuvollziehen, hat William Turner seinen *Schneesturm auf dem Meer* gemalt. Von einem energiegeladenen Zentrum aus scheint die Materie an den Rand geschleudert zu werden. Der Bildinhalt teilt sich dem Betrachter nicht primär durch das Motiv mit, sondern vor allem durch die Malweise: Ein Dampfschiff stampft durch die von Sturm und Schneetreiben aufgewühlte See. Farbe und Linienführung sind nicht naturalistisch, sondern folgen allein den Kompositionsgesetzen Turners. Trotz der Gewaltsamkeit der Szene gelang es dem englischen Maler, den Farbschleiern seines Ölbildes jene atmosphärische Transparenz zu verleihen, die man nur dem Aquarell zutraut. Licht und Bewegung entstofflichen das Motiv. Damit kündigt sich in den späten Werken Turners eine Veränderung der Wahrnehmung an, die schließlich den Impressionismus ebenso wie die Physik beschäftigen wird: Allein durch die Reflexion des Lichts erhält die Wirklichkeit ihre Konturen.

rung der Natur ab. War Rubens für die Franzosen das große Vorbild, so war es für die englischen Maler zum einen der holländische Barock, wo sie ein dem ihren ähnlich starkes Gefühl für die Gewalt der Natur erkannten. Zum anderen war es Claude Lorrain mit seinen verklärenden und ausschließlich inneren Bildharmonien gehorchenden Landschaftskompositionen. So ist denn eine Balance zwischen völliger Gefühlshingabe und tiefem Naturempfinden einerseits und wissenschaftlichen Bestrebungen, die sich in den zwanziger Jahren in systematischen Himmels- und Wolkenstudien zeigten, andererseits kennzeichnend für das Werk Constables. Die genaue Beobachtung der Natur brachte den Maler immer stärker zu einer Vernachlässigung der Linie, das Bild wurde zunehmend aus freien Farbflecken aufgebaut, die im Zusammenklang den Gegenstand modellieren. Er strebte eine „reine, ungekünstelte Wiedergabe der Landschaft unter besonderer Berücksichtigung der Farbe" an.

Die Freisetzung der Farbe ist auch für die Malerei William Turners charakteristisch. Für Turner, den zweiten großen englischen Maler der Romantik, ist die präzise Naturbeobachtung nur Hilfsmittel bei der Verwirklichung seiner eigenen Bildwelten. Turner versuchte nicht, den Natureindruck abbildlich wiederzugeben, sondern war auf der Suche nach einem malerischen Äquivalent – er versuchte, die Natur mit den Mitteln der Kunst nachzuahmen. Die Stimmung seiner Bilder ergibt sich weniger aus dem Gegenstand der Darstellung als vielmehr aus der Machart. Noch stärker als Delacroix arbeitete er dabei mit der Farbwirkung. In vielen seiner Bilder ist die Farbe mit schnellen Hieben auf die Leinwand aufgebracht. Dicke, krustige Partien wechseln mit zarter *Alla-prima-Malerei*, tonige Malerei mit starken Hell-Dunkel-Kontrasten. Aus diesem Farb- und Materialstrudel schält sich der Gegenstand für den Betrachter meist erst nach einer Weile heraus. In seinem Bild *Schneesturm auf dem Meer* versuchte Turner, Natureindrücke wie Schneetreiben und peitschenden Wind nicht erzählend darzustellen, sondern in die Sprache der Malerei zu übersetzen. Da es dem Maler weniger um Abbildung als vielmehr um Verbildlichung, um die Visualisierung einer Empfindung, eines Gefühls ging, konnte er die Erkennbarkeit des Gegenstandes zu weiten Teilen vernachlässigen. In diesem Punkt ist Turner ein wichtiger Wegbereiter der modernen abstrakten Malerei. Seine ‚Farbmusik' hat aber auch bereits die Impressionisten stark beeindruckt, wenn auch nicht – wie man auf den ersten Blick aufgrund der ähnlich aufgelösten Malweise vielleicht annehmen könnte – beeinflusst. Anders als die Romantiker, deren Bilder eine Wirklichkeit zeigten, die man nur „mit dem Gefühl erschauen" kann, betrachteten sich die Impressionisten als Realisten. Sie waren nicht an ausdruckssteigernden Visionen des Lichtes, sondern an den realen Lichteffekten in der Natur interessiert. Diese Hinwendung zum Wirklichen ist um die Mitte des 19. Jahrhunderts deutlich

Jean-Baptiste Camille Corot, *Erinnerung an Mortefontaine*, 1864. Öl auf Leinwand, 65 x 89 cm. Musée du Louvre, Paris

Unermüdlich reiste Corot zeit seines Lebens durch Frankreich und Italien und malte im Frühling und Sommer. Obwohl er seit seinen Anfängen in der freien Natur skizzierte, stellte er seine Naturstudien erstmals 1849 aus – bis dahin hatte ihm die Landschaft lediglich als Hintergrund für biblische und mythologische Szenen gedient. Als 1864 die *Erinnerung an Mortefontaine* entstand, war er schon ein vielfach ausgezeichneter Maler. Die dunstigen Schichten, die das ferne Ufer mit den nahen Bäumen vereinen, sind mit wehmütigen Gefühlen durchtränkt. Corot filtert den Blick in die Landschaft durch das Prisma der persönlichen Erinnerung und steigert damit die Intimität des stillen Winkels. Für seinen Erfolg auf dem Kunstmarkt spricht nicht nur, dass er sich gegen Ende seines Lebens in einer großen Werkstatt von seinen Schülern helfen ließ, sondern dass er auch von zahlreichen Fälschern nachgeahmt wurde.

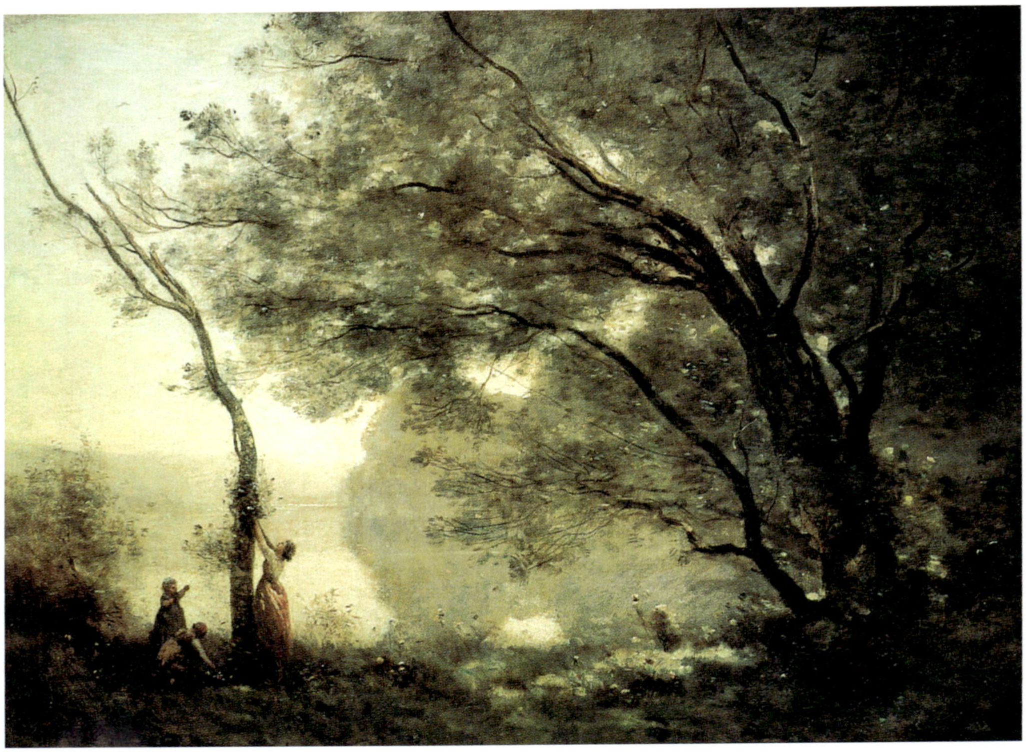

zu spüren. An diesem Punkte scheiden sich die künstlerischen Geister, die bislang trotz Vielfalt in einem friedlichen Miteinander existierten. Die immer größer werdende Kluft zwischen Realität und Empfindungswelt spaltete schließlich auch die Künstlerschaft in zwei Lager. Während sich eine Richtung ganz der Fantasie und künstlerisch geschaffenen Welten verschrieb, drängte die andere Gruppe hinaus in die Wirklichkeit, zum „Realismus".

NATURALISMUS UND REALISMUS 1840–1880

Die Schönheit des Alltäglichen

Als Constables Gemälde *Der Heuwagen* 1824 in Paris ausgestellt wurde, machte es großen Eindruck. Hier war die Landschaft nicht allein als Versinnbildlichung einer Stimmung, eines Gefühls aufgenommen, sondern offensichtlich hatte der Maler gleichermaßen Interesse an einer natürlichen, wirklichkeitsgetreuen Darstellung der Natur gehabt. Ein Anliegen, das ihn vor allem mit jener Gruppe von französischen Malern verband, die nach einer Darstellung der Natur suchten, die sich weder aus klassizistisch-akademischen Idealen noch aus verklärendem, romantischem Sentiment speiste, sondern deren Grundlage die aus der unmittelbaren Anschauung empfangene Naturempfindung bildete. Ein solcher „Naturalist" war der Maler Camille Corot. Seine „liebevolle Versenkung in die objektiven Erscheinungen der Natur" begründete eine neue Art der Landschaftsmalerei, die „paysage intime", die „intimen Landschaften".

Zusammen mit Théodore Rousseau und Charles-François Daubigny war Corot Mitte der vierziger Jahre nach Barbizon, einem kleinen Dorf im Wald von Fontainebleau bei Paris, gezogen. Hier malten die Naturalisten ihre Bilder direkt vor Ort, d. h. unter freiem Himmel, um den Erscheinungen der Natur möglichst gerecht zu werden. Die *Plein-air-Malerei*, die *Freilichtmalerei*, die einige Jahrzehnte später für die Impressionisten so entscheidend werden sollte, war geboren. ‚Geburtshelfer' für diese neue künstlerische Vorgehensweise waren die soeben entwickelten kleinen Zinkfarbtuben, die es den Künstlern ermöglichten, fertig gemischte Farben in kleinen Portionen überall mit hinzunehmen. Ohne diese Farbtuben, von Corot liebevoll „das tragbare Atelier" genannt, wäre eine konsequente Freilichtmalerei, wie sie die Maler von Barbizon und später die Impressionisten betrieben, nicht möglich gewesen.

Wie später bei den Impressionisten spielten in den Landschaftsbildern der „Schule von Barbizon" das Licht und die durch Lichtwirkung hervorgerufene Stimmung eine zentrale Rolle. Die Maler versuchten, die formzersetzende Wirkung des Lichtes bildlich festzuhalten. Durch genaue Beobachtung, wie sie bereits Delacroix propagiert hatte, gelangten sie zu höchst sensiblen Ausdrucksformen. Die Luft wird in ihren Bildern zu einem milden Schleier, das Licht zu einer atmosphärischen Substanz, die den gesamten Bildraum erfüllt. Es wird weder in Form von punktuellen hellen Glanzlichtern gesetzt noch gibt es metaphorisch zu deutende Lichtquellen wie bei den Romantikern. Mit ihrem lockeren *Malduktus* setzten sich die Naturalisten über den aus dem Klassizismus überkommenen glatten Malstil, der an den Akademien immer noch als verbindliches Ideal galt, hinweg. Ihre lockere Malweise war wegbereitend für den Impressionismus.

Dem Barbizon-Grüppchen schloss sich bald ein weiterer Maler an: Jean-François Millet. Mit ihm beginnt ein neuer Abschnitt in der französischen Malerei. Dem Naturalismus, dem Interesse für das genaue Erfassen der Natur, gesellt sich eine Malerei zur Seite, der die nüchterne Darstellung der Wirklichkeit zum „Augenöffnen" über eben jene Wirklichkeit dient. Dieser engagierteren Form des Naturalismus wird man später zu Unterscheidungszwecken den nicht sonderlich aussagekräftigen Namen „Realismus" geben. Naturalismus und Realismus sind oft nur schwer zu trennen, ihre Grenzen, zumal im Werk Millets, sind fließend. Irritierend sind diese Bezeichnungen der künstlerischen Tendenzen der Jahrhundertmitte auch deswegen, weil das Bemühen um größtmögliche Naturnähe und eine realistische Abbildlichkeit ja keinesfalls neu war, sondern als zentrales Bestreben der Maler die Geschichte der Malerei seit der Renaissance durchzogen hatte.

Im 19. Jahrhundert verbindet sich mit dem Naturalismus/Realismus jedoch ein neues Konzept der Wirklichkeitserfassung. Abgesehen davon, dass es den Malern inzwischen – zumal nach der vollendet abbildlichen Malerei der Romantik – nicht mehr darum gehen konnte, handwerkliche Finessen für eine täuschend ‚echte' Wirklichkeitswiedergabe zu entwickeln, hatte man im 19. Jahrhundert ein völlig anderes Wissen, ein völlig anderes Bild und Verständnis von der Wirklichkeit, die sich durch die zunehmende Industrialisierung immer schneller veränderte. Mit der realistisch abbildenden Kunst der zweiten Hälfte des 19. Jahrhunderts ist deshalb der Versuch verbunden, Wirklichkeit so klar wie möglich darzustellen und zugleich ihre wesentlichen (gesellschaftlichen) Zusammenhänge sichtbar zu machen. Das durch die industrielle Revolution veränderte Leben mit seinen Dampfmaschinen, Eisenbahnen und Fabriken erschien einigen – zunächst nur einigen wenigen – Künstlern reizvoller als die Traumgebilde der Romantiker. Sie suchten sich ihre Motive im Alltagsleben. Damit war Millet nach den holländischen Genremalern einer der ersten, die die Arbeit als Sujet in die Kunst zurückholten.

Die Naturalisten unterschieden sich von den Romantikern vornehmlich durch die Motivwahl. In der Maltechnik blieben sie ihnen verwandt und konventionell: Deutlichkeit der Form, perspektivisch gestaffelte Bildaufteilung und geschlossene Komposition beherrschten auch ihre Bilder. In seinem Gemälde *Die Ährenleserinnen* wendete Millet allerdings bereits die malerischen Errungenschaften der „Schule von Barbizon" an. In

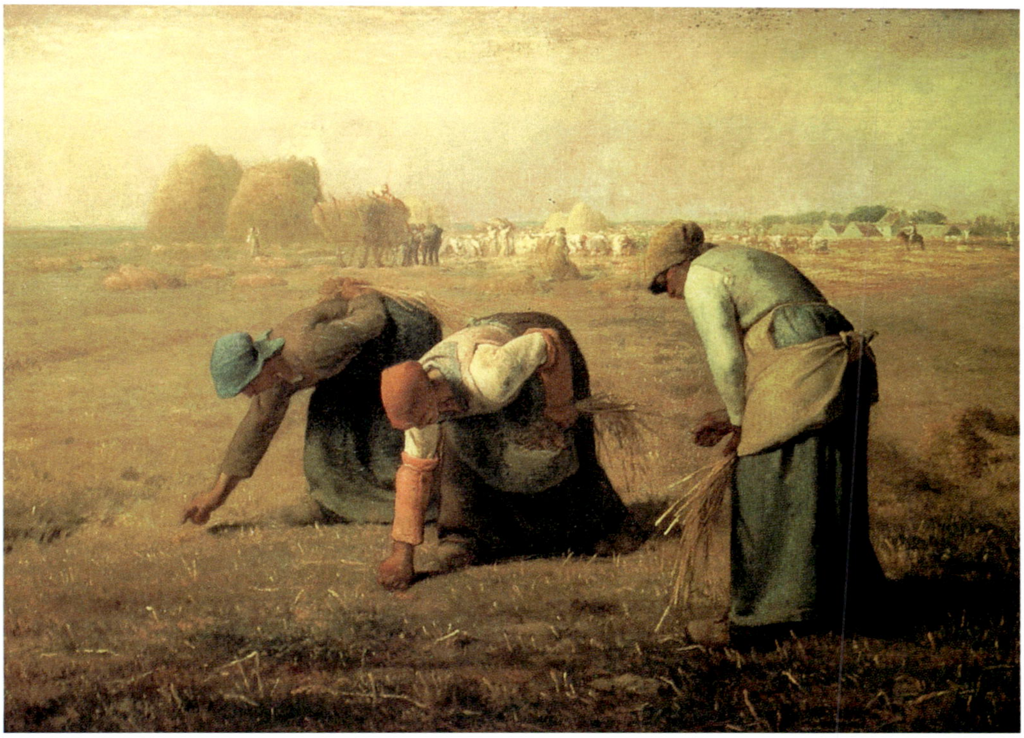

Jean-François Millet, *Die Ährenleserinnen*, 1857. Öl auf Leinwand, 83,5 x 111 cm. Musée d'Orsay, Paris

Ein rötliches Abendlicht taucht *Die Ährenleserinnen* von Millet in eine feierliche Stimmung. Die Farben ihrer Röcke verschmelzen mit dem reifen Braun des Stoppelfeldes zu einer spätsommerlichen Harmonie. Der Rhythmus, in dem sie sich niederbeugen und vorwärtsschreiten, ritualisiert ihre Arbeit. Mit der Einfachheit der Bildkomposition verlieh Millet seinen Figuren große Würde. Er wurde als ein Maler angesehen, der sich „in Holzschuhen auf den Weg Michelangelos" begeben hatte. Zwar war sein Blick auf die Bauern als Teil der Natur nicht frei von einer romantischen Verklärung, mit der die Helden des Landlebens von der dunklen Folie der Verelendung des städtischen Proletariats abgesetzt wurden. Dennoch erarbeitete sich Millet, der sein Brot lange als Maler idyllischer und galanter Themen verdienen musste, einen eigenen Stil von Schönheit und Herbheit in seinen Bildern von der bäuerlichen Arbeit.

Ilja Efimowitsch Repin, ***Die Wolgatreidler***, 1872. Öl auf Leinwand, 131 x 281 cm. Staatliches Russisches Museum, St. Petersburg

In diesem Bild hat Repin auf jedes erzählerische Beiwerk verzichtet. Sein Interesse galt einzig der Gruppe arbeitender Männer. Mit geballter, das Bildformat förmlich sprengender Kraft ziehen diese ein Schiff am Betrachter vorbei flussaufwärts. Die geschlossene, blockhafte Gruppe der Treidler steht in spannungsvollem Kontrast zum lichtdurchfluteten Hintergrund. Die nach rechts ansteigende Diagonale, die die Treidlergruppe in dem extremen Querformat bildet, unterstreicht kompositorisch die schleppende, mühselige Arbeit der Männer.

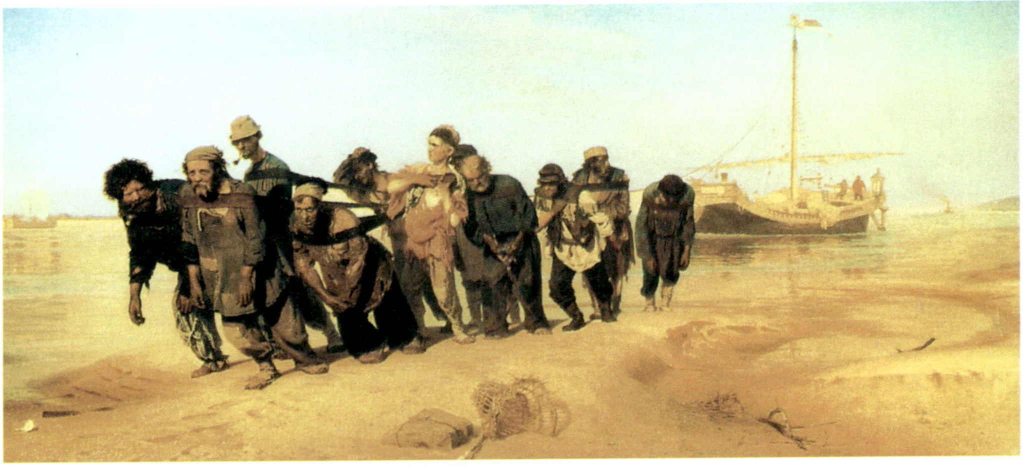

weiches Licht getaucht, erscheinen die gebückten Frauen als natürlicher Teil der ländlichen Umgebung. Der hohe Horizont bindet die Bäuerinnen fest an die Erde. Dadurch werden sie formal und gedanklich dem Feld zugeordnet, auf dem sie arbeiten. Die Härte der Arbeit wird – im Gegensatz zu Ilja Repins *Wolgatreidlern* – nicht unmittelbar, sondern nur auf gleichnishafte Weise spürbar. Aber hier wie dort bekommt der Einzelne in seiner Typisierung etwas Zeitloses, Allgemeingültiges.

Der Gedanke an die Industrialisierung, die wachsenden Städte oder die aufkommende Massenkultur mag sich angesichts bäuerlicher Szenen kaum einstellen. Und doch waren die Folgen der industriellen Revolution um die Mitte des Jahrhunderts in Frankreich, wie in allen anderen europäischen Ländern, unübersehbar geworden: Der Mensch war in die existenzielle Abhängigkeit der Maschine geraten bzw. zu einem Rädchen im profitorientierten Produktionsbetrieb geworden. Der mit dem Voranschreiten des Kapitalismus einhergehende soziale Wandel fand seinen ersten deutlichen Niederschlag in den Aufständen und Revolutionen vom März 1848, an denen sich auch die neue Arbeiterklasse erstmals mit eigenen politischen Forderungen beteiligte. Im selben Jahr erschien Karl Marx' *Kommunistisches Manifest*.

Die Kunst reagierte auf die bewegte Zeit in höchst unterschiedlicher Weise. Der Stilparallelismus, wie er sich in den historisierenden Kunstrichtungen seit dem Ende des 18. Jahrhunderts abgezeichnet hatte und der für unsere Zeit nur allzu typisch ist, verstärkte sich zunehmend. Neben den naturalistischen Darstellungen, denen ein gewisser Hang zur Idylle nicht fremd ist, zeigte sich in der Kunst um die Jahrhundertmitte eine auffällige Tendenz zu einem Realismus, der weder beschönigte noch verklärte.

Der kritische Blick auf die Realität

So wie die Autoren Balzac und Zola mit ihren Romanen ein authentisches Bild der Wirklichkeit

Gustave Courbet, ***Die Steinklopfer***, 1851. Öl auf Leinwand, 159 x 259 cm. Ehemals Gemäldegalerie, Dresden (Kriegsverlust)

Zu den ersten Betrachtern von Courbets Bild *Die Steinklopfer*, das später zum Manifest des Realismus stilisiert wurde, gehörte die Landbevölkerung seiner Heimatstadt Ornans. Sie verstand des Malers Betroffenheit über die harte Arbeit der Tagelöhner in heißer Sonne. Zwischen dem Jungen in zerrissenem Hemd und dem alten Mann in geflickten Kleidern spannt sich ein mühsames Leben, wundgestoßen an den Steinen. Courbets breiter Farbauftrag schien mit dem Staub der Straße gemischt zu sein und eine ästhetische Entsprechung zu der proletarischen Plackerei zu bilden – die Kunst selbst wurde zur Arbeit. So bestimmte der Maler mit dem teilnahmsvollen Blick auf den Alltag zugleich die gesellschaftliche Rolle des Künstlers neu.

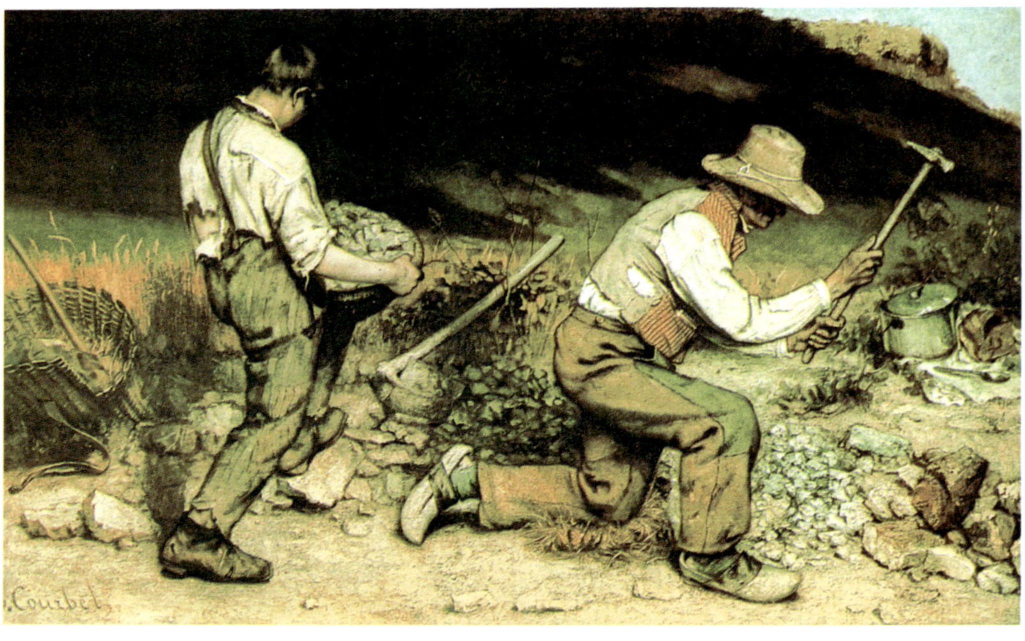

entwarfen, versuchten auch einige Maler, in die Wirklichkeit einzudringen. Ihren Höhepunkt erlebte die realistische Malerei in Frankreich mit Gustave Courbet. Ihm ist letztlich auch die Bezeichnung „Realismus“ zu verdanken, denn als seine Bilder 1855 für die Weltausstellung nicht zugelassen wurden, improvisierte der Maler kurzerhand in einem Holzschuppen am Eingang der großen Schau seine eigene Ausstellung. Über das Tor nagelte er ein Schild, auf dem stand „Le Réalisme – G. Courbet“.

Auch Courbet wandte sich in seinen Bildern dem Alltagsleben zu. Der Maler – Autodidakt und überzeugter Sozialist – erläuterte seine Kunstauffassung folgendermaßen: „Der Kernpunkt des Realismus ist die Verneinung des Ideals. Indem ich das Ideal sowie alles ablehne, was daraus folgt, gelange ich zur vollen Selbstbefreiung des Individuums bis hin zur Verwirklichung der Demokratie. Der Realismus ist seinem Wesen nach eine demokratische Kunst.“ Seine Motivwahl legitimierte er so einleuchtend wie simpel: „Ich male nur, was ich sehe. Also male ich keine Engel, denn ich habe ja noch nie einen Engel gesehen.“ Dafür malte er *Steinklopfer* bei ihrer harten Arbeit. Der Junge, der auf dem vorgestemmten Knie einen schweren Korb mit den gerade geschlagenen Gesteinsbrocken hält, kehrt dem Betrachter den Rücken zu. Auch das Gesicht des Alten ist nicht zu erkennen, sondern von der breiten Hutkrempe verdeckt. Die dadurch erreichte Anonymität der Figuren lässt sie zu Repräsentanten einer ganzen Klasse werden. Hier werden keine Einzelschicksale beschrieben, sondern die Misere der unteren Bevölkerungsschichten schlechthin.

Courbets Motive des Alltags, die es vormals höchstens in Form kleinformatiger Genrebildchen mit anekdotischem Charakter gegeben hatte, werden unter seiner Hand zu buchstäblich groß angelegten, da auf monumentalen Leinwänden gestalteten Sozialstudien. Damit provozierte er vor allem beim konservativen Publikum und der Kunstkritik in mehrfacher Hinsicht harsche Ablehnung. Das bürgerliche Publikum, das in der Regel allein jene ausgefeilte Malweise duldete, wie sie an der Akademie gepflegt wurde, vertrat die Meinung, die ernsthafte und unprätentiöse Beschäftigung mit ‚banalen' Dingen käme einer „Entwürdigung der Kunst“ gleich. Vor allem erregten realistische Aktbilder die Gemüter – eine Erfahrung, die auch Édouard Manet einige Jahre später mit seiner Darstellung eines *Frühstücks im Freien* machen sollte. Der weibliche Akt war ausschließlich in einem mythologischen Kontext oder als Allegorie akzeptiert: Dieses berücksichtigend, stellte Courbet nicht ohne Witz die unbekleidete Schöne, die dem selbstporträtierten Maler im Gemälde *Das Atelier* über die Schulter schaut, dem Publikum als Allegorie auf die „nackte Wahrheit“ vor. Doch nicht nur die Konventionsverstöße erregten Kritik. Darüber hinaus war es wohl auch die aus den Bildern des Sozialisten sprechende politische Haltung, die dem bürgerlichen Publikum nicht behagte. Mit seinen auffällig großen Formaten für Dinge des Alltags unterstrich Courbet zugleich ein weiteres Anliegen: Für ihn war Kunst ein öffentliches Medium und nicht Luxusgut und Privatvergnügen.

Wurde die Erfassung der Wirklichkeit, sei es naturalistisch wie bei Corot, sei es im Sinne eines politisch engagierten Realismus à la Courbet, in Frankreich zu einer unübersehbaren Tendenz in der Malerei, so blieb die Kunst in Deutschland lange einem romantisch-verklärenden Selbstverständnis verhaftet. Nur wenige Künstler, so etwa Adolph von Menzel und Wilhelm Leibl, betrachteten die Wirklichkeit ohne jenen idyllisierenden Blick, wie er für die deutsche Restauration typisch gewesen war. Als Maler geehrt und anerkannt, zeichnete Menzel in seiner Kunst das Panorama der wilhelminischen Gesellschaft – von der glanzvollen Hofgesellschaft über die gigantische Fabrikhalle bis zum intimen bürgerlichen Interieur. In *Historienbildern* befriedigte er den allgemeinen Hunger des Publikums nach geschichtlichem Glanz, während er im prosaischen Alltag, in Ansichten von Hinterhöfen, Bauarbeiten oder einer gerade eröffneten Eisenbahnstrecke neue Anregungen für seine Malerei zu entdecken vermochte. Diese thematische und stilistische Vielfalt prägte einen Realismus, der den

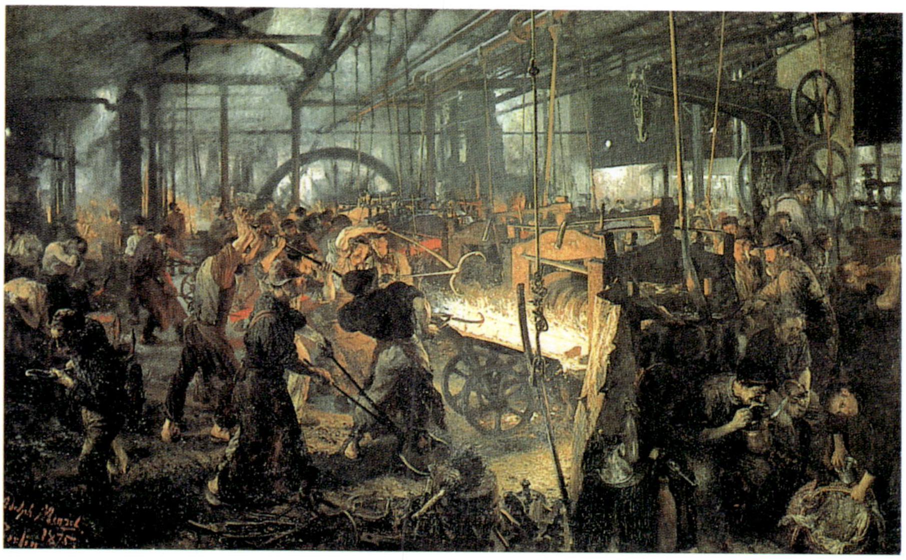

Adolph von Menzel, *Das Eisenwalzwerk*, 1872–75, Öl auf Leinwand, 158 x 254 cm. Staatliche Museen zu Berlin – Preußischer Kulturbesitz, Nationalgalerie

Von der Glut des Eisens erleuchtet und in rußigen Dampf getaucht, kündigt sich in Adolph Menzels großem *Eisenwalzwerk* eine veränderte Sicht der Wirklichkeit als Folge der industriellen Revolution an.
Dieses Thema war für die Malerei der damaligen Zeit so neu und ungewöhnlich, dass man versuchte, es dem Publikum mit dem mythologisierenden Titel „Moderne Cyklopen“ näherzubringen.

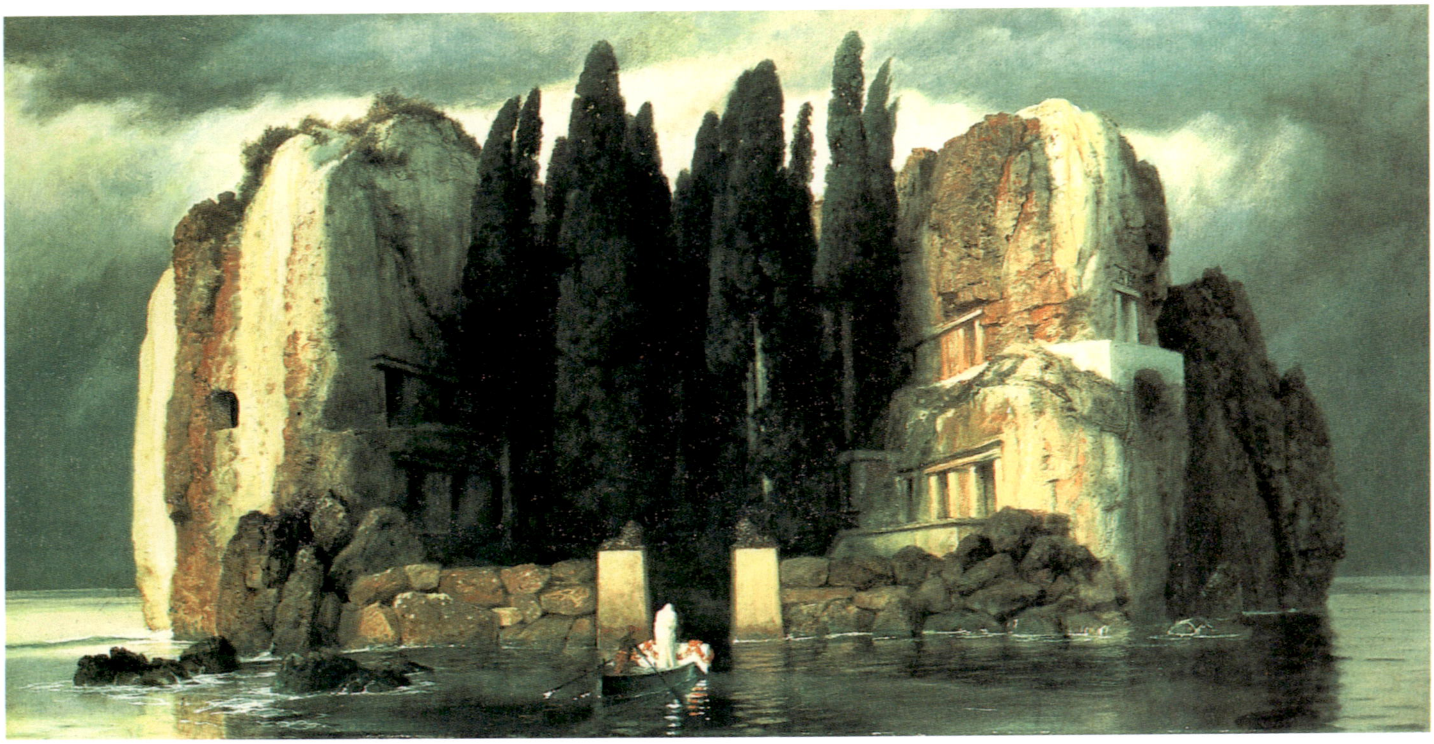

Arnold Böcklin, *Die Toteninsel*, 1886.
Tempera auf Mahagoniholz,
80 x 150 cm. Museum der Bildenden Künste, Leipzig

„Sie erhalten, wie gewünscht, ein Bild zum Träumen. Es muss so stille wirken, dass man erschrickt, wenn angeklopft wird." So schrieb Böcklin zur ersten Fassung des Bildes, das der Kunsthändler Gurlitt dann *Die Toteninsel* nannte.
In der hier abgebildeten fünften Fassung ist die Szene durch gewitterartige Bewölkung aufgehellt und dramatisiert. Aber immer noch erscheint der düstere Inselhafen als ein Endpunkt allen Geschehens und strahlt heimlich-unheimliche Ruhe aus. Ist dort eine Kult- und Grabstätte? Steht im Boot eine Priestergestalt, oder ist dies das Sinnbild einer Seelenfahrt? Alles bleibt absichtlich offen. Konkrete Fragen lösen sich in der Gesamtstimmung des Bildes auf. Erzählende Details sind nur Auslöser für betrachtende Fantasien um feierliche Ruhe, Abschied, Sehnsucht.
Die Verschmelzung von außerordentlich glaubwürdiger Naturdarstellung und entrückter Idealität ist typisch für Böcklin. Anhänger der impressionistischen, nicht symbolistischen Malerei schmähten ihn deshalb, während ihn zahlreiche mehr spätromantische Geister glühend bewunderten.

gesellschaftlichen und ökonomischen Umbrüchen seiner Zeit Rechnung trug.

Bei allem Detailreichtum verfolgte Menzel mit seinen Schilderungen jedoch nie die Absicht, realistisch im Sinne von fotografisch genau zu sein. Vielmehr setzte er die Mittel der Kunst gezielt ein, um die Realitäten möglichst wirkungsvoll zur Anschauung zu bringen. Die Malerei war einerseits Medium der abbildlichen Darstellung, andererseits aber auch Mittel, die Wirkung des Bildes über das Motiv hinaus zu steigern. Insbesondere dem Licht kommt bei Menzel eine große Bedeutung zu. Der aufflackernde Hell-Dunkel-Kontrast im *Eisenwalzwerk* vermittelt eindringlich die heiße, schmutzig-ungesunde Atmosphäre in der vom Maschinenlärm erfüllten Fabrikhalle. Die gedrängte Komposition lässt die schwere, schweißtreibende Arbeit des Eisengießens fühlbar werden. Dieses Gemälde ist ein *Historienbild* des beginnenden Industriezeitalters, dem Idealisierung fremd ist und das einen nüchternen Blick auf die Wirklichkeit wirft.

Was jedoch ist „Wirklichkeit"? Liegt die Wahrheit tatsächlich, wie die Naturalisten und Realisten glaubten, an der Oberfläche? Reicht die Anschauung allein aus, um sie ans Tageslicht zu bringen? Diese Frage stellten all jene Maler, denen die Idee und das Empfinden, das dem Abbild zugrunde liegt, wichtiger waren als die Erscheinung selbst.

Sie sahen in einer idealistischen Kunst, die sich der „Idee" und den rein künstlerisch-bildlichen Wirkungsweisen verschrieben hatte, die einzig gültige Aufgabe der Kunst – zumal nachdem Mitte der dreißiger Jahre des 19. Jahrhunderts die Fotografie erfunden worden war, die die malerische Erfassung der sichtbaren Wirklichkeit ohnehin überflüssig erscheinen ließ.

PRÄRAFFAELITEN UND DEUTSCHRÖMER 1840–1890

Idealistische Gegenwirklichkeiten

In Anlehnung an die idealistischen Philosophen Fichte und Schelling, denen die deutsche Romantik ihre entscheidenden Impulse verdankte, bauten auch die deutschen Maler Arnold Böcklin, Anselm Feuerbach und Hans von Marées, der Franzose Puvis de Chavannes oder der Engländer Dante Gabriel Rossetti auf die Einbildungskraft des Subjektes. Sie waren davon überzeugt, dass sich die „ganze Wirklichkeit" nur offenbart, wenn Objektivität und Subjektivität zusammengeführt werden, um vom empfindsamen Künstler dem ebenfalls emotional reagierenden Betrachter zur Anschauung und Einfühlung gebracht zu werden. Eine solche Auffassung, die ihre unverkennbaren Wurzeln in der Romantik hat, subsumiert man in der zweiten Hälfte des Jahrhunderts unter dem Begriff „Idealismus".

Auch wenn die Idealisten die Auffassungen der Romantik in gewissem Sinne fortsetzten, so forderten nicht zuletzt die veränderten gesellschaftlichen und politischen Verhältnisse ein erweitertes gedankliches Konzept hinter der Malerei. War ein romantisches Bild in erster Linie Sinnbild bzw. an das Gefühl appellierende Verbildlichung einer Idee, so entdeckten die Künstler in der zweiten Hälfte des Jahrhunderts eine neue Dimension: Sie entdeckten das „Bild als Bild" und wiesen damit der autonomen Malerei den Weg.

Mit einer im Detail naturgetreuen, aber in *Duktus* und Farbauftrag sowie der Wahl der Themen den klassizistischen Idealen folgenden Malerei schufen diese Maler Bildwelten, wie sie nur die Fantasie hervorbringen kann, und erhoben sich damit über die lockere, der Beobachtung ergebene Malerei des Naturalismus und der Anschauungsmalerei des Realismus.

Trotz größter Abbildhaftigkeit ist Böcklins *Toteninsel* ein irreales Ideenreich. Hier ist alles ‚unecht', alles inszeniert: die fast bedrohliche Ruhe, die Totenstille der gesamten Komposition, hervorgerufen durch ein festgefügtes Geflecht horizontaler und vertikaler Kompositionslinien, das dramatisch-unwirkliche Licht, das wie ein Theaterdonner hinter dem im Dunkeln liegenden Zentrum der Insel aufzuckt, die finstere Sogwirkung des tiefen schwarzen Zedernwaldes, der auf einer solchen Felseninsel niemals gedeihen könnte, der kaum merkliche Hauch, der die Wipfel streift, und schließlich der still durch das Wasser ziehende Kahn mit der weiß gekleideten Figur, der die Gedanken zum Totenschiffer Charon aus der griechischen Mythologie gleiten lässt. Böcklin selbst hatte sein Bild *Ein Bild zum Träumen* genannt. Erst sein Kunsthändler, ein Mann mit Gespür für den Zeitgeschmack, gab dem Werk den reißerischen Namen *Die Toteninsel.* Offensichtlich bestand in einer Zeit beunruhigender gesellschaftlicher Umbrüche ein großes Bedürfnis nach solchen Bildern zum Träumen. Böcklin hat es schließlich in fünf Versionen gemalt. Auch als Öldruck war *Die Toteninsel* weit verbreitet.

Böcklin gehörte zusammen mit Feuerbach und Marées zum Kreis der „Deutschrömer". Dieser Name verdankt sich der Orientierung der Maler an der klassischen Kunst, die sie in alter Tradition und Sitte in Rom studierten.

Die alte italienische Kunst war auch das große Vorbild der englischen „Präraffaeliten". 1848 schlossen sich die Maler John Everett Millais, Ford Madox Brown, William Holman Hunt und Dante Gabriel Rossetti zu einer Bruderschaft zusammen. Sie erstrebten die „naive Reinheit", die sie vor allem in der Kunst der Frührenaissance sahen, der Kunst vor Raffael, dessen nach wie vor unangefochtene Vorbildfunktion an den englischen Akademien sie verurteilten. In romantischer Manier traten sie für eine „seelische Vertiefung, Wahrhaftigkeit und Ehrlichkeit" in der Kunst ein. Einer materialistisch gewordenen Welt stellten sie poetische Träume entgegen. Ihre Malerei gründete nicht auf der Anschauung, sondern Anregung fanden sie in der Märchenwelt, religiösen und historischen Themenkreisen oder auch in Dante Alighieris *Göttlicher Komödie.* Die grenzenlose Bewunderung für den Volksschriftsteller des 13. Jahrhunderts inspirierte Rossetti gar zu seinem zusätzlichen Vornamen. Verträumte Inhalte wurden in einer *Formensprache* vorgetragen, deren vorrangige Maßgabe die innerbildliche Harmonie war. Dieser Ästhetizismus verlieh ihren Kompositionen oftmals einen fast ornamentalen Charakter. Die auf der Zeichnung aufbauenden Kompositionen, deren Charakteristikum weich fließende Linien waren, trachteten nicht danach, die sichtbare Wirklichkeit nachzuahmen. Indem die innerbildliche Harmonie, die Ausgewogenheit der Bildelemente untereinander, im Vordergrund stand, beanspruchten die Bildelemente Farbe und Form eine eigene Wertigkeit und Ausdruckskraft.

Der in sich ruhende lineare Stil der Präraffaeliten wurde wegweisend für die Kunst des ausgehenden 19. Jahrhunderts, den Jugendstil und den Symbolismus, als Künstler der immer komplexer werdenden Realität eine künstlerische Wirklichkeit, eine ‚Gegenwirklichkeit', zur Seite stellten.

Realismus und Idealismus bilden die beiden künstlerischen Pole der zweiten Hälfte des 19. Jahrhunderts. Obwohl die beiden Ausrichtungen so gänzlich unterschiedlich erscheinen, sind beide Richtungen für die Entwicklung der Klassischen Moderne im 20. Jahrhundert von grundlegender Bedeutung: Der Realismus ebnete den Weg für eine Hinwendung zur Wirklichkeit, ließ die Kunst zu einem Instrument des Eingreifens werden und den Künstler zu einem Subjekt, das individuell auf gesellschaftliche Prozesse reagiert. Der Idealismus, um bildimmanente ästhetische Wirkungsweisen bemüht, befreite die Kunst vom naturalistischen Abbild und trug dazu bei, dass sich das Kunstwerk als Kunstwerk, als reines Ästhetikum, mit einer eigenen, aus sich heraus wirkenden und auf sich selbst verweisenden Sprache, etablieren konnte.

Nur mit diesen beiden Standbeinen können die Maler zu Beginn des 20. Jahrhunderts zu einer Kunst finden, die, obwohl sie die naturalistische *Abbildlichkeit* negiert, der Realität doch verhaftet bleibt.

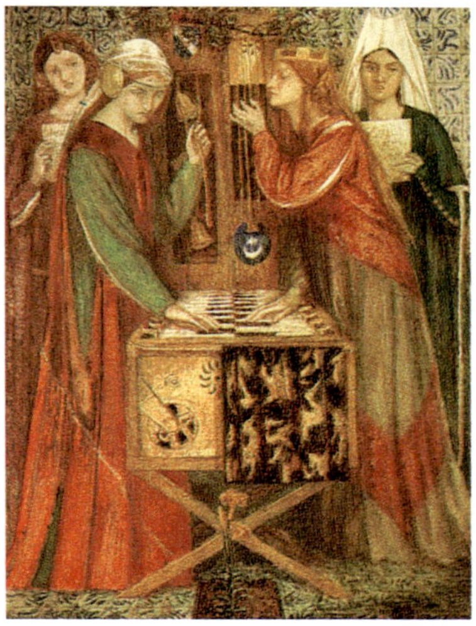

Dante Gabriel Rossetti, *Das blaue Boudoir*, 1865. 82,5 x 69,2 cm. Tate Gallery, London

Aufbruch in die Moderne

IMPRESSIONISMUS BIS FAUVISMUS

1860–1920

IMPRESSIONISMUS 1860–1900

Eindrücke aus der modernen Großstadt

Im Laufe des 19. Jahrhunderts entwickelte sich Paris zu einer modernen Metropole. Bereits in der ersten Hälfte des Jahrhunderts war die Einwohnerzahl explosionsartig auf das Doppelte gestiegen, da die fortschreitende Industrialisierung große Teile der Landbevölkerung auf der Suche nach Arbeit in die französische Hauptstadt gezogen hatte. Paris war mit über einer Million Einwohnern nicht nur drittgrößte Stadt der Welt, sondern zudem ein stinkender, seuchengefährdeter Moloch geworden. Damit entsprach die Hauptstadt keinesfalls der blühenden, repräsentativen Kapitale, die Napoleon III. zur Bekundung seiner kaiserlichen Macht gern gehabt hätte.

Dieser Misere sollte ein gigantisches Sanierungsprojekt nach Plänen des Präfekten Haussmann abhelfen. Ein Netz breiter Boulevards, gesäumt von großen, herrschaftlichen Stadthäusern, wurde über das verwinkelt gebaute Stadtzentrum gelegt. Die Straßenschneisen sollten nicht nur Licht und Luft in das mittelalterliche Gassengewirr bringen, sondern versprachen zugleich eine bessere militärische Beherrschbarkeit – ein Nebeneffekt, der nach den Erfahrungen von 1848, als die unübersichtliche Stadtstruktur den Revolutionären ideale Rückzugsmöglichkeiten geboten hatte, durchaus beabsichtigt war. Die rund zwanzig Jahre währende spektakuläre Stadtsanierung war Folge und zugleich Motor des allgemeinen Modernisierungsprozesses: Einerseits hatte das durch die Industrialisierung bedingte rasche Anwachsen der Bevölkerung einen Umbau zwingend erforderlich gemacht, andererseits schuf die ‚neue' Stadt nun ihrerseits die Voraussetzungen für die weitere industrielle Entwicklung und trieb die damit einhergehende soziale Umstrukturierung voran. Das vormals bunt zusammengewürfelte Pariser Bevölkerungsgefüge wurde entmischt: Die Arbeiter zogen mit der Industrie an den Stadtrand, die Innenstadt wurde zur Domäne des bürgerlichen Lebens. Paris wurde die Stadt des vornehmen Bürgertums, des Vergnügens und der Künstler, die, angezogen vom Flair der Metropole, aus der ganzen Welt an die Seine strömten.

Die verschiedenen Facetten des großstädtischen Lebens haben die Impressionisten in ihren Bildern festgehalten. Sie verließen ihre Ateliers, begaben sich mitten hinein ins Treiben der neuen ‚Kulturhauptstadt der Welt' und malten die exklusiven Pariser Boulevards, die neu errichteten Vergnügungsstätten, die modernen Stahlkonstruktionen der Bahnhofshallen oder hielten ihre gemeinsamen Ausflüge ins Grüne und Picknicks, die man als moderner Großstädter nun zur Erholung unternahm, in ihren Gemälden fest.

Sie waren Realisten. Dennoch haben sie sich, obgleich einer von ihnen, nämlich Camille Pissarro, ein ausgemachter Anarchist war, mit gesellschaftlichen Fragestellungen kaum befasst. So heiter wie die Landschaftsbilder Claude Monets, so unbeschwert ist auch Renoirs Schilderung sommerlichen Wochenendvergnügens im Café „Moulin de la Galette". Edgar Degas malte

1861: Abraham Lincoln wird Präsident der USA und schafft die Sklaverei ab. Johann Philipp Reis erfindet den Fernsprecher.

1862: Victor Hugo veröffentlicht *Les Misérables – Die Elenden*.

1863: Gründung des Internationalen Roten Kreuzes (Genfer Konvention).

1869: Eröffnung des Suez-Kanals, anlässlich derer Giuseppe Verdi *Aida* komponiert (1870).

1870: Beginn des Deutsch-Französischen Krieges (bis 1871); Belagerung von Paris; Frankreich wird erneut zur Republik erklärt. Der Aufstand der Pariser Kommune wird blutig niedergeschlagen.

1871: Gründung des Deutschen Reiches in Versailles.

1874: Erste Gruppenausstellung der Impressionisten in Paris.

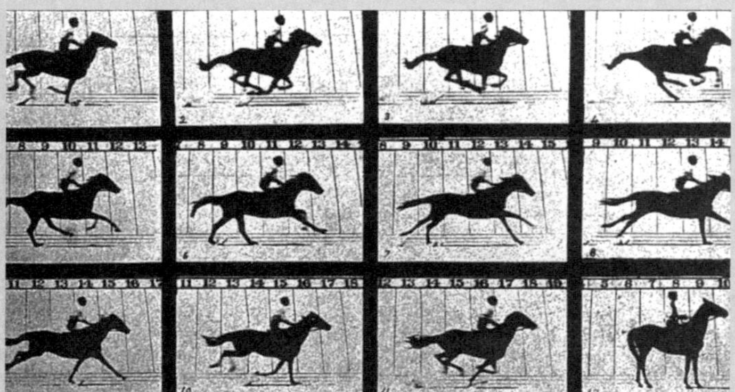

Bewegungsstudien, die die Impressionisten beeinflussten: *Pferd im Galopp*, 1878. Fotografie von Eadweard Muybridge

1879: Thomas Edison erfindet die Kohlefaden-Glühlampe.

1883: Unter dem Druck der Verhältnisse erlässt Bismarck liberale Sozialgesetze.

1885: Carl Benz baut das erste Automobil.

1888: Wilhelm II. wird Deutscher Kaiser.

1889: Vollendung des Eiffelturms zur Pariser Weltausstellung.

1894: Das antisemitische Lager in Paris provoziert die Dreyfus-Affäre, die sich zur Staatskrise auswächst.

1895: Erfindung der Kinematografie zeitgleich in Paris und Berlin. Erste Filmvorführung der Brüder Lumière in Paris. Sigmund Freud entwickelt die Psychoanalyse.

1896: Giacomo Puccini komponiert *La Bohème*. Erste Olympische Spiele der Neuzeit in Athen.

1899: Burenkrieg Englands gegen Südafrika.

1900: Höhepunkt des Imperialismus. Boxeraufstand in China. Gründung der „Labour Party" in England. In Deutschland tritt das Bürgerliche Gesetzbuch (BGB) in Kraft.

1903: Erster Motorflug in einem von den Brüdern Wright konstruierten Doppeldecker.

1905: Erste russische Revolution.

1914: Henry Ford entwickelt und beginnt die Fließbandproduktion von Automobilen.

EDOUARD MANET

Édouard Manet, der sich selbst nie als Impressionist bezeichnet hat, stammte aus dem gehobenen Pariser Bürgertum. Nach dem Studium der Malerei in den Jahren 1850–56 bei dem französischen Hofmaler Thomas Couture begab sich Manet auf Studienreisen nach Holland, Österreich, Italien und Spanien, um sich durch das Kopieren alter Meister weiter auszubilden. Besonders die spanische Malerei muss Manet stark beeindruckt haben, denn Werke von Velázquez und Goya beeinflussten lange Zeit sein Schaffen. Unter den modernen Künstlern setzte er sich besonders mit Courbet und Delacroix auseinander.
Bis an sein Lebensende rang der Maler um die Anerkenung der offiziellen Kunstwelt, blieb aber

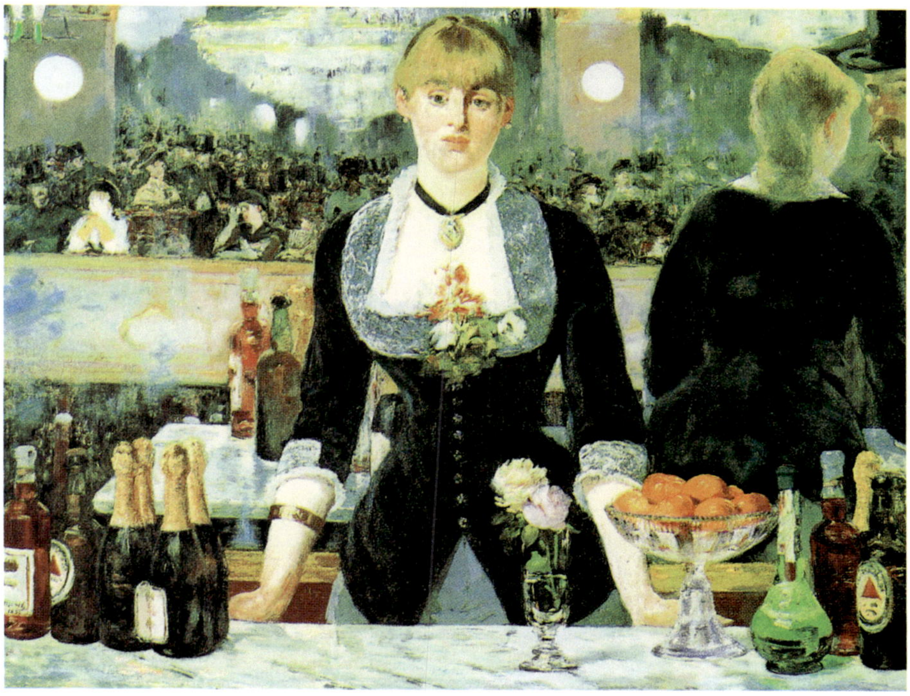

Lob und Tadel der Großstadtzivilisation: ***Bar aux Folies-Bergères***, 1881/82. Öl auf Leinwand, 96 x 130 cm. Courtauld Institute Galleries, London

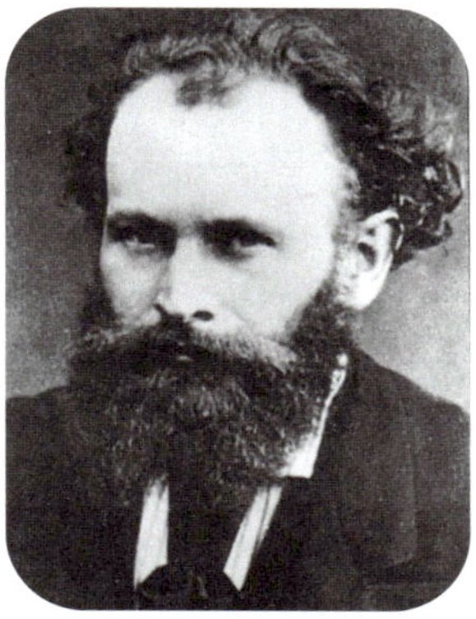

Manet auf einem Foto von Nadar, um 1870

im Urteil der Öffentlichkeit lange Zeit umstritten. Die jungen Impressionisten imponierten an Manets Arbeiten vor allem die modernen, zeitgenössischen Themen, die teilweise hellen, leuchtenden Farben und die freie Art, ohne schattierende Übergänge Farben in vereinfachten flächigen Formen gegeneinanderzusetzen.
Immer wieder erschütterte Manets malerisches Schaffen die damalige Kunstwelt. So verursachte sein *Frühstück im Freien* im Salon des Refusés des Jahres 1863, in dem die von der Jury der offiziellen Pariser Kunstausstellung abgewiesenen Bilder zu besichtigen waren, einen aufsehenerregenden Skandal. Die nackt zwischen zwei bekleideten Herren sitzende Frau wurde als anstößig und der Kunst nicht würdig empfunden. Dabei zitierte Manet ein klassisches Bildthema: den weiblichen Akt in der Natur, so wie ihn auch schon Raffael gestaltet hatte. Allerdings modernisierte und profanisierte er das Motiv, indem er Götter und mythologische Gestalten durch Personen seiner Zeit ersetzte. So brachte er die vertraute sonntägliche Ausflugstimmung des beim Bürgertum so beliebten Picknicks mit der ebenfalls in den Pariser Naherholungsgebieten angesiedelten Prostitution in Verbindung.
Obwohl Manet moderne, zeitgenössische Sujets wählte und zeitweise enge Kontakte zur Gruppe der Impressionisten hatte, sogar mit ihnen gemeinsam ausstellte, kann er doch nicht als Impressionist im eigentlichen Sinne bezeichnet werden: Er mischte seine Farben traditionell auf der Palette und zerlegte sie nicht, er bevorzugte eine flächige Malweise und legte Wert auf saubere Konturierung; auch verwendete er Schwarz als eine seiner Hauptfarben, und schließlich malte er nicht vorrangig Landschaften, sondern Menschen.
Seine flächige Malweise und die Konturierung der einzelnen Bildelemente führen dazu, dass in seinen Bildern der Eindruck von Unberührbarkeit und Beziehungslosigkeit der Personen untereinander entsteht. Manet behandelte seine Figuren wie Elemente eines Stilllebens; sie scheinen kein Eigenleben zu besitzen, sondern werden vom Maler in erster Linie als Kompositionswerte auf der Fläche betrachtet. Alles ist inszeniert, alle Gegenstände sind genau arrangiert, die Menschen sind in Posen erstarrt.
So ausschnitthaft und schnell gewählt seine Bildmotive zunächst wirken mögen, so stark seine Bildkomposition an die Momentaufnahme der Kamera und damit an die Malweise der Impressionisten erinnert, so sehr widersetzt sich der gedankenverlorene, in sich selbst versenkte Ausdruck der abgebildeten Personen der oberflächlichen Betrachtung. In dem Bild *Bar aux Folies-Bergères*, das der Maler ein Jahr vor seinem Tod malte, haben Manets Gespür für Farbharmonien und seine Darstellung der Isoliertheit und Kommunikationsunfähigkeit der modernen Gesellschaft einen Höhepunkt erreicht. Auf den Tresen gestützt, sieht das junge Barmädchen mit ausdruckslosem, müdem und distanziertem Blick dem Trubel des käuflichen Vergnügens zu. Vor der Theke steht ein fein gekleideter Herr. Durch einen raffinierten Einfallswinkel ist er nur im Spiegel zu sehen. Sein Spiegelbild wird zu dem des Bildbetrachters.

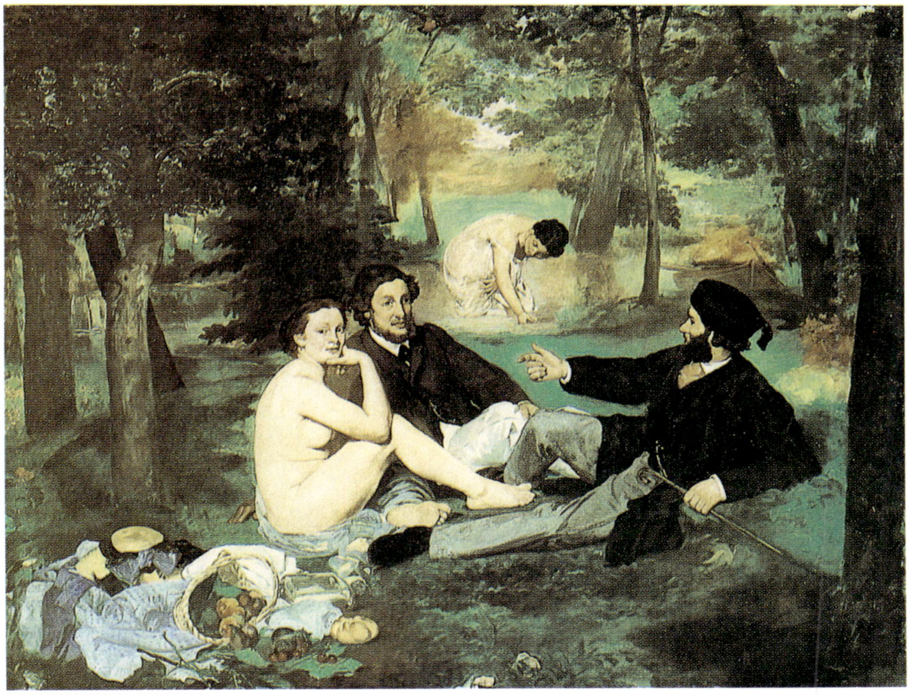

Das Frühstück im Freien, 1863. Öl auf Leinwand, 214 x 270 cm. Musée d'Orsay, Paris

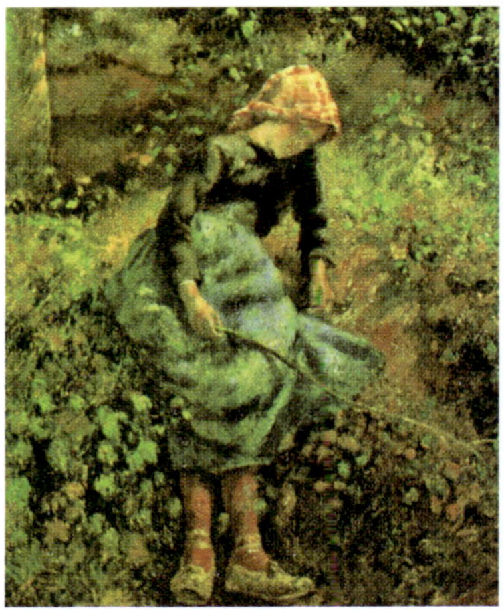

Camille Pissarro, *Junges Mädchen mit Stock (Die Schäferin)*, 1881. Öl auf Leinwand, 81 x 64,7 cm. Musée d'Orsay, Paris

die vornehme Gesellschaft auf den Pferderennplätzen, und auch Édouard Manet, der in malerischer Hinsicht die lockere Unbeschwertheit seiner Kollegen nicht immer teilte und lange Zeit den klassischen Idealen der Akademiemalerei die Treue hielt, war fasziniert von der Atmosphäre des mit allen technischen Raffinessen – zum Beispiel elektrischem Licht – ausgestatteten Vergnügungsetablissements „Folies-Bergères".

Malerei des Augenblicks

Im Jahre 1874 stellten die von der Jury der akademischen *Salonausstellung* abgelehnten Künstler Camille Pissarro, Paul Cézanne, Claude Monet, Pierre-Auguste Renoir, Edgar Degas und Berthe Morisot zusammen mit Gleichgesinnten ihre Arbeiten im Atelier des Fotografen Gaspard-Félix Nadar aus. Monet zeigte unter anderem sein Gemälde *Impression. Aufgehende Sonne*, ein Bild, dessen banales *Sujet* (eine dunstige Hafenansicht) und flüchtiger Farbauftrag das Publikum verwirrten, empörten und erheiterten. Tatsächlich regte die Impression des Sonnenaufgangs einen Journalisten dazu an, seinen Verriss der Schau „Ausstellung der Impressionisten" zu überschreiben, womit die Stilbezeichnung gefunden war: „Impressionismus".

Die Bezeichnung „Eindrucksmaler" war gewiss kein Kompliment, denn lediglich „Impressionen" wiederzugeben entsprach keinesfalls dem, was man im späten 19. Jahrhundert von der hehren Kunst erwartete. Nicht nur die demonstrative Abwendung vom heroischen *Historienbild*, das in der akademischen Hierarchie an oberster Stelle stand, hin zu Landschaft, Porträt, Genre und Stillleben, sondern auch die Malweise, die sich durch ihre helle Palette, schnappschusshaft-zufällig wirkende Bildausschnitte und den locker hingeworfenen Farbauftrag von der brauntonigen, durchgearbeiteten Akademiemalerei absetzte, wurde vom kunstbeflissenen Publikum schlicht als „unkünstlerisch", als trivial empfunden. Aus dem Leben gegriffene Bildmotive, bei deren Darstellung die Maler auf jede symbolische Überhöhung verzichteten, mussten wie eine Kampfansage an klassische Traditionen und das gängige Kunstverständnis aufgefasst werden.

Die Impressionisten jedoch trugen den vermeintlichen Schimpfnamen mit Stolz. Die tonangebende Akademiemalerei mit ihrem überkommenen Regelkanon erschien ihnen im Zeitalter einschneidender technischer Neuerungen, insbesondere der aufkommenden Fotografie, lebensfern und öde. Das neue Medium Fotografie, das seit seiner Erfindung Mitte der dreißiger Jahre die Künstlerwelt im positiven wie negativen Sinne in Aufruhr versetzt hatte, spielte für die Impressionisten eine nicht unwesentliche Rolle. Während viele akademische Maler aus Konkurrenzangst gegen die Fotografen als „Nicht-Künstler" polemisierten, standen die jungen Künstler der neuen Technik aufgeschlossen gegenüber. Sie reizte die Augenblicklichkeit, das ‚Mitten-aus-dem-Leben-Gegriffen' des Fotos. Die unmittelbare Wahrnehmung war auch ihnen oberstes Gebot und Maßstab. Sie wollten, objektiv wie ein Kameraauge, nur malen, was sie tatsächlich sahen. Wenn sie ihr Motiv in Augen-

Edgar Degas, *Tanzsaal der Oper in der Rue Péletier*, 1872. Öl auf Leinwand, 32 x 46 cm. Musée d'Orsay, Paris

Grundlage der Kunst Degas' ist die Zeichnung: Den zufällig wirkenden Bewegungsausschnitt, die schnelle Momentaufnahme – etwa einen Augenblick einer Ballettprobe – fügt er in feste Linien und hält die Farbflächen durch Konturkontraste geschlossen. Obwohl er hierin in der Tradition des Klassizisten Ingres steht, fühlte Degas sich den Impressionisten verbunden, weil er wie sie den Augenblick festhalten und das moderne Leben darstellen wollte. Seine häufig eigenwilligen Bildausschnitte und Perspektiven zeigen Degas' Interesse an der aufkommenden Fotografie, die er für zeitgemäß, jedoch nicht für eine Kunstform hielt.

Zu seiner eingeschränkten Motivwelt sagte er: „Man nennt mich den Maler der Tänzerinnen und begreift nicht, dass die Tänzerin für mich nur ein Vorwand war, um schöne Stoffe zu malen und Bewegungen einzufangen."

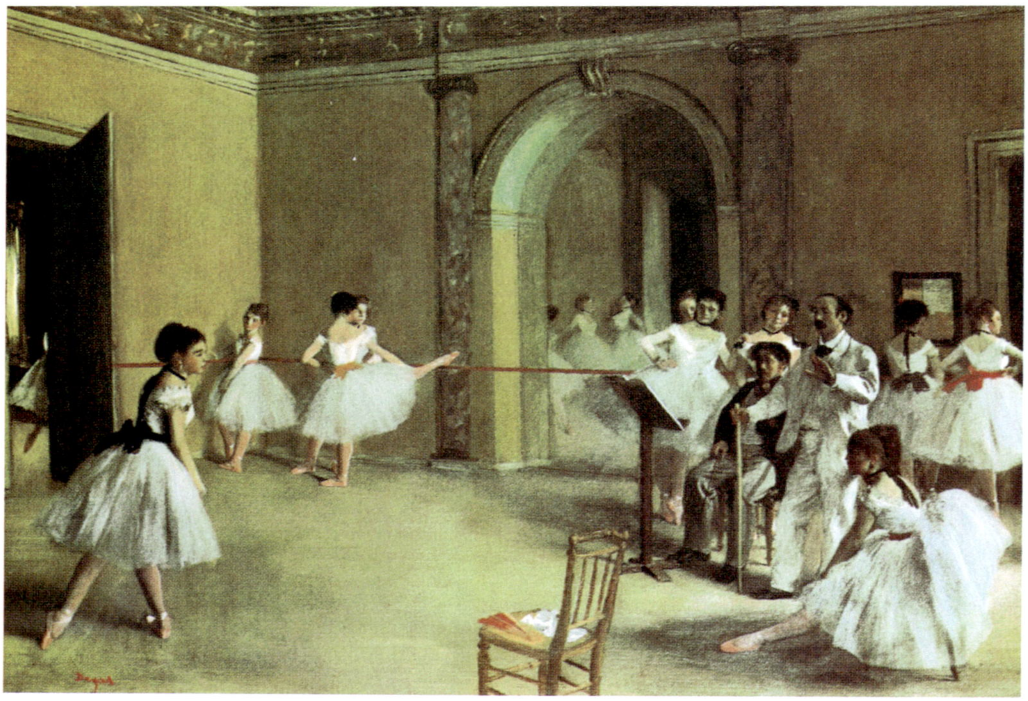

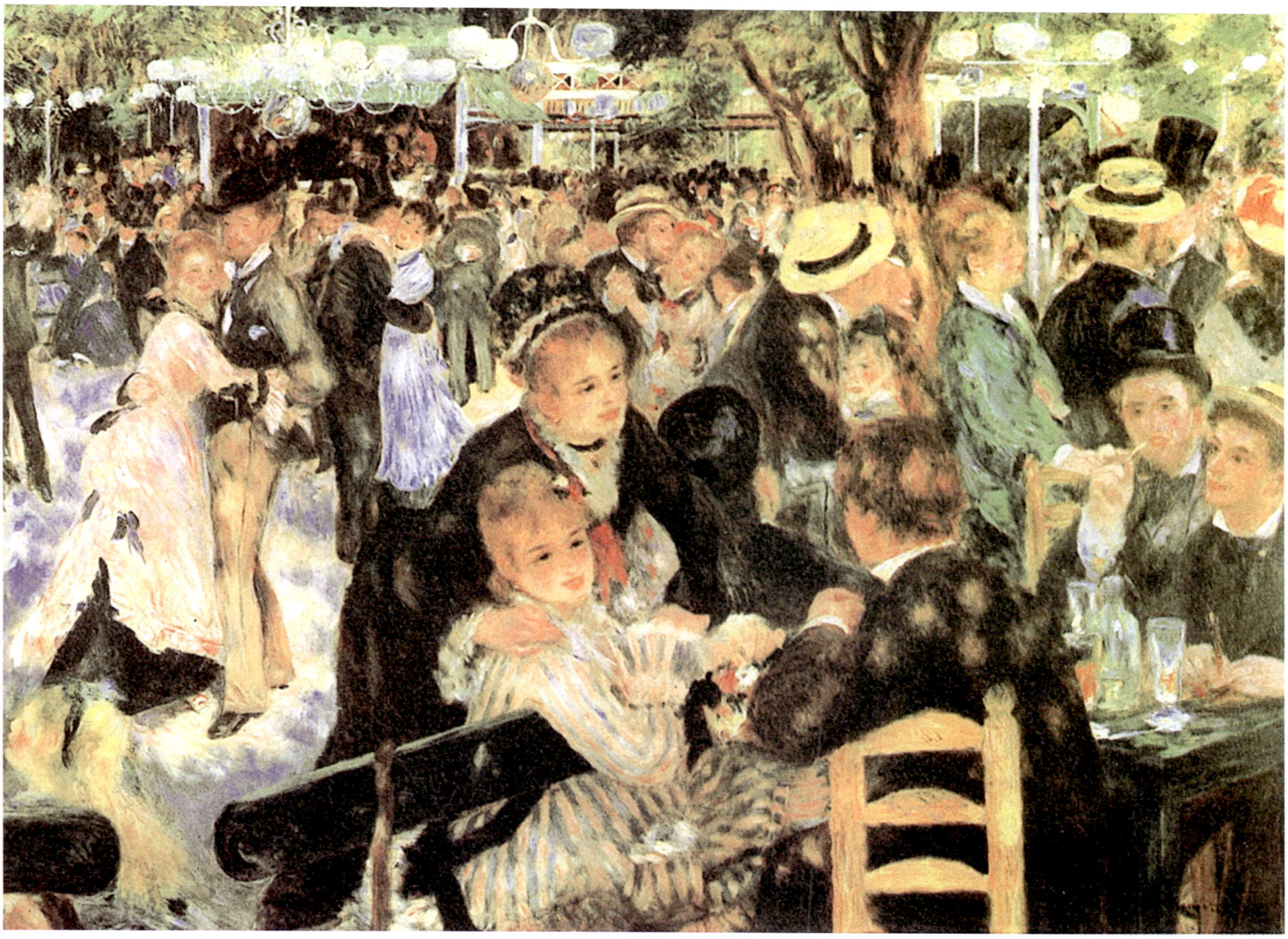

Die Maler im rauschenden Fest: ***Tanz im Moulin de la Galette***, 1876. Öl auf Leinwand, 131 x 175 cm. Musée d'Orsay, Paris

PIERRE-AUGUSTE RENOIR

„Für mich muss ein Gemälde vor allem schön, liebenswert und erfreulich sein, ja etwas richtig Hübsches. Es gibt genug unangenehme Dinge, man muss nicht noch neue dazu schaffen", postulierte Renoir. Entsprechend gilt er als Maler der heiteren Seiten des Lebens. Das Spiel des Sonnenlichtes und die Wiedergabe der Reflexe, insbesondere aber die menschliche Gestalt im natürlichen Licht sind Renoirs zentrale Bildinhalte. Im Gartenlokal „Moulin de la Galette" scheint das Licht durch das Blätterdach der Bäume und tanzt in unzähligen kleinen Flecken in flimmernden Farben über den Boden und die Figuren. Die Personen sowie der Erdboden scheinen in dem Lichterspiel aus hellen und dunklen Flecken zu vibrieren.

Renoir vertraute ganz auf die beschreibende Eigenwirkung der Farbe: Mit kurzen, weichen Strichen und feinen Farbabstufungen erzeugte er sanfte, unscharfe Konturen, sodass alle Bildelemente ineinander überzugehen, zu ‚verschwimmen' scheinen. Unter diesen Farbschleiern sind Details nicht mehr auszumachen. Durch den sogenannten „synthetischen" Sehprozess jedoch bleiben Renoirs Bilder dem Betrachter verständlich: Mit dem unscharfen, lediglich andeutenden und beschreibenden Leinwandbild vergleicht der Betrachter automatisch entsprechende im Unterbewusstsein abgelegte ‚typische' Bilder und ergänzt es auf diese Weise. Renoir sprach – ebenso wie sein Freund Monet – den synthetischen Rezeptionsvorgang bewusst an, um seine Bilder vermittels der Eigenleistung des Betrachters noch lebendiger wirken zu lassen. Er bezog sich damit auf Leonardos *sfumato*-Technik der unscharfen Konturen und schuf zugleich eine der Grundlagen für die abstrakte Malerei des 20. Jahrhunderts.

Nach 1880 wandte Renoir sich von der reinen Eindrucksmalerei ab und orientierte sich zunehmend an den Werken Ingres' und anderer Klassizisten, die sich dem bewussten und klaren Bildaufbau verschrieben hatten. Erst in seinen letzten Schaffensjahren kehrte Renoir wieder zur freien impressionistischen Farbenmalerei zurück.

schein nahmen, versuchten sie, sich quasi unabhängig vom Gegenstand allein auf die Farbwerte und ihre Verteilung, die Beschaffenheit der Form und das Spiel von Licht und Schatten zu konzentrieren. Als passionierte *Freilichtmaler* stellten sie fest, dass sich mit dem Licht auch die Erscheinungsweise der Dinge verändert, dass Licht nicht einfach nur hell ist, sondern eigene Farbwerte besitzt. Und ihnen wurde deutlich, dass helles Sonnenlicht den Dingen Farbe und Form entziehen kann, sodass feste Konturlinien verschwinden. Am hingebungsvollsten hat Claude Monet, der wohl typischste Impressionist, dieses Naturphänomen studiert und immer wieder gemalt.

Das Erfassen flüchtiger Lichteffekte verlangte ein zügiges Arbeiten. Die Farben wurden oft nur lose miteinander auf der Palette vermischt und rasch in groben Strichen und Flecken auf die Leinwand aufgebracht. Diese im damaligen Verständnis schludrige Malweise gewährleistete neben der Schnelligkeit zugleich eine Art der Darstellung, die dem natürlichen Seheindruck ent-

Maler des Lichtes

CLAUDE MONET

1840–1926

Claude Monet verhalf dem Impressionismus als europäischer Stilrichtung zum Durchbruch. Obwohl ihm nichts an einer Ausarbeitung oder theoretischen Ausformulierung dieses Kunststils lag, war er doch eine Zeit lang ihr Hauptvertreter, überlebte die Zeit des Impressionismus aber um eine Generation und hinterließ auch ein bedeutendes Alterswerk.

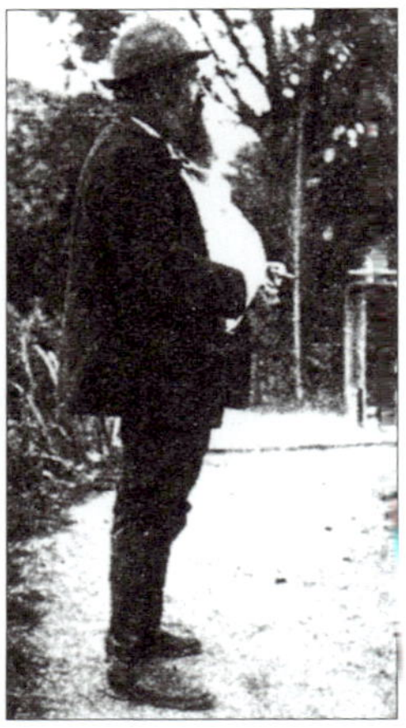

Monet in seinem Garten in Giverny um 1910

Claude Oscar Monet wurde 1840 als Sohn eines Kaufmanns in Paris geboren. Die Familie zog bald nach Le Havre, wo Monet schon als Jugendlicher Zeichnungen und Karikaturen anfertigte. 1856 ging er zur Ausbildung seines zeichnerischen Könnens ins Atelier von Jacques-François Ochard und lernte dort ein Jahr später den Freilichtmaler Eugène Boudin kennen, der ihn nachhaltig beeinflusste. Unter Boudins Anleitung widmete sich Monet der Landschafts- und Marinemalerei. 1859 unternahm er eine Reise nach Paris, empfing vielfältige Eindrücke und besuchte die private Académie Suisse, wo er mit Camille Pissarro zusammentraf. Die Arbeit im Atelier befriedigte ihn nicht, zu sehr schon fühlte er sich der Freilichtmalerei verpflichtet. Später traf er mit Bazille, Renoir und Sisley zusammen, mit denen er mehrfach im Wald von Chailly-en-Bière bei Barbizon malte.
1870 heiratete Monet, der trotz einiger Erfolge bald in große finanzielle Schwierigkeiten geriet, seine langjährige Geliebte Camille Doncieux, mit der er bereits einen Sohn hatte, und floh vor dem deutsch-französischen Krieg nach London. Dort sah er Landschaftsbilder von Constable und Turner, die ihn durch ihre freie Verwendung von Farbe und die Gewichtigkeit, die sie den zufälligen, flüchtigen Erscheinungen der Natur beimaßen, tief beeindruckten. Hier machte er auch die Bekanntschaft des Kunsthändlers Durand-Ruel, der später viele seiner Bilder erwerben und mit regelmäßigen Ausstellungen zu einem seiner wichtigsten Förderer werden sollte.
Im folgenden Jahr malte Monet in Holland und ließ sich, nachdem er von seinem Vater ein bescheidenes Vermögen geerbt hatte, in Argenteuil nieder, wohin schon bald Manet und Renoir kamen, um mit ihm zusammen zu arbeiten. 1874 stellte er auf der ersten Gruppenausstellung seiner Malerfreunde sein Bild *Impression. Soleil levant – Impression. Aufgehende Sonne* aus, das durch eine Persiflage des Kritikers Leroy der Bewegung ihren Namen gab.

Monet entdeckt das Licht

Bereits mit seinen ersten Marinebildern bereitete Monet den impressionistischen Malstil vor: Ihm waren Meer und Himmel nicht mehr eine effektvolle, aber homogene Raumbühne, die nach den seit der Renaissance bekannten perspektivischen Regeln in die Tiefe ausgedehnt wird, sondern er löste den Raum in einzelne atmosphärische Erscheinungen auf, verlieh Himmel, Meer und Landschaft ihr eigenes Leben. Ganz entscheidend zu diesem Eigenleben trug Monets spezifische Farbgebung bei: Er steuerte die Farbigkeit des einzelnen Bildelementes nicht mehr mit Rücksicht auf den Gesamtton des Bildes, sondern betrachtete und behandelte jeden Gegenstand als eigenständigen Bildteil mit der ihm eigenen Farbe. Tatsächlich ging Monet schon bald so weit, alle Lichterscheinungen in der Natur derartig stark zu betonen, dass sich die stoffliche Differenzierung der ins Licht getauchten Gegenstände zu verlieren scheint. Das natürliche, äußere Licht wird selbst zum Objekt der Darstellung und beginnt die anderen Bildelemente zu verdrängen. Dadurch wirken seine Bilder häufig wie eine Auflösung der Wirklichkeit in farbige Elemente, hinter denen kein einheitlicher Körper mehr steht; das Bildganze wird zu einem Gewirr von Farbtönen und erscheint atomisiert. Die Farben sind leicht und hell und verstärken so den Eindruck der Durchsichtigkeit der Bildelemente. Durch das Nebeneinandersetzen unzähliger verschiedenfarbiger Töne mit ihrem jeweiligen, vom lokalen Licht der Sonne bestimmten Eigenwert (der sogenannten *Lokalfarbe*) werden die Gegenstände nicht in die Tiefe, ins Körperhafte ausgeführt, sondern in der Fläche, im Nebeneinander aufgelöst.
Freilich fallen Monets vielfarbige Landschaftsbilder kompositorisch nie auseinander, denn der Künstler unterwarf seine Bilder bei aller Freiheit der malerischen Umsetzung einem immer gleichen Ordnungsschema: dem Licht der Sonne, das alle Bildelemente erleuchtet und sie wie ein übergeworfenes Netz miteinander verbindet.

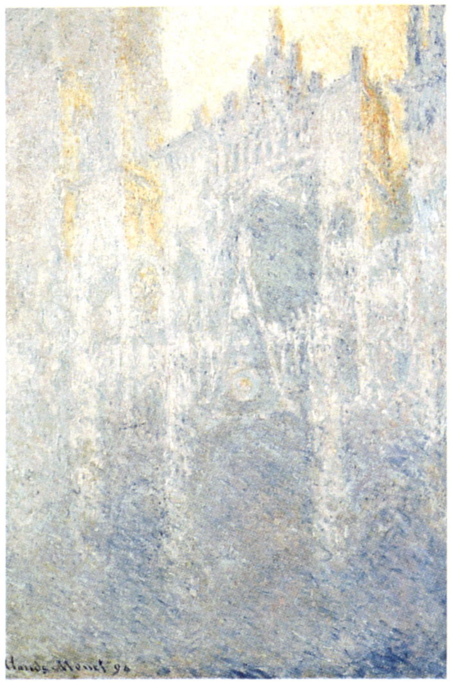

Kathedrale von Rouen: Früher Morgen, 1894. Öl auf Leinwand, 100 x 66 cm. Museum Folkwang, Essen

Monet auf dem Höhepunkt des Impressionismus

Trotz seiner zeitweiligen Erfolge besserte sich Monets finanzielle Situation nicht. Allerdings trat er immer stärker in die Öffentlichkeit und wurde auch als Vorreiter und schließlich als Hauptver-

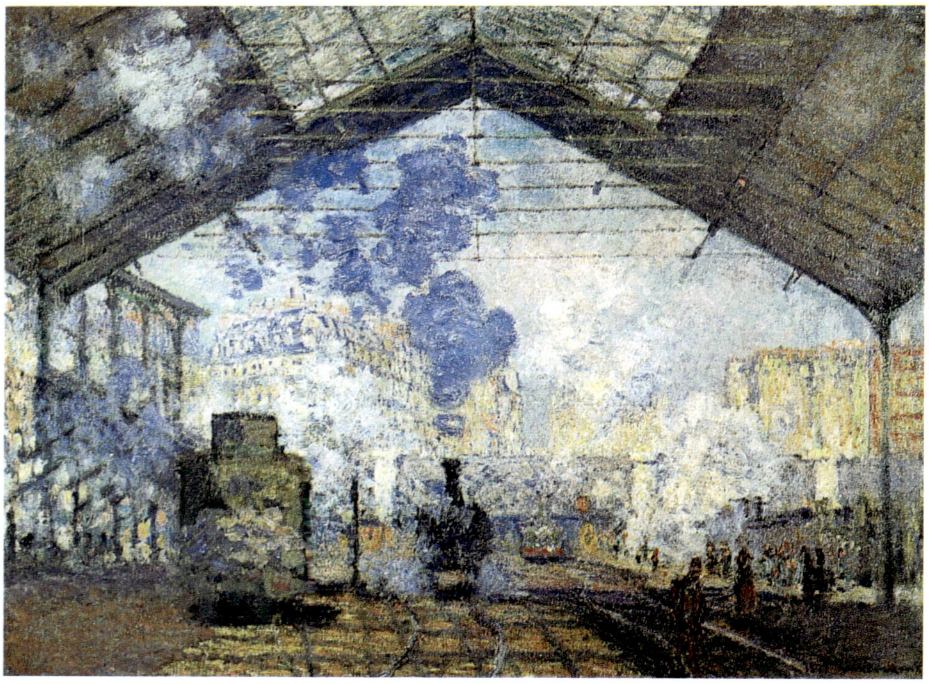

Der Bahnhof St. Lazare, 1877. Öl auf Leinwand, 75 x 104 cm. Musée d'Orsay, Paris

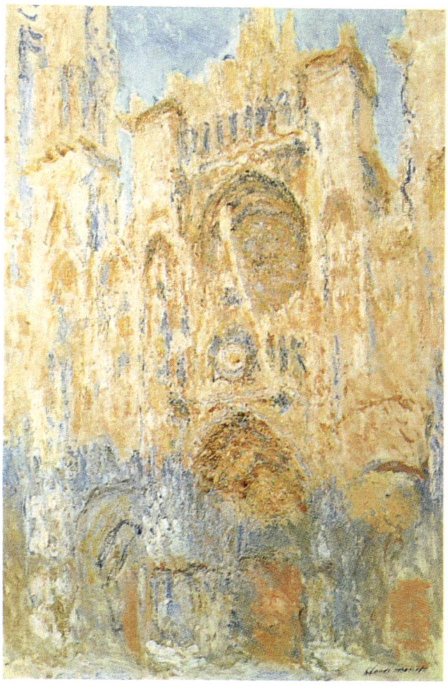

Kathedrale von Rouen, Früher Abend, 1892. Öl auf Leinwand, 100 x 66 cm. Musée Marmottan, Paris

treter der impressionistischen Malerei wahrgenommen. Auf der zweiten Gruppenausstellung der Impressionisten 1876 war Monet mit 18, auf der dritten Ausstellung 1877 mit 31 Gemälden vertreten. 1880 hatte Monet eine Sonderausstellung in der Galerie der Zeitschrift *La vie moderne* mit 18 Gemälden.
Um diese Zeit entdeckte er die Bewegtheit und die Farbenpracht des Großstadtlebens für sich. Ähnlich wie der Engländer Turner begeisterte sich Monet jetzt für die neue, überall sichtbare und das moderne Leben beeinflussende Technik. So stellte er seine Staffelei im Pariser Bahnhof von Saint-Lazare auf und hielt in einer Serie von Bildern jene Momente fest, in denen mächtige Dampflokomotiven den Bahnsteig erreichten und Hunderte von Menschen aus den Vorstädten den Abteilen entströmten. Mit derselben auflösenden Malweise und denselben lebhaften Buntkontrasten, die seine Landschaftsbilder kennzeichnen, vermochte es Monet, die hektische, lärmende und verwirrende Atmosphäre einer Bahnhofshalle einzufangen.
Seine wahre Liebe jedoch galt immer stärker und ausschließlicher der Landschaftsmalerei. Landschaftsgemälde waren für Monet keine gemalten Erinnerungen oder festgehaltenen Stimmungen in der Landschaft selbst, sondern sollten den erlebten rein visuellen Eindruck eines Gegenstandes oder einer Landschaft einfangen. Es ging Monet nicht um die „objektive Schönheit“ der Dinge, sondern hauptsächlich um den momentanen, schnell vergänglichen Eindruck. Gerade das Flüchtige und Vergängliche der Erscheinungen sollte festgehalten werden wie in einem gemalten „Schnappschuss“. Monet lehnte die Ateliermalerei strikt ab, die ihm zufolge nach im Freien flüchtig gemalten Skizzen immer nur das „Wesentliche“ und nicht das Momentane herausarbeitete – sich also um eine gewisse Stilisierung bemühte, während die impressionistische Malerei die Wirklichkeit des Augenblicks abbildete. In diesem Sinne verstand Monet seine Kunst als Realismus.

Die Bilderserien, Giverny und die Seerosenbilder

Das Jahr 1880 kennzeichnet den äußeren Bruch Monets mit dem Impressionismus, allerdings ohne dass es darüber zu einem Bruch mit seinen Malerfreunden gekommen wäre. An die Stelle der lichten Farben der im Freien gemalten Landschaften traten nun dunklere, schwerere Töne. Er malte zu diesem Zeitpunkt vor allem Küsten- und Felslandschaften und Stillleben.
In den 80er-Jahren, verstärkt aber ab 1890, ging Monet dazu über, Bilderserien der gleichen Motive bei jeweils unterschiedlicher Beleuchtung zu verschiedenen Tageszeiten zu malen. Er arbeitete an den Bildern oft nur wenige Minuten an einem Tag. So entstanden zwischen 1892 und 1894 20 Ansichten der Fassade der Kathedrale von Rouen. Bei gleichem Motiv hat doch jedes Bild durch die Stimmung, die das jeweilige Licht schafft, einen eigenen Charakter. Diese Stimmung erschließt sich dem Betrachter oft erst bei längerer Betrachtung, die Atmosphäre des Bildes muss quasi zwischen Bild und Betrachter erst aufgebaut werden. Überhaupt verlangen Monets Bilder eine synthetische Sehleistung des Betrachters – d. h. die Verbindung dessen, was er vor sich sieht, mit dem Bild, das er als typisch für den betreffenden Gegenstand im Gedächtnis abgespeichert hat.
Monet gab nun die Darstellung von Menschen völlig auf, und es hat den Anschein, als wären die Objekte seiner Gemälde bloß noch Anlässe zur Wahrnehmung von Farbbeobachtungen.

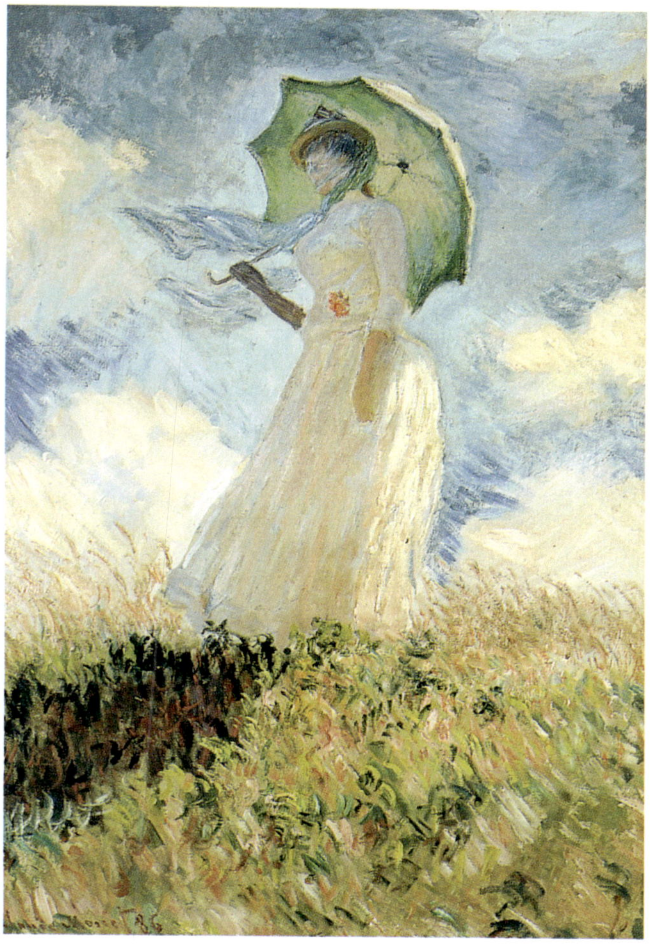

Frau mit Sonnenschirm, 1886. Öl auf Leinwand, 131 x 88 cm. Musée d'Orsay, Paris

1899 begann Monet seinen Zyklus von Lilien- und Seerosenbildern. Sie waren auch das Thema von acht großen Wandgemälden, die er zwischen 1915 und 1924 als Geschenk an den französischen Staat malte. Das Farbspektrum der Bilder ist nicht abstrakt oder beliebig, sondern vermittelt den Eindruck eines persönlichen Farbklangs, der festlich wirkt. Auch die Lichtwerte werden in den Seerosenbildern wieder stärker gegenständlich gebunden. Die Seerosenlandschaften des späten Monet wirken wie eine persönlich arrangierte, friedliche und feierliche Idealwelt, die ihren vitalen und offenen Zauber dem Betrachter mitteilt.
Am 6. Dezember 1926 starb Monet in Giverny.

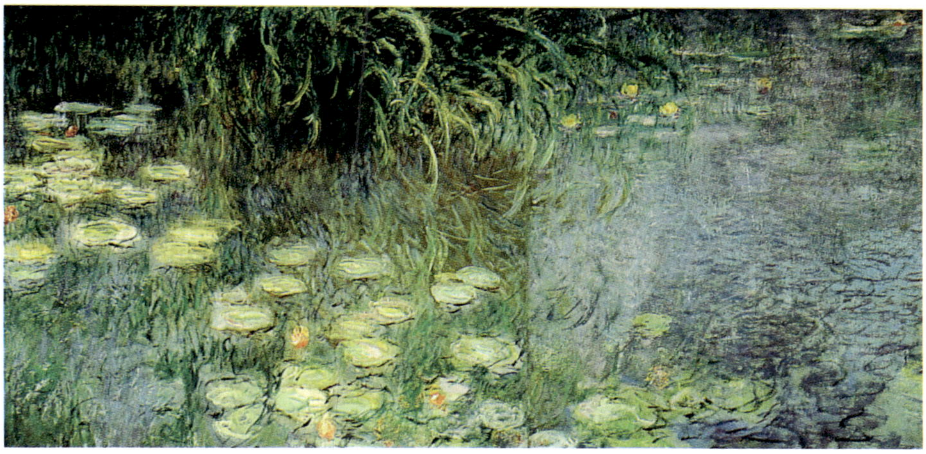

Seerosen am Morgen, 1916–26. Vierteiliges Wandgemälde, 197 x 1211 cm. Musée de l'Orangerie, Paris

Georges Seurat, *Ein Nachmittag auf der Ile de la Grande Jatte*, 1885.
Öl auf Leinwand, 206 x 306 cm.
The Art Institute of Chicago

Georges Seurats Bild, das 1886 mit einem Skandal in die Geschichte des Impressionismus einging, ist von einer eigentümlichen Spannung zwischen flimmernder Auflösung des Sehens und einer fast hölzernen Statuarik der Figuren geprägt. Seurat versuchte, Erkenntnisse der Optik umzusetzen, indem er die Farben in vibrierende Punkte auflöste, die der prismatischen Brechung des Lichts Rechnung tragen. So entstehen aufgerasterte Farbflächen, deren einzelne Farbtupfen sich im Auge erst in einer bestimmten Entfernung zusammenfügen, wodurch die neu gemischten Farben ausdrucksvoller und frischer werden. Zugleich aber bändigte der junge Maler, der viele seiner Motive in einer sonntäglichen und entspannten Welt fand, das Gaukelspiel des Lichts durch die Festigkeit der Formen und Klarheit der linearen Komposition.

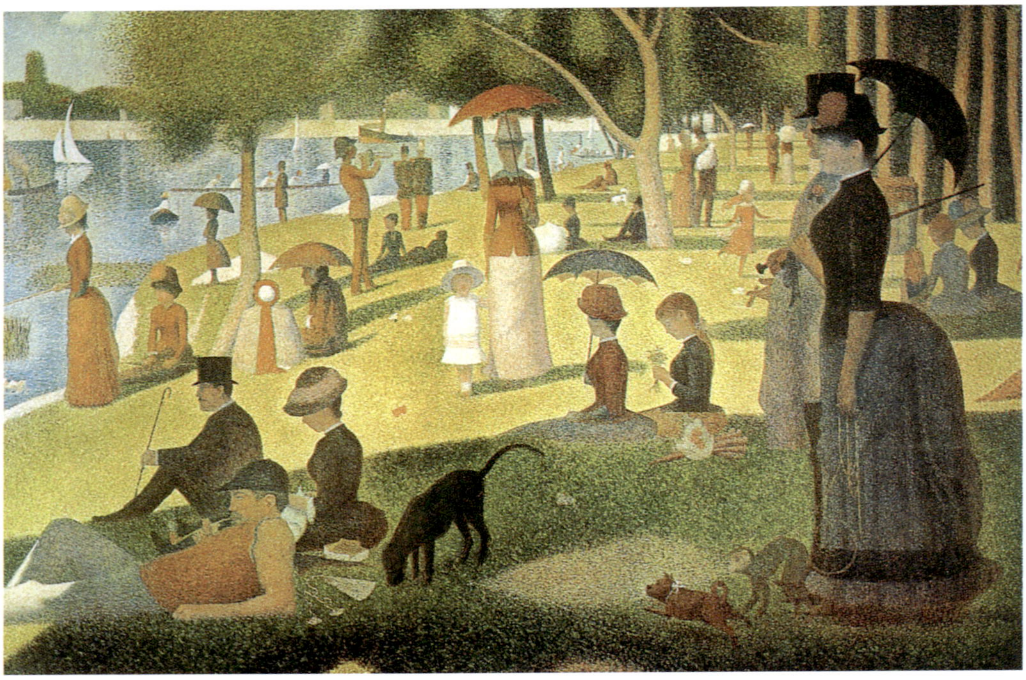

spricht: Aus einiger Entfernung erscheinen die Dinge tatsächlich nicht mehr detailgenau, sondern unklar und aufgelöst. Sie werden jedoch beim Betrachten auf der Grundlage von Wissen und individueller Seherfahrung in einem geistigen Akt rekonstruiert. Nach demselben Prinzip funktionieren auch die in Farbtupfer aufgelösten impressionistischen Bilder: Die visuellen Schemata der Welt, die jedermann im Kopf hat, werden beim Betrachten des Bildes mit den Farbspuren in Deckungsgleichheit gebracht, sodass sich aus den Pinselhieben ein erkennbares Bild herausschält. Mit ihrer aufgelösten Malweise setzten die Impressionisten erstmals Erkenntnisse der Wahrnehmungspsychologie um, die sich damals gerade als neue Wissenschaftsdisziplin entwickelte.
Zugleich lenkte der impressionistisch lockere *Pinselduktus* die Malerei in völlig neue Bahnen. Bei allem abbildlichen Verweis auf die Wirklichkeit waren die rauen Bilder der Impressionisten auch dazu angetan, die Malerei als Malerei sichtbar werden zu lassen. Übten sich die akademischen Maler in einer den Gegenstand mit der Farbe gleichsam nachmodellierenden Malweise, um so zu größtmöglicher visueller Deckungsgleichheit zwischen Malerei und Wirklichkeit zu gelangen, ermöglichten die Impressionisten dem Betrachter Einblick in ihr Handwerk: Der Farbauftrag gibt sowohl Auskunft über den Malprozess, den Wahrnehmungsprozess und das Medium der Abbildung, die Malerei selbst. Da nunmehr neben dem dargestellten Motiv auch Technik und Wirkungsweise der Malerei (also des Farbauftrags) als neues ‚Thema' des Bildes hinzutraten, konnten die Impressionisten es sich erlauben, selbst Bilder, auf denen noch die unbemalte Leinwand zu sehen war, als ‚fertig' zu erklären – sehr zum Ärger der Akademiker, denen nur ein komplett durchgearbeitetes Bild als vollendet galt. Die Impressionisten jedoch verleugneten den Bildträger nicht länger. Vielmehr hoben sie deutlich hervor, dass ein Bild immer etwas Gemachtes ist, dass das gemalte Abbild immer eine Illusion der Wirklichkeit, eine künstlerische Fiktion ist. Dieser Verweis auf die Realität des Bildes, auf das Eigenleben der Malerei jenseits der abbildlichen Funktion, war die Voraussetzung dafür, dass sich die Künstler im 20. Jahrhundert ganz vom Gegenstand lösen konnten und allein das ‚Wie' der Malerei zum zentralen Anliegen der Kunst, zum Inhalt eines Bildes wurde.

NACHIMPRESSIONISTISCHE MALEREI 1880–1910

Sieg der Malerei nach Punkten – Pointilismus

Die sich im Impressionismus andeutende Autonomie der Malerei über den Gegenstand wurde von den Pointilisten weiter vorangetrieben und radikalisiert. Ihr Interesse galt der Wirkungsweise von Farben und dem Sehvorgang. Inzwischen war wissenschaftlich nachgewiesen worden, dass die Netzhaut das Wahrnehmungsbild in Form kleinster Rasterpünktchen aufnimmt, die sich dann im Geist zusammensetzen. Also bauten auch Paul Signac und Georges Seurat ihre Bilder aus Schwärmen kleiner exakter Punkte

PAUL CEZANNE

Der sogenannte „Vater der Moderne" wurde 1839 in Aix-en-Provence als Sohn bemittelter, bürgerlicher Eltern geboren. Neben dem vom Vater aufgezwungenen Jurastudium begann er sich künstlerisch zu bilden; ab 1861 besuchte er die private Académie Suisse. An der Ecole des Beaux-Arts in Paris wurde er mehrmals abgelehnt, da er „unglücklicherweise exzessiv" male und „dem Temperament nach ein Kolorist" sei, d. h., dass er die Farbe als malerisches Gestaltungsmittel der Zeichnung und realistischen Darstellung vorzog. Tatsächlich war er ein Bewunderer großer Koloristen, wie es die Venezianer, Rubens, Poussin oder Delacroix waren. Durch seinen Freund Emile Zola machte er Bekanntschaft mit den Malern Guillaumin und Pissarro. Auch traf er mit den Impressionisten Monet, Renoir und Degas zusammen, mit denen er 1874 und 1877 ausstellte. Da er keine öffentliche Anerkennung fand, zog er sich von der Pariser Kunstszene zurück und lebte ab 1882 mit Hortense Fiquet und Sohn Paul vorwiegend in Aix, wo er schließlich 1906 starb.
Ausgehend vom Impressionismus entwickelte Cézanne neue künstlerische Ausdrucksformen. Er gilt als Hauptmeister des Postimpressionismus und zugleich als Individualist und Neuerer, dem spätere Künstler (Kubisten, Fauves, Expressionisten) die Grundlagen ihrer Kunst verdanken sollten.
Während sich der Impressionismus durch Illusion und Lichtfülle auszeichnete, fehlte die Illusion von Licht und Luft bei Cézanne fast völlig. Die sichtbare Wirklichkeit gab er eigenartig erstarrt mit geringer Tiefenwirkung wieder. Das flimmernde Gewebe aus bunten Farbtupfern der Impressionisten verwandelte er in ein Vibrieren der Farbe durch breite, farbige Pinselstriche. Die dargestellten Dinge vereinfachte er behutsam auf elementare Grundformen wie Kugel, Kubus und Zylinder und schuf damit die Voraussetzung für Kubismus und abstrakte Kunst im 20. Jahrhundert.
Das *Selbstbildnis*, ein Thema, mit dem sich die Impressionisten kaum befassten, zeigt einen verschlossenen Mann im Brustbild mit durchdringendem Blick. Es veranschaulicht Cézannes Ansatz, zwei- und dreidimensionale Elemente weniger hart voneinander abzugrenzen als in seiner romantisch geprägten Frühphase. Bewusst aufeinander abgestimmte warme und kalte Farbtöne erzeugen Volumen, wobei Perspektive oder Zeitbezüge eine untergeordnete Rolle spielen – wichtig allein ist das Motiv.
Cézannes reifer Stil äußert sich zuerst in den Landschaften. Von Pissarro einst zur Freilichtmalerei gebracht, fesselte Cézanne besonders das Motiv der Montagne Sainte-Victoire, ein Bergmassiv, das mit seinem charakteristischen, buckelartigen Profil die Ebene des Val d'Arc bei Aix beherrscht. Diesen Berg und die umgebende Landschaft suchte er von verschiedenen Standpunkten aus in Zeichnungen, Aquarellen und Ölgemälden zu fassen. Hügelige Ausläufer des eindrucksvollen Bergmassivs beleben in seinen Bildern die Landschaft, zeigen aber keine naturalistische Richtigkeit. Ziel Cézannes war es, mit den Mitteln der Kunst der Gestaltungskraft und Intensität der Natur zu folgen, d. h. die Natur nicht nachzuahmen, sondern zu repräsentieren. Kristallartige, vielfältige Farbflecken überlagern sich und modellieren eine lebendige provenzalische Landschaft.

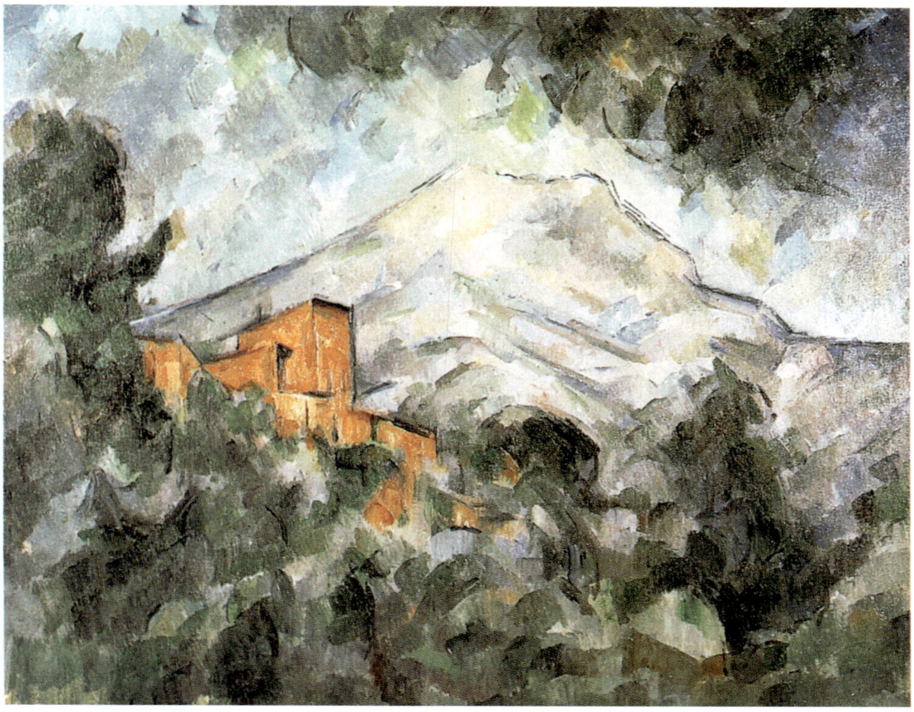

Das Château-Noir und die Sainte-Victoire, 1904/06. 65,5 x 81 cm. Öl auf Leinwand. Bridgestone Museum, Tokyo

Ähnliches gilt für Cézannes mannigfaltige Stillleben, in denen Alltagsgegenständen als Gesamtensemble zentrale Bedeutung zukommt. Gebrauchsartikel wie Flaschen, Gläser, Teller oder Tücher werden aus ihrer trivialen Funktionalität herausgelöst und monumentalisiert. Im *Stillleben mit Zwiebeln* ist ein Tuch um ein Glas und Zwiebeln drapiert, eine Flasche erhebt sich turmhoch vor der nuancenreich gestalteten Wand. Nichts an dieser schlichten Komposition ist dem Zufall überlassen. Die spitzkantigen Falten des Tuches kontrastieren mit den Rundungen der Zwiebeln. Die Formen sind auf Kegel, Kugel und Zylinder reduziert. Detailtreue ist dabei ebenso nebensächlich wie perspektivische Richtigkeit. Die Stofflichkeit der Gegenstände wird durch die spezifische Farbgebung hervorgebracht.
Cézanne erneuerte die Malerei und bereitete das „autonome" Bild sowie die Zerlegung in geometrische Elemente vor, wovon Matisse und die Kubisten später profitieren sollten.

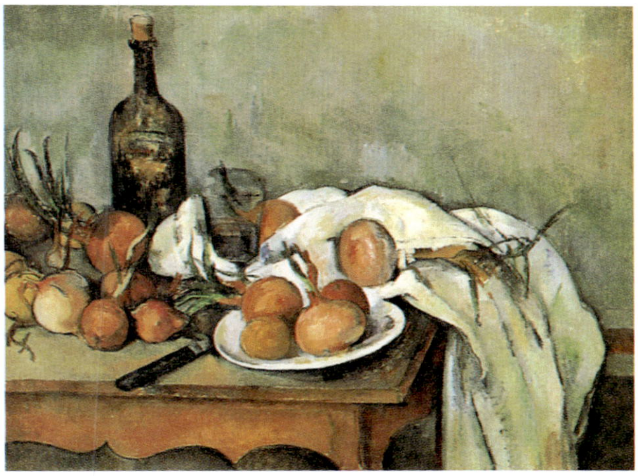

Stillleben mit Zwiebeln, um 1895–1900. Öl auf Leinwand, 63 x 78 cm. Musée d'Orsay, Paris

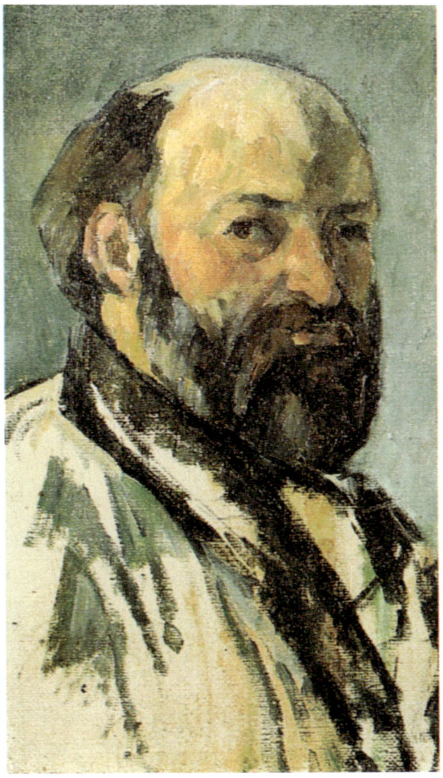

Selbstbildnis, 1877/80. Öl auf Leinwand, 25,5 x 14,5 cm. Musée d'Orsay, Paris

Maler aus Leidenschaft und Verzweiflung

VINCENT VAN GOGH

1853–1890

Vincent van Gogh war als Einzelgänger und weitgehender Autodidakt einer der entscheidenden Wegbereiter der modernen Malerei. Er nahm den Impressionismus in sich auf, überwand ihn auf seine Weise und wurde zu einem bedeutenden Vorläufer des Expressionismus. Sein umfängliches, kraftvolles Werk, aber auch sein unglückliches Leben, das geprägt war von Misserfolg (er verkaufte in seinem ganzen Leben kein einziges Bild), stärksten inneren Zweifeln und einer ungeheuren Schaffenskraft, ja Arbeitsbesessenheit, haben ihn immer wieder ins Zentrum des Interesses späterer Generationen gerückt.

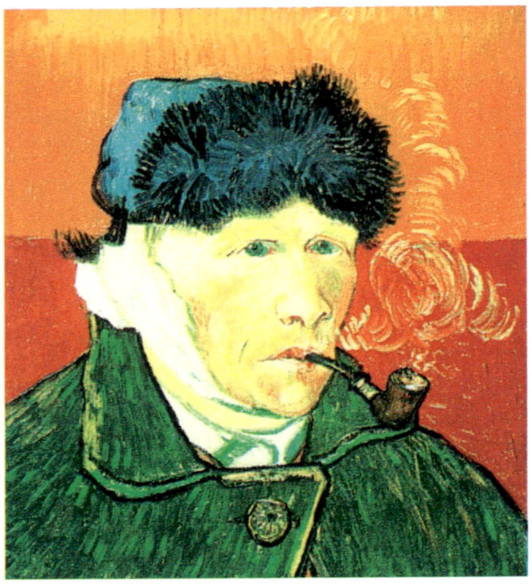

Selbstbildnis mit verbundenem Ohr, 1889. Öl auf Leinwand, 51 x 45 cm. Mr. und Mrs. Leigh B. Block, Chicago

Vincent van Gogh wurde 1853 als Sohn eines reformierten Pfarrers in Groot-Zundert in Nordholland geboren. Nach dem Besuch verschiedener Internate trat er 1869 in die Kunsthandlung eines Onkels in Den Haag ein, wo er bis 1876 blieb. Geschäftliche Reisen führten ihn damals u. a. nach London und Paris. In dieser Zeit begann er die Korrespondenz mit seinem vier Jahre jüngeren Bruder Theo, die sein Leben lang fortdauern sollte.

Die Suche nach Berufung

Nach kurzer Tätigkeit als Lehrer bereitete er sich auf den Beruf eines methodistischen Hilfspredigers vor und begann ein Theologiestudium in Amsterdam, das er wegen Lernschwierigkeiten und Angst vor Misserfolgen bald wieder abbrach. Auch an der Brüsseler Missionsschule scheiterte er, durfte jedoch Ende 1878 auf eigene Kosten und als freiwilliger Missionar ins Gebiet der belgischen Grubenarbeiter nach Borinage gehen.
Trotz seines starken sozial religiösen Engagements fand er allerdings keinen Kontakt zu den Menschen dort. Zu dieser Zeit begann van Gogh zur Bewältigung seiner inneren Spannungen mit dem Zeichnen. Er zeichnete zunächst nach Vorlagen von Jean-François Millet, den er sein Leben lang bewunderte, fertigte dann aber auch eigenständige Zeichnungen und Aquarelle an, die das armselige Leben der Grubenarbeiter zum Thema hatten. 1880 schrieb er sich bei der Kunstakademie Brüssel ein, blieb jedoch im Grunde Autodidakt und kopierte eine Reihe von sozial-romantischen Gemälden. Eine kurze Rückkehr ins Elternhaus im folgenden Jahr endete mit der unglücklichen Liebe zu einer verwitweten Cousine und dem vorläufigen Bruch mit der Familie. Ende 1881 ging Vincent zu seinem Vetter, dem Maler Anton Mauve, nach Den Haag in die Lehre. Mauve riet ihm zum Malen mit Ölfarben.
Unter dem Einfluss der sozialkritischen Romane Flauberts und vor allem Zolas beschloss van Gogh, ein Maler der einfachen Leute zu werden. Besonders wollte er sich dem bäuerlichen Leben zuwenden. Nach einem kurzen Rückzug in die Provinz, deren Einsamkeit er bald wieder entfloh, kehrte er Ende 1883 noch einmal für zwei Jahre ins Haus seiner Eltern nach Nuenen zurück. Auch dieser Aufenthalt war von einer unglücklichen Liebe überschattet.

Advokat des einfachen Lebens

In dieser Zeit nahm van Gogh jene unermüdliche, von der Furcht, seiner Vision von zeitgemäßer Malerei niemals den angemessenen Ausdruck verleihen zu können, getriebene Arbeitsweise auf, die für seine verbleibenden Jahre kennzeichnend werden sollte. Es entstanden etwa fünfzig Bilder von Menschen seiner Heimat, vor allem von Bauern und Webern. Von einem geplanten Zyklus über das Leben der Bauern gelangten nur sieben Lithografien zur Ausführung.
1885 entstand nach zahlreichen Studien das Bild *Die Kartoffelesser*. Die Gemeinschaft dieser fünf Menschen wird durch das karge Kartoffelmahl und das gemeinsame Sitzen unter dem spärlichen Licht der Petroleumlampe gestiftet. Die Farben sind dunkel, die durchweg graubraunen Töne weisen auf das Erdhafte. Van Gogh selbst verglich den Farbton des Gemäldes mit dem ungeschälter, staubiger Kartoffeln.
Das Bild drückt zugleich starkes soziales Engagement und Resignation aus. Die Gestalten wirken niedergedrückt, ihre Gesichter abgehärmt bis ins Karikaturhafte und die Hände knochig. Die Gemälde dieser Jahre sind dunkel gehalten, ihre Linienführung wirkt schwerfällig und vereinfachend und wurde als „gequälter, dunkler Realismus" bezeichnet.

Van Gogh in Paris

Nach kurzem Aufenthalt an der Kunstakademie Antwerpen ab Herbst 1885, wo er sich für Rubens begeisterte, vor allem aber die Technik des japanischen Farbholzschnitts studierte, tauchte er im März 1886 überraschend in Paris auf, wo sein Bruder Theo eine Kunstgalerie leitete.
Er bekam Kontakt zur Gruppe der Impressionisten, deren Kunst zu diesem Zeitpunkt ihren Höhepunkt allerdings schon überschritten hatte. Man kann Paris als eine Art ‚Schlüsselerlebnis' für van Gogh bezeichnen. Er war begeistert von der Leuchtkraft der südlichen Sonne und hellte seine Palette immer stärker auf. Er lernte reinere Farben in intensiveren Kontrasten zu gebrauchen und bemühte sich um komplementäre Farbakkorde von Grundfarben und Mischfarben (Rot-Grün, Blau-Orange, Gelb-Violett).
In einigen seiner 23 in dieser Zeit entstandenen Selbstporträts wie auch in anderen Bildern experimentierte er mit der prismatischen Aufsplittung des Lichts bzw. homogener Farbflächen in kleine, stark vibrierende Farbstriche in der Manier der Pointilisten.

Arles – künstlerischer Höhepunkt und psychischer Zusammenbruch

Abgestoßen vom lauten und anstrengenden Gesellschaftsleben in Paris, zog van Gogh auf Vorschlag Toulouse-Lautrecs im Februar 1888 in die südfranzösische Kleinstadt Arles, wo er in

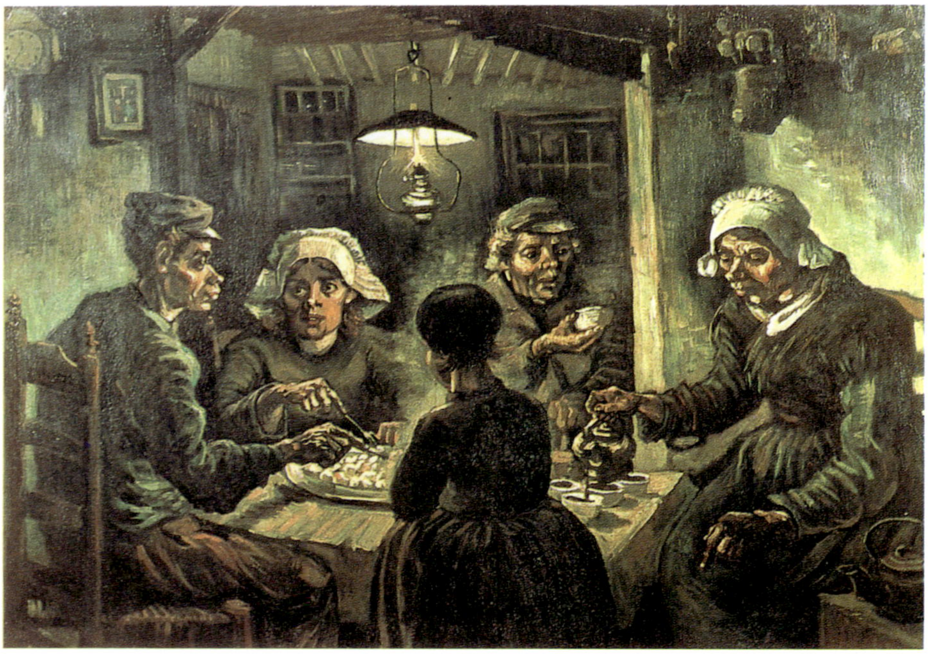

Die Kartoffelesser, 1885. Öl auf Leinwand, 82x114 cm. Vincent van Gogh Foundation/ Van Gogh Museum, Amsterdam

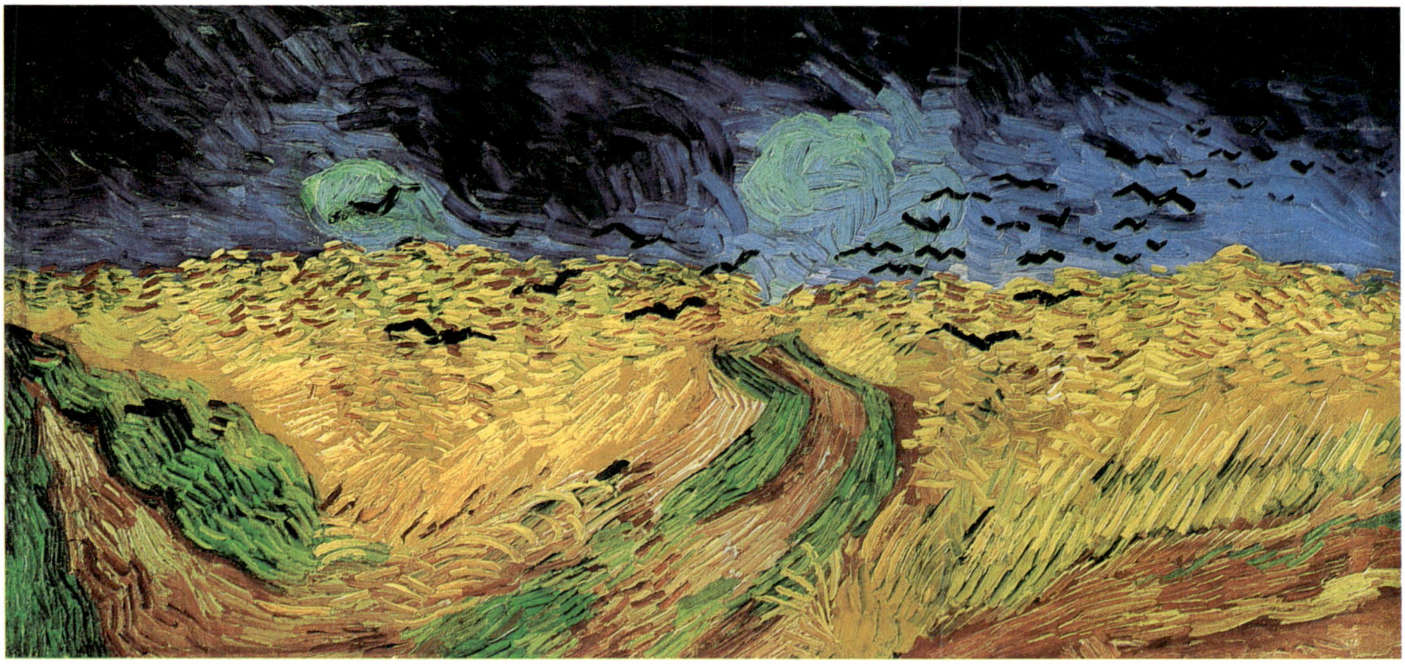

Stenogramm einer aufgewühlten Seele: ***Kornfeld mit Krähen***, 1890. Öl auf Leinwand, 51 x 101 cm. Vincent van Gogh Foundation/Van Gogh Museum, Amsterdam

seinem „Gelben Haus" den Traum von einer Künstlergemeinschaft verwirklichen wollte. Er tauschte Selbstbildnisse mit verschiedenen Künstlern aus und bemühte sich vor allem um die Freundschaft Gauguins, den er nach Arles zu holen versuchte.

Hatte er von Gauguin und dem japanischen Holzschnitt schon in Paris die Betonung der von starken Konturlinien umschlossenen Farbfläche übernommen, fand er unter der Sonne der Provence jetzt zu jenem gestalterischen Ausdruck, der sein Werk später so berühmt machte: Mit breitem, freiem Pinselstrich trug er in schneller, oft ekstatischer Weise leuchtende, manchmal überzogen bunte Farben auf und schuf Bildräume, deren Tiefenraumwirkung nicht auf perspektivisch richtiger Formgebung, sondern hauptsächlich auf intensiven Farbkontrasten beruht.

Die Akzentuierung der Gegenstände und Figuren und der Versuch, das Wesenhafte und Charakteristische der dargestellten Personen und Dinge herauszustellen, führten van Gogh manchmal zu einer Deformierung der Bildgegenstände und zu suggestiver Raumbildung.

So gestaltete er sein Bild *Caféterrasse am Abend* mittels harter Kontraste zwischen dem Gelb des Cafés und dem Dunkelblau des Himmels sowie dem Blauschwarz der im Dunkeln endenden Straße. Das Nahe und das Ferne sind hier mit gleicher Farbintensität gemalt, was der seit der Renaissance bekannten Luftperspektive widerspricht, welche bewirkt, dass Farben mit zunehmender Raumtiefe blasser werden. Mit der auf diese Weise hervorgehobenen Flächigkeit des Bildes widersetzte sich van Gogh der natürlichen Seherfahrung und setzte dieser eine spannungsreiche, gefühlte Wirklichkeit entgegen.

Im Oktober 1888 kam Paul Gauguin, dessen Künstlertum und Urteilsfähigkeit van Gogh hoch über seine eigene stellte, nach Arles. Doch schon kurz vor Weihnachten endete die Zusammenarbeit der beiden mit einem heftigen Streit, in dessen Folge sich der nervlich zerrüttete van Gogh ein Ohr abschnitt (und es einer Prostituierten „als Andenken zum Geschenk" machte).

Starke Erregungszustände wechselten in den nächsten Monaten mit schweren Depressionen, was den Maler jedoch nicht davon abhielt, weiter wie ein Besessener zu arbeiten. Es entstanden seine berühmten Sonnenblumen-Bilder, Bilder von Obstbäumen, Zugbrücken, von Häusern und ihren Interieurs.

Saint-Rémy und das Ende

Im Mai 1889 begab sich van Gogh freiwillig in die Nervenheilanstalt von Saint-Rémy nahe Arles, wo er nach kurzer Beruhigungsphase einen Arbeitsraum erhielt. Halluzinationen, Albträume und die intensive Beschäftigung mit dem Tod kennzeichneten seinen Aufenthalt, doch wechselten diese Zustände immer wieder mit Perioden intensiver Arbeit, zunächst vom Fenster seines Zimmers aus, später wieder im Freien. Die Angst vor einer Geisteskrankheit trieb ihn zu größter Eile an. Neben Landschaftsbildern entstand eine Reihe von Arbeiten nach Vorlagen von Millet, Daumier, Delacroix und Rembrandt.

Mit fortschreitender Krankheit scheinen seine Bilder von einem fließenden Wogen in Natur und Atmosphäre ergriffen zu werden. Wie gegensätzliche Strömungen kämpfen die aus einzelnen, kurzen und dicht nebeneinandergesetzten Pinselstrichen bestehenden Farbbahnen um Dominanz. Besonders die Bäume wirken oft wie züngelnde Flammen, manche Gegenstände scheinen sogar zu verschwimmen.

Im Mai 1890 verließ van Gogh die Anstalt von Saint-Rémy und begab sich in die Obhut des Arztes und Kunstfreundes Dr. Gachet in Auvers-sur-Oise bei Paris. In seinen letzten zwei Lebensmonaten entstanden hier noch einmal etwa 70 Gemälde. Die Landschaftsbilder dieser Wochen sind expressiver, zerrissener und verzweifelter, aber auch sehnsuchtsvoller als seine früheren Werke.

Am 27. Juli 1890 schoß Vincent van Gogh mit einem Gewehr auf sich selbst und starb zwei Tage später in den Armen seines Bruders Theo.

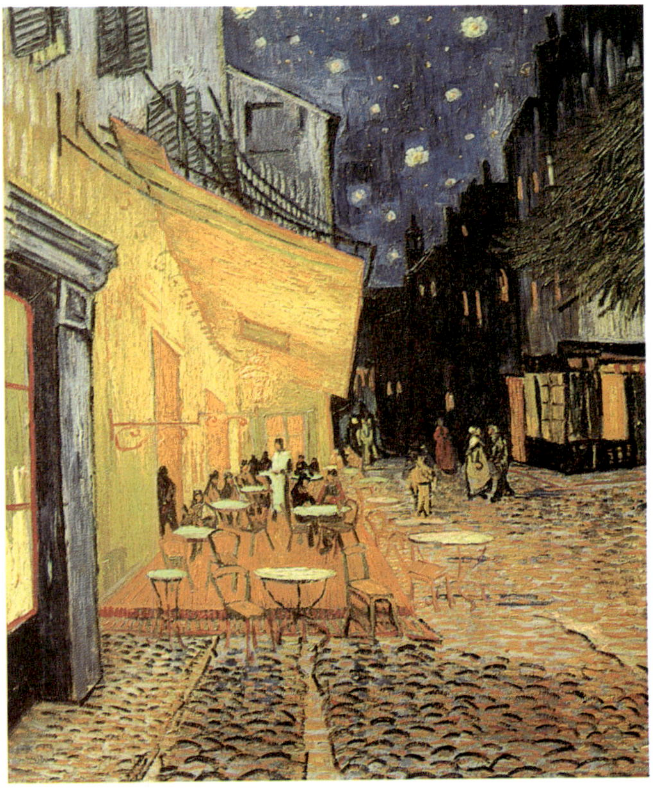

Caféterrasse am Abend, 1888. Öl auf Leinwand, 81 x 65,5 cm. Rijksmuseum Kröller-Müller, Otterlo

Paul Gauguin, *Arearea*, 1892. Öl auf Leinwand, 75 x 94 cm. Musée d'Orsay, Paris

Das Gemälde *Arearea* thematisiert, wie viele andere Bilder Gauguins auch, die erwachende Sexualität. Die jungen Frauen, eine von ihnen durch das weiße Kleid als jungfräulich rein gekennzeichnet, werden von einem leuchtend roten Hund – bei Gauguin häufig ein Zeichen für (männliche) Sexualität – umspielt. Durch die Parallelisierung der Nackenlinie des witternden Hundes mit dem über den Schoß gelegten Arm der Frau stellt der Maler kompositorisch eine Beziehung zwischen beiden her. Die monumentale Statuarik des Bildganzen, die blockhafte Flächigkeit, wird durch langarmige, nach Berührung strebende Pflanzen aufgebrochen. Die Aussage des Bildes ergibt sich somit aus einer Synthese des Dargestellten und seiner malerischen Behandlung. Das Geheimnis liegt in der Komposition verborgen. Für Gauguin standen malerische Mittel wie Farbe, Form und Bildrhythmus als Bedeutungsträger im Vordergrund. Gauguin meint, altbekannte Symbole würden „das Leben des Bildes in einer trüben Realistik erstarren lassen".

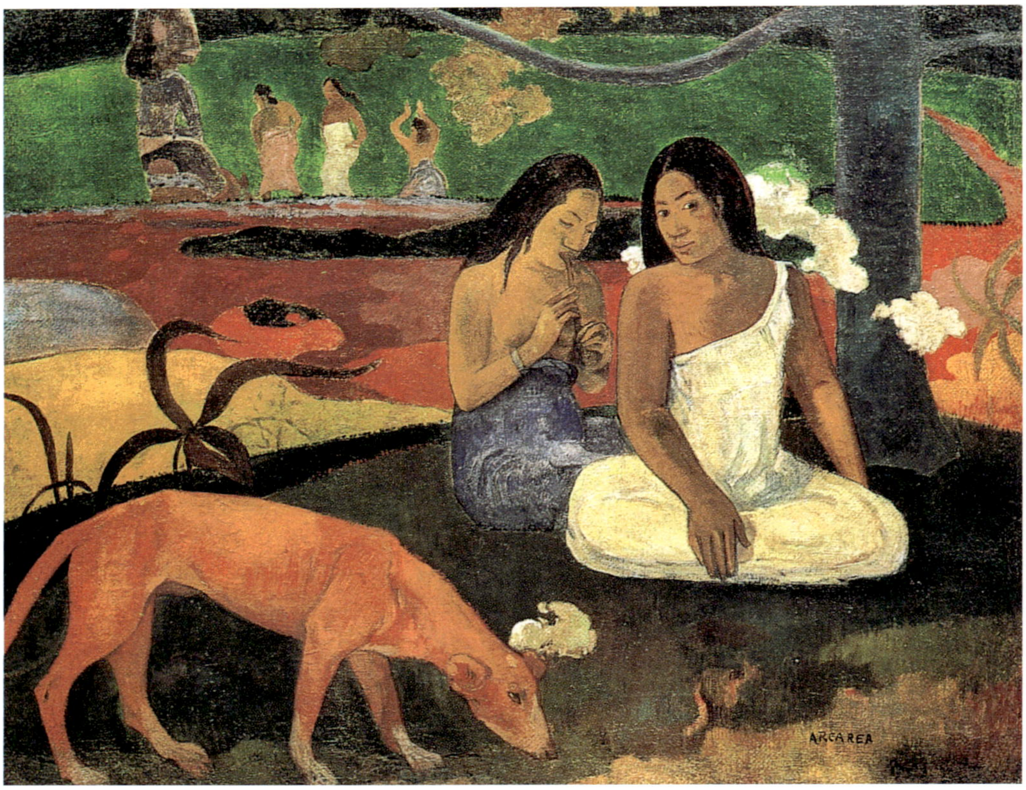

(„point", frz.: „Punkt") auf. Sie setzten ungemischte Farben nebeneinander, die für das Auge dann zu zarten Mischtönen und Nuancen verschmelzen. Das Motiv geriet zum Vorwand für das mit wissenschaftlicher Akribie betriebene Experiment, die Malerei dem Sehen anzuverwandeln.
Die Grenzen einer solch verwissenschaftlichten Malerei waren jedoch bald absehbar. Weiter als Seurat und Signac konnte man die prismatische Zerlegung nicht treiben, näher konnte sich die Malerei dem Sehvorgang nicht angleichen. Aufgrund dieser ‚Sackgasse' verlor sich das Interesse der Künstler am objektivistischen ‚Augenbild' mehr und mehr. Viele Künstlerinnen und Künstler verspürten den Drang, sich neues Terrain zu erobern.

Die Malerei als eine eigene Welt

Die von den Impressionisten und Pointilisten auf unterschiedliche Weise gemachte Erfahrung, dass Malerei auch getrennt vom Gegenstand existiert und einen eigenen Ausdruckswert hat, eröffnete ihnen neue Wege. Paul Cézanne und Vincent van Gogh erhoben in ihren Bildern auf ganz unterschiedliche Weise die Malerei zum eigentlichen Ausdrucksträger. Während Cézanne die Welt analytisch zerlegte und in einer nach eigenen, inneren Gesetzen funktionierenden Bildwelt neu zusammensetzte, war für Vincent van Gogh die Malerei „Ausdruck glühenden Gefühls". Auch Paul Gauguin, den eine spannungsgeladene Freundschaft mit van Gogh verband, setzte ganz auf die emotionale Kraft und den symbolischen Gehalt von Farbe und Form. „Malen Sie nicht zu viel nach der Natur. Das Kunstwerk ist eine Abstraktion", riet er Ende der 80er-Jahre seinen künstlerischen Ziehvätern, den Impressionisten. Deren Bilder hatten sich erstaunlich schnell im *Salon* durchgesetzt und verkauften sich inzwischen gut. Gauguin jedoch hatte für den Augenschein-Realismus seiner älteren Kollegen ebenso wenig übrig wie für die wissenschaftsgläubige Malerei der Pointilisten: Hier wie dort vermisste er die „tiefere Bedeutung", das „große Gefühl", das er im Leben wie in der Kunst suchte.
Zivilisationskritisch wandte er sich vom turbulenten Pariser Großstadtleben ab und ließ sich in dem kleinen Dörfchen Pont-Avon nieder. Hier, in der tiefen Provinz der damals noch recht unerschlossenen Bretagne, traf er auf die gesuchte Ursprünglichkeit, das Unverfälschte und Naive. Und er fand zu einem Malstil, der ihn zu einem der Väter des Expressionismus werden ließ. Ihm ging es nicht darum, Dinge so abzubilden, wie sie erschienen. Für ihn stand die Gefühlswelt, die geistige, innere Wirklichkeit an erster Stelle. „Zuerst kommt die Empfindung, die seelische Erschütterung, danach erst das Verstehen." Da seine Bilder keine bloße Kopie der sichtbaren Wirklichkeit sein sollten, war er weder an eine realitätsgetreue Farbigkeit noch an perspektivische Gesetze zur Erzeugung eines illusionistischen

Tiefenraums gebunden. Gauguin vereinfachte die Formen, verzichtete auf modellierende Schatten und detaillierte Ausmalungen. Er setzte leuchtende Farbflächen nebeneinander, die er durch Konturlinien als Flächen noch betonte. Den perspektivischen Bildraum schob er somit in die Zweidimensionalität zurück, die Tiefe des Hintergrundes wurde verunklärt. Das oberste Gebot, das Gauguin bei seinen Kompositionen befolgte, war der innerbildliche Rhythmus, die Stimmigkeit und Harmonie des Gesamtgefüges.

In Pont-Avon schlossen sich Gauguin einige jüngere Maler an, darunter Paul Sérusier und Emile Bernard. Auch diesen Malern der „Schule von Pont-Avon" waren Farbe und Form die eigentlichen Bedeutungsträger. In Anlehnung an mittelalterliche Glasfenster, bei denen die einzelnen Farbfelder in Blei eingefasst sind, entwickelte Bernard eine reine *Farbflächenmalerei*, die er „Cloisonismus" nannte – die Malerei der durch Linien voneinander abgetrennten Farbflächen.

Klar voneinander getrennte Flächen, die allein aufgrund ihrer tonigen oder komplementären Farbigkeit den Bildraum rhythmisieren, kennzeichnen auch die späten Arbeiten Gauguins, die in der Südsee entstanden sind, wo sich Gauguin ab 1891 niederließ. Die leuchtenden Bilder, die er auf Tahiti malte, wurden zu Sinnbildern des Lebens schlechthin. Die Bildgegenstände bedeuten hier nicht mehr allein das, was sie darstellen, sondern werden durch ihren oftmals symbolhaften Charakter einerseits und andererseits durch die Art ihrer Gestaltung zu Zeichenträgern. Gegenständlichkeit und Abstraktion, Wahrnehmungswelt und künstlerische (Vorstellungs-)Welt gehen bei Gauguin eine Synthese ein. Basierend auf der sichtbaren Welt, waren seine Gemälde doch eigenen, innerbildlichen künstlerischen Gesetzmäßigkeiten unterworfen. Indem er die Malerei auf diese Weise von der Abbildlichkeit befreite, bereitete er der Moderne den Weg.

Die Zusammenführung von Wahrnehmungswelt und eigengesetzlicher Kunstwelt findet sich auch bei den Malern der 1888 gegründeten Künstlergruppe „Nabis" (hebr.: „Die Propheten"), die in Pont-Avon Gauguins malerischen Ansatz fortführten. Auch ihnen war die reine Malerei der entscheidende Ausdrucksträger. So beziehen die Werke Pierre Bonnards ihre Wirkung aus der glühenden Farbigkeit, die sich wie ein leuchtendes Gewebe über die Bildfläche zieht. Sein Anspruch war es, „nicht das Leben zu malen, sondern die Bilder lebendig werden zu lassen". Der ornamentale Farbteppich, der auf den ersten Blick oft geradezu abstrakt wirkt und den Gegenstand erst nach einer Weile der Betrachtung hervortreten lässt, betont die Eigenwertigkeit der Farbe – und weist damit Charakteristika der expressionistischen und abstrakten Kunst auf. Allerdings blieb auch Bonnard zeit seines Lebens dem Gegenstand verbunden. Die Bedeutung, die die Malerei jedoch losgelöst vom Gegenstand in seinen Bildern hat, weist ihn als Bindeglied zwischen dem 19. und 20. Jahrhundert aus.

Ebenfalls an der Schwelle zum 20. Jahrhundert stehen die Maler Henri Rousseau, James Ensor und Edvard Munch, die auf jeweils unterschiedliche Weise ihre individuellen Bildwelten schufen.

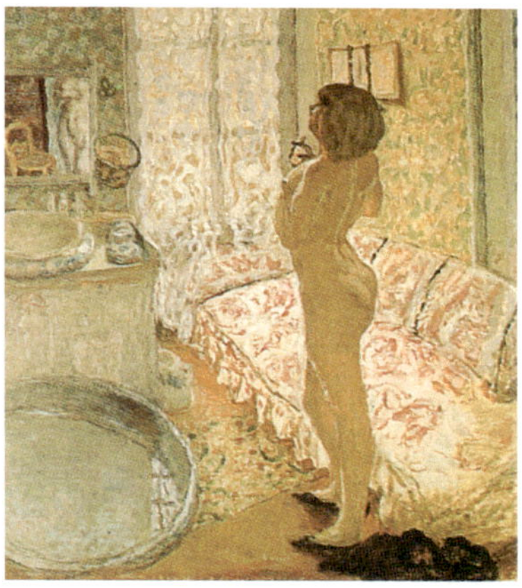

Pierre Bonnard, ***Akt im Gegenlicht***, 1908. Öl auf Leinwand, 125 x 109 cm. Musées royaux d'Art et d'Histoire, Brüssel

Bonnards Interieurs, Stillleben, Landschaften und Aktbilder zeigen das sinnlich erfahrbare Leben. Warme Farbtöne in subtilen Übergängen und ein leichter Farbauftrag harmonisieren mit den zumeist rein dekorativen Bildinhalten. Da Bonnard seine Modelle nie in bestimmten Posituren verharren ließ, sondern sie bei ihren alltäglichen Verrichtungen beobachtete und malte, vermitteln seine Bilder oftmals der Eindruck einer überraschenden, zufälligen Momentaufnahme.

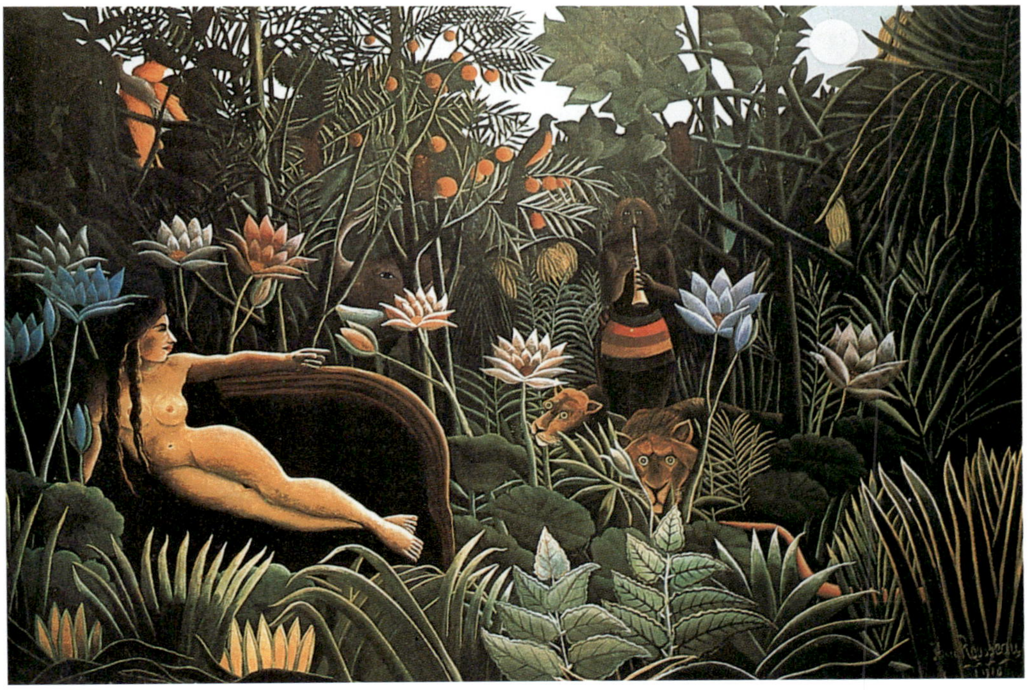

Henri Rousseau, ***Der Traum***, 1910. Öl auf Leinwand, 204,5 x 298,5 cm. The Museum of Modern Art, New York. Gift of Nelson A. Rockefeller

Exotische, fantastische Welten sind es, die der Franzose Henri Rousseau in seinen Bildern entworfen hat. Rousseau, der bis zu seiner Pensionierung im Alter von etwa vierzig Jahren als Zöllner tätig gewesen war und sich bis dahin nur gelegentlich mit der Malerei befasst hatte, vertraute ganz auf die Originalität und Authentizität der Fantasie. Aus der reinen inneren Anschauung heraus schuf er verträumt-skurrile Szenen, die in ihrer meist monumentalen, flächig aufgebauten Naturschilderung einem naiven Empfinden Ausdruck verleihen. Gerade in seiner unakademischen Arbeitsweise, seiner „Naiven Malerei", sahen später die Surrealisten Rousseaus „Genie" und ließen sich von seinen Werken inspirieren. Im Gegensatz zu diesen späteren Malern intellektualisierte Rousseau seine Kunst jedoch nicht, sondern vertraute stets auf die Ausdruckskraft des Gefühls.

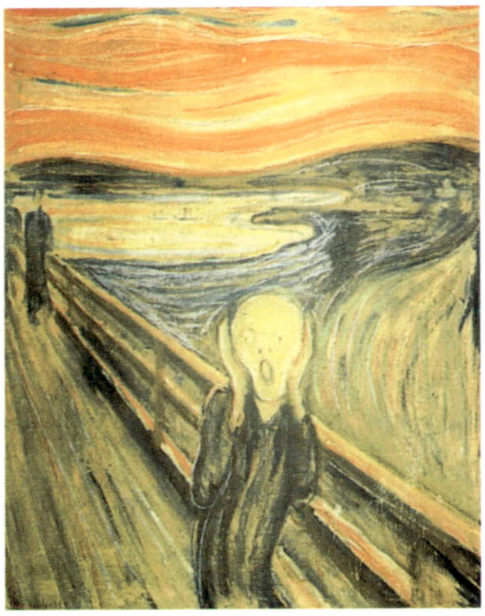

Edvard Munch, *Der Schrei*, 1893. Öl, Gouache, Kasein und Pastell auf Pappe, 91 x 73,5 cm. Nasjonalgalleriet, Oslo

Wie van Gogh beabsichtigte auch der Norweger Edvard Munch, das „moderne Seelenleben" in einer zerrissenen Welt darzustellen. Seine eindringlichen Bilder thematisieren menschliche Not und Angst sowie Liebe, Krankheit, Eifersucht und Tod. Ein hastiger Pinselstrich und eine Farbigkeit, die von morbiden, zurückgenommenen Tönen übergangslos zu glühend leuchtenden Farben gelangt, lassen die innere Aufwühlung ahnbar werden, die den Maler – selber psychisch labil – umtrieb und die er in seinen Bildern zum Ausdruck bringen wollte. Im *Schrei* steigern Farben und Formen das Motiv im Ausdruck. Der Boden schwindet unter den Füßen, das Echo des Schreis versetzt Himmel und Erde in Schwingung.

SYMBOLISMUS 1880–1900

Die Leinwand als Spiegel der Seele

Wie Gauguin standen auch die großen Einzelgänger Henri Rousseau, James Ensor und Edvard Munch mit ihren bedeutungsgeladenen Bildwelten in der Tradition der idealistisch-symbolistischen Bewegung. Ende der 80er-Jahre hatten die Literaten Mallarmé, Rimbaud, Verlaine, Gide und andere gegen den Mangel an geistigen Gehalten in der naturalistischen Kunst gewettert – ein Vorwurf, der schnell auch auf die bildenden Künste übertragen wurde. In der von wissenschaftlichen Erkenntnissen geleiteten objektivistischen Aneignung der Wirklichkeit, wie sie die Impressionisten und Pointilisten betrieben hatten, vermissten die Maler jetzt die „seelische Tiefe", die „tragende Idee", die ein Kunstwerk doch ausdrücken müsse. Der Gedanke war nicht neu. Die symbolisch aufgeladenen Arbeiten des Deutschrömers Arnold Böcklin und die Malerei der Präraffaeliten, die schon Mitte des Jahrhunderts mit märchenhaftem Idealismus dem Naturalismus und Realismus entgegengetreten waren, hatten für die Symbolisten Vorbildcharakter.

Der Symbolismus konnte sich nicht zu einem einheitlichen Stil entwickeln, eine vereinheitlichende Definition fällt daher schwer. Er ist vielmehr ein Konglomerat individueller Bildfindungen, in denen die Künstler in Abgrenzung zu einer objektivistischen Malerei die Empfindungen, die Zustände der Seele, subjektive Ängste, Fantasien und Träume konkretisierten. Sie reagierten damit auf die Umbruchsituation zu Ende des 19. Jahrhunderts, die den Künstler zunehmend aus alten Bindungen entließ und auf seine Individualität ebenso wie auf seine gesellschaftliche Außenseiterrolle verwies. Der Symbolismus ist wie der Jugendstil, mit dem es formal wie inhaltlich viele Überschneidungspunkte gibt, das Bindeglied zwischen Impressionismus und Expressionismus, und so waren die ausdrucksstarken symbolistischen Werke, die um die Jahrhundertwende entstanden, in vielerlei Hinsicht wegbereitend für die expressionistische Malerei zu Beginn des 20. Jahrhunderts.

Da ist zunächst der Maler Henri Rousseau. Rousseau, der aufgrund seines früheren Berufs den Beinamen „der Zöllner" trug, begann erst im Alter von 40 Jahren mit der Malerei. Als Autodidakt ist er einer der bedeutendsten Vertreter der sogenannten „Naiven Malerei". Seine unheimlich und bedrohlich wirkenden Urwaldlandschaften besitzen in ihrer naiven Klarheit eine magische Ausdruckskraft. Zwar spricht auch aus seinen Bildern die Sehnsucht nach einer friedlichen Welt, doch ein Rückzug in die Idyllen heutiger ‚Sonntagsmalerei' liegt ihm fern. Seine Bilder, die er oft in kaltes, nächtliches Licht tauchte, gleichen gespenstischen Visionen. Die entrückten, ausdrucksstarken Landschaften Rousseaus haben vor allem die surrealistischen Künstler nachhaltig beeindruckt und beeinflusst. Andere Avantgarde-Künstler schätzten an Rousseau insbesondere sein fantasiereiches Bilderdenken, das sich jenseits aller akademischen Regeln in seinen Bildern Bahn brach und damit dem von der Moderne gesuchten „Unmittelbaren" und „Unverfälschten" entsprach.

Ebenso tiefgründig wie unheimlich wirken die Bilder von James Ensor und Edvard Munch, die mit einer expressiv-symbolistischen Bildsprache

James Ensor, *Die Intrige*, 1890. Öl auf Leinwand, 90 x 150 cm. Musée des Beaux-Arts, Antwerpen

In seinen bizarren, von bunten Maskenwesen bevölkerten Bildern entwarf Ensor eine skurrile, verfremdete Welt. Maske und Mensch verschmelzen bei ihm zu einer Einheit, ohne dass der Betrachter die Entwicklungsrichtung der Metamorphose eindeutig klären kann. Es bleibt unklar, ob aus einem wahren Gesicht eine Maske oder aus einer Maske ein menschliches Gesicht wird. Immer wieder setzt sich Ensor mit der menschlichen Existenz, dem Tod, aber auch mit religiösen Themen auseinander.
Mit seinen fantastischen, teilweise auch makabren Bilderfindungen übte Ensor großen Einfluss auf die spätere expressionistische und surrealistische Kunst aus.

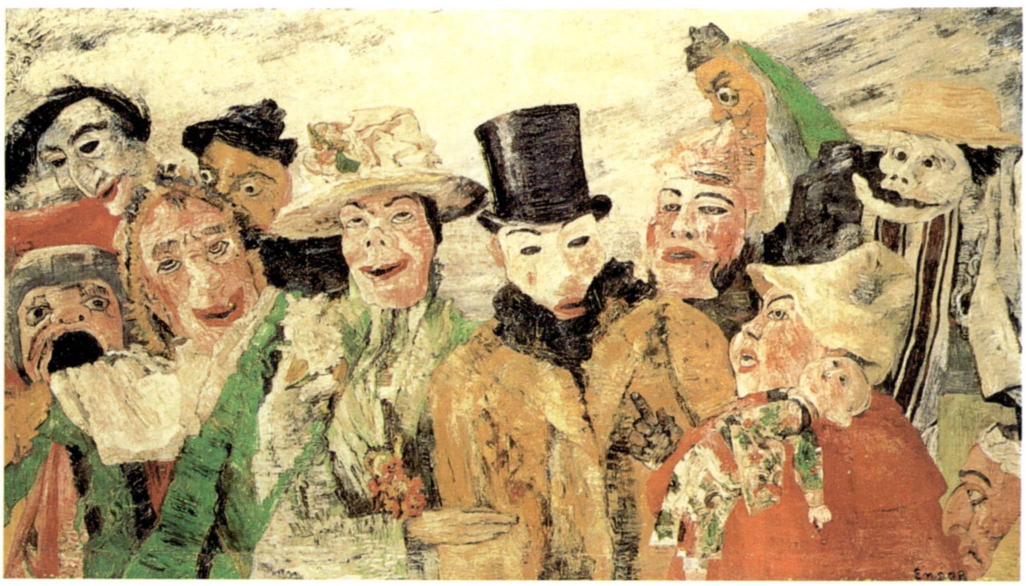

über Gegenständliches hinaus auf mystische, religiöse oder psychologische Sinnzusammenhänge verweisen. In glühenden Farben schildert Ensor gespenstische Umzüge maskierter oder fratzenhafter Wesen, zeigt – aufgelöst in ein Farbflächengewebe – Massen von Menschen, denen jegliche Individualität fehlt und die traumwandlerisch durch unbestimmte Landschaften ziehen. In symbolischer Form gestaltet der Maler das feindliche Gegenüber von Individuum und Masse und damit seinen eigenen Konflikt, der ihn sein Leben lang bedrängte: die Fremdheit des Künstlers in der Gesellschaft. Bei Ensor werden farbenprächtige Karnevalsumzüge zum Bild einer absurden Welt voll abgrundtiefer Verzweiflung. Ausdruck des Bedrohlichen und Fremden ist die Maske, die sich leitmotivisch durch Ensors gesamtes Werk zieht.

Wie Ensor steht auch Edvard Munch mit seinen ausdrucksstarken Bildern dem kommenden Expressionismus nahe. Ausgehend von einem bewegenden Naturalismus gelangte der norwegische Künstler stilistisch zu einem symbolistisch geprägten Expressionismus, der Ausdruck seines geistig-seelischen Erlebens war. Munchs Bildwelten sind tief in der Fin-de-siècle-Stimmung verwurzelt: Angst, Verzweiflung, quälende Sexualität, Eifersucht, Morbidität – all das sind Themen, die Munch immer wieder ins Bild gesetzt hat, um „sich selbst von den Dämonen zu befreien". Auch wenn *Der Schrei* die malerische Verarbeitung eines persönlichen Angsterlebnisses während eines Spazierganges mit einem Freund ist, so verleiht Munch in diesem Bild dem Lebensgefühl einer ganzen Generation Ausdruck. Der „Schrei" wurde zu Beginn des 20. Jahrhunderts ganz allgemein in der Literatur und Kunst zu einem Sinnbild für das beklemmende Ohnmachtsgefühl, das der Mensch angesichts einer immer komplexer und undurchschaubarer werdenden Realität empfand.

In Abgrenzung zu allen Kunstströmungen, deren erklärtes Ziel die möglichst detailgetreue Wiedergabe der sichtbaren Welt war, verlangte die symbolistische Kunst von vornherein nach einer abstrahierenden Bildsprache. Dementsprechend bedienten sich die Maler eines linear-ornamentalen Formenvokabulars und eines anti-naturalistischen Bildaufbaus. Insbesondere diese abstrahierenden und linienbetonten Elemente sowie die rein bildimmanenten Kompositionsbezüge weisen den Symbolismus als Vorläufer und nahen Verwandten des Jugendstils aus.

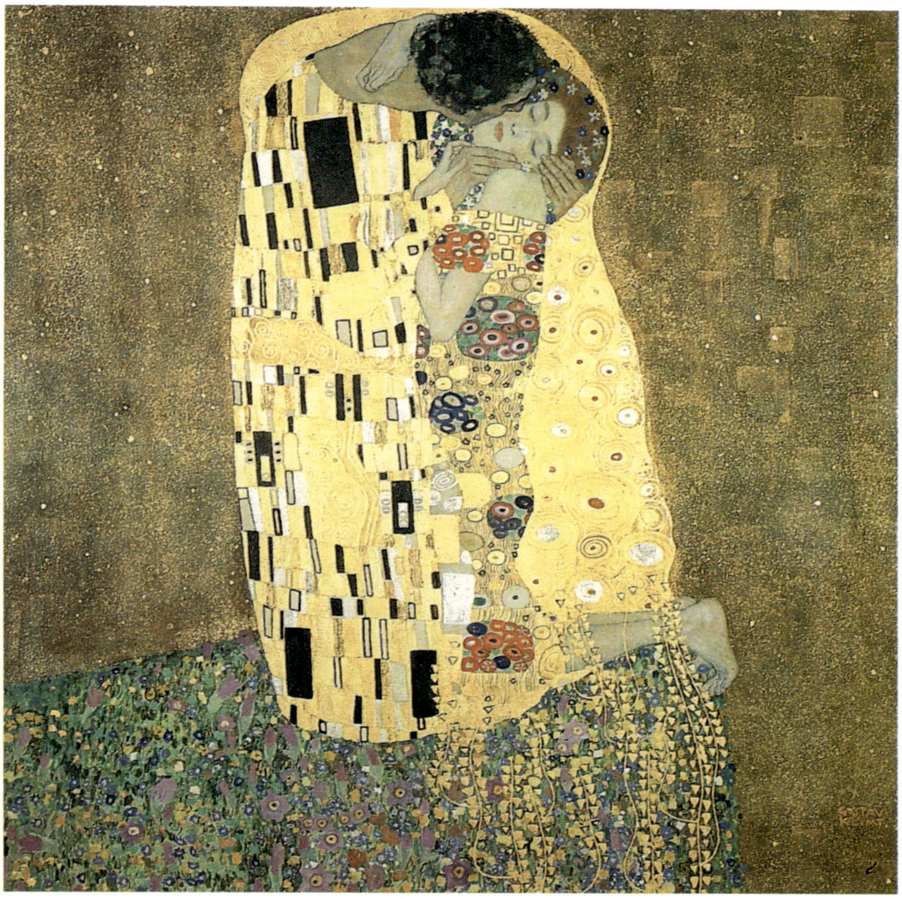

Gustav Klimt, *Der Kuss*, 1908. Öl auf Leinwand, 180 x 180 cm. Österreichische Galerie, Wien

Abstrakte Ornamentik bei gleichzeitiger sinnlich-erotischer Körperdarstellung verleiht den Bildern von Gustav Klimt eine subtile Spannung. Die Raumillusion wird zugunsten der dekorativen Flächengestaltung vernachlässigt.

Unter dem Einfluss des Jugendstils entwickelte Klimt, der seine künstlerische Laufbahn als Historienmaler begonnen hatte, eine symbolhaft-ornamentale Bildsprache. Sein Ziel war die Versöhnung von Tradition und Moderne. Wie viele Jugendstil-Künstler strebte er eine umfassende Harmonie an, deren Schönheit alle Widersprüche der Zeit aufheben sollte.

JUGENDSTIL 1890–1910

Moderne auf Goldgrund

Symbolistische Anklänge und der Traum von einer in sich geschlossenen künstlerischen Welt finden sich in verschiedenen Ausprägungen im Jugendstil wieder. Allerdings stand der Jugendstil im Gegensatz zu den düsteren Visionen der expressiv-symbolistischen Bilder Ensors oder Munchs ganz unter dem Primat der Schönheit. Während die märchenhaften Bildwelten William Morris' oder des Worpsweder Künstlers Heinrich Vogeler romantisch durchdrungen sind und in dieser Hinsicht den poetischen Träumen der Präraffaeliten nahestehen, lösten andere Künstler, wie zum Beispiel Gustav Klimt das Motiv in dekorative Ornamentik auf.

In seinem Gemälde *Der Kuss* gestaltete Klimt nur die Gesichter, Hände und Füße, wenn auch zu äußerster Schönheit stilisiert, in gegenständlicher Form. Alles andere überzieht ein kostbares Gewebe, das mit dem Hintergrund zu einem prachtvollen Muster verschmilzt und sich so in die Bildfläche einfügt. Die Ornamentalisierung der gesamten Komposition lässt schließlich auch die Körperteile zu schimmernden Mosaiksteinchen im Gesamtgefüge werden.

Amedeo Modigliani, *Liegender Akt*, 1917. Öl auf Leinwand, 60 x 92 cm. Staatsgalerie, Stuttgart

Immer wieder hat Modigliani Frauen gemalt, schmalgesichtige, anmutige Wesen mit langen Hälsen und mandelförmigen Augen, die er gleich einem Bildhauer aus der dunklen Tiefe des Raumes herausmodellierte. Für Modigliani war nicht die Abbildgenauigkeit entscheidend, sondern die innere Harmonie des Bildes.
Die Komposition seines Aktes ist in sich so stimmig und ausgewogen, dass man die extremen Verlängerungen der Körperteile, die verzogene Lage der Hüften keinesfalls als ‚verzeichnet' empfindet. Die einzelnen Bildelemente sind jenseits jeder Abbildgenauigkeit allein von ihrer Bildwirkung her gedacht. Der undefinierbare dunkle Hintergrund hat die Funktion, Tiefe zu erzeugen und den Körper im unmittelbaren Vordergrund umso strahlender erscheinen zu lassen.

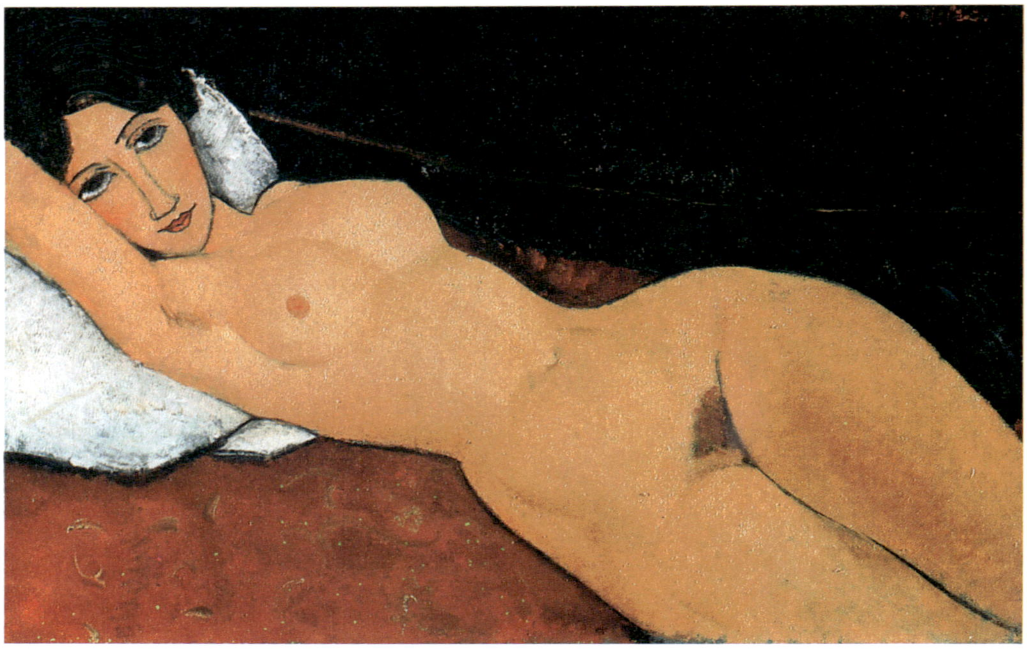

Da die Betonung beim Jugendstil auf der Linie liegt, ist die Grafik ein favorisiertes Feld der Jugendstil-Künstler gewesen. Die Bezeichnung „Jugendstil" ist abgeleitet vom Namen der 1896 in München gegründeten Kunstzeitschrift *Jugend*, in der Arbeiten dieses Stils erstmals veröffentlicht wurden. Der Jugendstil wurde jedoch schnell eine internationale Erscheinung. In Frankreich firmierte die ornamental-dekorative Kunst unter dem Namen „Art Nouveau", in Österreich wurde sie als „Sezessionsstil" bekannt. In Wien, München und Berlin hatten junge Künstler in den 90er-Jahren sogenannte *Sezessionen* gegründet. Hier versammelten sich all die Künstler, die sich bewusst von der gängigen akademischen Kunst – einem schwülstigen und behäbigen *Historismus* – absetzen wollten. Gerade mit dem *Ornament*, der ganz im Künstlichen begründeten Form, glaubte man dem „Uniformknopf-Naturalismus" der gängigen Repräsentationsmalerei der Gründerzeit begegnen zu können. Diese Künstler schufen Kunst um ihrer selbst, ihrer Schönheit willen – Kunst um der Kunst willen, l'art pour l'art.

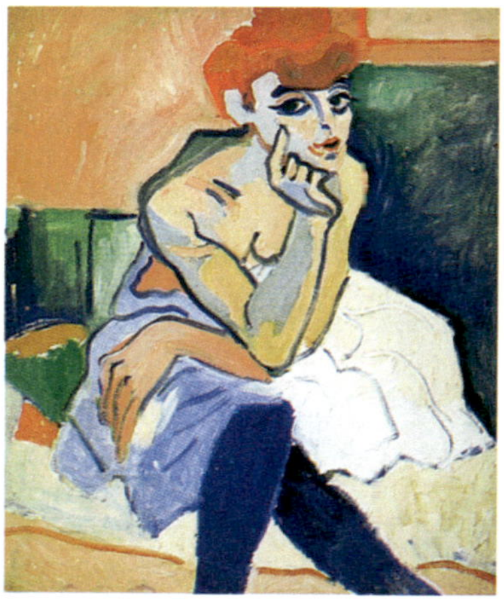

André Derain, *Die Tänzerin*, 1906. Öl auf Leinwand, 100 x 81 cm. Statens Museum for Kunst, Kopenhagen

FAUVISMUS 1905–1915

Aus Form wird Ausdruck

Schönheit und Harmonie waren auch für Henri Matisse die entscheidenden Aspekte der Kunst. Ihm schwebte „eine Kunst des Gleichgewichtes, der Reinheit und Heiterkeit ... ein Seelentrost, etwas wie ein guter Lehnstuhl" vor.

Henri Matisse war der führende Kopf der sich 1905 formierenden französischen Künstlervereinigung „Fauves", die sich allerdings schon zwei Jahre später wieder auflöste. Den Namen „Fauves – wilde Tiere" trug ihnen ihre expressive Farbigkeit und der wilde, ungezügelte *Malgestus* ein. Die fauvistischen Maler André Derain, Maurice de Vlaminck, Raoul Dufy, Kees van Dongen und Matisse nahmen die vom Impressionismus und Nachimpressionismus gelegten künstlerischen Fährten auf; sie gingen den Weg der autonomen Bildgestaltung, der durch das schwärmerische und dekorative Element des Symbolismus und Jugendstils verdeckt worden war, konsequent weiter – und führten damit die Kunst in die Moderne.
Nicht der symbolische Gehalt interessierte sie, sondern allein die künstlerische Form wurde zum Sprachmittel, zum Ausdrucksmittel erklärt. Auch die Fauvisten waren davon überzeugt, dass Farbe und Formen einen eigenen Ausdrucksgehalt haben, der unabhängig vom Naturvorbild besteht und den es mittels künstlerischer Gestaltung zur Entfaltung zu bringen gilt. So versuchte Derain die Mittel des Impressionismus, der sich mit seiner auflösenden Malweise ja schon partiell vom Gegenstand gelöst hatte, so weit zu steigern, dass deren vormalige Abbildfunktion in reine Ausdrucksfunktion umschlug. Das impressionistische Strichbild erhielt nun psychografischen Charakter, das Skizzenhafte wurde zum Mittel des spontanen Ausdrucks, die helle Farbe, die den Impressionisten zur Darstellung des Naturlichtes gedient hatte, wurde Ausdrucksträger. Diese ‚Umfunktionierung' künstlerischer Mittel

hatten die Nachimpressionisten Gauguin, van Gogh, Seurat und Cézanne bereits vorbereitet. Ihre Kunst wurde um die Jahrhundertwende in Paris in großen *Retrospektiven* gewürdigt, Ausstellungen, die offensichtlich die jungen französischen Künstler sehr inspirierten. So finden sich in den Arbeiten von Matisse die große ungebrochene Farbfläche Gauguins, die reine Farbe Seurats, die expressive Spontaneität van Goghs und die auf innerbildlichen Bezügen aufbauende Komposition Cézannes.

Wie dieser verstand auch Matisse das Bild als einen selbstständigen Organismus, in dem die Natur nicht reproduziert, sondern durch bildnerische Anordnung repräsentiert wird. Bewusst gestaltete er die Fläche als Fläche, doch scheint in seinen Bildern eine neue Art der Räumlichkeit auf. Farbflächen werden so aufeinander abgestimmt, dass das Bildfeld raumhaltig wird: *Warm-Kalt-Farbkontraste* markieren ein Vor- und Zurücktreten der Flächen und schaffen somit einen Rhythmus, der Volumina suggeriert. Bei der Darstellung der menschlichen Figur wird der Körper hingegen häufig bewusst linear erfasst. Der ornamentale Schwung der Umrisslinie übersetzt die körperlich-plastische Sinnlichkeit in die Flächenform und erreicht damit eine neue abbildliche Dimension.

Durch das Nebeneinander feinster Farbnuancen oder strahlender Komplementärkontraste erreichte Matisse in seinen Werken eine Leuchtkraft, die das Bild gleichsam von innen heraus strahlen lässt, und schuf damit ein künstliches Bildinnenlicht. Die Bilder haben ihr Eigenleben. Sie sind weder über Abbildgenauigkeit noch über einen symbolischen Verweis mit der außerbildlichen Wirklichkeit verbunden. Form und Ausdruck sind eins geworden. Sie bilden eine untrennbare Einheit.

Wie für Matisse war auch für den fünfzehn Jahre jüngeren, aus Italien stammenden Amedeo Modigliani nicht die Abbildgenauigkeit entscheidend, sondern die innere Harmonie des Bildes Ziel seiner Kunst. Seine Hauptthemen waren das *Porträt* und der weibliche *Akt*. In äußerst reduzierten Formen, auf Licht- und Schattenmodulationen verzichtend und die Flächen mit einer geschwungenen zeichnerischen Linie umfassend, stellte er seine Modelle dar. Trotz äußerster Stilisierung verblüfft die Porträtähnlichkeit bei den Darstellungen seiner Freunde vom Montparnasse. Modigliani gehörte zusammen mit Chaim Soutine und Marc Chagall zu einer Pariser Künstlerclique, die man wegen ihrer bohemienhaften Lebensweise nur die „peintres maudits – die verfluchten Künstler" nannte.

Beherrschendes Thema in der Kunst Modiglianis war der weibliche Akt. Die geringen Variationen seiner liegenden Akte und die Vernachlässigung der individuellen Gestaltung des Modells verdeutlichen, wie sehr ihm das Motiv allein Vorwand für die Gestaltung einer innerbildlichen Harmonie war. Seine abstrahierenden Darstellungen haben mit den ungleich brutaler wirkenden Deformationen seiner expressionistischen Zeitgenossen, die sich zur Ausdruckssteigerung ebenfalls eines verknappenden Formvokabulars bedienten, nichts gemein. Weder findet sich bei Modigliani das Zerstückelnde seiner futuristischen Landsleute noch das Harte und Aggressive der deutschen „Brücke"-Expressionisten. Vielmehr löste der Maler seinen Bildgegenstand in schmeichelnde, betont runde, weiche Flächenformen auf, die seinen Darstellungen bei aller Künstlichkeit eine ungeheuer sinnliche Präsenz verleihen, die durch einen häufig engen Bildausschnitt noch verstärkt wird.

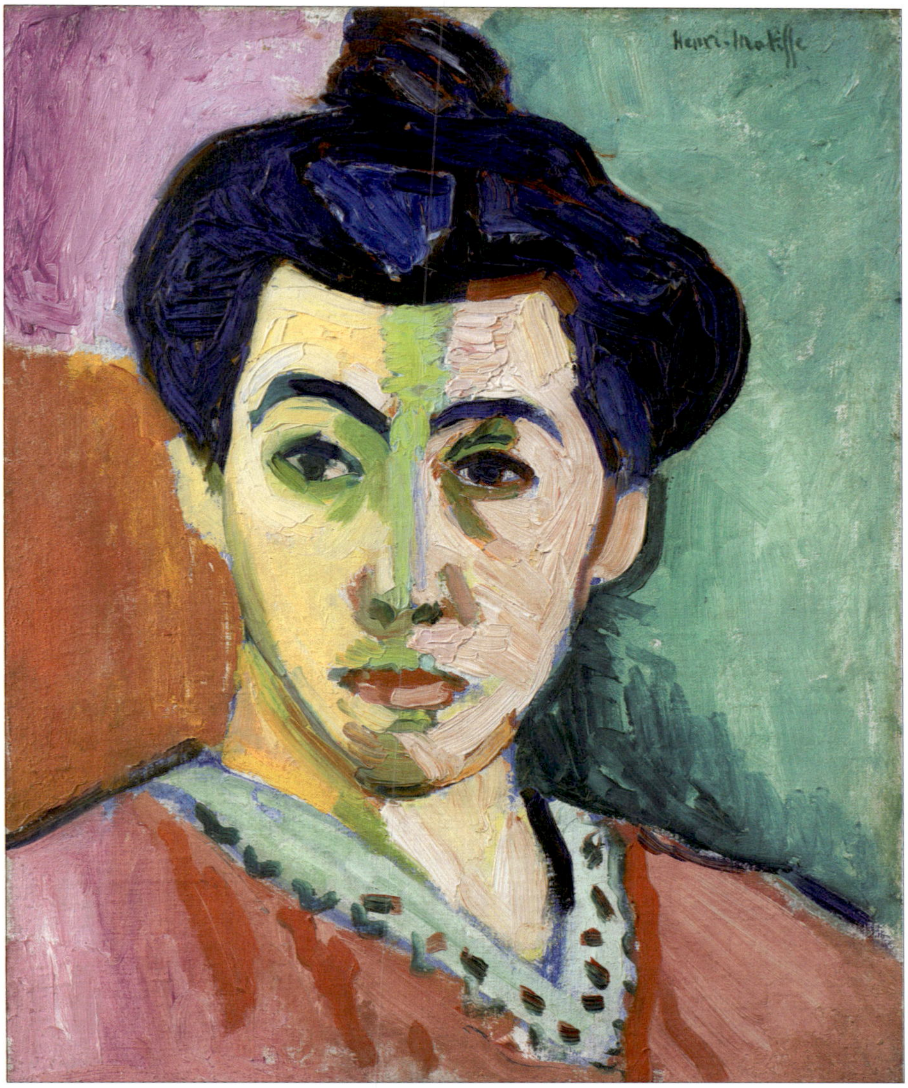

Henri Matisse, *Madame Matisse*,
1905. Öl auf Leinwand, 40,5 x 32,5 cm.
Statens Museum for Kunst, Kopenhagen

Matisse baute seine Bilder aus leuchtenden Farbflächen auf. Er verwandte die Farbe frei nach seinem Empfinden, unabhängig vom Gegenstand. Sein Ziel war die innerbildliche Harmonie. Mit seiner Devise „Einfachheit, Klarheit und Ruhe" stand der Begründer des Fauvismus geistig zwar ganz in der Tradition des französischen Klassizismus Claude Lorrains, doch seine konkrete Bildsprache orientierte sich an jüngeren Vorbildern wie Gauguin, Cézanne und van Gogh. Auch Matisse war davon überzeugt, dass Farbe und Formen einen eigenen Ausdrucksgehalt haben, der unabhängig vom Naturvorbild besteht.
Mit seiner künstlerischen Auffassung, die den innerbildlichen Bezügen, der ‚Bildwirklichkeit' den Vorrang vor der Abbildgenauigkeit einräumte, gehört Matisse zu den Wegbereitern der modernen Kunst.

Das Unsichtbare sichtbar machen

EXPRESSIONISMUS BIS SURREALISMUS

1905–1945

EXPRESSIONISMUS IN DEUTSCHLAND 1905–1919

„Dem Bürger fliegt vom spitzen Kopf der Hut"

Eine Fülle von Erfindungen im technisch-industriellen Bereich sowie neue einschneidende Erkenntnisse in den Geistes- und Naturwissenschaften läuteten das 20. Jahrhundert ein. Albert Einsteins Relativitätstheorie, Sigmund Freuds Entwicklung der Psychoanalyse, die Entdeckung der Röntgenstrahlen oder auch die erste Kernspaltung verlangten vom Menschen jetzt andere, abstraktere Denkweisen. Die neuesten Erkenntnisse hatten deutlich gemacht, dass ‚Wirklichkeit' weit mehr als das unmittelbar Sichtbare bedeutet. Der Glaube an die umfassende Wahrnehmungsfähigkeit des Auges war nun endgültig dahin. Hatten die Impressionisten noch darauf vertraut, die Welt in einem einzigen „Augenblick" erfassen zu können, so wurde ihr Oberflächenrealismus nun von der jungen Künstlergeneration heftig kritisiert. Die Jungen wollten der Wirklichkeit den Schleier der sichtbaren Erscheinung entreißen und, wie sie es nannten, „hinter den Schein der Dinge schauen", um so ein wahrhaftigeres Bild der Welt zu zeichnen. Dazu bedurfte es einer neuen Bildsprache.

Dies umso mehr, als auch die sinnliche Wahrnehmung selbst einschneidenden Veränderungen unterworfen war, hatten doch die Erfindung des Automobils und des Flugmotors, die telegrafische Nachrichtenübertragung und vieles andere mehr dem Alltag eine neue Dynamik verliehen. Schnelligkeit und Zeit waren als neue Dimensionen unmittelbar spürbar und forderten gleichermaßen ‚beschleunigte' Wahrnehmungsweisen. Wie neu und anders sah die Welt aus einem fahrenden Auto heraus aus, wenn man zuvor nur Fußgänger- und Pferdedroschken-Tempo gewohnt war!

All die umwälzenden Entwicklungen nach 1900 wurden von der jüngeren Künstlergeneration jedoch weit weniger euphorisch begrüßt als noch 30 Jahre zuvor von den Impressionisten die Neuerungen ihrer Tage. Die Kehrseite der Modernisierung – Entfremdung, Vereinzelung und Entindividualisierung – war, zumal in den großen Metropolen, nicht länger zu übersehen. Das zerrissene Lebensgefühl einer Generation, die nicht nur im alltäglichen Dasein, sondern auch für die Kunst neue Werte suchte, entlud sich gleichermaßen in pessimistischer Weltuntergangsstimmung und utopischen Visionen von einer neuen Welt. Als leidenschaftliche Weltverbesserer, die die herrschende Ordnung zertrümmern wollten, waren die Künstler auf der Suche nach einer „neuen Kunst für den neuen Menschen". Emotionsgeladene Bilder sollten den Menschen bei seinen innersten Empfindungen packen. Mit einer an van Gogh und Gauguin orientierten, vom Gefühl und der Idee getragenen Malerei wollten sie die verschütteten, wegzivilisierten Bedürfnisse des Menschen reak-

1905: Beginn der Revolution in Russland (Meuterei auf dem Panzerkreuzer Potemkin).

1910: Igor Strawinsky komponiert den „Feuervogel".

1912: Rudolf Steiner gründet seine „Anthroposophische Gesellschaft". Untergang der „Titanic"

1914: Beginn des Ersten Weltkrieges, der bis 1918 dauert.

1916: Beginn der sogenannten „Materialschlachten". In Zürich kommt der Dadaismus auf.

1917: Die Oktoberrevolution in Russland führt zum Sturz des Zaren.

1918: Ausrufung der Weimarer Republik. Gründung des „Bauhauses". Beginn der Prohibition in den USA.

1918/19: Aufstände in Deutschland und anderen Staaten Europas.

1922: Mussolinis Marsch auf Rom.

1923: Hitlers Marsch auf die Feldherrnhalle in München.

1926: Alban Berg komponiert den „Wozzek".

1927: Charles Lindbergh überfliegt nonstop den Atlantik (New York/ Paris).

1929: „Schwarzer Freitag": Zusammenbruch der New Yorker Börse. Das „Museum of Modern Art" in New York wird gegründet.

1933: Hitler wird Reichskanzler.

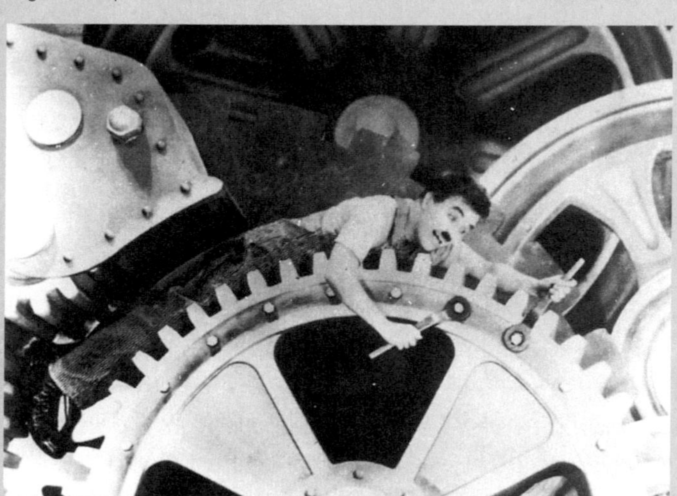

Der Mensch als Teil der Maschinerie: Charlie Caplin in seinem satirischen Film *Moderne Zeiten* von 1936.

1934: Hitler wird nach dem Tod Hindenburgs „Führer und Reichskanzler".

1935: Nürnberger Rassengesetze gegen die Juden in Deutschland.

1936: Olympiade in Berlin. Beginn des Spanischen Bürgerkrieges.

1938: Anschluss Österreichs an das Reich.

1939: Mit dem Überfall auf Polen beginnt der Zweite Weltkrieg, der bis 1945 dauert.

1940: Die deutschen Truppen besetzen Frankreich und andere Länder.

1941: Einmarsch in die Sowjetunion. Kriegseintritt Japans mit dem Angriff auf Pearl Harbour.

1943: Kriegswende von Stalingrad.

1945: Kapitulation Deutschlands. Amerikanische Atombombenabwürfe auf Hiroshima und Nagasaki.

tivieren und ihm so den Weg in eine bessere Zukunft weisen.

„Mit dem Glauben an Entwicklung, an eine neue Generation der Schaffenden wie der Genießenden rufen wir alle Jugend zusammen, und als Jugend, die die Zukunft trägt, wollen wir uns Arm- und Lebensfreiheit verschaffen gegenüber den wohlangesessenen älteren Kräften. Jeder gehört zu uns, der unmittelbar und unverfälscht das wiedergibt, was ihn zum Schaffen drängt." Diese glaubensbekenntnishafte Formel hat – obwohl das Wort „Kunst" kein einziges Mal fällt – Kunstgeschichte gemacht. Die ganz im Stil der Zeit pathosgeladene Lobpreisung der Jugend, der Lebensfreiheit und der Zukunft bildet den Auftakt des deutschen Expressionismus: Es ist das Gründungsmanifest der Künstlergemeinschaft „Brücke".

Zeitgleich mit den Fauves in Frankreich hatten sich 1905 in der altehrwürdigen Kunststadt Dresden vier junge Männer, allesamt blutige Anfänger auf dem Gebiet der Malerei, zu einer Gruppe zusammengetan, um gegen die muffige Kunstszene des wilhelminischen Kaiserreichs Front zu machen. Gegen diese rebellierten sie mit einer Kunst, die alle gültigen akademischen Regeln über Bord warf, sowie mit einer demonstrativ bohemienhaften Lebensweise.

Ihre Gruppenbildung sollte Schule machen: Ähnliche Zirkel waren in den ersten Jahrzehnten des Jahrhunderts sowohl unter Literaten als auch unter Malern weit verbreitet. Die Künstler inszenierten sich als Bürgerschreck und standen somit definiertermaßen außerhalb der verhassten „philiströsen Spießergesellschaft". In eigenen Kneipen und Cafés, mit eigenen Zeitschriften und Galerien blühte in Berlin bis in die 20er-Jahre die Subkultur der Avantgarde. Allerdings waren es nicht immer hehre künstlerische Ziele und Gemeinsamkeiten, die die Maler und Malerinnen zusammenführten, sondern oftmals schlichtweg psychologische und wirtschaftliche Notwendigkeiten – erwies sich doch das Leben als freier Künstler, der zunehmend den Gesetzen eines gewinnorientierten Kunstmarktes unterworfen war, oftmals als beschwerlich. Da stärkte die Gemeinschaft nicht nur moralisch den Rücken, sondern bot auch ganz pragmatisch Hilfe: Kontakte, Gemeinschaftsateliers, Ausstellungsmöglichkeiten – und nicht zuletzt die Gewissheit, dass eine Handvoll Künstler mehr Aufsehen erregen kann als einer allein. Die wichtigsten Künstlergruppen in der Zeit vor dem Ersten Weltkrieg waren die „Brücke" und „Der Blaue Reiter".

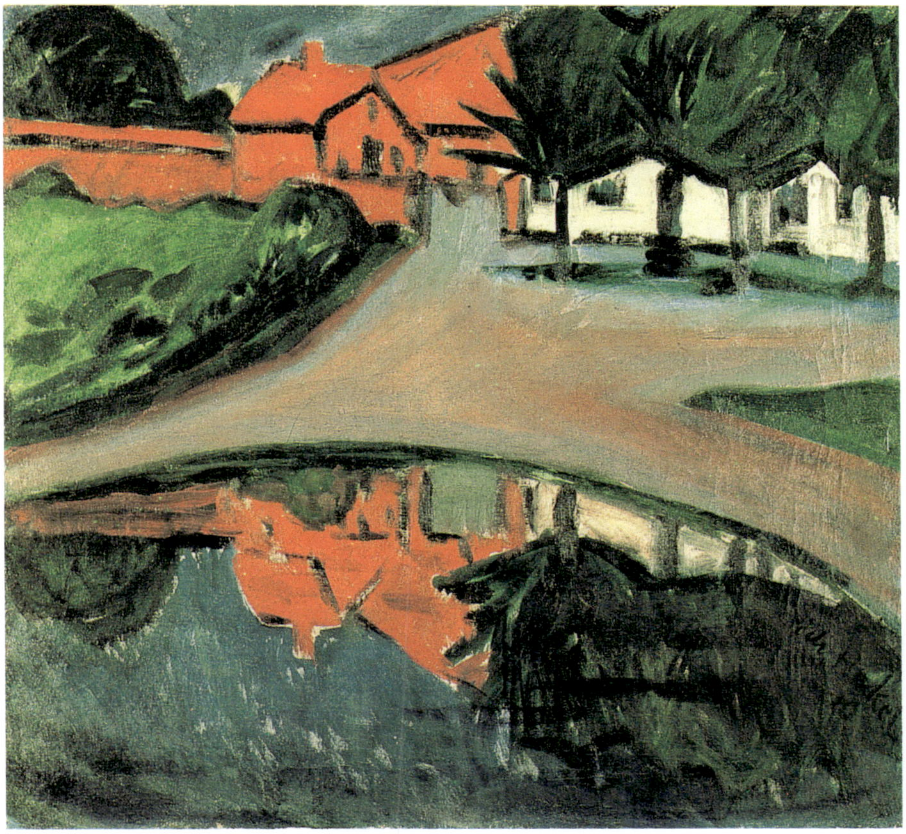

Erich Heckel, *Der Dorfteich*, 1910.
Öl auf Leinwand, 56,5 x 73,5 cm.
Sprengel Museum, Hannover

Erich Heckel gehörte zu den Gründungsmitgliedern der expressionistischen Künstlergemeinschaft „Brücke". Wie die Impressionisten zogen auch die Brücke-Expressionisten in die freie Natur, denn hier meinten sie das „Unverfälschte" und die „freie Natürlichkeit", die sie anstrebten, zu finden. Dennoch waren die Expressionisten keine *Freilichtmaler* im eigentlichen Sinne. Vor Ort machten sie lediglich Skizzen, die dann zur Grundlage der im Atelier angefertigten Arbeiten wurden.
Anders als ihren Vorgängern ging es den Expressionisten nicht darum, den unmittelbaren Seheindruck wiederzugeben, sondern das Gesehene wurde ausdruckssteigernd verformt, um so die Gefühle des Betrachters ‚aufzupeitschen'. Erich Heckels *Dorfteich* ist weder eine abbildgenaue noch eine idyllisch-verklärende Ansicht. Nicht die dargestellte dingliche Welt ist hier der Bedeutungsträger, sondern die Art und Weise, wie sie dargestellt ist. Das Licht wird bei Heckel nicht ‚realistisch' wiedergegeben, sondern in einen selbstleuchtenden Rot-Grün-Kontrast überführt. Losgelöst von der *Lokalfarbigkeit* und in flächiger Form aufgetragen, werden in Heckels Bildern Farbe und Form zu den eigentlichen Ausdrucksträgern.

Die Künstlergemeinschaft „Brücke"

Den vier Gründungsmitgliedern Ernst Ludwig Kirchner, Erich Heckel, Karl Schmidt-Rottluff und Fritz Bleyl schlossen sich in den acht Jahren des Bestehens der Gruppe unter anderem Max Pechstein, Otto Mueller und für einige Monate Emil Nolde an. In den Anfangsjahren entwickelten die Maler einen Gruppenstil, bei dem sich die Bilder in Motiv und Malweise sehr ähneln, sodass nicht immer auf Anhieb zu erkennen ist, von wessen Hand sie stammen. Mit diesem Kollektivstil beschworen sie nicht nur ihre Gemeinschaft, sondern kratzten zugleich an der traditionell bürgerlich-individualistischen Vorstellung vom Künstler als einzigartigem Genie.

Kennzeichnend für die Brücke-Maler ist ein bewusst vereinfachtes ästhetisches Vokabular mit knappen, auf das Wesentliche reduzierten Formen, deformierten Körpern und a-perspektivisch aufgelösten Räumen. Leuchtende, abgesättigte Farben, die losgelöst von der *Lokalfarbigkeit* mit breitem Pinsel flächig aufgetragen und oftmals mit einer harten *Konturlinie* eingefasst wurden, verleihen den Bildern einen derben, holzschnitthaft-groben Charakter. Ganz auf die intensive Wirkung bedacht, arbeiteten die Brücke-Expressionisten häufig mit *Komplementärkontrasten*, durch die sich die Farben gegenseitig in ihrer Leuchtkraft verstärken. Ihre leidenschaftlich-farbige Malerei entsprach dem Wunsch, der Farbe

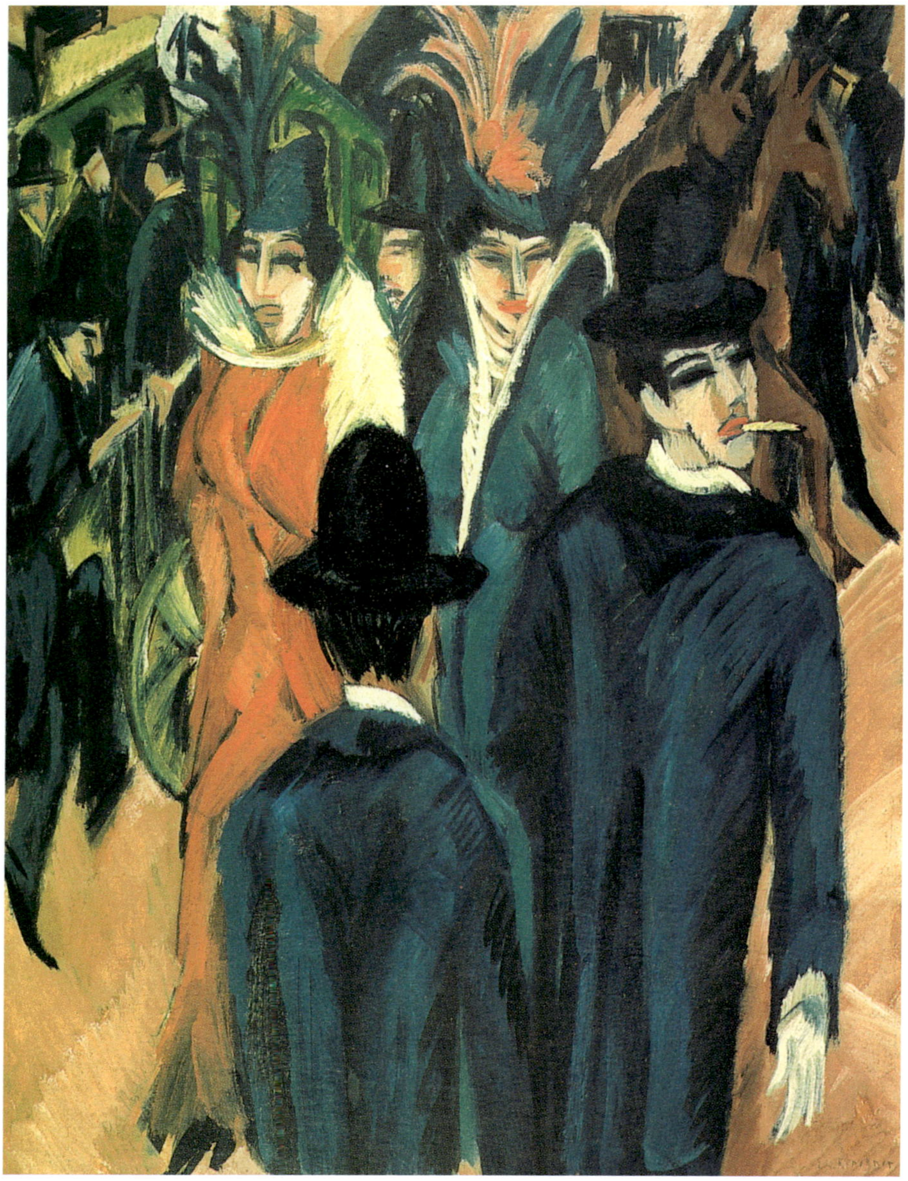

Ernst Ludwig Kirchner, *Straßenszene* *(G 336)*, 1913. Öl auf Leinwand, 121 x 95 cm. Brücke-Museum, Berlin

Die Stadt ist sowohl in der Literatur als auch in der Malerei des Expressionismus ein immer wiederkehrendes Motiv. Sie steht für Dynamik, Modernität und Ekstase, zugleich ist sie aber auch Sinnbild für Entfremdung, Anonymität und Entindividualisierung – Grunderfahrungen des modernen Zeitgenossen zu Beginn des 20. Jahrhunderts. In der Berliner *Straßenszene* von Ernst Ludwig Kirchner, dem bekanntesten und einflussreichsten Mitglied der Künstlergemeinschaft „Brücke", verbildlicht ein nervöser, stakkatohafter Pinselstrich das hektische Pulsieren der Stadt. Dicht drängen sich die Passanten auf einer Straße ohne Tiefe im unmittelbaren Bildvordergrund. Trotz der rahmensprengenden, fast aufdringlichen Nähe scheinen die in hektischen Bewegungen befangenen Kokotten und Flaneure fern und unnahbar. Kühles Blau entrückt sie. Vibrierende Lebendigkeit, Tempo, mitreißender Passantenfluss, aber auch abweisende Kälte, Bedrängung und ein Taumel, der den Boden unter den Füßen schwanken lässt, sind hier in die Sprache der Malerei übersetzt.

sowohl eine neue emotionale als auch eine neue kompositorische, d. h. allein unter innerbildlichen ästhetischen Aspekten relevante Bedeutung zu geben, um somit – ähnlich wie die Fauvisten – die Bilder ganz aus reiner Farbe und Form aufbauen zu können. Stilisierung und symbolische Verschlüsselung lehnten die Künstler ab, dafür reduzierten sie ihre Formensprache auf bewusst einfache, primitive Formen. In dieser vom individuellen Erleben – sowohl des Malers als auch des Betrachters – getragenen Malerei sahen die Künstler die Möglichkeit einer „unmittelbaren und unverstellten" Äußerung, wie sie sie in ihrem Programm eingefordert hatten.

Den Malern war die sichtbare Außenwelt, die ihnen ohnehin nur noch wie eine leblose Hülle erschien, zwar Ausgangspunkt, doch im Grunde nur noch Vorwand für den eigentlichen Bildinhalt. In der ausdruckssteigernden Deformation sollte die „wirkliche Wirklichkeit", das Wesen der Dinge, das nicht mehr gesehen, sondern nur noch erfühlt werden kann, aufscheinen. Dieser künstlerischen Auffassung gab der Galerist und wortgewandte Promotor avantgardistischer Kunst Herwarth Walden 1911 den Namen „Expressionismus", abgeleitet von dem französischen Wort „expression" für „Ausdruck". Er fasste darunter zunächst alle internationalen Kunstströmungen, die sich von der abbildlichen Wirklichkeitswiedergabe entfernten, zusammen, so wie z. B. auch den Kubismus und den Futurismus.

Auch wenn die Expressionisten ihre Kunst als Manifestation eines Lebensgefühls deklarierten, das sich in einem intuitiven *Malgestus* Bahn brach, so standen doch auch sie in einer langen künstlerischen Tradition. Die synthetischen Bildwelten Gauguins waren ihnen ebenso Vorbild wie die *gestische* Malerei van Goghs und der expressive Symbolismus Ensors und Munchs. Sie entdeckten die Malerei El Grecos und Grünewalds für sich wieder. Darüber hinaus fanden sie die gesuchte Ausdrucksstärke aber auch in der Kunst anderer Kulturen: Zu Beginn des 20. Jahrhunderts wurden Plastiken und Masken aus Afrika und Ozeanien, deren bezwingende Wirkung gerade in der archaischen Primitivität liegt, europäischen Künstlern eine wertvolle Inspirationsquelle. In den verschiedensten Ausrichtungen der avantgardistischen Kunst des Jahrhundertbeginns findet sich allenthalben ein Hang zum sogenannten *Primitivismus*. Ebenso wie Kinderzeichnungen oder die Volkskunst war auch die primitive Kunst unverbildet und damit im expressionistischen Verständnis wahrhaftiger als jede akademische Kunst.

So ist etwa Max Beckmanns Stil gekennzeichnet von einer wuchtig-derben, keinesfalls um Abbildgenauigkeit bemühten Bildsprache. Mit harten schwarzen Konturlinien fasste der Maler hell leuchtende Farbflächen ein, um so die körperlose Flächigkeit der oft gedrängt ins Bild gesetzten Figuren noch zu erhöhen. Beckmann war ein künstlerischer Einzelgänger. Erst nach dem Ersten Weltkrieg, der ihn tief erschütterte, fand er zu einer expressionistischen Gestaltungsweise und entwickelte einen gänzlich eigenen Stil. Beckmanns Gemälde sind tiefgründige Sinnbilder des menschlichen Daseins schlechthin. Verschlüsselt, voller symbolischer Zeichen, die dem Repertoire des Surrealismus entnommen sein könnten, kreisen sie als moderne Mythologien um die Existenz des Menschen, seine emotionalen Verstrickungen, um kollektive und individuelle Traumata. In seinem Bild *Die Nacht* hat Beckmann in sehr eigener Weise frühexpressionisti-

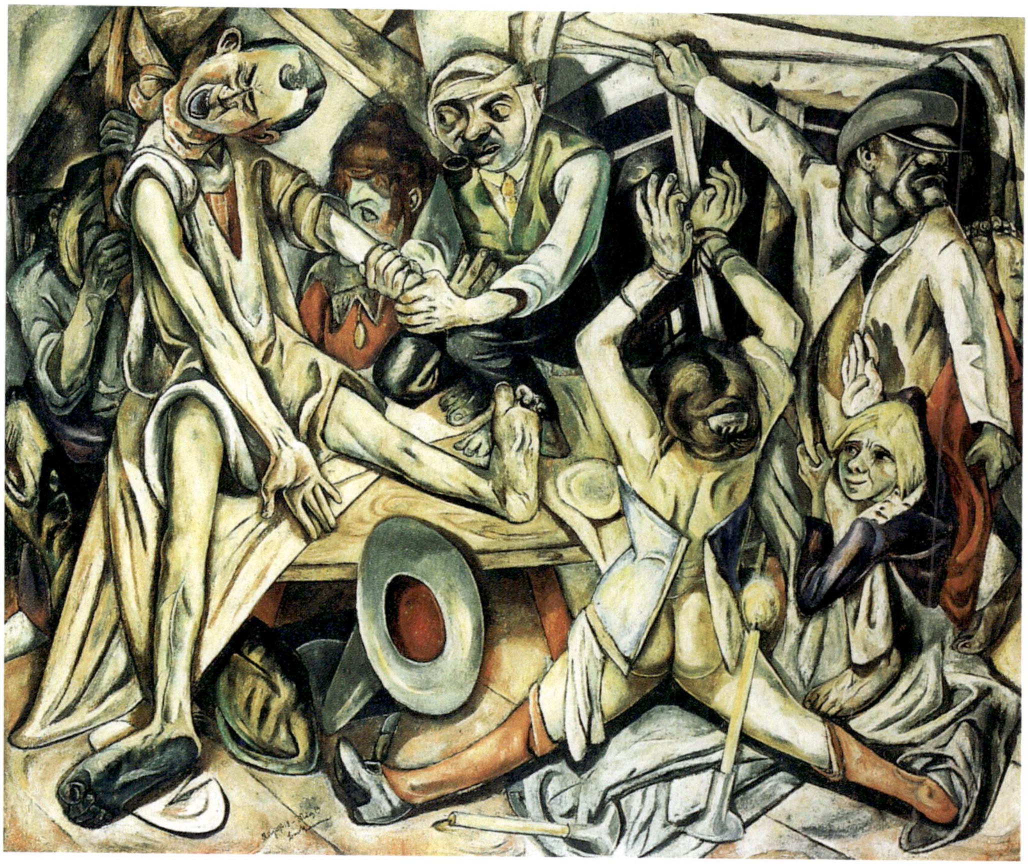

Max Beckmann, *Die Nacht*, 1918/19. Öl auf Leinwand, 133 x 154 cm. Kunstsammlung Nordrhein-Westfalen, Düsseldorf

Die Nacht ist ein einziger Alptraum. In einem klaustrophobisch engen Raum, dessen stürzende Winkel und verzerrte Perspektiven eine genaue Lokalisierung unmöglich machen, spielt sich eine mörderische Szene ab. Ein Mann und zwei Frauen werden von Folterknechten malträtiert. Die Situation ist so unklar wie beklemmend. Was ist das Motiv der Gewalttätigkeit? Wer sind die Täter? Die Attribute bürgerlicher Behaglichkeit – Kerzen, Grammofon, eine Katze – im Bildvordergrund legen ebenso wie die relativ ordentliche Kleidung der Folterknechte die Vermutung nahe, dass hier keine echte Folterkammer dargestellt ist, sondern dass die Darstellung allegorisch gemeint ist: Hilflos ist der Mensch dem Einbruch des Grauens in die vertraute Welt ausgeliefert. Beckmann, der erst während des Ersten Weltkrieges zu einem expressiven Stil fand, zeichnete mit *Die Nacht* ein bedrückendes Bild hoffnungslosen Ausgeliefertseins.
In seiner drastischen Darstellungsweise steht der mit dem Begriff „Expressionist" nur ungenügend beschriebene Beckmann hier den veristischen Darstellungen von George Grosz und Otto Dix nahe.

sches Formenvokabular in seinen Stil integriert. Bewusst verwendete er hier die derbe, holzschnittartige Linienführung und die messerscharfen Konturen des Brücke-Stils, um das Motiv der mörderischen Brutalität gestalterisch zu unterstützen.

Die Künstlergemeinschaft „Der Blaue Reiter"

Zur ersten Ausstellung der aus der „Neuen Künstlervereinigung" in München ausgetretenen Malerinnen und Maler erschien ein Almanach mit internationalen Aufsätzen zur zeitgenössischen Kunst mit dem Titel *Der Blaue Reiter*. Dieser klangvolle Name – der Legende nach aus einer persönlichen Vorliebe für die Farbe Blau und einem Faible für Reiter von Franz Marc und Wassily Kandinsky ersonnen – sollte fortan für eine lose organisierte Künstlergruppe stehen, der zwischen 1911 und 1914 neben Marc und dem aus Russland stammenden Kandinsky unter anderem dessen Landsmann Alexej Jawlensky mit seiner Lebensgefährtin Marianne Werefkin, August Macke, Gabriele Münter und Paul Klee angehörten.

Im Gegensatz zur derben Malerei der Brücke-Künstler erscheint die Kunst des Blauen Reiters feinsinniger, durchgeistigter und spiritueller. So unterschiedlich die künstlerischen Formulierungen der beiden Gruppen auch waren, so sehr verband sie doch die Überzeugung, dass ein Kunstwerk kein illusionistisches Abbild der Wirklichkeit mehr sein konnte, da die Wirklichkeit in ihrer Komplexität unfassbarer denn je geworden war. Ziel war es daher, hinter die Oberfläche zu schauen. Kunst sollte, wie Paul Klee es formulierte, „nicht mehr das Sichtbare wiedergeben, sondern sichtbar machen". Dieses künstlerische Selbstverständnis entband die Malerei von jeglichem Ähnlichkeitsvergleich mit der Realität. Damit gewannen die Maler in der künstlerischen Gestaltung von nun an eine Freiheit, die sie zu immer abstrakteren Bildfindungen animierte.

Die Maler des Blauen Reiters, allen voran Marc und Kandinsky, interessierten sich in erster Linie für die malerische Umsetzung von Empfindungen. Sie wollten Bilder schaffen, die – wie sie es formulierten – „die Seele zum Schwingen bringen" sollten. Kandinsky war überzeugt davon, dass solche „Seelenvibrationen" besonders von Bildern ausgelöst werden können, die keinen abbildlich-konkreten Verweis auf die sichtbare Wirklichkeit mehr enthalten. Diese Erkenntnis verdankte er einem Aha-Erlebnis vor einem Bild von Monet, an das er sich im Nachhinein wie folgt erinnerte: „Dass das ein Heuhaufen war, erklärte mir der Katalog. Dieses Nichterkennen war mir peinlich. Ich fand auch, dass der Maler kein Recht habe, so undeutlich zu malen. Ich empfand dumpf, dass der Gegenstand in diesem Bild fehlt. Und merkte mit Erstaunen und Verwir-

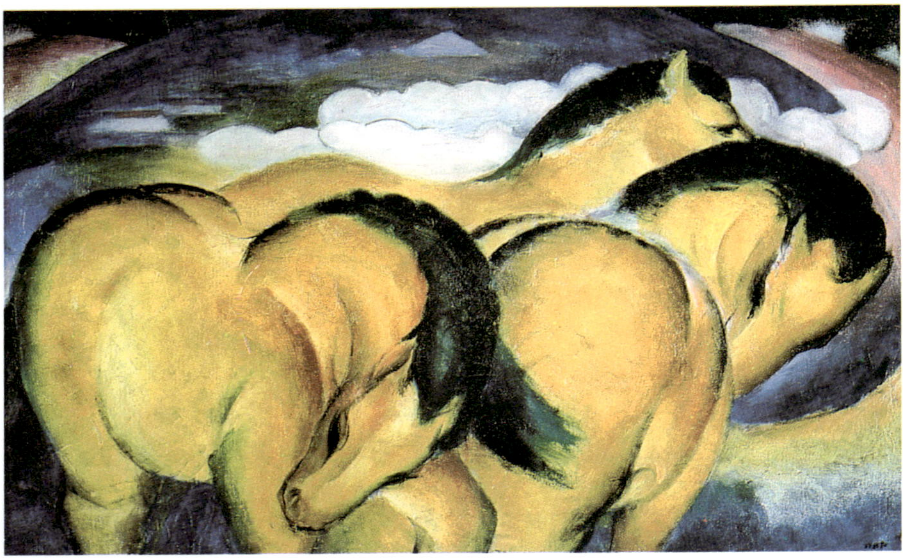

Franz Marc, *Die kleinen gelben Pferde*, 1912. Öl auf Leinwand, 66 x 104 cm. Städtische Galerie im Lenbachhaus, München

Franz Marc entwarf eine pantheistisch gefärbte Natursymbolik, in der Tiere zum Sinnbild von Ursprünglichkeit und Reinheit wurden. Für Marc verkörperten Tiere die Idee der Schöpfung, da sie in Einklang mit der Natur leben. Der Maler wollte seiner Utopie einer paradiesischen Welt durch neue Formen und symbolische Farben ausdrücken. Er stellte eigene Farbgesetze auf, nach denen Blau dem männlichen, Gelb dem weiblichen Prinzip und Rot der Materie zugeordnet war.
Entscheidend für seine künstlerische Entwicklung waren Einflüsse durch die Werke Delaunays, die Marc schließlich um 1914 in seinen letzten Bildern zur abstrakten Malerei führten.

rung, dass das Bild nicht nur packt, sondern sich unverwischbar in das Gedächtnis einprägt."
Die Vernachlässigung des Gegenstandes verfolgte Kandinsky nun bis hin zur völligen Loslösung von der figürlichen Darstellung. Auch bei den anderen Künstlern des Blauen Reiters dominierte das „Wie" der Darstellung das „Was". Selbst in solchen Werken, in denen noch deutliche Anklänge an die dingliche Welt auszumachen sind, geht die Wirkung nicht vom Gegenstand, sondern von der Komposition aus. Ausschlaggebend sind die Farben und Formen. Durch die spannungsvolle Kontrastierung harter und weicher Linien, offener und geschlossener Formen, samtiger und metallischer Farben verliehen die Maler ihren Bildern Rhythmus und Melodie. Kandinsky verglich seine Bilder oft mit der Musik. Titel wie „Komposition" oder „Improvisation" sind durchaus als Anspielung darauf zu verstehen. Der Betrachter sollte sich in den ‚Klang' eines Bildes genauso einfühlen wie in den Klang einer bestimmten Musik.
Die Künstler wollten mit ihren Arbeiten keine begrifflich fassbaren Aussagen mehr transportieren, sondern das Bild war ihnen Projektionsfläche und Auslöser für Empfindungen. Die Maler des Blauen Reiters stellten sich die Vermittlung von Gefühlen wie eine Kette zwischen Künstler und Betrachter vor: Da ist zunächst die „Gefühlsregung der Künstlerseele". Dieser Empfindung gibt der Maler im Kunstwerk Ausdruck. Das Bild wiederum löst beim Betrachter bestimmte Empfindungen aus und ist somit für die „Gefühlsregung der Betrachterseele" verantwortlich. Dabei soll es jedem selbst überlassen bleiben, was er in einem Bild sieht und in welche Richtung er seine spezifische Empfindung bei der Betrachtung lenkt. Die Bedeutungszuweisung, die individuelle Sinnstiftung liegt also beim Bildbetrachter selbst. Das Kunstwerk wird so zu einer inspirierenden Vorgabe, die aber nicht den Anspruch erhebt, Weisheit und Wahrheit zu transportieren, sondern Anlass sein will, den Betrachter auf die eigenen „Seelenvibrationen" aufmerksam zu machen, sie zu wecken.
Die kreative Mitarbeit des Betrachters bei der Bedeutungskonstituierung, die der Sinnstiftung zugrundeliegende stille Kommunikation zwischen Bild und Betrachter, wird für die Kunst im Verlauf des 20. Jahrhunderts, insbesondere für die Werke des Abstrakten Expressionismus in der zweiten Hälfte des 20. Jahrhunderts, immer wichtiger. Erst die Gedanken und Gefühle, die Assoziationen und die kreative Auseinandersetzung mit dem Werk wecken es aus seinem Dornröschenschlaf und machen es zu etwas Besonderem – zu Kunst.
So widerspruchsvoll wie das Lebensgefühl, so unterschiedlich und vielfältig waren auch die künstlerischen Äußerungen jener Zeit. Bei ihren Versuchen, der neuen Wirklichkeit bildnerisch Ausdruck zu verleihen, schlugen die Malerinnen und Maler unterschiedlichste Wege ein. Die diversen Ansätze laufen zum Teil zeitlich parallel. Eine perlenschnurgleiche Abfolge von Richtungen und Stilen ist im 20. Jahrhundert daher undenkbarer denn je. Zeitgleich zum deutschen Expressionismus sorgte in Frankreich ein Künstler mit einer völlig neuen Bildsprache für Furore. In abgehackt-grober Malweise hatte er eine Gruppe junger, unbekleideter Mädchen dargestellt *Les Demoiselles d'Avignon*. Der Name des Malers: Pablo Picasso. Das Bild rief 1907 wegen seiner zersplittert wirkenden Malweise und den maskenhaften Gesichtern der Frauen selbst unter den Avantgarde-Künstlern Entsetzen hervor. Aus der in dem großformatigen Gemälde erstmals auftauchenden Facettierung der Formen entwickelte Picasso zusammen mit seinem Freund Georges Braque in den kommenden Jahren einen eigenen Stil: den Kubismus.

KUBISMUS 1907–1925

Zertrümmerung der Form

Auch die Kubisten glaubten nicht mehr an die illusionistische Abbildbarkeit der Wirklichkeit. Allerdings gingen sie bei ihren Bildfindungen im Gegensatz zu den deutschen Expressionisten nicht von der bloßen Empfindung bei der Bild-

WASSILY KANDINSKY

Wassily Kandinsky, 1866 in Moskau geboren, ist einer der wichtigsten und bahnbrechendsten Künstler und Theoretiker der Malerei des 20. Jahrhunderts. Der Maler des ersten nicht gegenständlichen Gemäldes löste im Laufe seines Lebens die Bildkomposition vom Bildgegenstand zugunsten der reinen, sich frei entfaltenden Farbe und Form auf. Seine „komponierten" abstrakten Bilder verstand er in erster Linie als Ausdruck seelischer Empfindungen und nur sekundär als Ergebnis eines intellektuell gesteuerten Schaffensprozesses.

Kandinsky, dessen außergewöhnliche Intelligenz immer wieder betont wird, studierte Jura und Volkswirtschaft in Moskau, wo er eine erfolgversprechende wissenschaftliche Karriere einschlug. Das Interesse für die Kunst war jedoch schon seit seinen frühen Jahren an der Universität vorhanden, und so beschloss er 1896, sich der Malerei zu widmen. Er zog nach München, wo er ab 1900 an der Akademie der bildenden Künste studierte. In den folgenden Jahren reiste er in die wichtigen Kunstzentren Europas und kam in Paris in Kontakt mit den Fauves, deren expressive Farbigkeit ihn begeisterte. Die Farbe als formendes und dominantes kompositorisches Element nahm von dieser Zeit an die entscheidende Rolle in seiner Kunst ein.

Bis 1906 ließ er sich von den Bildern der Impressionisten beeinflussen, die ihm die Augen für vom bloßen Farbeindruck hervorgerufene Empfindungen öffneten. Eine weitere Inspirationsquelle, die er später immer wieder in seinen Bildern zitierte, war die Kunst seiner russischen Heimat, die mit folkloristischen Motiven in bunten Farben und abstrakter Ornamentik mystische und märchenhafte Stimmungen erzeugte.

Im südlich von München gelegenen Murnau, wohin er mit Gabriele Münter und anderen Künstlern 1908 gezogen war, entdeckte er, wie er selbst niederschrieb, dass der Gegenstand seinen Bildern schade. In dieser Zeit entstand seine theoretische Schrift *Über das Geistige in der Kunst*. Darin entwarf er eine Ästhetik der abstrakten Kunst, entwickelte seine Theorie der Malerei und definierte, dass eine Improvisation durch den direkten Einfluss von „äußerer Natur" entstünde, dass die Impression auf den Einfluss unbewusster Eindrücke auf die „innere Natur" zurückzuführen sei und dass die Komposition aus den beiden ersten „ausgearbeitet" werde.

Ein Bild und dessen Formen haben nach Kandinsky nicht nur einen direkten, individuellen und materiellen Charakter, sondern können, eigenständig und rein ästhetisch aufgefasst, den Geist und die Seele in „Vibration" versetzen.

1910 malte er sein erstes nicht gegenständliches Bild, ein Aquarell, blieb jedoch dem Gegenständlichen zunächst noch zugewandt. Schon in dieser Zeit entwickelte er die Farbe zum Bildträger, der losgelöst von der Realität des Dargestellten eine neue Form der Wahrnehmung hervorrufen sollte. In diesem Sinne sind die Bilder seiner Werkperiode bis etwa 1913 zu verstehen, die als „Improvisation" stark gefühlsbetonte Naturempfindungen wiedergaben. Zu ihnen gehört auch die *Landschaft mit Fabrikschornstein*.

Zusammen mit Franz Marc gründete Kandinsky 1911die Künstlergemeinschaft *Der Blaue Reiter*. Ziel dieser Gruppe, die bis 1914 bestand, war die Emanzipation des Kunstwerkes von seiner illusionistischen Abbildfunktion: Die Künstler wollten die Welt nicht mehr im Kunstwerk wiedergeben, sondern „sichtbar" machen. Sie strebten eine Bildsprache an, die dem Betrachter die Möglichkeit gab, mit dem Bild zu kommunizieren. Die dazu notwendige Selbstständigkeit des Bildes innerhalb des Kommunikationsprozesses beschrieb Kandinsky mit dem Bild einer Kette „Künstler–Werk–Betrachter".

Die Musik und ihre Harmonien waren das Vorbild für Kandinskys Vorstellung von einer neuen, ‚kommunikationsfähigen' Malerei: Farbe sollte sich, Tönen vergleichbar, zu Farbklängen verdichten; in den Bildern sollten Farbakkorde entstehen, die im Betrachter Gefühle von Harmonie oder Dissonanz auslösen. „Ein Bild muss wie Musik komponiert sein", schrieb Kandinsky, „und soll als Farbsymphonie erklingen."

Mit Ausbruch des Ersten Weltkrieges ging Kandinsky nach Moskau, kehrte jedoch 1921 nach Deutschland zurück, wo er bis zu seiner Emigration 1933 nach Paris am Bauhaus in Weimar und Dessau Formgestaltung lehrte.

In den Bildern der Epoche zwischen den Weltkriegen entwickelte Kandinsky die geometrischen Formen in seinen Bildern zu eigenwertigen Systemen weiter, die eigene Bildwirklichkeiten erzeugten.

Ab 1933 lebte und arbeitete er bis zu seinem Tod im Dezember 1944 in Paris. Der Einfluß Kandinskys auf die gesamte abstrakte Kunst des 20. Jahrhunderts ist maßgeblich gewesen und wirkt bis heute nach.

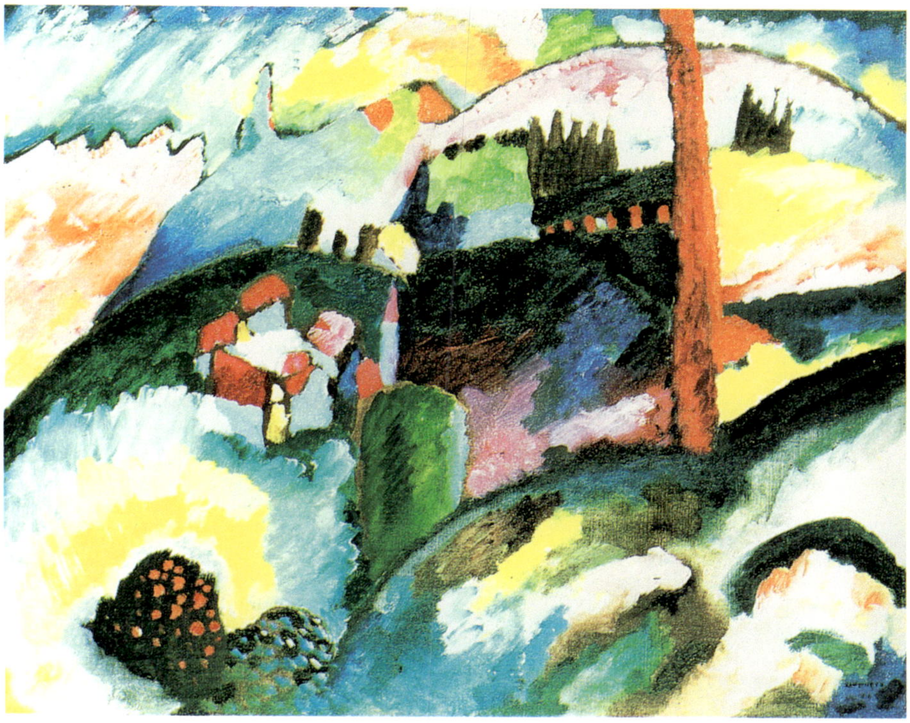

Landschaft mit Fabrikschornstein, 1910. Öl auf Leinwand, 44 x 54,5 cm. Solomon R. Guggenheim Museum, New York

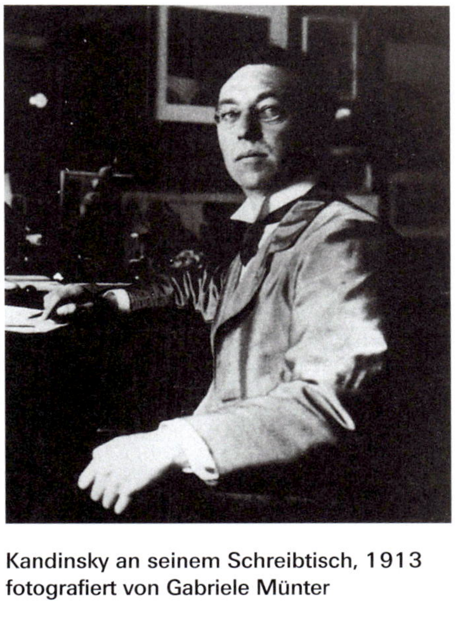

Kandinsky an seinem Schreibtisch, 1913 fotografiert von Gabriele Münter

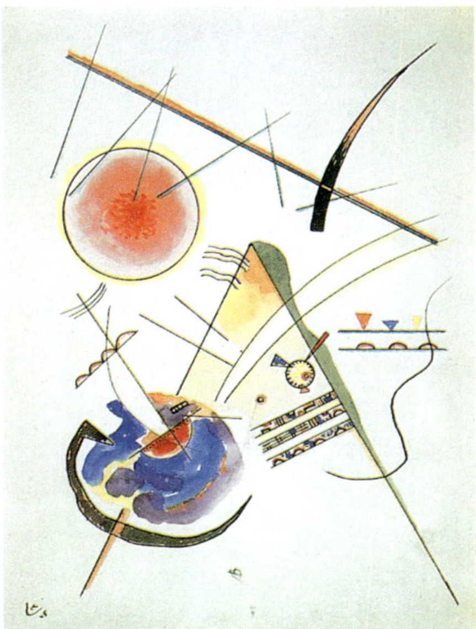

Komposition, 1925. Aquarell, 35 x 24,5 cm. Bauhaus-Archiv, Berlin

Meister der Vielfalt

PABLO PICASSO

1881–1973

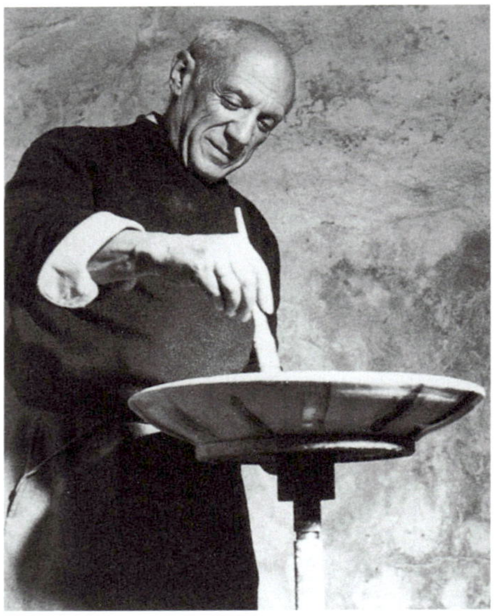

Picasso bemalt eine Keramik, 1948

Einer der berühmtesten Maler des 20. Jahrhunderts ist der Spanier Pablo Picasso. Seiner Kreativität und seinem unermüdlichen schöpferischen Tatendrang hat die Kunst der Moderne entscheidende Impulse zu verdanken. Mit rund 15000 Gemälden, über 660 Skulpturen, zahllosen Zeichnungen, Grafiken und Keramikarbeiten gehört Picasso zu den produktivsten Künstlern der Kunstgeschichte überhaupt.

„Blaue Periode" und „Rosa Periode"

Die Karriere von Pablo Ruiz Picasso, der sich erst mit 20 Jahren nach dem Mädchennamen seiner Mutter nur noch Picasso nannte, begann früh. Schon in seiner Jugend galt er als Wunderkind. Bereits mit 15 Jahren schaffte der 1881 in Málaga geborene Sohn des Zeichenlehrers Leon Ruiz mühelos die Aufnahmeprüfung an der Kunsthochschule in Barcelona. Nur ein Jahr später ging Picasso zum Studium nach Madrid, da die Hochschule in Barcelona ihn nach Meinung seines dort lehrenden Vaters nicht mehr genügend fördern konnte. In der spanischen Hauptstadt besuchte der junge Kunststudent allerdings weniger die Kurse der angesehenen Akademie als vielmehr die Museen, vor allem natürlich den Prado, und die Künstlerlokale. Schon während dieser Zeit hatte er erste erfolgreiche Ausstellungen.

1901 gründete er die Zeitschrift *Arte Joven* (Junge Kunst) und reiste mehrfach nach Paris, die damalige Kunstmetropole, deren Besuch eine Pflichtübung für jeden aufstrebenden Künstler war. Hier lernte er die Arbeiten der Impressionisten Cézanne, Degas und Toulouse-Lautrec kennen, die ihn sehr beeindruckten und ihn selbst zu Bildern von Außenseitern der Gesellschaft – wie Bettlern, Obdachlosen und einsamen Menschen in einer Kneipe – inspirierten. Allerdings reduzierte Picasso seine Darstellung im Gegensatz zu den Impressionisten sowohl in der Farbe als auch der Formgebung auf ein Minimum. Klare, umrissbetont-flächige figürliche Darstellung und eine fast monochrome Farbigkeit kennzeichnen seine frühen Werke. Da die zwischen 1901 und 1904 entstandenen Bilder in kühlen bläulich-grünlichen Tönen gehalten sind, nennt man diese Schaffensphase die „Blaue Periode".

1904, mit 23 Jahren, siedelte Picasso endgültig nach Paris über. Frankreich wurde seine zweite Heimat. Er tauchte begeistert in das Leben der Pariser Bohème ein, das Treiben im Künstlerviertel Montmartre faszinierte ihn. In vielen Bildern hielt er die Artisten und Gaukler, die hierherkamen, fest. Da in diesen Bildern aus dem Zirkus- und Artistenmilieu rosa Töne dominieren, wird die Phase von 1904 bis 1906 die „Rosa Periode" genannt.

In Paris lernte Picasso bald den Künstlerkollegen Georges Braque und den Galeristen Ambroise Vollard kennen. Vollard kaufte 1906 alle Werke der „Rosa Periode" und ermöglichte damit dem jungen Picasso, der bis dahin in ziemlich ärmlichen Verhältnissen gelebt hatte, erstmals ein einigermaßen sorgenfreies Leben. Derart abgesichert, wagte sich der Maler 1907 an sein erstes Experiment: Er malt die *Demoiselles d'Avignon*.

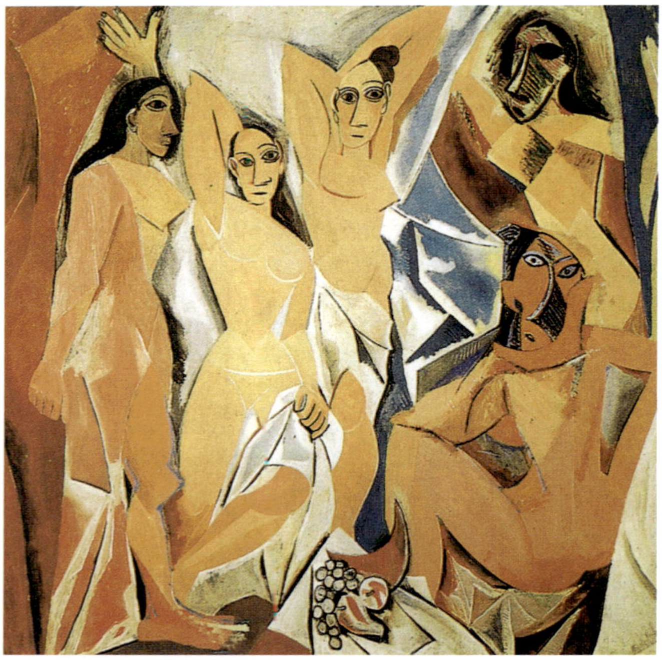

Les Demoiselles d'Avignon, 1907. Öl auf Leinwand, 243,9 x 233,7 cm. The Museum of Modern Art, New York. Acquired through the Lillie P. Bliss Bequest.

Auf dem Weg zur Abstraktion

Seine Werke der Frühphase hatten in keinster Weise die überraschende Bildgestaltung dieses Furore machenden Bildes angekündigt. Mit den „Mädchen von Avignon" sind höchstwahrscheinlich Prostituierte gemeint, doch schockierte das Bild weniger wegen des Inhaltes – Bordellszenen kannte man bereits aus dem Impressionismus – als vielmehr aufgrund der Verzerrung und Zerstückelung der Figuren und des Bildraumes.

Wie viele seiner Zeitgenossen war auch Picasso auf der Suche nach ausdruckssteigernden malerischen Mitteln. Und wie viele fand auch er sie in der sogenannten „primitiven" Kunst Afrikas, den archaisch anmutenden Masken und Plastiken der Südsee sowie in der iberischen Skulptur. Deren Formvokabular findet sich in den *Demoiselles d'Avignon* wieder. Maskenhafte Gesichter blicken den Betrachter unverwandt an und verleihen den Gestalten einen irritierenden Charakter. Den sonderbar verdrehten Wesen zur Seite gestellt sind drei geometrisch abstrahierte Akte in klassischer Haltung mit hinter dem Kopf verschränkten Armen. Die „mit der Axt behauenen Körper", so ein Freund Picassos, stehen in spannungsreichem Kontrast zu der auf fleischliche Töne reduzierten Farbigkeit des Bildes.

Cézannes Forderung der Reduktion auf Kreis, Oval und Rechteck steigert Picasso durch radikale Geometrisierung und Verformung der Körper und die Auflösung des perspektivisch gegliederten Raumes. Mit einem System von scharfen Linien und Schraffuren zerlegt er die Gesichter und Körper und formuliert damit erstmals die kubistische Auffassung, Volumen grundsätzlich als Rhythmen von Flächen wiederzugeben. Insofern bildet das Gemälde *Demoiselles d'Avignon* den Auftakt zum Kubismus, eine Richtung, die Picasso zusammen mit seinen Freund Georges Braque zwischen 1907 und 1914 entwickelte und mit der er der Kunst des 20. Jahrhunderts neue Wege wies.

Akrobat und junger Harlekin, 1905. Gouache auf Karton, 105 x 76 cm. Privatbesitz, Brüssel

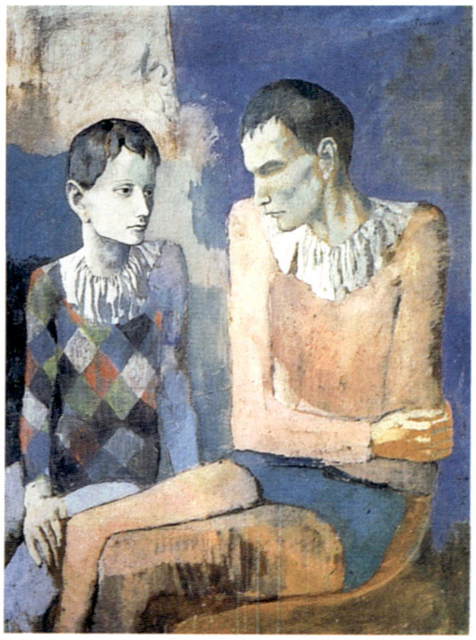

Im Gegensatz zu den abstrakten Künstlern in der ersten Jahrhunderthälfte, die sich schließlich der reinen Abstraktion zuwendeten, hielt Picasso zeit seines Lebens am Gegenstand fest, doch befreite er ihn von seiner ursprünglichen Bedeutung. Er machte ihn zu einem bildimmanenten Ästhetikum. Stets betonte er die Eigengesetzlichkeit eines Kunstwerkes, indem er sich über jeglichen Abbildrealismus erhob und ein Bild allein nach innerbildlichen Gesetzen komponierte. So wurden in den kubistischen Bildern die Gegenstände zerlegt und neu – sei es in einer *simultanperspektivischen* Sicht, sei es in Form abstrakt wirkender kristalliner Gebilde oder in synthetischen, nach formalästhetischen Kriterien vorgenommenen Neuschöpfungen – wieder zusammengesetzt. Die ausdrucksstarken Facettierungen, wie sie im Kubismus entwickelt wurden, fließen in Picassos abstrahierende Zeichensprache ein, werden Teil seines ganz persönlichen Stils, der abseits aller gängigen Richtungen steht. Geradezu ein ‚Markenzeichen' seiner Kunst werden dabei Köpfe, die wie das *Bildnis Dora Maar* zwei Ansichten – einmal im Profil, einmal von vorne – vereinen. Zwischen 1912 und 1914 integrierte Picasso in seine kubistischen Bilder Realien wie Zeitungspapierschnipsel oder Tapetenreste und erfand so die *Collage*.

Zwei Frauen über den Strand laufend, 1922. Tempera auf Holz, 32,5 x 42,5 cm. Musée Picasso, Paris

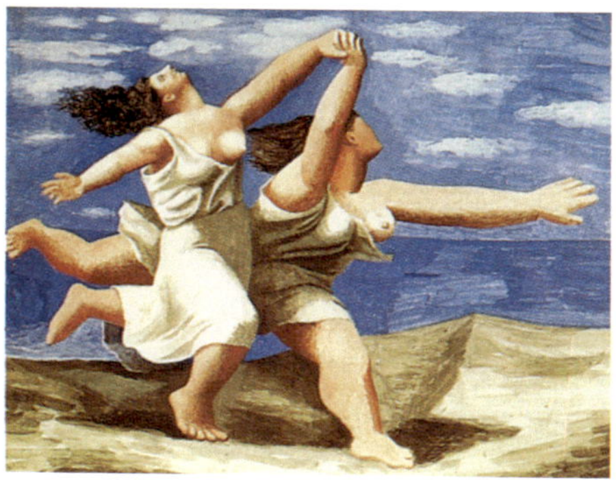

Es ist typisch für den vielseitigen Künstler, dass er neben den abstrakten kubistischen Werken auch figürlich-gegenständliche Bilder malte. In *Zwei Frauen über den Strand laufend* zeigt sich ein völlig anderer Picasso, diesmal als „Neoklassizist": Zum Teil zeitgleich mit der „zerstückelten" Formensprache entstanden Bilder, bei denen die Betonung ganz auf kompakten, von der Umrisslinie zusammengehaltenen Volumina liegt. Picassos in ihrer Stilisierung an Ingres oder gar an die frühe Kunst Griechenlands erinnernden, schwach kolorierten über einen Strand laufenden Frauen wirken trotz größter Stilisierung und trotz eines raumlos erscheinenden Umfeldes höchst körperhaft und lebendig.

Bilder gegen den Krieg

Zu seinen berühmtesten und erschütterndsten Arbeiten gehört das monumentale Gemälde *Guernica*. Das spanische Städtchen Guernica wurde im April 1937 durch das faschistische Franco-Regime mit Unterstützung deutscher Truppen bombardiert und innerhalb von nur einer dreiviertel Stunde dem Erdboden gleichgemacht. In seinem anklagenden Bild bringt er das Entsetzen, die Betroffenheit und Trauer, die dieses grausame Ereignis bei ihm auslöste, zum Ausdruck. Die Verzerrungen und zertrümmerten Formen, das reduzierte Schwarzweiß des Bildes drücken unerträglichen Schrecken und Vernichtung aus. Mensch und Tier sind zu einem einzigen Schrei geworden. Picasso verzichtete hier auf jegliches illustrierendes Beiwerk in Zeichnung und Farbe, griff aber auf ein traditionelles ikonografisches Repertoire zurück: Die Mutter mit dem toten Kind im Arm erinnert an Pietà-Darstellungen, die Frau mit der Lampe an die amerikanische Freiheitsstatue, die Hand des toten Soldaten mit dem zerbrochenen Schwert spielt auf das Schwert als Symbol für heroischen Widerstand an, wie es auch im Gemälde *Der Schwur der Horatier* des Klassizisten David verwendet wird.

Für Picasso war es selbstverständlich, als Maler politisch Stellung zu beziehen. „Was glauben Sie, was ein Künstler ist? Ein Schwachsinniger, der nur Augen hat? Nein, die Malerei ist nicht erfunden worden, um Wohnungen auszuschmücken. Sie ist eine Waffe zum Angriff und zur Verteidigung gegen den Feind." 1944 wurde Picasso Mitglied der Kommunistischen Partei Frankreichs.

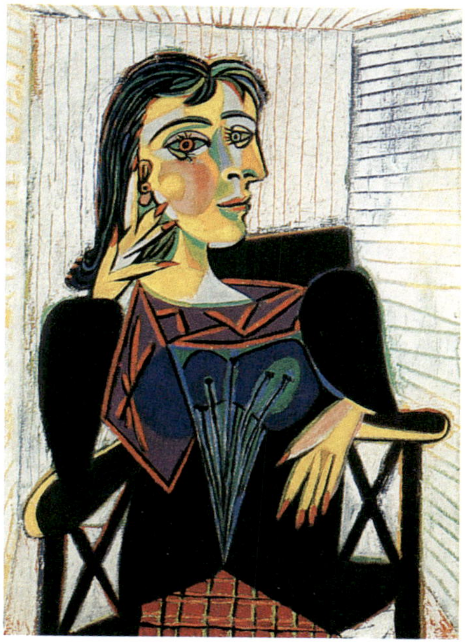

Bildnis Dora Maar, 1937. Öl auf Leinwand, 92 x 65 cm. Musée Picasso, Paris

In den 50er- und 60er-Jahren beschäftigte sich Picasso vor allem mit der Grafik. Er fertigte Plakate, Lithografien, Radierungen und Zeichnungen. Darüber hinaus entstanden Gemälde nach berühmten Vorbildern wie Velázquez' *Las Meninas* oder Manets *Frühstück im Freien*, die Picasso nicht etwa kopierte, sondern in seiner ihm eigenen Sprache neu gestaltete. Dem für die Kunst der Moderne so charakteristischen Glauben an die Eigengesetzlichkeit des Kunstwerkes hielt der Künstler zeit seines Lebens die Treue.

Nicht ohne Stolz, aber auch mit einer gehörigen Portion Selbstironie beschrieb der Maler seinen Werdegang mit den Worten: „Ich wollte Maler werden, und ich bin Picasso geworden."

Im April 1973 ist er im Alter von 91 Jahren in Südfrankreich gestorben.

Entsetzter Aufschrei und bittere Anklage: *Guernica*, 1937. Öl auf Leinwand, 351 x 782 cm. Museo Nacional Centro de Arte Reina Sofia, Madrid

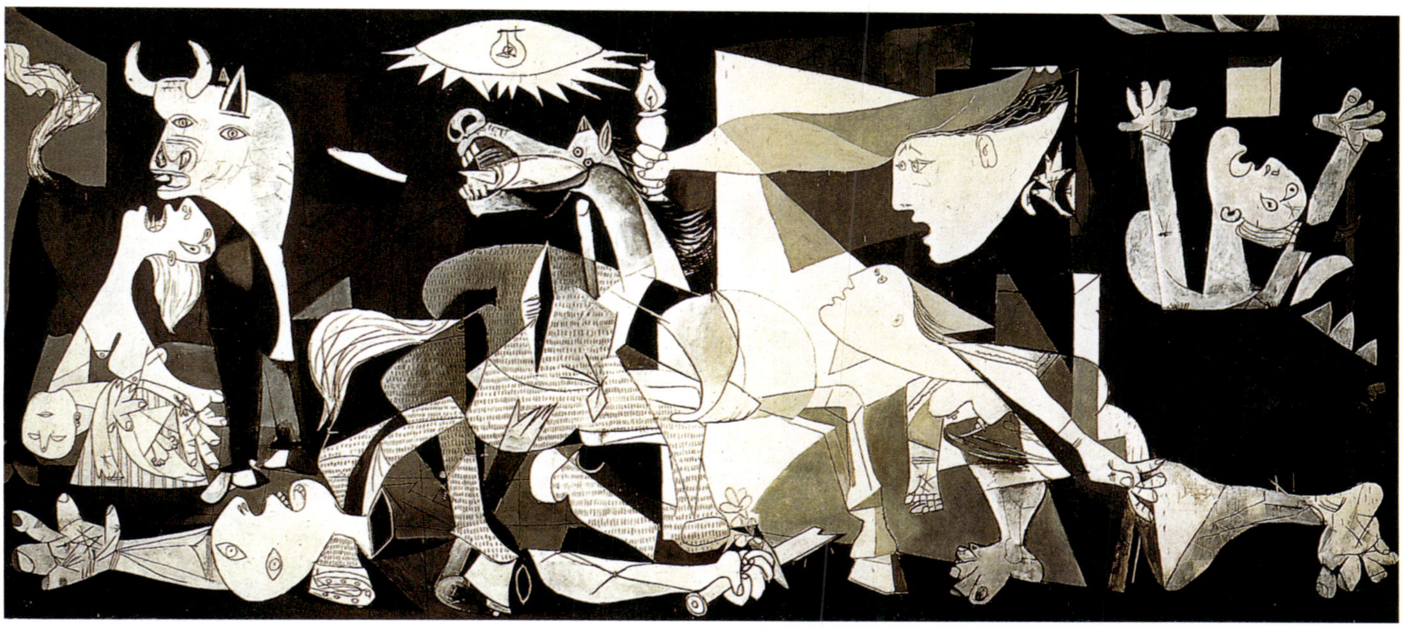

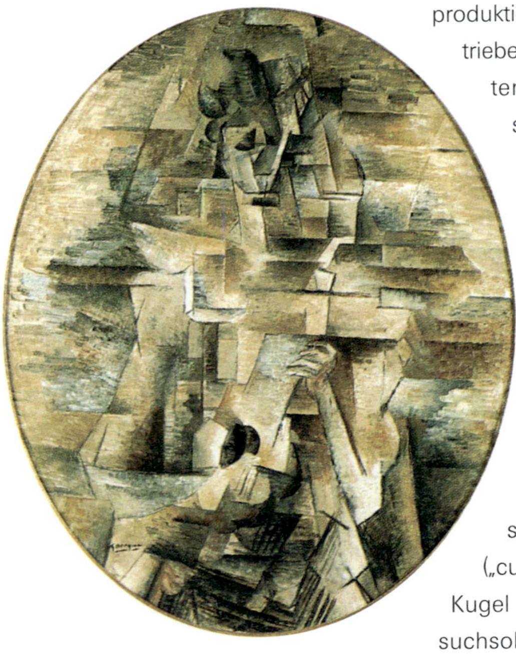

Georges Braque, *Frau mit Mandoline*, 1910. Öl auf Leinwand, 92 × 73 cm. Staatsgalerie moderner Kunst, München

produktion und -betrachtung aus, sondern betrieben die Sache analytischer. Sie entwickelten eine neue Methode der systematischen Bildstrukturierung, wie sie bereits in der sich vom Gegenstand lösenden nachimpressionistischen Malerei, insbesondere in Cézannes Systematisierung der Raumstruktur auf der Fläche, angelegt gewesen war. Die Kubisten – neben Georges Braque und Pablo Picasso gehörten dazu Jean Metzinger, Juan Gris, Albert Gleizes und Fernand Léger – zerlegten die Dinge und setzten sie, auf ihre stereometrischen Grundelemente Würfel („cubus", lat. „Würfel"), Zylinder, Kegel und Kugel reduziert, wieder neu zusammen. ‚Versuchsobjekte' ihrer Zerlegungskunst waren in der Frühphase hauptsächlich Stillleben, die die Maler aus Krügen, Flaschen, Gläsern, Büchern und Musikinstrumenten zusammenstellten und malten. Den eindimensionalen, standpunktfixierenden Blick auf einen Gegenstand ersetzten sie durch eine mehrperspektivische Sicht. Als wären sie um die Arrangements herumgegangen, stellten die Maler die Objekte von mehreren Seiten gleichzeitig dar, um sie auf diese Weise ‚umfassender' abzubilden.

Damit brachten sie, ähnlich wie die Futuristen, die annähernd zeitgleich in Italien eine neue Bildsprache entwickelten, die Dimension ‚Zeit' in die Malerei. Besonders augenfällig wird der Ablauf von und in Zeit in Marcel Duchamps *Akt, die Treppe herabsteigend*. (Allerdings gehörte Duchamp nie zum harten Kern der Kubisten. Als innovativer Einzelgänger hat er der Kunst des 20. Jahrhunderts vor allem mit der Erfindung des *Ready-mades* neue Wege gewiesen.) Die *simultanperspektivische* Wiedergabe führte auf der zweidimensionalen Leinwand dazu, dass die eigentlich plastische Form nunmehr in eine Vielzahl sich überschneidender und durchdringender Facetten aufgelöst wurde. Dadurch entstand ein Flächengefüge, das den zentralperspektivisch geordneten Raum radikal negiert. Das Bild war für die Kubisten kein illusionistisches Als-ob mehr, sondern ein Eigengesetzlichkeiten unterworfener und in Beziehung zur Bildebene und zum Bildformat stehender Organismus.

Um die innerbildlichen Bezüge, den Rhythmus der Formen auf der Fläche zu betonen, verzichteten die Kubisten häufig auf eine das Bild akzentuierende oder gefühlsmäßige Gehalte transportierende Farbigkeit. Sie beschränkten sich meist auf gleichmäßig verteilte erdige Grau-Brauntöne. Das Prinzip der analytischen Zerlegung und Neuzusammensetzung im Sinne eines eigengesetzlichen Organismus lässt sich in Braques *Frau mit Mandoline* gut nachvollziehen: Durch die Zerlegung in Kuben und durch die flächenrhythmisierenden Hell-Dunkel-Schattierungen entstand ein recht abstrakt wirkendes Formengebilde. Die scharfkantigen Splitter gleichen keinesfalls dem Ausgangsgegenstand, sondern eher einem kristallinen Gestein. Der Tiefenraum wurde zum Flächenraum, der Gegenstand aus einer Vielzahl in sich verzahnter und verschliffener Formen nachgebildet. Vorder- und Hintergrund sind nicht mehr auszumachen, sondern durchdringen sich. So wird zum Beispiel ein Element, das im Vergleich zu einem anderen gerade noch als ‚Vordergrund' gewirkt hat, durch Überschneidung mit einem dritten zugleich ‚Hintergrund'.

Die künstlerische Befragung des Gegenstands, die Auseinandersetzung mit der Gegenstands- und Bildrealität führte die Kubisten nach 1910 zu bildnerischen Experimenten, bei denen sie nicht mehr allein mit Farbe und Pinsel malten, sondern Versatzstücke aus der Realität, sogenannte „Objets trouvés" (frz. „gefundene Dinge") wie z. B. Tapetenfetzen oder Zeitungsausschnitte, in ihre Bilder, die sie „Papiers collées" (frz. „Klebebilder") nannten, integrierten. Dies war die Geburtsstunde der *Collage*. Hatten die Kubisten vormals den Gegenstand auseinandergenommen, um ihn neu wieder zusammenzusetzen, so wurde er jetzt völlig frei gestaltet, gleichsam synthetisch hergestellt. Von der Periode ab 1912 spricht man daher vom „synthetischen Kubismus", während die Anfangsjahre „analytischer Kubismus" genannt werden. Die im „synthetischen Kubismus" in die Arbeiten hineincollagierten Alltagsgegenstände haben innerhalb des Bildes dieselbe Funktion wie die gemalte Fläche, sie sind gleichberechtigter Teil der Komposition.

Mit dieser Integration banaler Elemente der Wirklichkeit haben die Kubisten nicht nur Anstöße für verschiedene Tendenzen der modernen Kunst gegeben (*Collage*, *Fotomontage* und *Assemblage*), sondern darüber hinaus ist die kubistische Collage auch augenfälliges Beweisstück für die erreichte Autonomie des Kunstwerks: Als ein eigenen Gesetzen unterworfenes Gefüge hat das Kunstwerk die Kraft, dem Alltagsgegenstand seine eigentliche, durch den Gebrauchswert bestimmte Funktion zu nehmen

Marcel Duchamp, *Akt, die Treppe herabsteigend Nr. 2*, 1912. Öl auf Leinwand, 146 x 89 cm. Philadelphia Museum of Art

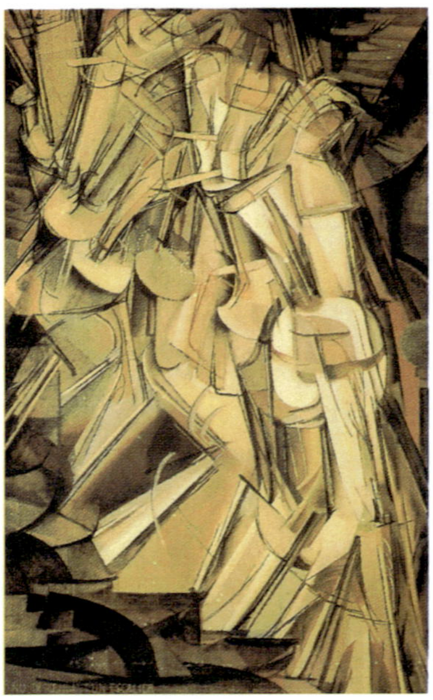

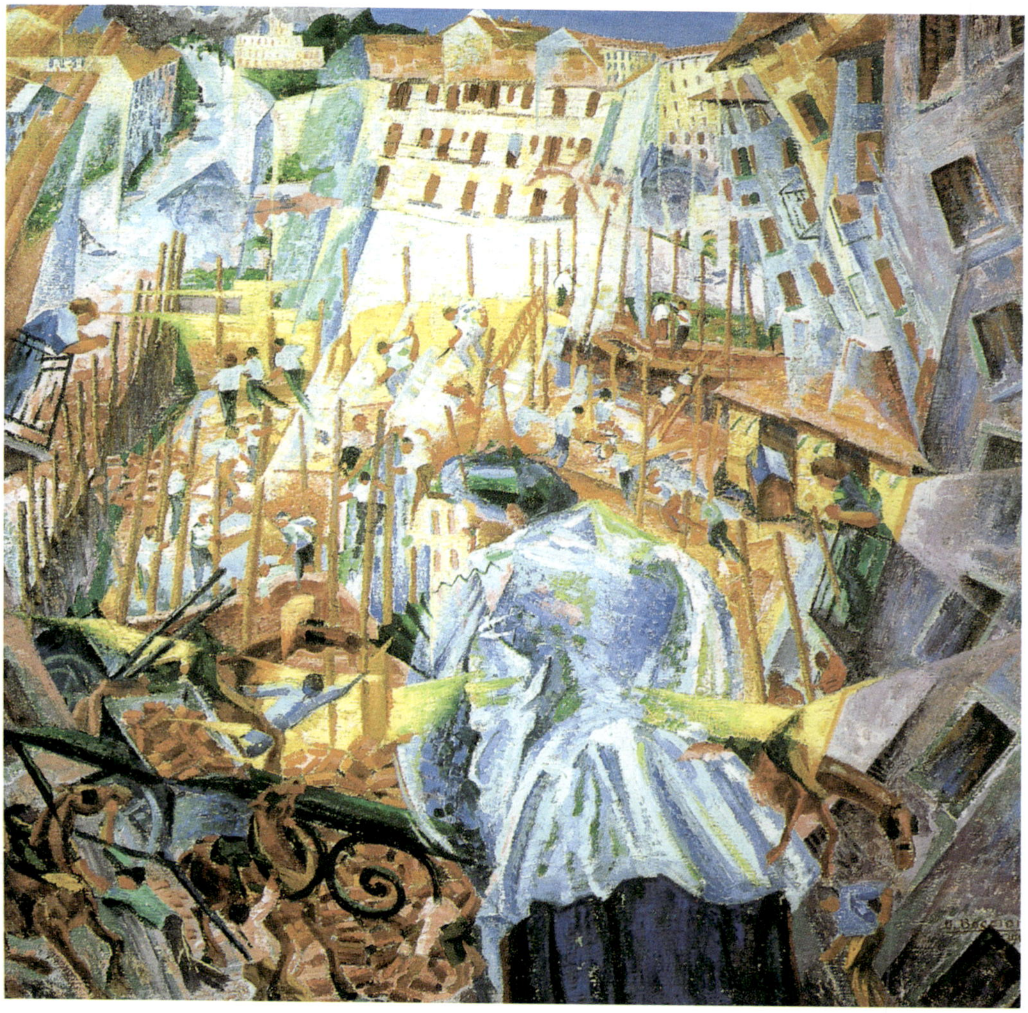

Umberto Boccioni, *Der Lärm der Straße dringt ins Haus*, 1911. Öl auf Leinwand, 70 x 75 cm. Sprengel Museum, Hannover

Hört man nicht das Klappern der Pferdehufe auf dem Pflaster, das Prasseln der Steine, das Hämmern der Arbeiter und die Rufe der Hausfrauen, die über Balkongitter gelehnt nach unten schauen?
Umberto Boccionis Bild *Der Lärm der Straße dringt ins Haus* ist von berstender Bewegung erfüllt; es scheint, als drängte die Energie der in der Baugrube schuftenden Arbeiter die Häuser rundum an den Rand. Durch das Wegdrehen und Verschieben der Achsen erzeugte Boccioni eine scheinbare Verschränkung verschiedener Blickpunkte. Raum und Architektur zersplittern und streben in einer dynamischen Struktur spitzwinkliger Formfragmente auseinander. „Wir erklären, dass die ganze sichtbare Welt auf uns einstürzen muss", schrieb Boccioni – der Theoretiker unter den futuristischen Malern – in einem „technischen Manifest". Die Begeisterung für Technik und Geschwindigkeit äußerte sich in diesem Bild als Feier der Produktivität. In den Augen der Futuristen schienen dem Menschen endlich die Mittel in die Hand gegeben, aktiv das Gesicht der Welt zu verändern. Den Ersten Weltkrieg, der die Zukunftshoffnungen einer ganzen Generation zerstörte, überlebte Boccioni nicht. Der Lärm, der schmerzhaft die Gegenstände zerriss und zerstückelte, war sichtbare Materie geworden.

und ihn zu einem rein ästhetischen Objekt zu machen. Ein Stückchen Zeitung bekommt allein durch den Bildzusammenhang eine andere und damit erweiterte Identität. Es wird als Alltagsgegenstand und als ästhetisches Objekt wahrgenommen. Somit sind kubistische Collagen höchst abstrakt und real zugleich. Durch diese Kombination geraten sie zu einer künstlerischen Hinterfragung des Verhältnisses zwischen Kunst und Wirklichkeit – eine Frage, die die Künstler während des ganzen 20. Jahrhunderts auf unterschiedlichste Weise immer wieder beschäftigen wird.

FUTURISMUS 1909–1915

Die Zeit dringt ins Bild

Zeitgleich mit dem Kubismus in Frankreich entwickelte sich in Italien eine Kunstrichtung, die dem Kubismus in vielen Punkten recht ähnlich war: der Futurismus. Auch die futuristischen Künstler brachen die Bildfläche in facettenhafte Splitter auf. Ihre Bilder waren Ausdruck einer ungeheuren Begeisterung für die technischen Neuerungen und – wie der Name „Futurismus" schon sagt – einer großen Zukunftsgläubigkeit. Geschwindigkeitsbegeistert verkündete Filippo Tommaso Marinetti 1909 im *Futuristischen Manifest* wortgewaltig, dass „ein Rennautomobil, ein aufheulendes Auto ... schöner als die Nike von Samothrake" sei, die als Inbegriff abendländischer Schönheit galt. Der Gleichzeitigkeit der ablaufenden Wahrnehmungsvorgänge, die das moderne Leben mit sich brachte, verliehen die Maler Umberto Boccioni, Gino Severini und Giacomo Balla in einer segmentierten, zerstückelten Formensprache malerischen Ausdruck.
Auch die flüchtigen, in Sekundenschnelle über die Netzhaut ziehenden Bilder versuchten die Maler festzuhalten, indem sie wie in einem mehrfach belichteten Foto viele Eindrücke in einem Bild vereinigten. Ein laufender Hund bekam beispielsweise gleich zwölf Beine und die Hand eines Geigers eine Vielzahl flinker Finger. Hinter dieser, in unseren Augen heute gelegentlich comichaft wirkenden Darstellungsform, steckte der Versuch, in die eigentlich statische Malerei eine neue Dimension zu bringen: die Zeit, oder genauer gesagt, einen Handlungsablauf innerhalb einer Zeitspanne. Hatte einige Jahrzehnte

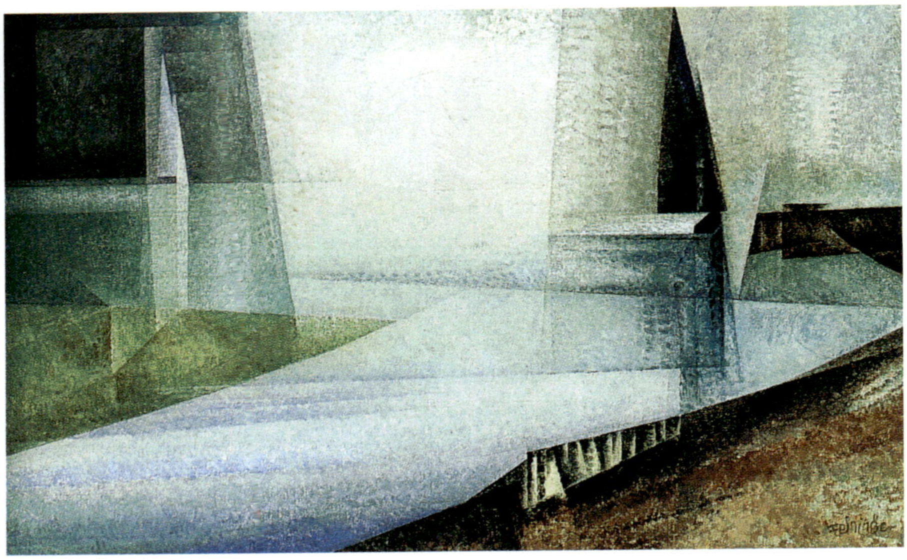

Lyonel Feininger, *Regamündung III*, 1929/30. Öl auf Leinwand, 48 x 77 cm. Hamburger Kunsthalle

Architektur- und Marinebilder waren die zentralen Themen im Werk von Lyonel Feininger. Seinen abstrakten Kompositionen, die er in rhythmisch-geometrische Formen auflöste, liegt im Allgemeinen ein gegenständliches Motiv – Kirchen, Schiffe, Meereslandschaften – zugrunde. Mit ineinandergeschobenen Farbzonen und prismatisch gebrochenen, zarten Farbtönen vermitteln seine vom Orphismus Delaunays beeinflussten Bilder einen Eindruck von Unendlichkeit und Einsamkeit, zugleich aber auch von Harmonie und ausgewogener Dynamik.

zuvor die Entwicklung der Fotografie die Impressionisten zu einer neuen Darstellungsform inspiriert, so war es nun der Film – die bewegte Abfolge statischer Bilder –, der die Künstler zu neuen Bildideen anregte. Der Erneuerungswille der Futuristen reichte allerdings noch weiter. Sie fanden nicht nur künstlerische Formen für Zeit und Bewegung, auch Geräusche sollten jetzt verbildlicht werden. In Boccionis Gemälde *Der Lärm der Straße dringt ins Haus* ist der gleichermaßen schrille wie klangvolle Krach durch die zersplitterte Auflösung der Bildstruktur wiedergegeben. Die Begeisterung für moderne Motorengeräusche schlug sich im Futurismus auch musikalisch nieder. Die Künstler gaben bruitistische Konzerte („bruit", frz. „Geräusch, Lärm") und komponierten Maschinenmusik.

Angeregt von den Kubisten und Futuristen, beschäftigten sich auch Robert Delaunay und seine Frau Sonia mit der malerischen Umsetzung von Bewegung. Ihre leuchtenden Farbkreise erwecken den Eindruck von Licht und Bewegung, ohne diese direkt darzustellen. Ausdrucksträger sind allein die Farbe und die rotierende Komposition. Die dabei entstandenen dynamischen Farbklänge regten den Dichter Apollinaire 1913 in Anspielung auf Orpheus, den Sänger aus der griechischen Mythologie, zu der Bezeichnung „Orphismus" für Delaunays Malweise an. Während Robert Delaunay als erster französischer voll-abstrakter Maler gilt, machte sich Sonia Delaunay-Terk vor allem als Designerin einen Namen. Auch sie glaubte an die lebenserneuernde Kraft der Kunst – sofern die Kunst aus dem Elfenbeinturm, in den sie das bürgerliche Kunstverständnis verbannt hatte, befreit und ihr wieder Eingang in den Alltag verschafft würde: Die Kunst sollte ins Leben zurückkehren.

BAUHAUS, DE STIJL UND RUSSISCHER KONSTRUKTIVISMUS 1913–1930

Abstrakte Kunst für eine bessere Welt

Es mag verwundern, dass gerade die so schwer zugängliche abstrakte Malerei dazu angetan sein sollte, Einfluss auf das alltägliche Leben zu nehmen. Was hatte eine solche Kunst mit dem Leben zu tun? Die Antwort ist einfach: zunächst gar nichts – und genau darin lag ihre Chance. Nach den erschütternden Erfahrungen des Ersten Weltkrieges hatte sich die expressionistische Hoffnung, mit einer emotionsgeladenen, subjektiven Kunst den „neuen Menschen" zu schaffen, als utopisch erwiesen. Dennoch hielten die Künstler – nicht zuletzt aus der Sorge, durch die immer breiter werdende Massenkultur mit ihren Kinos, Sportpalästen, Cabarets und Varietés in die völlige Bedeutungslosigkeit gedrängt zu werden – an dem Wunsch fest, der Kunst Relevanz für das alltägliche Leben zu geben. Doch kehrten sie dabei nicht zu einer realistisch imitierenden Malerei zurück, sondern führten die im Expressionismus bereits angelegten Abstraktionstendenzen zu einer gänzlich ungegenständlichen Malerei, die sich einem Vergleich mit der sichtbaren Welt – die man nicht länger nachahmen, sondern verändern wollte – entzog. Nur eine Kunst, die sich allein auf künstlerisch-ästhetische Notwendigkeiten verließ, könne – davon war vor allem Piet Mondrian überzeugt – den Menschen zur Harmonie führen und den Weg zu einer besseren Gesellschaft ebnen: „Nur die reine Erscheinung der Elemente, in ausgeglichenem Verhältnis, kann die Tragik des Lebens mindern … und dann brauchen wir keine Statuen und Bilder mehr, denn wir werden in einer Wirklichkeit gewordenen Kunst leben … Die Kunst wird sich in dem Maße aus dem Leben zurückziehen, als das Leben selbst an Ausgewogenheit und Ruhe gewinnen wird."

Die Welt der Kunst wurde der Realität entgegengestellt, die Abstraktion wurde zum Träger für die Utopie einer besseren Welt. Um den Traum, die Menschheit mittels Kunst zu Harmonie und Einheit zu führen, Wirklichkeit werden zu lassen, mussten zwei Grundvoraussetzungen erfüllt sein: Zum einen musste die Kunst selbst harmonisch, klar und rein sein. Zum anderen musste diese neue Kunst Eingang in den Alltag finden, um gesellschaftlich wirken zu können. Aus diesem Grund beschränkten sich die Aktivitäten der Künstler nicht auf die Malerei. Der

Abstraktionsgedanke hielt gleichermaßen Einzug in die Architektur und in das Produktdesign bzw. wurde von deren Funktionalismus-Prinzip befruchtet. Sowohl Gebrauchsgegenstände als auch Bilder sollten allein auf der Grundlage ihrer ureigensten Gesetze konstruiert werden. Sprach man in der bildenden Kunst daher nun vom „Konstruktivismus“, nannte man diesen Stil in den angewandten Künsten (in Ableitung der griffigen, von dem Architekten Sullivan geprägten Formel „Form follows function – Die Form folgt der Funktion“) „Funktionalismus“.

In den ersten zwanzig Jahren des Jahrhunderts gab es in Europa mehrere Zentren des Konstruktivismus. In Holland hatten Piet Mondrian und Theo van Doesburg 1917 die Zeitschrift *De Stijl* gegründet, mit der sie die Prinzipien ihrer Kunst einer breiten Öffentlichkeit nahebringen wollten. Hier kamen all die Maler, Dichter, Bildhauer und Architekten zu Wort, die von einer „Synthese von Kunst und Leben“ träumten.

Einen ähnlichen Traum hegten auch die Künstler der 1919 von Walter Gropius in Weimar gegründeten deutschen Werkschule „Bauhaus“. In Anlehnung an die mittelalterliche Dombauhütte – daher der Name der Werkschule – hatte sich das Bauhaus die (Wieder-)Zusammenführung von Kunst und Handwerk zum Ziel gesetzt. Der „gemeinsam zu erschaffene Bau“ war ihnen ein Sinnbild für soziale Einheit, für das glückliche Miteinander der Menschen. „Erschaffen wir gemeinsam den Bau der Zukunft, der alles in einer Gestalt sein wird – Architektur und Plastik und Malerei –, der aus Millionen Händen der Handwerker einst gen Himmel steigen wird, als kristallenes Sinnbild eines neuen, kommenden Glaubens“, schrieb Walter Gropius 1919 im *Manifest und Programm des Staatlichen Bauhauses Weimar* und belebte damit den Gedanken vom Gesamtkunstwerk neu. Als Lehrer berief er unter anderem die Maler Paul Klee, Lyonel Feininger, Josef Albers und Oskar Schlemmer.

Das eigentliche Geburtsland des Konstruktivismus aber war Russland: Aus dem „Kubo-Futurismus“, einer Verschmelzung kubistischer und futuristischer Tendenzen, hatte Kasimir Malewitsch ein malerisches Konzept entwickelt, das radikal alle Abbildlichkeit negierte. 1914/15 malte er sein erstes *Schwarzes Quadrat auf wei ßem Grund*, dem viele Versionen folgten. Zu dieser Ikone der Abstraktion erläuterte er: „Alles Expressive und Anekdotische, das sich bei aller Gegenstandslosigkeit doch noch in der Abstraktion befand, sollte getilgt werden.“ Das *Schwarze Quadrat* war für ihn Ausdruck reiner Empfindung, weil hier alle Gedanken an die gegenständliche Welt ausgeschaltet werden. Seine Kunst nannte Malewitsch „Suprematismus“, da das Empfinden dem Gegenstand übergeordnet war.

Malewitschs künstlerischer Radikalismus sollte wegweisend für De Stijl und das Bauhaus werden. Auch die De-Stijl-Künstler wollten bei ihren

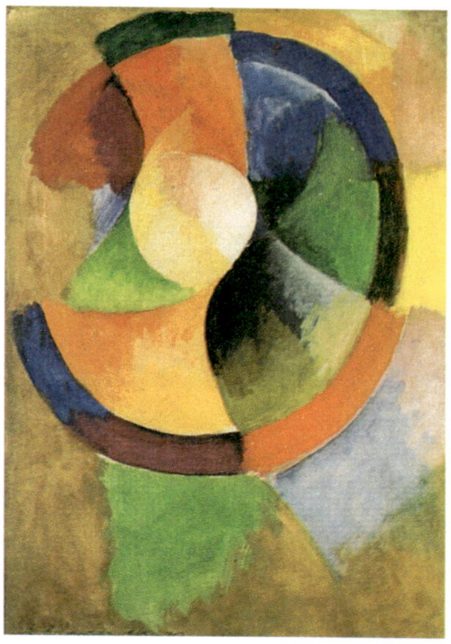

Robert Delaunay, *Kreisformen Sonne Nr. 2*, 1912/13. Leimfarbe auf Leinwand, 100 x 68 cm. Musée national d'art moderne, Centre Georges Pompidou, Paris

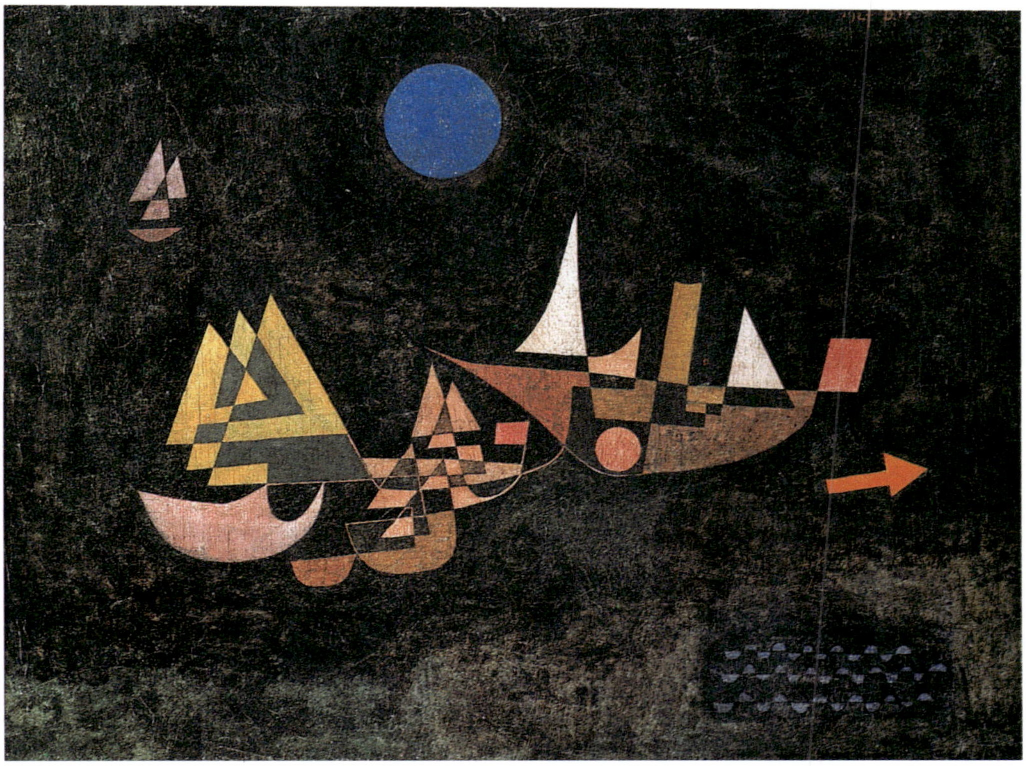

Paul Klee, *Abfahrt der Schiffe*, 1927, 140 (D10). Öl und Tusche auf Leinwand: originaler Rahmen, 50,2 x 64,4 cm. Staatliche Museen zu Berlin – Preußischer Kulturbesitz, Nationalgalerie, Inv. Nr. NNG/NG 22/67

Die *Abfahrt der Schiffe* entstand 1927 während Klees Zeit als Lehrer am Bauhaus (1920–1931). Spielerisch ebnete Paul Klee in vielen Bildern den Weg in eine harmonische Balance. „Je schreckensvoller diese Welt (wie gerade heute), desto abstrakter die Kunst“, hatte der Maler im Kriegsjahr 1915 notiert. Doch in seinen Bildern nimmt die Flucht in den poetischen Kosmos der Kunst nicht selten ironische Züge an. Spuren der Erfahrung (wie z. B. der rote Pfeil), zu zeichnerischen Chiffren verkürzt, dringen als Versatzstücke der äußeren Wirklichkeit in die autonome Welt der Formen ein. Ebenso doppelbödig ist Klees Bezug auf kindliche Ausdrucksformen: Zwar nutzte er ihre elementare Einfachheit als Kritik an Konvention und Bildung. Dennoch war er sich über die Differenz zwischen Kinderkunst und einer bewusst vereinfachten Zeichensprache, die ihre Ursprünglichkeit stets neu erschaffen musste, im Klaren.

Kasimir Malewitsch, *Schwarzes Quadrat auf weißem Grund*, 1914/15. Öl auf Leinwand, 79,5 x 79,5 cm. Staatliche Tretjakow-Galerie, Moskau

Bildfindungen jegliche individuelle Willkür ausschalten. Die Komposition sollte allein künstlerisch-ästhetischen Notwendigkeiten folgen. Das bedeutete Verzicht auf alles, was in irgendeiner Form gegenständlich oder erzählerisch war. Bildkompositionen, die aus abgezirkelten Vierecken, geraden schwarzen, im rechten Winkel aufeinanderstoßenden Linien und glatten, jeden malerischen Gestus vermeidenden Farbflächen bestanden, wurden zum Markenzeichen des holländischen Konstruktivismus. Diese nüchternen Formen bedeuteten für Piet Mondrian größte Harmonie, Ausgewogenheit und Ruhe. Er hat sie in unzähligen Variationen gemalt, und obwohl sie einander alle so ähnlich sind, ist es Mondrian gelungen, jedem Bild einen eigenen Rhythmus und damit einen eigenen Charakter zu geben.

Die gestalterischen Prinzipien der De-Stijl-Künstler blieben nicht ohne Einfluss auf das Bauhaus. Anfang der 20er-Jahre wurde die zunächst noch expressionistisch angehauchte Bildsprache der meisten Bauhaus-Künstler geometrischer, technoider, kurz: konstruktivistischer. Die allgemeine Technik-Euphorie in der Stabilisierungsphase der Weimarer Republik unterstützte diese Entwicklung noch. Rationalisierungsmaßnahmen nach amerikanischem Vorbild – z. B. die Einführung des Fließbandes – hatten in Deutschland Anfang der 20er-Jahre zu einem wirtschaftlichen Aufschwung geführt. Optimistisch begrüßte man den technischen Fortschritt, erhoffte man sich doch von ihm ein leichteres Leben für jedermann. Die Bauhaus-Künstler waren davon überzeugt, dass eine Kunst, die auf ähnlichen Prinzipien wie der moderne Produktionsprozess basierte, den ersehnten Anschluss an das Leben wiedererlangen könnte.

Wichtige Impulse bei der Suche nach einer solcherart ‚zeitgemäßen' Kunst gingen dabei auch von dem Ungarn Lászl Moholy-Nagy aus, der 1923 als Lehrer ans Bauhaus kam, sowie von den aus Russland zurückgekehrten Künstlern Kandinsky und El Lissitzky. Die beiden hatten während der Kriegsjahre in ihrer Heimat den russischen Konstruktivismus kennengelernt. Im Gegensatz zu dem durchgeistigten Kandinsky, der sich der metaphysischen Malerei Malewitschs sehr verbunden fühlte, stand El Lissitzky den künstlerischen Auffassungen der russischen Avantgardisten Alexander Rodtschenko, Olga Rozanowa, Warwara Stepanowa oder Wladimir Tatlin nahe. Nach der Oktoberrevolution 1917 hatte sich in der jungen Sowjetunion den Künstlern endlich – wenn auch nur für knapp 15 Jahre – die langersehnte Möglichkeit geboten, aktiv an der Gestaltung der Gesellschaft mitzuwirken. Mit einer Kunst, die sich unter ästhetischen, aber auch ganz praktischen Gesichts-

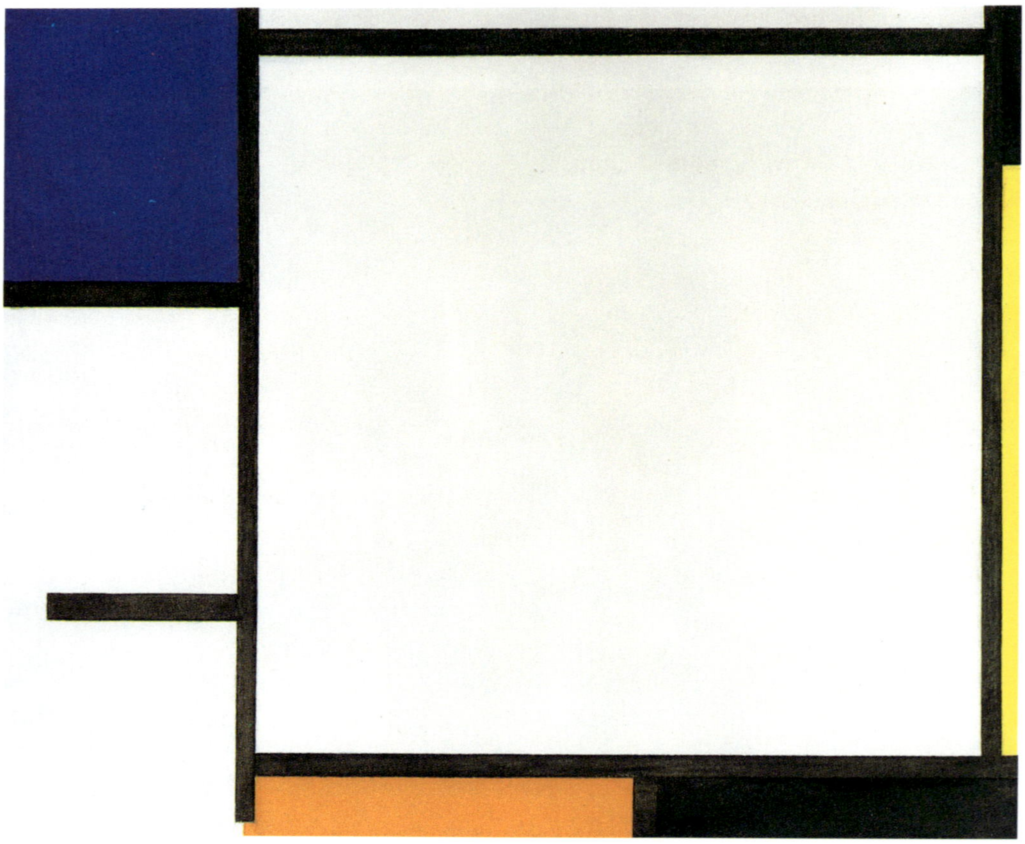

Piet Mondrian, *Komposition in Rot, Gelb und Blau*, 1922. Öl auf Leinwand, 41 x 49 cm. Staatliche Museen zu Berlin – Preußischer Kulturbesitz, Nationalgalerie

Piet Mondrian, De-Stijl-Mitbegründer und dogmatischer Statiker der Künstlergruppe, griff in seinen Werken auf die Grundelemente der Gestaltung und der visuellen Sprache zurück – Farbe, Form, Fläche, Linie.
In puristischer Strenge grenzte Mondrian in einem geometrischen System vertikaler und horizontaler Linien und reiner Farben – bevorzugt verwandte er die Primärfarben Rot, Gelb, Blau und das unbunte Schwarz, Weiß und Grau – den in den Bildern der Kubisten durchaus noch zu findenden Abbildcharakter der Wirklichkeit aus. In der „reinen" Abstraktion seiner gegenstandsunabhängigen Farb- und Formkompositionen sollte darüber hinaus jeglicher individuelle Charakter verbannt sein. Und doch verknüpfte Piet Mondrian mit der radikal geometrisierten Formensprache seiner Werke den Anspruch, eine wahre Ansicht der Realität zu geben, einer konstanten „reinen" Wirklichkeit, die unabhängig hinter dem sich permanent wandelnden Erscheinungsbild natürlicher Formen existiert.

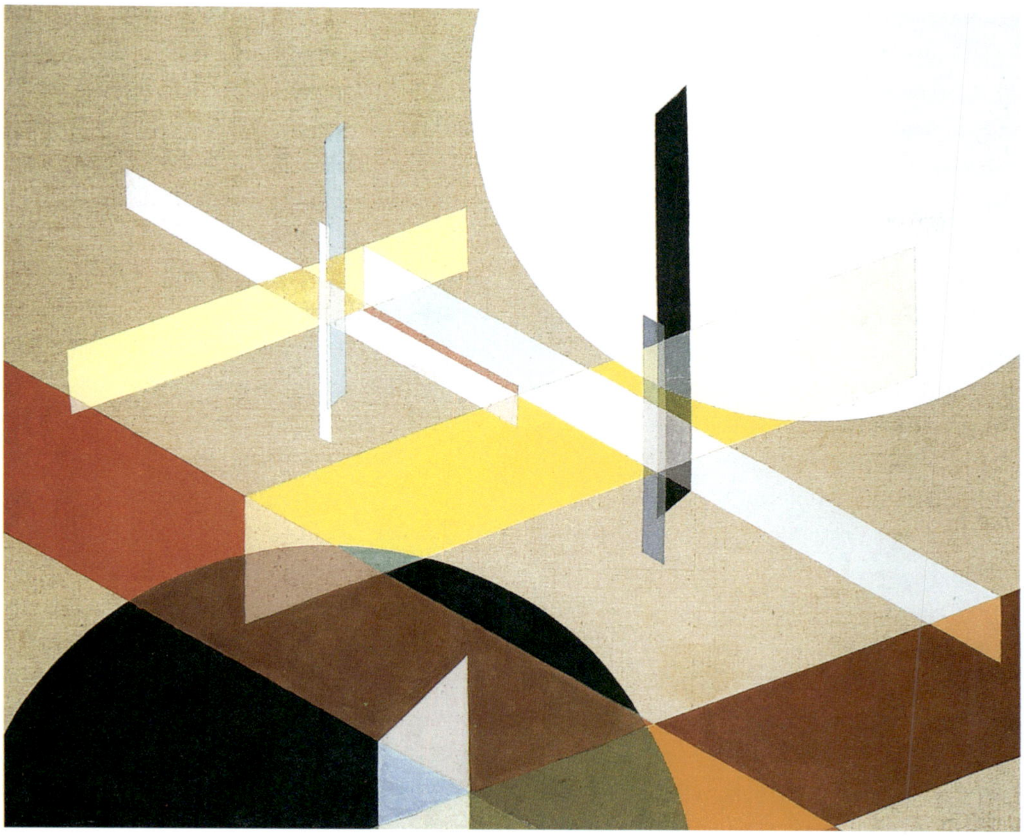

László Moholy-Nagy, *Komposition Z VIII*, 1924. Leimfarbe auf Leinwand, 114 x 132 cm. Staatliche Museen zu Berlin – Preußischer Kulturbesitz, Nationalgalerie

László Moholy-Nagy war der Ingenieur des Lichtes und – daraus entwickelt – der Farbe. Der multimedial tätige Künstler versuchte in seiner Arbeit zeitlebens „Materie, Raum und Zeit in Lichtkonturen" umzusetzen, da er Licht als biologisches Grundelement des Lebens betrachtete. Sowohl in seinen Fotogrammen – kameralos erzeugten Fotografien – als auch in seiner Konstruktion des „Licht-Raum-Modulators" – einer kinetischen Licht-Schattenmaschine – war Licht das zentrale Thema und zugleich das gestaltende Element.
In seinen Gemälden ist das malerische Äquivalent des Lichtes die Transparenzwirkung der Farben. Die Farben durchdringen und durchscheinen einander, in den Überschneidungszonen bilden sich neue Farbtöne. Dadurch erweiterte Moholy-Nagy die geometrisch-flächigen Primärfarbkontraste eines Mondrian um das Element der räumlichen Wirkung. Durch die Schnittmengen der klaren geometrischen Elemente in der *Komposition Z VIII* wird das Flächenkonstrukt der Zweidimensionalität enthoben und in einen virtuellen, tiefenwirkenden Farbraum überführt.

punkten an der technischen Produktion orientierte, wollten sie als „Ingenieure der Kunst" und „Künstlerproletarier" ideologische und materielle Aufbauarbeit leisten. Die Künstlerinnen und Künstler verließen den rein malerischen Bereich und betätigten sich in allen im weitesten Sinne künstlerischen Feldern: Plakatentwürfe, Stoff- und Modedesign, Typografie, Fotografie, Innenarchitektur, Agitationskunst, Buchillustrationen – sie griffen ein, wo sie konnten. Dabei wagte sich Tatlin mit tollkühnen architektonischen Projekten wie z. B. dem spiralförmig nach oben gewundenen *Turm der III. Internationale* oder seinen Flugmaschinen am weitesten aus dem traditionellen Gebiet der bildenden Kunst heraus. Ein Schritt, der ihm vor allem Anerkennung bei den Dadaisten einbrachte. Lauthals verkündeten diese 1920: „Die Kunst ist tot. Es lebe die neue Maschinenkunst Tatlins!"

DADAISMUS 1916–1925

Der Sinn des Unsinns

Der Dadaismus war die Antwort einiger Künstler auf eine aus den Fugen geratene Welt. Begonnen hatte alles 1916 im Züricher „Cabaret Voltaire", wo ein internationales Grüppchen emigrierter Künstler mit eigenwilligen, alle Kunstgattungen umfassenden und futuristisch inspirierten Darbietungen den Aufstand gegen die im gerade wütenden Krieg mehr als fragwürdig gewordenen künstlerischen und kulturellen Werte probte. *Bruitistische* Konzerte, Lautgedichte, absurde Textvorträge, aus Alltagsgegenständen entworfene Kostümierungen der Akteure, all das irritierte und schockierte das Publikum. Diese Veranstaltungen waren – obwohl das Wort dafür damals noch nicht gefunden war – die ersten *Happenings*. Mit Arbeiten, die alle bisher gültigen Werte schamlos ad absurdum führten und nichts mit dem zu tun haben sollten, was man allgemein unter Kunst verstand, wollten die Künstler, wie Hans Arp sich erinnert, „gegen die Dummheit und Eitelkeit des Menschen protestieren" und zum Nach- oder Umdenken animieren. „Der Kopf ist rund, damit das Denken die Richtung wechseln kann", ließ Francis Picabia wissen.

Die Internationalität der Schweizer Gruppe sorgte dafür, dass die Kunst des tiefgründigen Unsinns bald Verbreitung innerhalb und außerhalb Europas fand. In Paris, New York, Berlin und anderswo wirkten Künstler „im Namen Dadas". Gegen die überkommenen bürgerlichen Werte setzten Hans Arp, Richard Huelsenbeck, Johannes Baader und viele andere das Irrationale, den Schock, das Absurde, den Zufall. Ihr Prinzip war die Grenzüberschreitung in jeder Hinsicht. Sie

Kurt Schwitters, *Merzbild 25 A. Das Sternenbild*, 1920. Assemblage, Öl auf Karton, 104 x 79 cm. Kunstsammlung Nordrhein-Westfalen, Düsseldorf

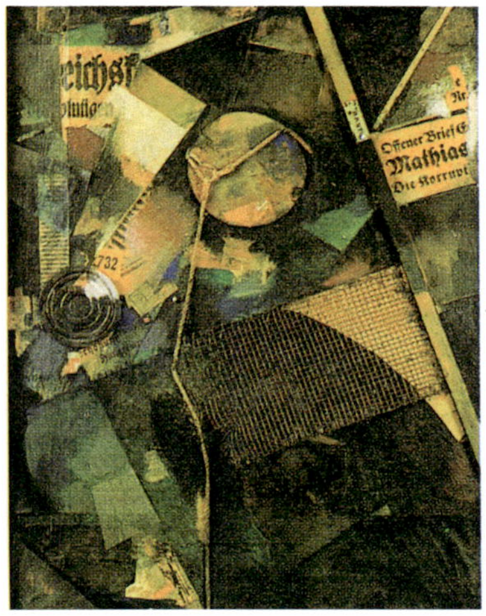

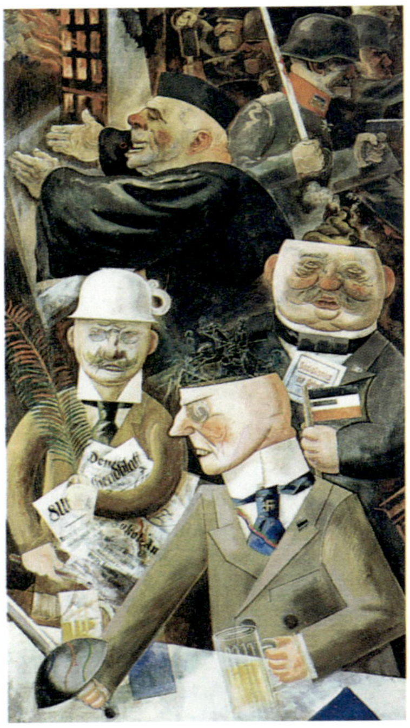

George Grosz, *Die Stützen der Gesellschaft*, 1926. Öl auf Leinwand, 200 x 108 cm. Staatliche Museen zu Berlin – Preußischer Kulturbesitz, Nationalgalerie

Bierkrug und Säbel fest im Griff, die Krawatte vom Hakenkreuz geziert und im hohlen Kopf die Kavallerie des Kaisers, führt der „Chauvinist" die „Stützen der Gesellschaft" an. In diesem modernen Historienbild vereinigte der Satiriker George Grosz 1926 noch einmal das Typenkabinett der reaktionären Kräfte in der Weimarer Republik: vom Parteigänger der NSDAP über den rechten Zeitungsmann und dienstbeflissenen Priester bis zur schlagwütigen Reichswehr. Er nutzte die dadaistische Formzertrümmerung als wütende Notwehr gegen Heuchelei, Gier und Hass. Der ästhetische Schock, den Hässlichkeit und Verzerrung auslösten, wurde zur Waffe. Grosz reagierte auf die erfahrene Gewalt in der Gesellschaft mit einer geprügelten Kunst.

nannten sich Dadaisten – ein Nonsens-Wort, abgeleitet von dem französischen Wort „dada" für „Steckenpferd", auf das Hugo Ball angeblich beim willkürlichen Aufschlagen eines Lexikons gestoßen war. Legendenbildung oder Wahrheit? Passend allemal, waren doch Unsinn und Zufall zwei Grundprinzipien Dadas.

An die Stelle der Kunst setzten die Dadaisten die *Anti-Kunst*. Sie wollten eine Kunst schaffen, die mit dem bürgerlichen Kunstbegriff brach und außerhalb jeglicher Traditionen und kunsthistorischer Schubladen stand. Einen ersten genialen Eulenspiegelstreich hatte Marcel Duchamp den „Kunstphilistern" bereits im Jahr 1913 mit der Erfindung der *Ready-mades*, der Fertigteile, gespielt: Er hatte einen handelsüblichen Flaschenständer, das Vorderrad eines Fahrrades und ein Urinbecken in einer Galerie als „Kunstwerke" ausgestellt. Damit wollte er unter anderem verdeutlichen, dass Kunst erst an einem anerkannten Ausstellungsort zu „Kunst" wird. Was wir als „Kunst" wahrnehmen, ist demzufolge nicht allein vom Werk selbst, sondern auch von seinem Präsentationszusammenhang abhängig. Duchamps hintergründig-lakonische Aktion ist vielleicht die pointierteste Infragestellung des Kunstbegriffs und des Kunstmarktes, die je stattgefunden hat.

Etwas weniger radikal, aber ebenso ungewöhnlich waren die *Collagen* und *Assemblagen* von Kurt Schwitters, dem großen MERZ-Künstler. Der Wortfetzen „merz", ausgeschnitten aus der Anzeige einer „Kommerz- und Privatbank" und Bestandteil einer frühen Collage Schwitters', wurde über die Jahre zum Synonym seiner Kunst. Kurt Schwitters wollte im Gegensatz zu den meisten anderen Dadaisten keine Anti- und Un-Kunst schaffen, sondern blieb einem traditionellen Kunstverständnis treu. Ihm ging es um die eigengesetzliche Kunst, die aus sich heraus wirkt. Doch auch er fand, genau wie die Dadaisten, den Ausgangspunkt zu seiner Kunst in der Katastrophe des Ersten Weltkriegs. „Kaputt war sowieso alles, und es galt, aus den Scherben Neues zu bauen." Also griff er zum Zerstörten, funktionslos Gewordenen, suchte im Mülleimer des Alltags, um mit den Abfällen seine MERZ-Bilder zu komponieren.

Auch Hannah Höch, Raoul Hausmann und John Heartfield klebten ihre Arbeiten aus Zeitungsbildern zusammen. Sich bewusst von den künstlerischen *Collagen* der Kubisten absetzend, nannten sie ihre Arbeiten *Fotomontagen* und betonten damit wieder, dass sie sich weniger als Künstler im traditionellen Sinne denn als Monteure, als „Ingenieure der Kunst" verstanden.

Natürlich war der Skandal, den ihre Anti-Kunstwerke hervorriefen, beabsichtigt und erwünscht. Doch erweist sich die von den Dadaisten intendierte Abschaffung der Kunst als eine vertrackte Angelegenheit: Die sich gegen den bürgerlichen Kunstbegriff richtende Rebellion, die die Dadaisten mit ihrer *Anti-Kunst* beabsichtigten, funktionierte nur, wenn man die dadaistischen Produkte und Darbietungen unter dem Aspekt „Kunst" betrachtete. Wieso sollte man sonst von Alltagsgegenständen schockiert sein? Spielte die Kategorie „Kunst" bei der Beurteilung keine Rolle mehr, verloren auch die Anti-Kunstwerke ihr provokatives Potenzial und damit ihre Sprengkraft. Man brauchte also die Kunst als Korrelativ, damit der Schock der *Anti-Kunst* saß.

Von dieser Zwickmühle einmal abgesehen, ließ sich aber auch das Prinzip des Schocks naturgemäß nicht endlos wiederholen und hatte sich dementsprechend bald abgenutzt. Während die Dadaisten in Holland deshalb Anfang der 20er-Jahre begannen, verstärkt mit den Konstruktivisten zusammenzuarbeiten, und sich in Frankreich aus dem Dadaismus der Surrealismus entwickelte, führte das ohnehin schon stark ausgeprägte politische Engagement der deutschen Dadaisten zurück zu einer sozialkritisch-engagierten gegenständlichen Malerei.

NEUE SACHLICHKEIT 1920–1933

Der scharfe Strich

Die Neue Sachlichkeit verstand sich als Gegenbewegung zur expressionistischen Emotionskunst und zur kubistischen und konstruktivistischen Abstraktion. Die Bilder waren nicht länger Ausdruck eines subjektiven Gefühls oder eines künstlerischen Formenexperiments, sondern stille, detailgenaue Darstellungen der dinglichen Welt, die in ihrer Erstarrung dem Vertrauten allerdings einen befremdlichen Charakter verliehen. Oder aber sie waren bissige, bisweilen karikaturhafte Kommentare zu den Gesellschaftsverhältnissen der Weimarer Republik. Dieser sozialkritischen Tendenz gab man aufgrund ihrer krassen Darstellungen aus der Großstadtszenerie der Weimarer Republik den Namen „Verismus", abgeleitet vom lateinischen Wort „veritas" für „Wahrheit". Der Verismus war, wie ein zeitgenössischer Kritiker schrieb, „die bildhafte Antwort sozial denkender Künstler auf die revolutionäre Nachkriegskrise". Mit scharfem Strich hielten Maler wie George Grosz, Rudolf Schlichter und Otto Dix in unmittelbar verständlicher Eindringlichkeit Kriegskrüppel, Kriegsgewinnler und soziales Elend fest. Diesen um Aufdeckung und Wahrhaftigkeit bemühten Schilderungen stand ein eher „magischer Realismus" zur Seite, der vor allem Christian Schads überscharfe Bilder aus dem großstädtischen Alltag kennzeichnet. Schads fast fotografisch genaue Bildsprache ist eigentümlich kühl, sodass die Bilder bei aller Realistik verfremdet und fern wirken. In sich geschlossene Farbflächen, die mit metallischer Schärfe konturiert sind, heben die einzelnen Bildelemente isolierend aus der Umgebung heraus und verleihen ihnen damit eine umso deutlichere Schärfe. Die Dinge gewinnen in ihren klaren Formen mit der glatten Oberfläche eine neue, eigene Präsenz. Trotz größter Realistik wirken sie verfremdet und regen zum Nachdenken an.

Die Spannung zwischen Abbildgenauigkeit und Entrücktheit, die die neusachlichen Werke kennzeichnet, findet sich in gänzlich anderer und wesentlich gesteigerter Form auch im Surrealismus wieder.

SURREALISMUS 1924–1945

Bilder aus dem Keller der Seele

War in Deutschland zu Beginn der 20er-Jahre aus dem Dadaismus eine engagierte sozialkritische Malerei hervorgegangen, so verwandten Künstler in Frankreich das dadaistische Prinzip des Unlogischen, des Irrationalen und Zufälligen in ihrer Malerei, um damit in die Bereiche des Unbewussten vorzudringen. Auch sie glaubten nicht mehr an die sichtbare Wirklichkeit und waren auf der Suche nach einer allumfassenden Wirklichkeit, einer „Überwirklichkeit" („sur", frz. „über"). Wie schon der Expressionismus blieb auch der Surrealismus nicht allein auf die bildende Kunst beschränkt, sondern fand als „Haltung der Realität gegenüber" ebenso literarische Ausdrucksformen.

Wichtige Impulse lieferte den Surrealisten die von Sigmund Freud entwickelte Psychoanalyse. Freuds Untersuchungen zur Traumdeutung hatten gezeigt, dass der Großteil unseres Seelenapparates einem Eisberg gleich unterhalb der Oberfläche in den Tiefen des Unbewussten liegt und dass das Denken, Fühlen und Handeln des Menschen von nicht bewussten Kräften entscheidend geprägt ist. Dieses ihnen bisher un-

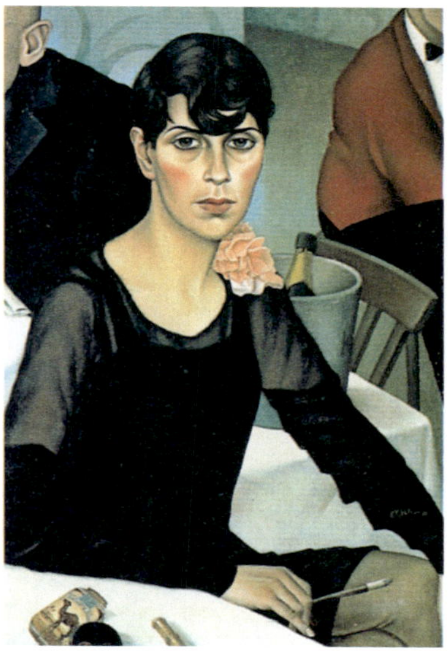

Christian Schad, *Sonja*, 1928. Öl auf Leinwand, 90 x 60 cm. Privatbesitz

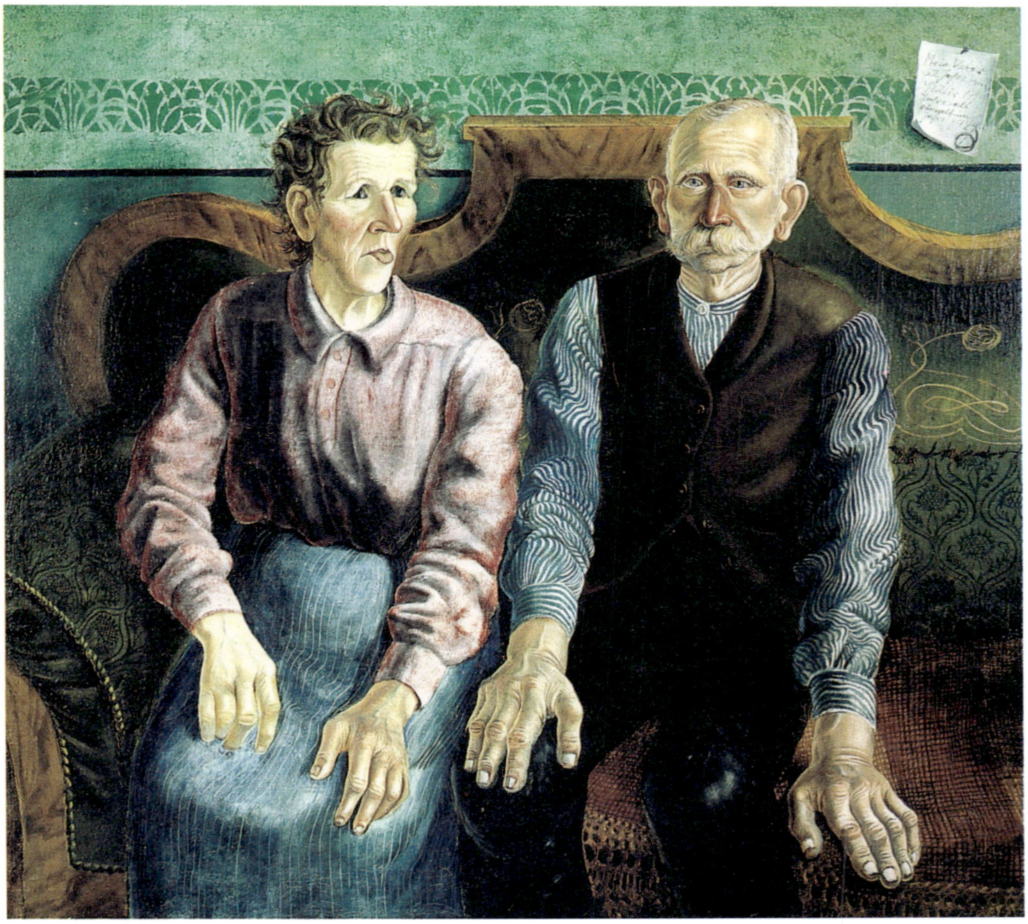

Otto Dix, *Die Eltern des Künstlers*, 1924. Öl auf Leinwand, 118 x 130,5 cm. Sprengel Museum, Hannover

Gespannte Aufmerksamkeit und Treffsicherheit kennzeichnen den Realismus von Otto Dix. Der junge Maler aus Dresden erlebte im Ersten Weltkrieg das zerstörerische Potenzial des Menschen. Die im Krieg gemachten Erfahrungen, die er in eindringlichen, großformatigen Gemälden in altmeisterlicher Manier verarbeitete, prägten sein Weltbild. So kam ihm der Dadaismus gerade recht, um die Fetzen der zerrissenen Welt auf der Leinwand notdürftig wieder zusammenzusetzen.

Aber nicht allein auf dem Schlachtfeld, sondern auch im Großstadtmilieu der Prostituierten fand er Orte extremen Erlebens vor: Bis in die intimen Winkel der Körper spürte er, gewappnet mit distanzierter Sachlichkeit, die Verflechtung von Eros und Verfall auf. Von dieser anatomischen Genauigkeit sind auch seine Porträts bestimmt, die die Spannung zwischen gesellschaftlicher Rolle und Individuum spüren lassen. Er schrieb die Erfahrungen der Porträtierten in die sichtbare Oberfläche ein. So erzählen in dem 1924 entstandenen Doppelporträt seiner Eltern die Hände, die dem Betrachter entgegengeschoben sind, von ihrem arbeitsreichen Leben, während sie angespannt und stolz für ihren Sohn Modell sitzen.

bekannte Terrain versuchten die Künstlerinnen und Künstler nun zu ergründen. Da das Unbewusste vor allem in Träumen und Trancezuständen zutage tritt, gewann die Traumwelt für die Surrealisten große Bedeutung. „Ich glaube an die künftige Auflösung der beiden scheinbar so gegensätzlichen Zustände von Traum und Wirklichkeit in einer Art absoluten – wenn man so will – Überwirklichkeit", erklärte der Schriftsteller André Breton und zeichnete mit diesem Bekenntnis zugleich für den Namen der Richtung verantwortlich.

Die Überzeugung, dass neben der sichtbaren Welt viele verdrängte Erfahrungsbereiche existieren, die es in Traumbildern oder halluzinatorischen Erscheinungen und bildlichen Suggestionen hervorzurufen galt, verband eine internationale Gruppe von Künstlern – bildende Künstler wie Schriftsteller – im Geiste. Ihre herausragenden Malerpersönlichkeiten waren die Spanier Salvador Dalí und Joan Miró, der Deutsche Max Ernst, der Belgier René Magritte und die Mexikanerin Frida Kahlo – um nur einige wenige zu nennen. Auf höchst unterschiedliche Weise spürten sie der Überwirklichkeit künstlerisch nach, immer jedoch ging es darum, „an die Stelle der realen Außenwelt die seelische Realität" treten zu lassen. Während die eine Fraktion sich auf erzählerische Weise mit der Traum- und Dingwelt befasste und ein absurdes, von Wahnvorstellungen durchwobenes Universum zutage förderte, so verlegten sich andere Künstler auf

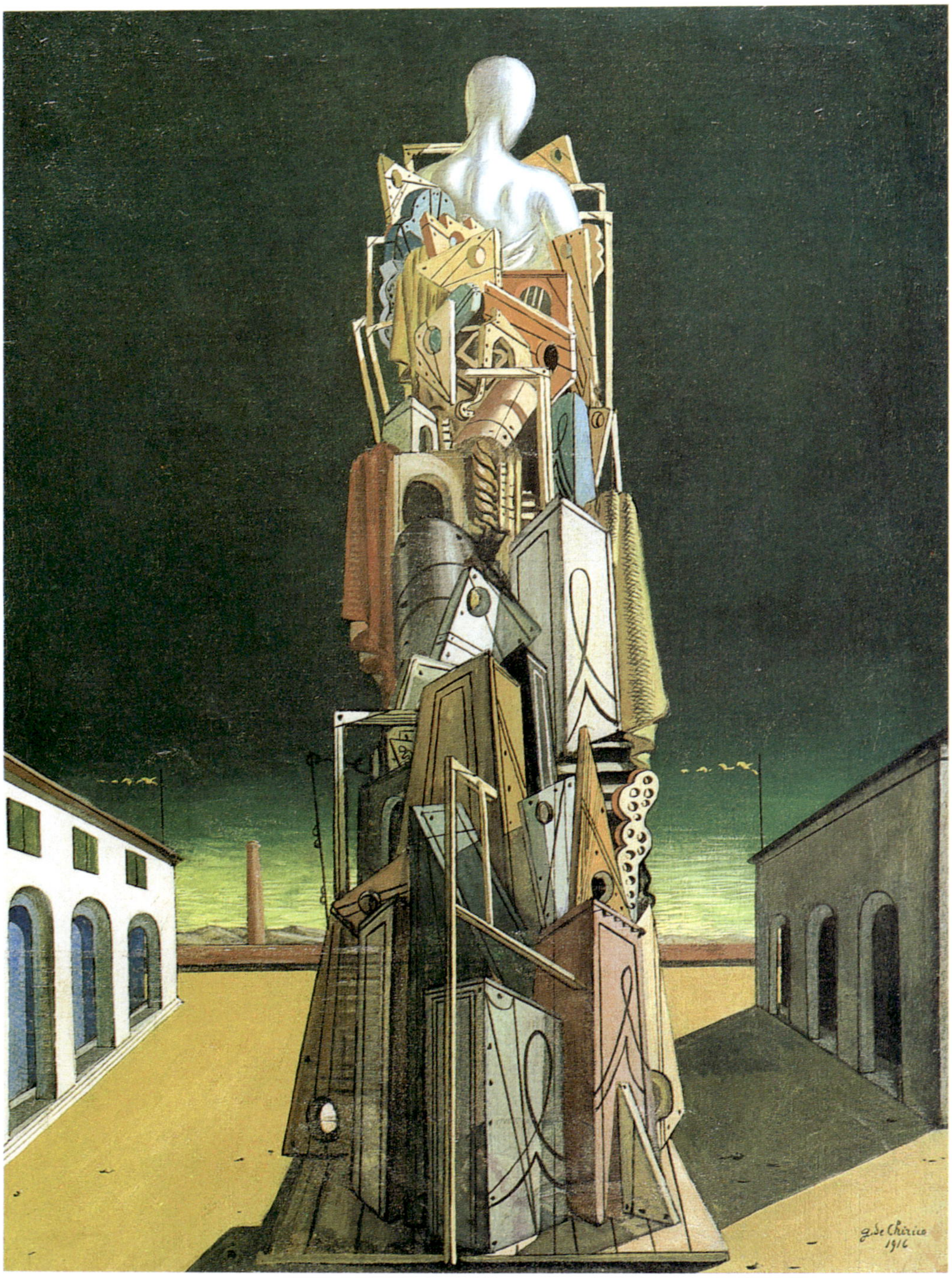

Giorgio de Chirico, ***Der große Metaphysiker***, 1916. Öl auf Leinwand, 110 x 80 cm. Staatliche Museen zu Berlin – Preußischer Kulturbesitz, Nationalgalerie

Nur einige Jahre lang malte der junge Giorgio de Chirico seine neuartigen, ungewöhnlich einprägsamen Bilder von verlassenen Plätzen und magisch arrangierten Ding-Collagen. Diese Bilder sind aus der Kunst des 20. Jahrhunderts nicht wegzudenken und wurden für Max Ernst, René Magritte, Salvador Dalí und viele andere richtungweisend. Im umfangreichen späteren Werk ab 1920 kopierte sich de Chirico häufig selbst; im Übrigen strebte er nun eine „klassische" Kunst an: Seine Malweise wurde neubarock-impressionistisch. Sehnsucht nach dem Klassischen mit dessen Anschein von Notwendigkeit und immerwährender Aktualität beherrschte aber auch schon die künstlerischen Anfänge des gebürtigen Griechen und späteren Wahlitalieners. Er fand es in der italienischen Architektur und in der Geometrie der Frührenaissancemalerei Paolo Uccellos und Piero della Francescas. Deren transparente Räumlichkeit, in der die Dinge denkmalhaft isoliert stehen, verband de Chirico eindrucksvoll mit einer Zerlegung der rationalen Raumbühne der Hochrenaissance in schräge, gebrochene Perspektiven und irrational zwischen Tiefe und Fläche vexierende Schemen. Dabei zeigte sich oft eine Verwandtschaft zur Bildflächenarchitektur der Kubisten. Das Irrationale, Beunruhigende dagegen erinnert an eine ganz andere Verwandtschaft. De Chirico hatte in München studiert und sich dort für Arnold Böcklin begeistert. Auch die eigenständig gewordene moderne Bildsprache de Chiricos enthält noch die gezielt unentschlüsselbare Symbol- und Rätselhaftigkeit der *Toteninsel* – allerdings ist das Literarische, Psychologisch-Erzählende des 19. Jahrhunderts in seinen Bildern durch die abstrakte Atmosphäre menschenferner Standbildkonstruktionen und selbsttätiger Marionetten ersetzt.

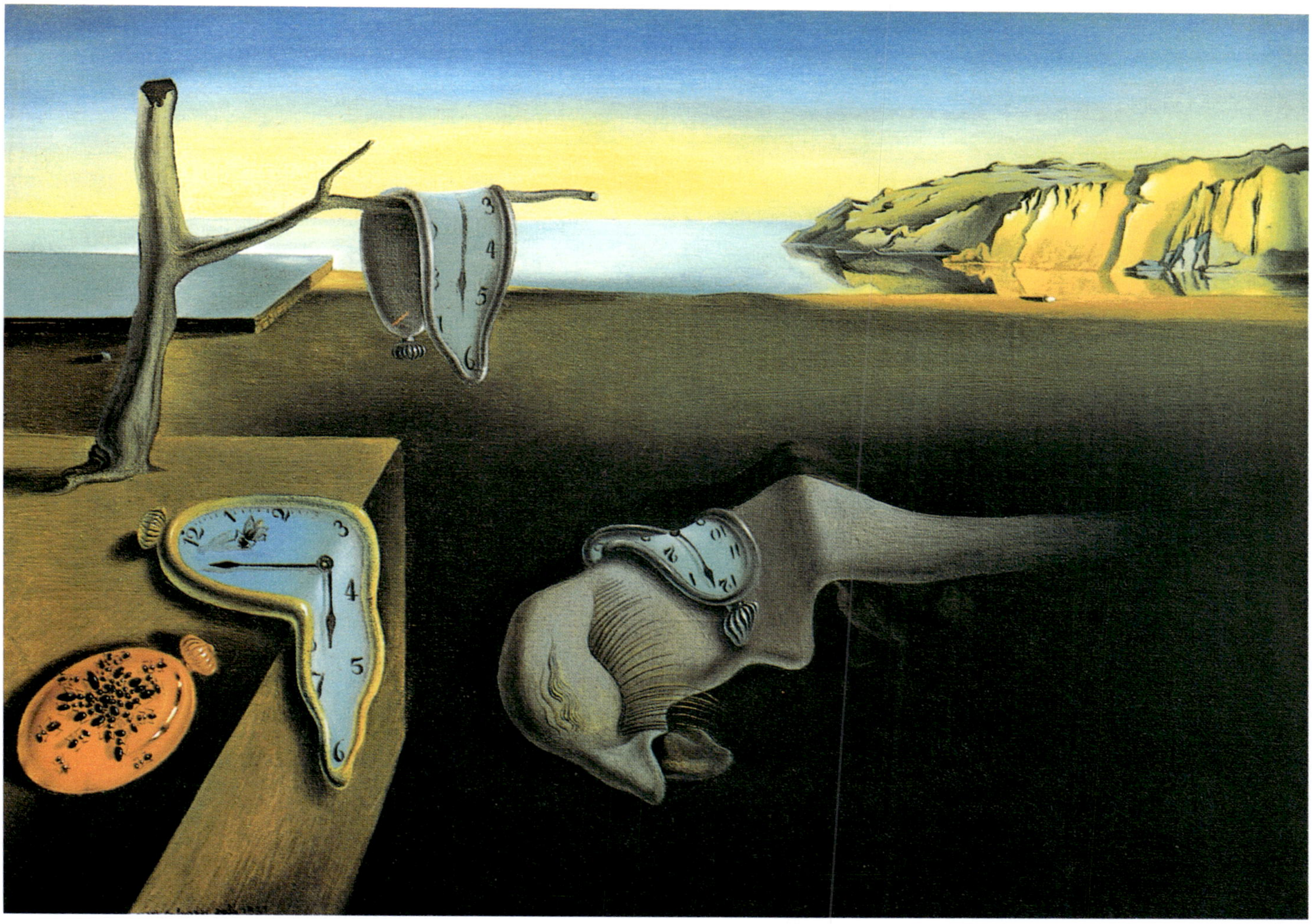

Die Beständigkeit des Gedächtnisses (Die weichen Uhren), 1931. Öl auf Leinwand, 24,1 x 33 cm. The Museum of Modern Art, New York. Given anonymously.

SALVADOR DALI

Dalí gehörte seit fünf Jahren zur Gruppe der Pariser Surrealisten, als 1934 *Die Beständigkeit des Gedächtnisses* in einer New Yorker Galerie gezeigt wurde und ins renommierte Museum of Modern Art gelangte. Damals begann die vor allem in Amerika von spektakulären Auftritten begleitete ‚Starkarriere' des Spaniers. *Die weichen Uhren* wurden eines seiner Markenzeichen, das er in andere Gemälde, Grafiken und in Bühnenbildentwürfe übernahm. In Zeitungskarikaturen hängen sie über dem Türgriff seines Hotelzimmers, fließen unter der Bettdecke hervor oder nehmen den Platz einer herausgestreckten Zunge ein.

All das scheint dem poetisch Inspirierten, Unwägbaren des Surrealismus, wie er sich bei Max Ernst und Joan Miró zeigte, entgegengesetzt zu sein. Andererseits war und ist Surrealismus weniger eine bestimmte Art der Kunstproduktion als eine Haltung gegenüber der Realität. Deren von Gewohnheit und verfestigten Normen geprägte Erscheinung sollte „aufgeweicht" werden und sich fließenden Vorstellungsverbindungen öffnen, wie sie dem Traum zugrunde liegen. Da waren fixe Ideen, die sich in viele Köpfe pflanzen lassen – wie eben weiche Uhren –, Dalí zur Verbreitung dieser Haltung der „konkreten Irrationalität" gerade recht.

Der Psychoanalytiker Freud hat das alltägliche Funktionieren der menschlichen Psyche mit einem einfachen Begriffspaar beschrieben: Das „Realitätsprinzip" sorgt für die Anpassung an die Umwelt, wird aber immer wieder vom „Lustprinzip" unterwandert. Für Dalí verkörperten Uhren, also normierte Messinstrumente, das Realitätsprinzip, während das Weiche, „Essbare" zum Lustprinzip gehörte. Außerdem zeigt sich in Dalís Bild ein Zusammenhang der Zeitwahrnehmung mit der Raumwahrnehmung. Die körperlich-räumlich zerfließenden Uhren lassen an das „Fließen" der Zeit denken, und es entsteht der Eindruck eines sich in die Ferne verflüchtigenden Zeit-Raumes des Gedächtnisses, in den Unerklärbares hineinragt und der unbewusst das Gegenwartserleben bestimmt.

einen nicht vom Bewusstsein gesteuerten Schaffensprozess. Die Maler Giorgio de Chirico und Salvador Dalí versuchten die bewusstseinsgesteuerten Denkprozesse durch eine spannungsgeladene, irritierende Bildwelt zu durchbrechen, indem sie in realistischer Manier höchst irreale Bildsituationen entwarfen. De Chirico nannte seine Werke, in denen übernatürliche Kräfte zu walten scheinen, „pittura metafisica – metaphysische Malerei". Seinen magischen Rätselbildern, die de Chirico bereits in der ersten Dekade des Jahrhunderts malte, verdanken die Surrealisten entscheidende Anregungen.

Die Gemälde Dalís wirken wie ans Tageslicht gezerrte Traumvisionen, voller unerklärlicher Zeichen und Chiffren, die den Betrachter auf einer Empfindungsebene berühren, die jenseits verstandesmäßiger Logik und rationaler Weltsicht liegt. Dalí, der von sich behauptete, ein malender Fotograf von Träumen zu sein, gehört zu der Gruppe der sogenannten „illusionistischen" (oder „veristischen") Surrealisten. Die Verfremdung der gegenständlichen Welt eröffnet dem Betrachter Zugänge zu tieferliegenden Bewusstseinsebenen, zu einer Wirklichkeit hinter der sichtbaren Wirklichkeit.

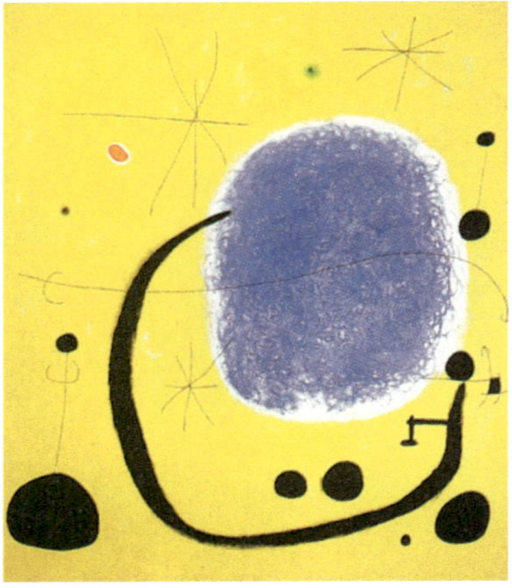

Joan Miró, *Das Gold im Himmelblau*, 1967. Acryl auf Leinwand, 205 x 173,5 cm. Fundaci Joan Miró, Barcelona

„Ich mache keinerlei Unterschied zwischen Malerei und Poesie", hat Miró einmal gesagt. Tatsächlich scheint der Begriff „lyrische Abstraktion", zuweilen für die Malerei z. B. Kandinskys gebraucht, besonders gut auf Miró zu passen. Allerdings malte Miró nie völlig abstrakt. Ebenso wie in der modernen Lyrik (etwa im surrealistischen Gedicht) meist keine ganz neuen Sprachgebilde erzeugt werden, sondern aus Worten der vertrauten Sprache neuartige, losgelöste Bilder entstehen, gehen auch Mirós freischwebende Zeichen von vertrauten, fast immer organisch-lebendigen Formdetails aus.

Eine Hinterfragung der Wirklichkeit unternahm auch der Belgier René Magritte. Doch für ihn galt eher das umgekehrte Prinzip: Er wollte nicht das ins Unbewusste verdrängte Vertraute durch visionäre, traumatische Bildwelten hervorrufen, sondern Fremdes im Vertrauten bloßlegen. „Man hat", so meinte der Maler, „allzu oft die Gewohnheit, das Fremdartige durch ein Gedankenspiel auf das Vertraute zurückzuführen." Mit subtilen Bildern wollte er genau das Gegenteil erreichen: „Ich bemühe mich, das Vertraute ins Fremdartige zurückzuversetzen." Sein *Reich der Lichter* gibt die Irritation erst auf den zweiten Blick preis: Über einer nächtlichen Landschaft mit beleuchtetem Haus strahlt ein tagheller Sommerhimmel. Tag und Nacht sind so einleuchtend miteinander verknüpft, dass der Widerspruch den Anschein von Wahrhaftigkeit bekommt. Indem das Bild eine merkwürdige Behauptung aufstellt, lässt es den Betrachter fragen, warum die Wirklichkeit so ist, wie sie ist, und nicht anders. Beeinflusst vom Surrealismus, begann Magritte in den 20er-Jahren, mit bohrender Intensität die Unterschiede zwischen Kunst und Wirklichkeit in seinen Bildern zu demonstrieren. Mit immer neuen Einfällen – zum Beispiel seiner berühmten Abbildung einer Pfeife, unter die er schrieb „Ceci n'est pas une pipe – Dies ist keine Pfeife" (sondern nur das Bild einer Pfeife) wollte er beim Betrachter einen Denkprozess auslösen, an dessen Ende ein gewandeltes Welt-Verständnis stehen sollte. Die Malerei war Magritte in erster Linie „eine Kunst des Denkens". Mit seinen Verwirrbildern hob der Maler das Verhältnis von Schein und Wirklichkeit, von Bild und Abbild ins Bewusstsein. Ein Gedanke übrigens, der von den Künstlern der 60er-Jahre wieder aufgenommen wurde, als Jasper Johns ein Gemälde, das die amerikanische Flagge zeigt, *Is it a flag or is it a painting – Ist es eine Fahne oder ein Gemälde* nannte.

Die Verfremdung der gegenständlichen Welt – sei es in den überwirklichen Traumbildern Dalís, sei es in den Denkbildern Magrittes – ist nur eine von vielen Möglichkeiten, in tieferliegende Bewusstseinsschichten vorzudringen. Eine weitere sahen die Maler darin, dem Zufall das Feld zu überlassen. Vor allem Max Ernst hat sich dieses Prinzip zunutze gemacht. Als einer der experimentierfreudigsten Surrealisten bezog er so unberechenbare Techniken wie die *Frottage*, die *Grattage* oder die *Decalcomanie* in seine Malerei mit ein. Sie erlaubten ihm, abstrakte Strukturen zu schaffen, die zunächst nichts darstellen, aber ähnlich wie Wolkengebilde dazu verleiten, Dinge hineinzusehen. Ernst ließ sich oftmals von zufällig entstandenen Strukturen inspirieren, aus denen er dann die Motive herausschälte. Eine solche Verfahrensweise ist dem aus der Psychologie bekannten „Rohrschach-Test" nicht unähnlich: Auch hier soll die gegenständliche Ausdeutung eines nicht-figurativen Farbkleckses Aufschluss über das im Unbewussten verborgene Denken und Fühlen geben.

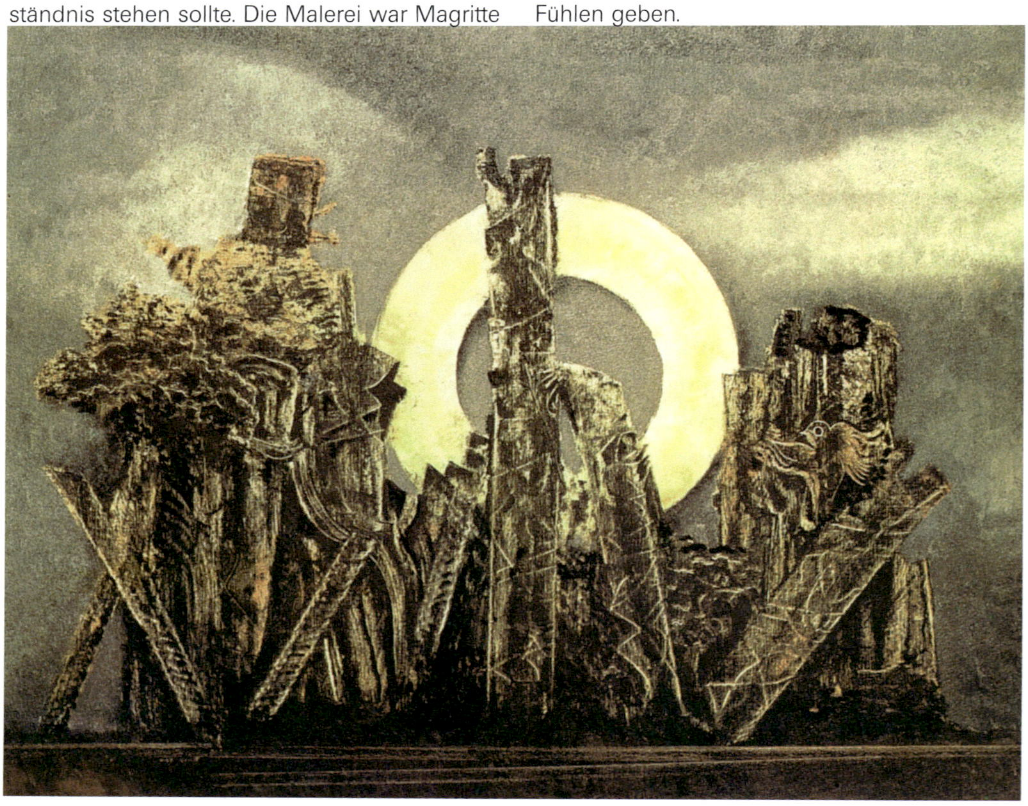

Max Ernst, *Der große Wald*, 1927. Öl auf Leinwand, 114 x 146 cm. Kunstmuseum, Basel

Max Ernst war in seiner Vielseitigkeit wohl der wichtigste Begründer des Surrealismus in der Malerei. Als „Dadamax" hatte er seit 1919 ‚naive' Zeichnungen von fiktiven, filigranen Quasi-Apparaten gemacht. Schon bald bekamen seine dadaistischen Maschinchen und *Collagen* das Eigenleben mikroskopischer Organismen. Triebregungen scheinen sie zu bewegen. Ernst las Freud und begann umzusetzen, was er über Symbole, Ersatzbilder und Verdrängungsmechanismen erfuhr. Seine Figurationen fügte er nun in einen suggestiv-ungewissen Tiefenraum, den er von de Chirico übernahm. In alldem wurde er unmerklich surrealistisch, Jahre bevor dieser Begriff feste Bedeutung gewann. Nach 1924 wurde Max Ernsts Kunst malerischer, die Figurationen tauchten aus einer die ganze Bildfläche bedeckenden Farbstruktur empor. Zahlreiche „Wälder" entstanden. Sie zeigen eine Natur, die nicht abgebildet, sondern gleichsam im Bild selbst gewachsen ist.

Ein weiteres, diesem nicht unähnlichen Verfahren, beim Malprozess das Bewusstsein so gut es geht auszuschalten, ist die sogenannte *écriture automatique*, die automatische Schreibweise, bei der die Maler die Gedanken und Malbewegungen wie im Rausch fließen lassen. Der hierbei nicht vom Bewusstsein gesteuerte Schaffensprozess schien den Surrealisten ein möglicher Weg, Bilder aus den Tiefen des Unbewussten ungefiltert auf die Leinwand oder das Papier zu bringen. Diese Technik wurde in den 40er- und 50er-Jahren von den Malern des Informel wieder aufgenommen und von Jackson Pollock zum *Action Painting* weitergeführt.

Die ‚automatisch' niedergeschriebenen gestischen Figurationen sind Dokumentation und Spurensicherung psychischer Dispositionen und zugleich Assoziationsfeld für den Betrachter.

Als Spielfelder der Fantasie sind auch die Arbeiten des Spaniers Joan Miró zu verstehen, wiewohl ihnen kompositorische Überlegungen zugrunde liegen. Beeinflusst von der katalanischen Volkskunst, entwickelte Miró in seinen späteren Arbeiten poetische zeichenhafte Kürzel von suggestiver Form und Farbkraft, die eine Fülle von Bedeutungen in sich bergen. Seine zwischen *Figuration* und Abstraktion schwebenden Bildfindungen, seine fließenden Linienschwünge, Sternchen, Kreise und Sonnen regen zum Fantasieren und Träumen an. Die Arbeiten sind voller Poesie und Witz, leben von der Farbigkeit und der Vitalität der Linien. Die Bildelemente scheinen miteinander zu kommunizieren, miteinander zu tanzen. In gewisser Weise ähneln die Arbeiten Mirós den frühen abstrakten Bildern Kandinskys. Auch Mirós Arbeiten sind dazu angetan, die „Seele des Betrachters zum Schwingen" zu bringen.

Das surrealistische Ergründen seelischer Tiefen musste zwangsläufig sehr individualistisch sein. Auf das politische Weltgeschehen in Europa – den Nationalsozialismus in Deutschland, den Faschismus in Spanien und Italien und schließlich den Zweiten Weltkrieg – gingen die Surrealisten in ihren Bildern, bis auf wenige Ausnahmen, nicht direkt ein. Ihre politische Haltung manifestierte sich in der Abwehr: Gerade die Hinwendung zum Inneren kann als kritische Abkehr von einer Welt, die sich bei vollem Bewusstsein selbst zerstört, gesehen werden.

Durch den Krieg und durch die nationalsozialistischen „Kunstsäuberungsaktionen" waren die Kunstproduktion und die künstlerische Entwicklung, besonders in Deutschland, jäh unterbrochen worden. Die Ausstellung „Entartete Kunst", die 1937 von den Nationalsozialisten in München veranstaltet wurde, bildete den Auftakt zu einer infamen Hetzkampagne gegen alle modernen, avantgardistischen Künstler, die nicht dem schönfärberischen Pseudorealismus der nationalsozialistischen Kunstdoktrin folgten. Werke der bedeutendsten zeitgenössischen Künstler wurden aus den Museen verbannt, zerstört oder ins Ausland verkauft. Die diffamierten Künstler wurden mit Malverboten belegt und zum Teil verfolgt. Diese bisweilen lebensbedrohliche Situation zwang viele zur Emigration. Da eine Reihe von Künstlern nach Amerika ging, wurde New York in den 40er-Jahren zum künstlerischen Sammelpunkt und zum Ort der Begegnungen. Auch viele Surrealisten trafen hier (wieder) zusammen. Wenngleich der Surrealismus Anfang der 40er-Jahre seinen Höhepunkt bereits überschritten hatte, lieferte er doch der Kunstentwicklung der unmittelbaren Nachkriegszeit unübersehbare Impulse.

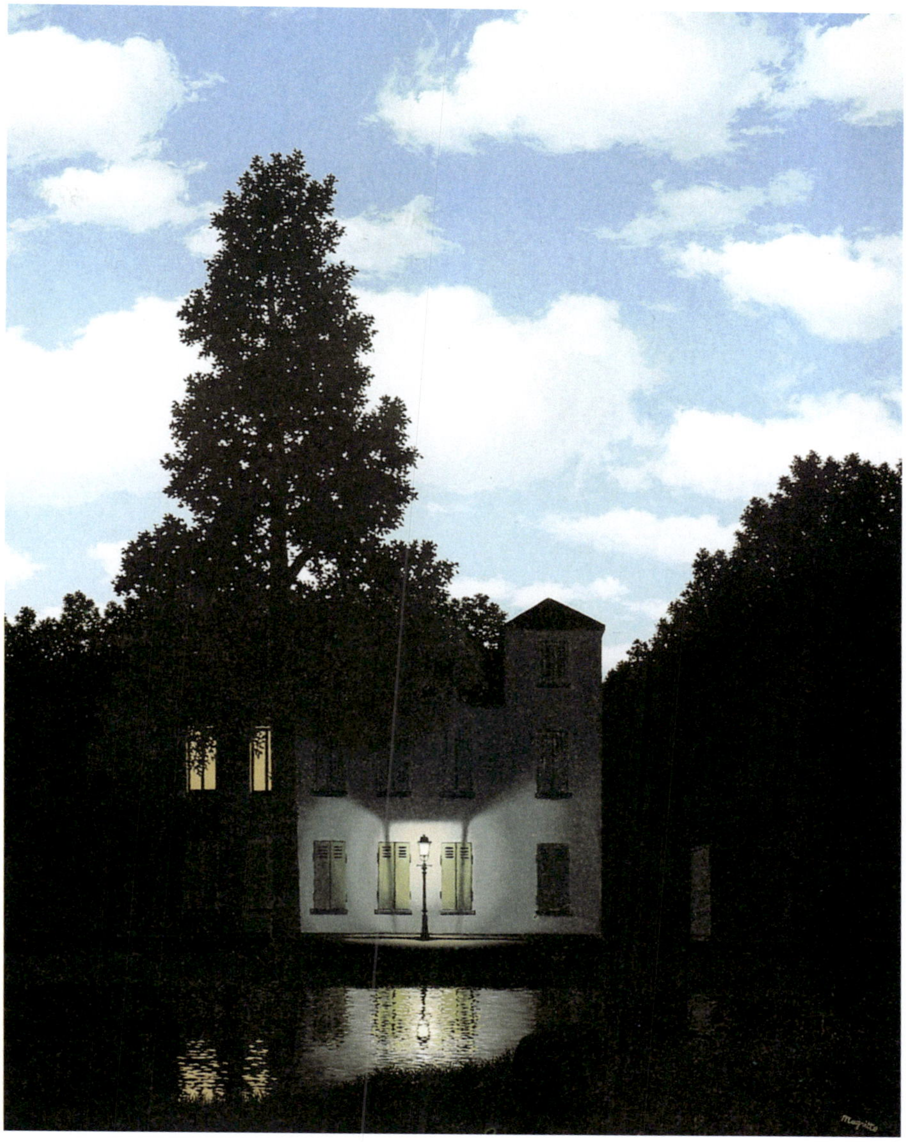

René Magritte, *Das Reich der Lichter*, 1954. Öl auf Leinwand, 146 x 114 cm. Musées royaux des Beaux-Arts de Belgique, Brüssel

Magritte, äußerlich sein Leben lang eine ganz bürgerliche Erscheinung, rüttelte in seiner Kunst an der Ordnung der Dinge. Tote Gegenstände haben Augen, Spiegelbilder verschwinden, nächtliche Straßen liegen unter strahlendem Tageshimmel. Die Welt scheint Löcher zu bekommen, die Sicherheit der Orientierung und Verlässlichkeit des Gewohnten schwindet. In vielen Bildern erreichte Magritte diesen Effekt durch überraschende Kombinationen von Gegenständen, deren Materialität oder deren Größenmaßstab verwandelt ist. Zwischen diesen Gegenständen springt, wie die Surrealisten sagen, ein „poetischer Funke". Das heißt, das Zufällige, die plötzliche absurde Eingebung bekommt einen unerklärlichen Sinn. Ähnlich ist es mit Magrittes Bildtiteln. Sie sind surrealistisch, indem sie rein gar nichts mit den Bildern zu tun haben. Aber manchmal schlagen Assoziationen über die entstehende Kluft flüchtige Brücken.

Neue Kunst
der Neuen Welt

ABSTRAKTION UND FIGURATIVE MALEREI

ab 1945

ABSTRAKTER EXPRESSIONISMUS 1945–1960

Abstraktion als Weltsprache

Nach dem Ende des Zweiten Weltkrieges sehnten sich die Menschen nach einem Neubeginn. Man war froh, dass der mörderische Krieg, der zwischen 1939 und 1945 Europa in Schutt und Asche gelegt hatte, endlich vorbei war, und hoffte auf ein besseres Leben in Frieden und Wohlstand. An die Schrecken des Krieges wollte man möglichst nicht erinnert werden – insbesondere in Deutschland, wo zudem die jüngste Vergangenheit auf dem Gewissen der Nation lastete. Faschismus, Krieg und Holocaust hatten alle moralischen und ethischen Werte aufs Tiefste erschüttert. Auch hatte der Abwurf der ersten Atombombe durch amerikanische Truppen im Sommer 1945 auf die Stadt Hiroshima der Menschheit die verheerende Wirkung moderner Technologien schockartig bewusst gemacht. Die Angst vor der vernichtenden Bombe beherrschte das kommende Jahrzehnt. In den 50er-Jahren, der Ära des Kalten Krieges, als sich die beiden Supermächte UdSSR und USA in der nunmehr in zwei ideologische Lager gespaltenen Welt als unversöhnliche Kontrahenten gegenüberstanden, lag die Gefahr eines neuen Krieges mehr als einmal bedrohlich akut in der Luft. Von einem Aufatmen konnte also keine Rede sein.

In der Kunst herrschte in der unmittelbaren Nachkriegszeit, vor allem in Europa, zunächst eine gewisse Orientierungslosigkeit. Wie jetzt weiter? Man suchte nach Anknüpfungspunkten. Die nationalsozialistische Bilderstürmerei hatte zu einer künstlerischen Verarmung geführt. Eine Reihe bedeutender Avantgardisten wie Chagall, Albers, Moholy-Nagy, Mondrian, Duchamp, Grosz, Ernst oder Dalí waren, um der Verfolgung durch die Nationalsozialisten oder den Auswirkungen des Krieges zu entgehen, in die Vereinigten Staaten emigriert, wo die Folgen des Krieges noch am wenigsten zu spüren waren.

Die wirtschaftlich vergleichsweise günstige Situation der USA ermöglichte zudem ein großzügiges privates Mäzenatentum, das so in Europa niemals denkbar gewesen wäre. In Amerika hatte Kunstsponsoring Tradition. Seit der „Armory Show“, die 1913 die europäische Avantgarde in der Neuen Welt bekannt gemacht hatte, hegten die Kunstinteressierten in der ersten Hälfte des

1945: Die Kapitulation Japans beendet den Zweiten Weltkrieg. Gründung der UNO und Verfestigung der neuen Verhältnisse (Nachkriegsordnung).

1948: Währungsreform in Deutschland. Die Berlin-Blockade wird durch eine Luftbrücke überwunden.

1949: Gründung der BRD und der DDR und des Europarates in Straßburg; Sieg Mao Tse-tungs in China.

1953: Stalin stirbt. Am 17. Juni Arbeiteraufstand in der DDR.

1957: Der erste (unbemannte) Erdsatellit „Sputnik“ der UdSSR.

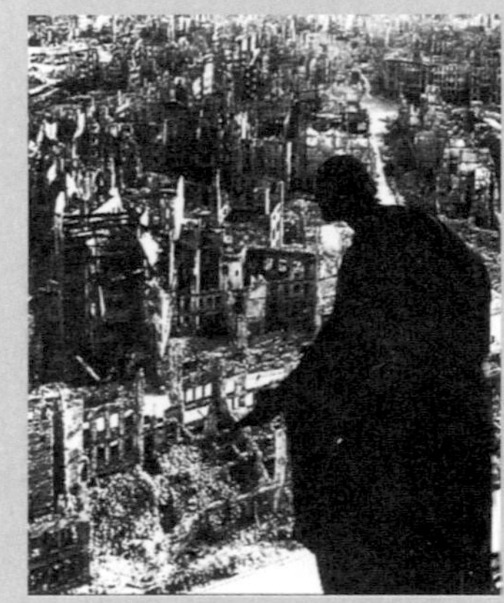

Das zerstörte Dresden nach dem Bombardement vom 13. 2. 1945

1959: Castros Sieg in Kuba verschärft den Ost-West-Konflikt (Raketendrohung zwischen USA und UdSSR); bis 1962 Höhepunkt des Kalten Krieges.

1961: Der Bau der Berliner Mauer manifestiert die Teilung Deutschlands.

1963: US-Präsident John F. Kennedy wird in Dallas ermordet.

1964: Nikita Chruschtschow wird gestürzt; Verschärfung des Vietnam-Konfliktes zu offenen Kriegshandlungen (bis 1968).

1965: Beginn der Kulturrevolution in China (bis 1967).

1966: Beginn der Studentenunruhen in den westlichen Ländern, zunächst als Protest gegen den Vietnamkrieg.

1968: Höhepunkt der Studentenunruhen und Streikwellen in Europa; der „Prager Frühling“ in der ČSSR wird von Truppen des Warschauer Paktes niedergeschlagen.

1969: Erste Mondlandung der US-Rakete „Apollo 11“.

1972: Überfall arabischer Terroristen auf Israelis bei den Olympischen Spielen in München.

1974: Die Watergate-Affäre führt zum Sturz von US-Präsident Nixon. „Nelken-Revolution“ und Einführung der Demokratie in Portugal.

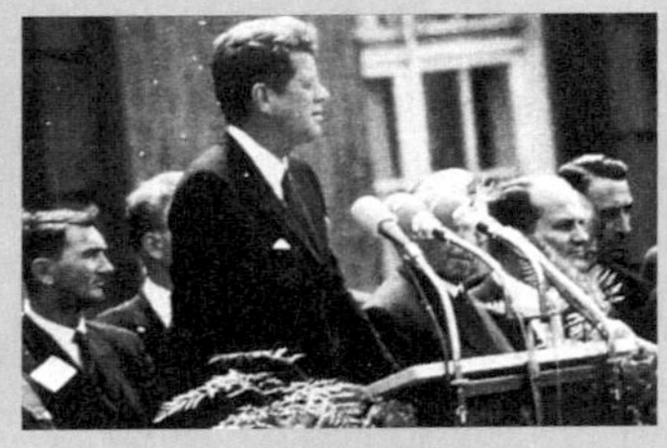

Der amerikanische Präsident John F. Kennedy 1963 in Berlin

1975: Spanien wird nach dem Tod Francos wieder eine Demokratie.

1979: Ayatollah Chomeini errichtet im Iran eine „Islamische Republik“; Russischer Einmarsch in Afghanistan.

1980: Politische Unruhen in mehreren Ländern Afrikas; Nato-Doppelbeschluss.

1981: Arbeiterunruhen in Polen führen zur Verhängung des Kriegsrechtes. Beginn des konservativen Kurses in den USA.

1982: Krieg um die Falklandinseln zwischen Großbritannien und Argentinien.

1983: Anwachsen der internationalen Friedensbewegung gegen Atomwaffen; politische Vorschläge zur Waffenreduzierung.

1984: China beschließt eine Wirtschaftsreform mit kapitalistischen Elementen. Blutige Unruhen in Indien nach Ermordung Indira Gandhis.

1985: Michail Gorbatschow wird Generalsekretär der UdSSR und leitet den Reformprozess (Perestroika) ein.

1987: UdSSR und USA unterzeichnen die „doppelte Nulllösung“ für Begrenzung und Abbau von Mittelstreckenraketen.

1989: Die DDR erteilt allgemeine Reisefreiheit und öffnet die Berliner Mauer; Zusammenbruch des sozialistischen Systems in der DDR.

1990: Wiedervereinigung Deutschlands und erste gesamtdeutsche Wahlen nach dem Krieg. Änderung der politischen Strategien in Ost und West. Politische Krisen nach Auflösung der UdSSR in Einzelstaaten.

2001: Bei Terroranschlägen in New York und Washington sterben mehr als 3000 Menschen.

2003: Krieg der USA, Großbritannien und anderer Staaten gegen den Irak.

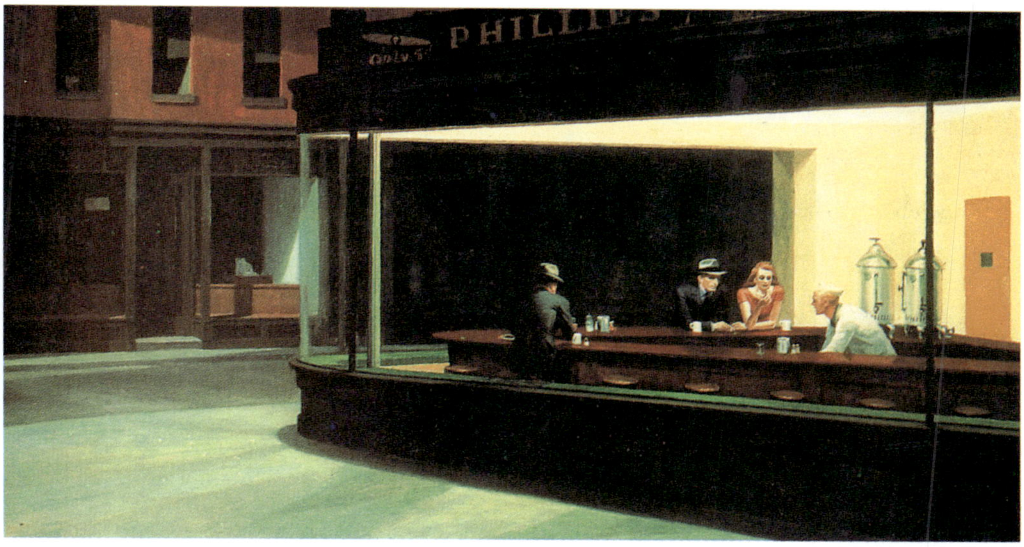

Edward Hopper, *Nachteulen*, 1942. Öl auf Leinwand, 84,1 x 152,4 cm. The Art Institute of Chicago; Friends of American Art Collection, 1942–51

Unzählige Romanleser und Kinogänger in aller Welt haben ein bestimmtes Bild von einsamen Großstadthelden, die ein Amerika der 30er- und 40er-Jahre bevölkerten. Hoppers berühmtes Gemälde scheint diesem Bild genau zu entsprechen, und tatsächlich gibt es Wechselwirkungen zwischen Hoppers Malerei und dem Film. Aber Hopper erzählt keine Geschichten. Motivationen, das Vor- und Nachher einer Handlung sind unwichtig in seinen Bildern, deren Raumwirkung oft ein wenig an de Chirico erinnert. Auch bei Hopper scheint die Zeit angehalten wie in einem Moment überraschenden Wiedererkennens.

20. Jahrhunderts ein gewisses Faible für die Expressionisten, Kubisten und Surrealisten, und man schaute gar ein wenig neidvoll auf die reiche Kunstlandschaft in Europa, deren unumstrittenes Zentrum seit den Tagen der Impressionisten Paris war. Um das ‚Kunstdefizit', die als schmerzlich empfundene kulturelle Lücke zu schließen, aber auch, um, wie Mrs. Rockefeller, eine der Mitbegründerinnen des Museum of Modern Art, es ausdrückte, „den zeitgenössischen Künstlern ein ähnlich dramatisches Schicksal wie das van Goghs zu ersparen, der zu Lebzeiten nicht einmal genügend Geld mit seinen Bildern verdiente, um sich Brot kaufen zu können", wurde im Jahre 1929 ein Museum eröffnet, das auf privater Grundlage gegründet und finanziert worden war und sich ausschließlich der modernen Kunst verschrieben hatte. Das Museum of Modern Art in New York gehört heute zu den wichtigsten und renommiertesten Museen der Kunst des 20. Jahrhunderts. Dem Beispiel dieses privaten Kunstengagements folgend, eröffnete zehn Jahre später ebenfalls in New York das Guggenheim-Museum, das sich anfangs jedoch programmatisch „Museum of non-objective art – Museum für ungegenständliche Kunst" nannte und damit den Schwerpunkt der Sammlung kennzeichnete – der sich jedoch bald änderte. Diesen beiden Institutionen sowie vielen privaten Sammlern und Mäzenen ist es zu verdanken, dass sich im Laufe der 40er-Jahre New York zur neuen Kunstmetropole entwickelte und damit der traditionsreichen Kunst-Stadt Paris den Rang ablief.

Nicht zuletzt unter dem Einfluss der europäischen Künstler-Emigranten entwickelte sich die bis dahin international wenig beachtete amerikanische Kunstszene, die von einem der Neuen Sachlichkeit ähnlichen Realismus geprägt war – zu dessen wichtigsten Vertretern die Maler Grant Wood, Andrew Wyeth und Edward Hopper zählten –, nach dem Krieg zur tonangebenden Stimme im internationalen Konzert. Das Stück, das gespielt wurde, hieß Abstraktion. Die Melodie war bekannt: Schon in den ersten zwanzig Jahren des Jahrhunderts hatten es einige Spatzen von den Dächern (funktionalistischer Bauten) gepfiffen: Die Expressionisten Kandinsky und Klee, die Bauhaus-Konstruktivisten, die Malerinnen und Maler der russischen Avantgarde und die Surrealisten hatten mit ihrer Kunst den Boden bereitet. Die Veteranen der Klassischen Moderne bildeten nun, sofern sie noch lebten, das Bindeglied zwischen Vor- und Nachkriegsepoche.

Weniger aus ästhetischen denn aus ideologischen Gründen lehnte man in der Nachkriegszeit im Westen jegliche Form der gegenständlichen Malerei ab. In einer vorschnellen Abwehrreaktion setzte man jede Form der gegenständlichen Darstellung mit der*NS-Kunst* oder dem staatlich verordneten *Sozialistischen Realismus* gleich, der im Ostblock als politisch korrekte Kunstäußerung propagiert wurde. Die abstrakte Malerei hingegen erschien wegen ihrer Offenheit und ihres unverbindlichen Inhalts als einzig mögliche, dem „freien Westen" angemessene Kunst. Darüber hinaus mochte man sich wahrscheinlich lieber an ungegenständlichen Bilderwelten erfreuen als an Darstellungen wie jenen von Carl Hofer, die in eindringlicher Weise das Elend des Krieges und der unmittelbaren Nachkriegszeit abbildlich vor Augen führten. So wurde die abstrakte Malerei in den 50er-Jahren zum eindeutig dominanten Stil der westlichen Hemisphäre.

Carl Hofer, *Mann in Ruinen*, 1937. Öl auf Leinwand, 120 x 118 cm. Staatliche Kunstsammlungen, Kassel

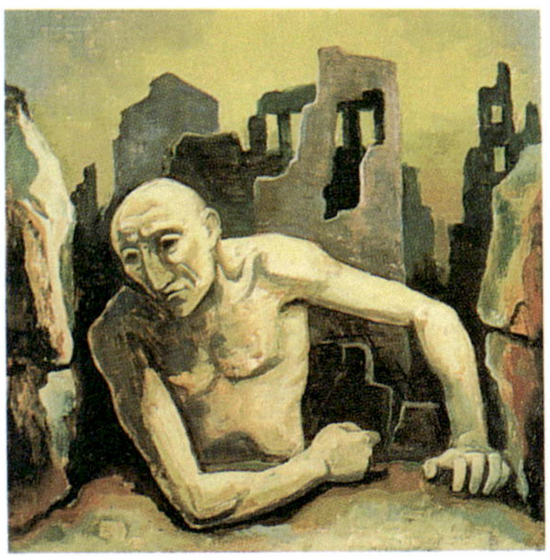

Jackson Pollock, *Nummer 32*, 1950. Lackfarbe auf Leinwand, 269 x 457,5 cm. Kunstsammlung Nordrhein-Westfalen, Düsseldorf

In kontrollierter Aktion und doch auch zufallsbestimmt in einem wie von selbst ablaufenden Prozess bedeckt Pollock die Leinwand mit Farbspuren. Das Fehlen einer inszenierten Gewichtsverteilung und komponierter harmonischer Relationen betont die reine Fläche des Bildes. Dennoch bewahrt Pollocks Malerei die Möglichkeit, figürliche Formen und Illusionsraum zu erzeugen. Denn in das schwarze Netz, das weder ganz chaotisch ist noch im Gegenteil ein wiederholbares Muster bildet, kann der Betrachter eigene Raumfiguren hineinsehen, also einzelne Farbkomplexe vor-, andere zurücktreten lassen. Diese Möglichkeiten sind nicht vorgeschrieben und müssen vom Betrachter selbst an die Bildfläche herangetragen werden.

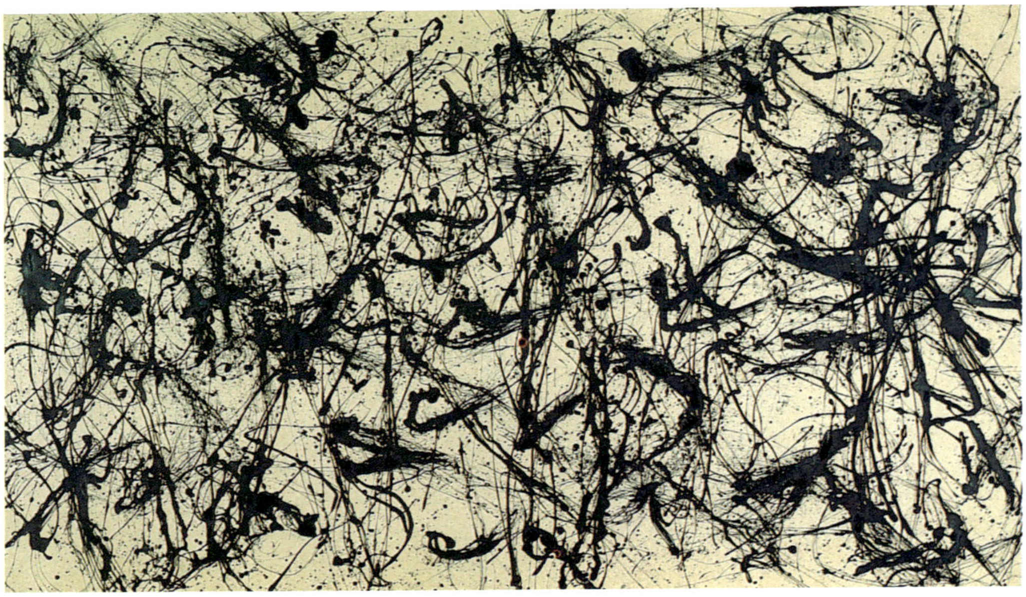

Wols, *Malerei*, 1946/47. Öl auf Leinwand, 80 x 80 cm. Staatliche Museen zu Berlin – Preußischer Kulturbesitz, Nationalgalerie

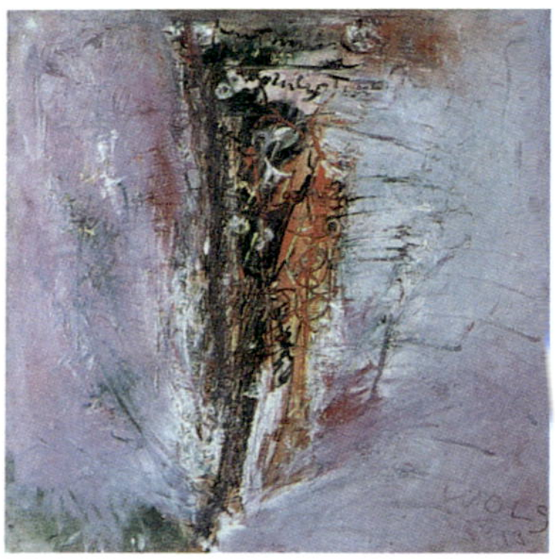

Abstrakter Expressionismus – Tachismus, Informel Action Painting

Die „Weltsprache Abstraktion" wird gern als Kunst des Neubeginns bezeichnet. Wenn auch die Kunst nach 1945 keine „Stunde Null" zu verzeichnen hat, da ihre Wurzeln unübersehbar in der Kunst der ersten Hälfte des 20. Jahrhunderts liegen, begann nach dem Krieg doch eine neue künstlerische Ära. Kunst wurde neu definiert. Nach dem Krieg glaubte offenbar niemand mehr so recht daran, mit dem Pinsel die Welt verändern zu können. Barnett Newman erinnerte sich, dass er 1941 das Gefühl hatte, „dass die Welt zu Ende geht. Aber damit verlor auch die Malerei jede Bedeutung und Berechtigung. Unmöglich, noch länger Blumen, Figuren, Menschen zu malen. Die Frage war, was ging überhaupt noch."

Die Nachkriegskünstler stellten die Malerei auf die Probe: Sie nahmen ihr ihre traditionelle Abbildfunktion und ließen sie ungeschminkt, aller darstellenden Funktionen entkleidet, zu Wort kommen. Doch anders als die Avantgarde nach dem Ersten Weltkrieg wollten die Künstler nach dem Zweiten Weltkrieg mit der abstrakten Kunst keine neuen Werte für die Welt, keine Utopien entwerfen. Sie kreisten um sich selbst, suchten nach individuellen Ausdrucksformen. Heraus kam dabei eine verwirrende Vielzahl von Stilen und Richtungen. Die französischen abstrakten Maler Georges Mathieu oder Wols hatten ausgehend von der surrealistischen *écriture automatique* einen Stil der unkontrollierten Niederschrift entwickelt, den sie „Tachismus" („tache", frz. „Fleck") nannten. Der Tachismus wurde in abgewandelter Form von deutschen Malern wie Willi Baumeister, Ernst Wilhelm Nay, Karl Otto Götz oder K. R. H. Sonderborg adaptiert. In Deutschland subsumierte man die abstrakte Kunst unter dem (französischen) Begriff „Informel" – im Sinne von „ohne (abbildliche) Form".

Einen verbindlichen Kanon, was und wie Kunst zu sein hatte, gab es nicht mehr. Einzig die Subjektivität des Künstlers, die erstmals im Expressionismus formbestimmend geworden war, wurde nun zum gültigen Maßstab der Kunstproduktion erhoben. Inwieweit der Künstler auf ästhetische Konventionen oder traditionelle Kompositionsmuster Rücksicht nahm, war allein ihm überlassen. Die künstlerische Freiheit, die im Regelverzicht lag, machte dem breiten Publikum den Umgang mit Kunst schwer. Vielen Menschen war unverständlich, wie diese Malerei, in der der Alltag in keinem Strich vorkam, als Ausdruck modernen Lebensgefühls gefeiert werden konnte. Nicht wenige empfanden die Bilder als überschätzte, dilettantische Farbschmierereien. Auffälligstes Merkmal der Arbeiten war, dass sie nichts mehr darstellten, was man auf den ersten Blick erkennen konnte. Ihre Betrachtung erforderte neue Sichtweisen. Weniger das „Etwas-aus-einem-Bild-Herauslesen" war gefragt als vielmehr das „Hineinsehen", was Fantasie, Sammlung, Besinnung und Selbstbefragung erfordert. Insofern passten diese Bilder durchaus in ihre Zeit. Durch die offenbare Botschaftslosigkeit der Bilder wurde der Betrachter auf sich selbst zurückgeworfen. Er war gezwungen, über sich und seine Welt nachzudenken.

Jackson Pollock, neben Robert Motherwell und Willem de Kooning der wichtigste Vertreter des amerikanischen „Abstrakten Expressionismus", gab den Betrachtern seiner Bilder den Rat: „Sie sollten versuchen aufzunehmen, was das Bild

Ihnen anzubieten hat, und nicht einen Hauptinhalt und eine vorgefasste Meinung mitbringen, nach deren Bestätigung sie suchen."

Diese Art des fantasievollen Schauens hatte schon Leonardo da Vinci um 1500 in seinem *Traktat von der Malerei* gepriesen, in dem es heißt: „Eine neu erfindende Art des Schauens besteht darin, dass du auf manche Mauer hinsiehst, die mit allerlei Flecken bekleckst ist. Hast du irgendeine Situation zu erfinden, so kannst du da Dinge erblicken, die diversen Landschaften gleich sehen. Durch verworrene und unbestimmte Dinge wird nämlich der Geist zu neuen Erfindungen wach."

Das trifft ganz gewiss auch auf die Bilder von Jackson Pollock zu. In allen anderen Punkten jedoch orientierte sich Pollock keineswegs an den alten Meistern. Im Gegenteil: Er brachte die traditionelle Malerei im wahrsten Sinne des Wortes zu Fall. Anstatt an der Staffelei zu malen, breitete er seine Leinwände auf dem Boden aus. Wenn Pollock die Farbe von dicken Pinseln und aus durchlöcherten Büchsen auf die am Boden liegende Leinwand rinnen ließ, wenn er mit wilden Schwüngen die Farbe schleuderte und spritzte und selbst wie ein kleiner Derwisch um und über sein Bild lief, konnte von „Malen" im herkömmlichen Sinne keine Rede mehr sein. Ein Kritiker nannte diese Vorgehensweise daher treffend „Action Painting", Aktionsmalerei. Diese Bezeichnung verdeutlicht, worum es Pollock ging: Malen war eine Aktion, eine reale – wenngleich oft rauschhafte oder tranceähnliche – Handlung. Nie konnte der Maler vorhersagen, wie das Endprodukt aussehen würde. Die Titel für die Bilder fand Pollock im Nachhinein – je nachdem, woran ihn die entstandene Struktur seines „Dripping", seines „Klecksbildes", erinnerte. Meistens jedoch versah er sie nur mit einer Nummer oder dem Datum des Entstehungstages. Oder er ließ die Linienknäule schlicht „ohne Titel", um dem Betrachter völlig freie Hand zu lassen.

Die abstrakten Maler wollten keine Anleitungen geben, vielmehr sollte der Betrachter wie ein zweiter Künstler sein eigenes individuelles Bild schaffen. Die bemalte Leinwand diente dabei als Anlass, als Vorlage. Durch eine derartige kreative, sinnstiftende Betrachtung ist das Bild zwangsläufig immer aktuell und zeitgemäß, entsteht es doch eigentlich erst im Moment des Anschauens und der Auseinandersetzung. Solange den Farbspuren vom Betrachter keine mögliche Bedeutung unterlegt wird, zeigt sich das Werk unverblümt als ein Stück Leinwand mit Farbe darauf, also als etwas, das man eher geneigt ist, „handwerklich" denn „künstlerisch" zu nennen. Aber gerade weil das Bild als ‚Beweisstück', als Dokument eines Arbeitsprozesses auch ein Stück Realität abbildet, ist es in seiner Abstraktion zugleich realistisch. Es ist ein realistisches Abbild der Wirklichkeit. Die Farbspuren sind die Bewegungsspuren des Lebens selbst. Das Bild ist kein ‚Als-ob', keine Fiktion mehr, sondern Protokoll einer tatsächlichen Aktion. Um die Wirklichkeitsnähe ihrer Bilder noch zu betonen, verzichteten die meisten abstrakten Expressionisten auf den schweren Bilderrahmen, der üblicherweise ein Werk von seiner Umwelt isoliert. Zudem erweckt gerade die *All-over-Malerei* Pollocks, sein schwerpunktloses Tropfen bis an den äußersten Bildrand, den Eindruck, die Kleckerspuren könnten sich endlos über das Bild hinaus fortsetzen. Eine solche Ausschnitthaftigkeit hatte schon bei den Impressionisten den Eindruck von Wirklichkeitsnähe hervorrufen sollen. Jack „the Dripper" steigerte jetzt den Eindruck der wirklichkeitsnahen Unmittelbarkeit noch mehr durch extreme Formate. Wie eine Wand stehen die Bilder vor dem Betrachter. Kein Weg, kein Blick führt an ihnen vorbei. Sie sind Teil der Umwelt.

Stille Farben, tiefe Flächen – Geometrische Abstraktion

Als Gegenstück zur lyrisch expressiven Abstraktion Pollocks oder de Koonings entwickelte sich annähernd zeitgleich die „Geometrische Abstraktion", bei der Rückschlüsse auf die individuelle Stimmung des Künstlers oder auf den Entstehungsprozess des Bildes völlig ausgeschaltet werden. Diese Richtung bezeichnet man daher auch als „post-painterly abstraction". Die Maler der Geometrischen Abstraktion entfernten die individuelle Handschrift aus der Malerei und füllten die Leinwände mit klaren, glatten Farbflächen. Ein Bild sollte an nichts Gegenständliches mehr erinnern, sondern ganz aus sich heraus, als reine Malerei wirken. Die Betrachter sollten sich auf das Bild konzentrieren können, ohne einen Gedanken daran zu verschwenden, wie es wohl gemacht worden war oder was man darin erkennen kann. Das Einzige von Bedeutung war die Konfrontation: hier die Malerei, dort der Betrachter. Die von Kandinsky, dem Urvater der Abstraktion, aufgestellte Kette „Künstler–Werk–Betrachter" wurde auf die letzten beiden Glieder reduziert – und somit der Betrachter mit dem Bild allein gelassen.

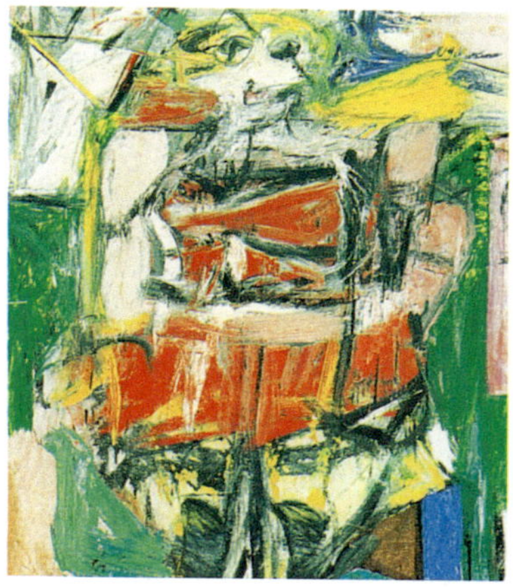

Willem de Kooning, *Woman VI*, 1953.
Öl auf Leinwand, 174 x 149 cm.
Schenkung G. David Thompson, Carnegie Museum of Art, Pittsburg

Kennzeichen der Malerei de Koonings ist ein äußerst bewegter *Duktus*. Die Farbe wird schwungvoll und oft mit breiten Pinseln aufgetragen. „Schaue nicht, male!" lautete das Motto des Künstlers, und tatsächlich leben seine Bilder von der Dynamik des Farbauftrags und der Leuchtkraft der Farben. Entsprechend ging es ihm bei der Serie *Women – Frauen* weniger um den weiblichen Körper als vielmehr um den „Körper des Bildes". In gestischer Malweise entstanden dichte Gewebe von Flächen und Linien, aus denen der Gegenstand nur stellenweise aufscheint.

Mark Rothko, *Earth and Green*, 1955.
Öl auf Leinwand, 231,5 x 187 cm.
Museum Ludwig, Köln

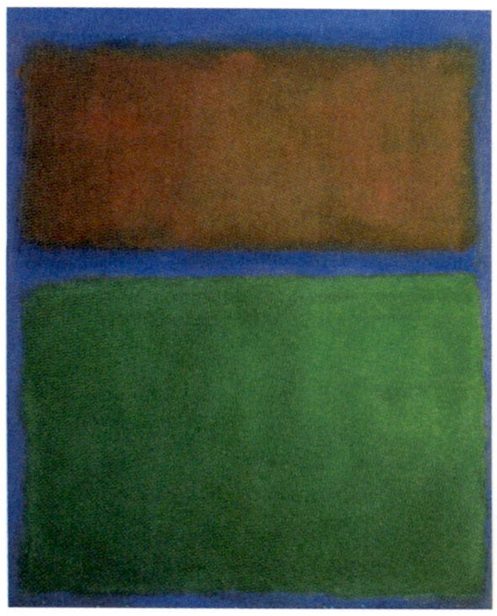

Ad Reinhardt, *Abstract Painting*, 1954/59. Öl auf Leinwand, 276 x 102 cm. Museum Ludwig, Köln

Maler wie Barnett Newman, Mark Rothko und Ad Reinhardt wollten Bilder der Meditation und Versenkung schaffen. Insbesondere für Newmans malerische Unendlichkeitsräume spielten asiatische Philosophien eine wichtige Rolle. Gerade die ‚Leere' der Bilder lässt dem Betrachter in ungewohntem Maße Platz für eigene Empfindungen. Zeit und Raum verlieren vor den in der Regel großen Bildern ihre Bedeutung. Bei Newmans Riesenbildern sieht sich der Betrachter Farbflächen gegenüber, die nach einiger Zeit für das menschliche Auge zu vibrieren beginnen und auf der Netzhaut fast bedrohlich lebendig werden. Seine Frage *Who's Afraid of Red, Yellow and Blue? – Wer hat Angst vor Rot, Gelb und Blau?* hat somit durchaus ihre Berechtigung.
Sanfter und nicht abweisend sind die unscharfen Farbflächen von Mark Rothko. Die diffus verschwimmenden Farbrechtecke entfalten bei längerer Betrachtung eine tiefe Räumlichkeit, während der matte, stoffliche Farbauftrag zugleich die Oberfläche und damit Flächigkeit des Gemäldes betont. Ähnlich wie Newman verwendet auch Rothko meist große Leinwände, sodass sich der Betrachter ganz von Farbe umgeben fühlt. „Ein kleines Bild zu malen bedeutet, sich (und den Betrachter) aus seiner Erfahrung herauszunehmen. Wenn man ein großes Bild malt", so Rothko, „ist man in ihm." Die geradezu mystische Versenkung in das Medium Farbe verweist bei Rothko auf seine russische Herkunft, seine tief im Religiösen wurzelnde Geisteshaltung. Zugleich kennzeichnet sie den für die Nachkriegsabstraktion typischen Versuch, aus der Illusion des Tafelbildes in eine neue, konkret auf den Betrachter bezogene und somit „realistischere" Kunst vorzudringen.
Ganz in diesem Sinne ist auch Ad Reinhardts pointierte Aussage „Kunst ist Kunst und alles andere ist alles andere" zu verstehen. Kunst bildete nicht mehr ab, sondern verkündete ihre eigenen Wahrheiten. Die zu entdecken, muss man sich bei der Betrachtung von Reinhardts auf den ersten Blick einfarbig erscheinenden, tatsächlich aber fein nuancierten Farbskalen Zeit nehmen. Lässt man sich auf eine längere Beschäftigung mit dem Bild ein, eröffnet es eine erstaunliche farbliche Vielfalt. Diese subtile Wirkung ist allerdings nur vor dem Original erfahrbar, wenn einem das Bild wie ein großer Farbraum erscheint, in den man mit den Blicken immer tiefer eindringt – ähnlich dem Effekt, wenn sich die Augen an die Dunkelheit gewöhnen und man plötzlich viele Dinge sieht, die einem zuvor verborgen waren. Die Bilder von Newman, Rothko und Reinhardt fordern Ruhe. Diese Künstler schufen Bilder der Stille und der Versenkung oder, wie es ein amerikanischer Kritiker beschrieben hat: „Newman schloss die Fenster, Rothko ließ die Vorhänge herunter und Reinhardt löschte das Licht."

KONKRETE MALEREI 1955–1975

Die Kunst der harten Kanten – Op-Art, Colour-Field Painting und Hard Edge

Im Gegensatz zu Newman oder Rothko hatten die Farbwirkungen für die Maler des Neokonstruktivismus nichts metaphysisch Geheimnisvolles, sondern sie waren physikalische Phänomene, deren unterschiedliche Wirkung man experimentell erproben konnte. Die Gestaltung eines Kunstwerks beruhte ihrer Meinung nach nicht auf einem Abstraktionsvorgang, sondern auf der unmittelbaren Verwendung der konkreten Bildelemente Fläche, Linie, Volumen, Raum und Farbe. Insofern sind auch ihre Bilder, deren einziger Gegenstand die Farbe ist, trotz aller Ungegenständlichkeit sehr konkret. „Konkrete Ab-

Barnett Newman, *Who's Afraid of Red, Yellow and Blue?* 1969/70. Öl auf Leinwand, 274 x 603 cm. Staatliche Museen zu Berlin – Preußischer Kulturbesitz, Nationalgalerie und Verein der Freunde der Nationalgalerie

„Ich will, dass der Betrachter vor meinem Bild empfindet, dass er anwesend ist", hat sich Newman gewünscht. Dies gelingt durch die schiere Größe (man beachte die Maße!) und die Intensität der Farbflächen. Das Bild hält den Betrachter in Unruhe, lässt ihn seine eigene ‚Arbeit' am Bild und damit natürlich auch seine Anwesenheit spüren. Bei ausgiebiger Betrachtung öffnen sich Newmans Bilder zu weiten Farbräumen.

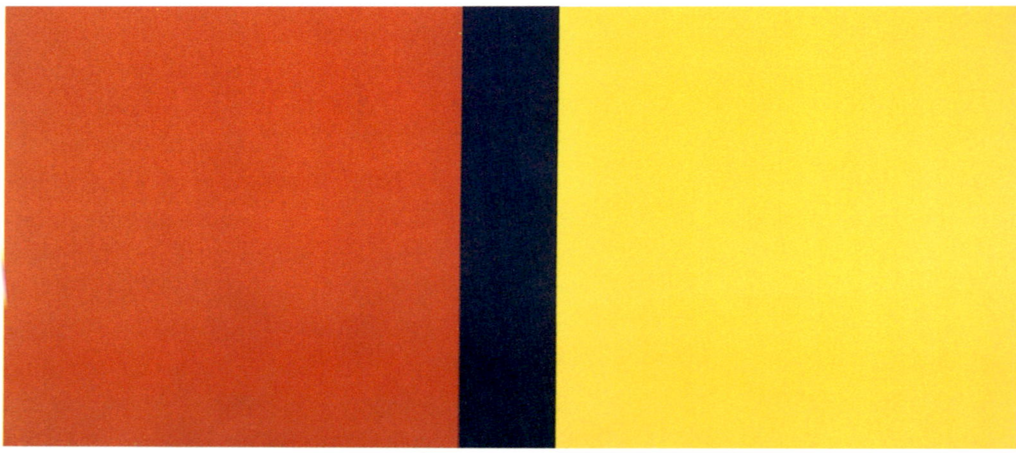

straktion" nannten sie ihre Kunst und betonten damit, dass die abstrakte Malerei nicht auf etwas außerhalb ihrer selbst verweist, sondern einen Eigenwert hat.

Die Effekte von Farben und Formen untersuchten auch die Künstlerinnen und Künstler der „Op-Art" (Abkürzung für „Optical Art"), deren Flimmerbilder in den 50er- und 60er-Jahren auf Dekor und Designgestaltung großen Einfluss ausübten. Der eigentliche Vater und bedeutendste Repräsentant der Op-Art war Victor Vasarely, der bereits Mitte der 30er-Jahre mit der systematischen Erforschung optischer Reizeffekte begann, um – wie einst die Impressionisten – der Wirklichkeit des Sehens auf den Grund zu gehen. Diesen Ansatz verfolgte auch Bridget Riley, die daran interessiert war, im statischen Bild Bewegung zu erzeugen. Die Auseinandersetzung mit den französischen Pointilisten Seurat und Signac offenbarte ihr die bezwingenden Wechselwirkungen, die harmonierende und kontrastierende Farben für das Auge haben. In ihren „Streifenbildern" versetzen kalkulierte Farb- und Formkontraste die Bildfläche in Schwingungen, erzeugen Nachbilder und Rotationseffekte. Verwirrende, flimmernde Räumlichkeit und virtuelle Bewegungen stellen sich ein.

Diese kinetischen Effekte waren bereits dem Bauhaus-Künstler Moholy-Nagy ein Anliegen gewesen. Doch während der Ungar in den 20er-Jahren noch perspektivische Linienführungen für seine Raumbilder beanspruchte, beziehen sich die Op-Art-Künstler einzig auf die zweidimensionale Bildfläche und lassen die Bewegung als physiologischen Reiz allein durch das harte Aufeinandertreffen der Farben entstehen.

Die dahinterstehende Beschwörung der Eigenwertigkeit der Farbe war nicht neu. Sie wurzelt in den 1930 vom De-Stijl-Künstler van Doesburg postulierten Grundsätzen zur „elementaren Kunst" sowie im Bauhaus-Funktionalismus, der in den 50er-Jahren vor allem durch den emigrierten Bauhaus-Lehrer Josef Albers Verbreitung in den USA gefunden hatte. In unzähligen Varianten seiner*Homage to the Square – Huldigung an das Quadrat* spürt Albers dem Eigencharakter und dem Zusammenklang von Farben nach. Analytische Farbuntersuchungen wurden das eigentliche malerische Sujet des „Colour-Field Painting", der Farbflächen-Malerei. Farbe war hier nicht, wie Albers es einmal selbst formulierte, „Begleitumstand der Form", sondern eigentliches Ziel der künstlerischen Bemühungen. Diese zu sich selbst gekommene, autonome Farbe tritt innerhalb des Bildfeldes, das bei Albers relativ klein bleibt, in eine vielfältige Wechselbeziehung – ein Wirkungsprinzip, das der Künstler in seiner ganz aus der malerischen Praxis abgeleiteten Theorie „Interaction of colours – Kommunikation der Farben" nannte. Wichtig allerdings war ihm dabei, dass sich die Funktion der Farbe – anders als bei der Op-Art – nicht in dieser Wechselwirkung erschöpft, sondern dass die Farbe innerhalb der ‚Kommunikation' ihr eigenes ‚Gesicht' behält. „Die Farbe", schrieb Albers, „folgt – genau wie der Mensch – zwei verschiedenen Verhaltensweisen: zunächst der Selbstverwirklichung, dann der Herstellung der Beziehung zu anderen. Man muss gleichzeitig ein Individuum und ein Mitglied der Gemeinschaft sein können."

Die Farbe steht auch für die „Hard-Edge"-Maler Frank Stella, Kenneth Noland und Ellsworth Kelly im Zentrum des Interesses. Ihre Bilder sind Farbe pur. Dort, wo die Farbe aufhört, endet für sie konsequenterweise auch das Bild. Stellas „Shaped Canvases", die beschnittenen Leinwände, sind provozierend anspielungslos, Stellas Äußerungen dazu ebenso nüchtern: „Ich gerate immer mit Leuten aneinander, die an den alten Werten in der Malerei festhalten – den humanistischen Werten, die sie dauernd auf der Leinwand zu finden glauben. Wenn man sie

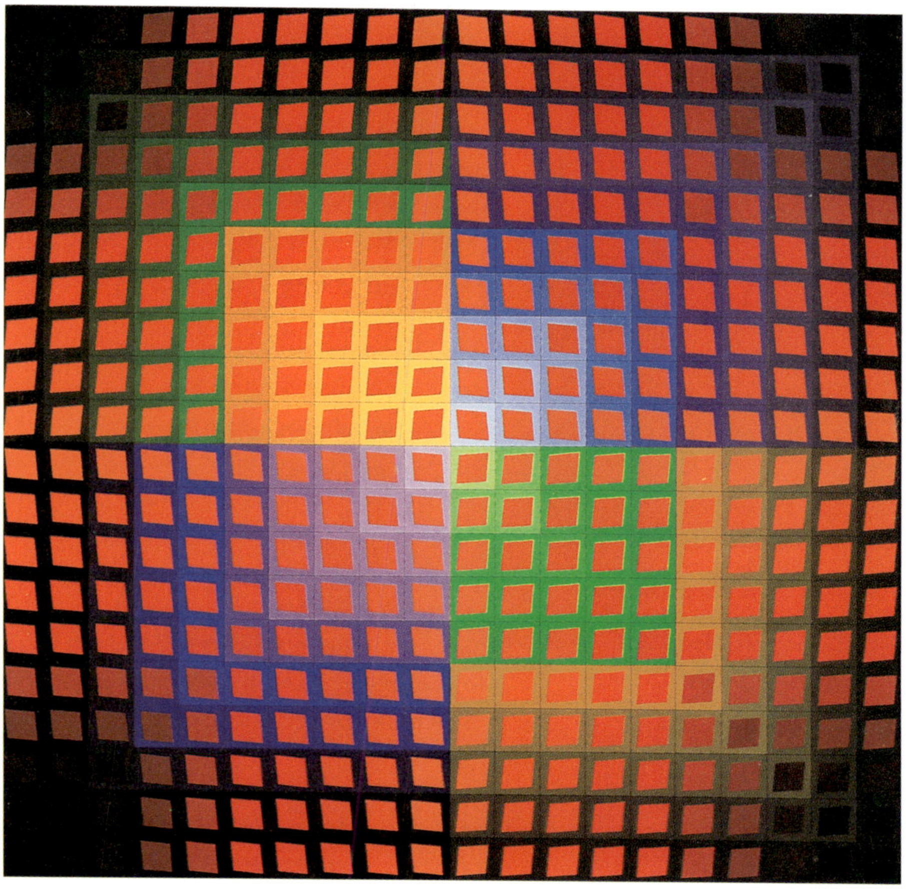

Victor Vasarely, *Lant II*, 1966. Tempera auf Sperrholz, 80 x 80 cm. Museum Ludwig, Köln

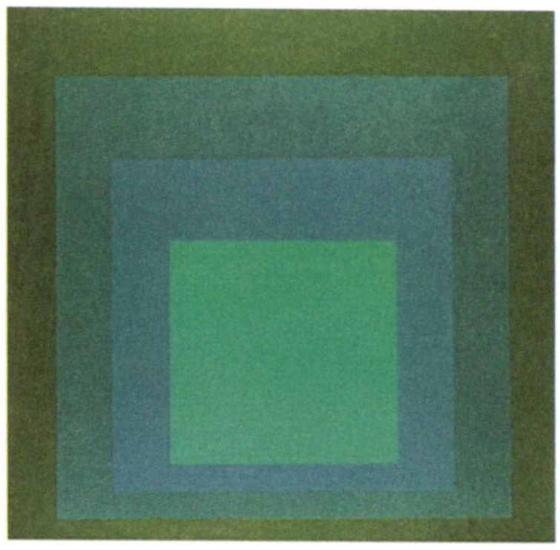

Josef Albers, *Homage to the Square. Open outwards*, 1967. Öl auf Masonit, 121,5 x 121,5 cm. Staatliche Museen zu Berlin – Preußischer Kulturbesitz, Nationalgalerie

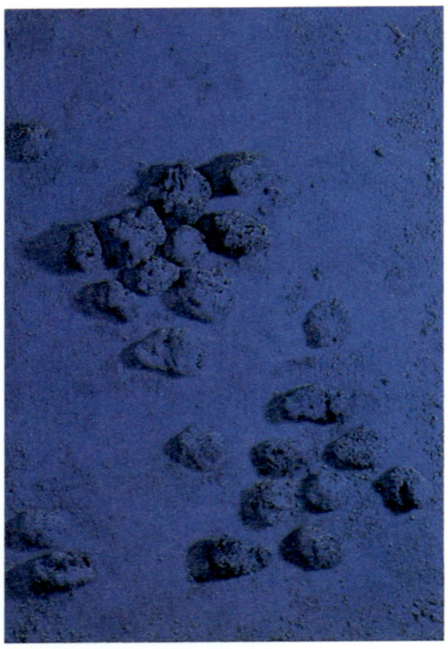

Yves Klein, *Schwammrelief, monochrom blau*, 1960. Holz, Schwämme, Pigment in Azeton gelöst, 230 x 154 cm. Kunstmuseum Düsseldorf im Ehrenhof

festnagelt, ziehen sie sich am Ende immer auf die Behauptung zurück, dass es außer den Farben noch etwas anderes auf der Leinwand gäbe. Meine Malerei beruht auf der Tatsache, dass es nur das, was zu sehen ist, auch wirklich gibt." Stellas Bilder sperren sich gegen die romantische Vorstellung vom Künstler, der seine Seele auf der Leinwand nach außen kehrt. Sie haben nichts Geheimnisvolles. Eine tiefere Bedeutungs- und Interpretationsebene entfällt, ein langes Versinken ist nicht möglich – ja auch gar nicht nötig, denn die „Instant Images", die „Sofortbilder", sollen auf einen Blick, unmittelbar und direkt wahrgenommen werden. Sie stehen wie ein Signal im Raum. Darstellung und Dargestelltes fallen zusammen. Dadurch sind die leuchtenden Bildtafeln mehr Objekt als Bild – und somit im Verständnis des Künstlers näher an der Realität, weil sie als Objekte den realen Raum tatsächlich durchdringen.

REALISMUS UND AKTIONSKUNST 1958–1975

Auf Messers Schneide zwischen Kunst und Leben – Nouveau Réalisme

Ähnlich objekthaften Charakter haben auch die Arbeiten der „Nouveaux Réalistes". Mit ihren Werken vollführten die „Neuen Realisten" Anfang der 60er-Jahre einen wahren Drahtseilakt zwischen der Welt der Kunst und der realen Dingwelt. So integrierte etwa Yves Klein in seine Gemälde Objekte, wie z. B. Schwämme, die er durch identische Farbigkeit ins Leinwandbild einband. „Yves, le monochrome", der Einfarbige, wie er sich scherzhaft nannte, bevorzugte unbeirrt die Farbe Blau – in der kunstgeschichtlichen Ikonografie die Farbe der Transzendenz und seit der Romantik Ausdruck für die Sehnsucht nach dem Unendlichen. Bekannt wurde Klein vor allem durch seine Anthropometrien: In spektakulären Kunst-Aktionen wälzten sich blaubemalte nackte Frauen nach Anweisungen des Künstlers über auf dem Boden ausgebreitete Leinwände. Diese unkonventionellen Abklatschbilder ‚malte' der Künstler statt mit Pinseln sozusagen ‚mit der Realität'. Durchgeistigter und zugleich ganz real sind dagegen seine großen monochromen Gemälde. Einerseits sind die blauen Bilder die ultimative Steigerung der Ungegenständlichkeit; etwas Abstrakteres als gleichförmig angestrichene, einfarbige Leinwände ist in der Malerei – man denke an Malewitschs *Schwarzes Quadrat auf weißem Grund* – kaum vorstellbar. Andererseits behaupten sie, gerade weil sie nichts anderes als sich selbst zeigen, ihre Identität als realen Gegenstand.

Dieses Realitätsprinzip hat der Italiener Lucio Fontana auf die Spitze getrieben. Sein Bildtitel *Concetto spaziale – Raumkonzept* ist wörtlich zu nehmen: Anstatt mit dem Pinsel bearbeitete Fontana die sorgfältig grundierte und auf einen Keilrahmen gespannte Leinwand mit einem spitzen Messer. Diese Aufschlitzungen waren nicht als Zerstörungsakt gedacht, sondern sollten den „aktionellen Prozess der Verräumlichung von Fläche durch das Aufklaffen der Schnittränder bewusst machen". Die durch die Spannung der grundierten Leinwand nach hinten gewölbten Schlitzkanten lassen den dunklen Zwischenraum bis zur Wand ‚auf' dem Bild sichtbar werden. Realer, wirklichkeitsgetreuer kann man Räumlichkeit im Bild nicht darstellen. In diesen ‚Gemälden' wird der Bildraum nicht – wie noch bei den Kubisten einige Jahrzehnte zuvor – malerisch neu definiert, sondern schlicht durch den realen Raum ersetzt. Die Wirklichkeit hatte die Kunst im wahrsten Sinne des Wortes durchdrungen.

Lucio Fontana, *Concetto spaziale* (Raumkonzept: Erwartung), 1966. Öl auf Leinwand, 80 x 100 cm. Museum Ludwig, Köln

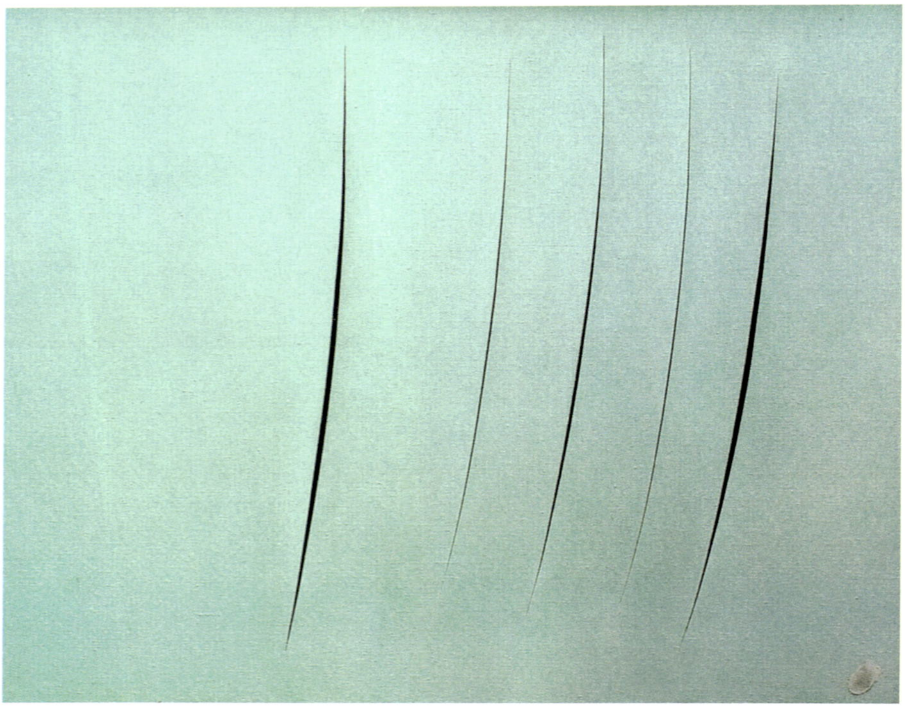

Die Wirklichkeit erobert die Malerei

Auf der Suche nach größtmöglicher Wirklichkeitsverbundenheit und damit erträumter Breitenwirkung verzichteten viele Künstlerinnen und Künstler ab Mitte der 60er-Jahre ganz auf die Malerei. Das gemalte Bild schlechthin war ihnen suspekt, lag und liegt es nun einmal in seiner

Natur, Illusion und Fiktion zu sein. Diese illusionistische Kunstwelt wollten sie zerstören. Kunst sollte nicht mehr etwas sein, das nur innerhalb des Systems „Kunst" funktionierte und außerhalb des ‚Elfenbeinturmes', in der gesellschaftlichen Realität, keine Bedeutung hat. Kunst sollte ins Leben integriert werden. Im Bemühen, die „Grenze zwischen Kunst und Leben" einzureißen, wendeten sich die Künstler neuen Formen zu. Im *Happening*, der künstlerischen Aktion, wurde das im Moment Stattfindende, der Prozess, zum Kunstwerk erklärt. *Environments*, jene großräumigen *Installationen*, die der Betrachter als tatsächlich vorhandene Umwelt („environment", engl. „Umwelt") erfährt, lassen Kunst und reale Welt eins werden.

Doch hat die Sache mit der Überführung der Kunst in die Wirklichkeit einen Haken – denselben übrigens, an dem seinerzeit auch schon die Dadaisten hängengeblieben sind, als sie die Kunst durch *Anti-Kunst* ersetzen wollten. Denn: Woran erkennt man Kunst, wenn sie sich nicht mehr von alltäglichen Dingen unterscheidet?

Diese Frage beschäftigte auch den amerikanischen Maler Jasper Johns. Er hinterfragte – ähnlich wie schon Magritte – die Kunstwirklichkeit und die Bedeutung von Bildern und Symbolen. Ist eine gemalte Fahne unwirklicher als eine reale? Verändert sich die Bedeutung der Flagge, wenn sie ‚nur' gemalt ist? Das Gemälde *Flagge auf orangenfarbenem Feld* fordert – da es die Antwort verweigert – zur Reflexion über die Kunst und ihre abbildliche und symbolische Funktion auf. Die Kardinalfrage lautete: Was unterscheidet die Kunst von der Wirklichkeit?

Die Aufforderung zur kritischen Auseinandersetzung mit Kunst und Wirklichkeit steckt auch in Robert Rauschenbergs Gemälden. Gegen Ende der 50er-Jahre begann der Maler, reale Gegenstände in seine Gemälde zu integrieren. Diese Kombination aus Malerei und Fundstücken nannte er „Combine Paintings – Kombinierte Gemälde". Sie rufen Erinnerungen an die MERZ-Kunst des Dadaisten Schwitters wach. Folgerichtig wird diese Kunst auch „Neo-Dadaismus" genannt. Doch anders als ihre rebellischen Großväter wollten die Neo-Dadaisten durch ungewohnte Zusammenstellungen keine tiefere Wahrheit aufdecken. Für sie entsprach das buntgewürfelte Nebeneinander einfach dem wirklichen Leben. Die Zusammenhänge musste der Betrachter schon selbst herstellen.

Ähnlich wie schon Pollock macht auch Rauschenberg dem Betrachter keine Vorgaben zur Erkundung des Bildes. Der Blick wird nicht durch eine bestimmte Komposition gelenkt und geleitet, vielmehr tastet man sich orientierungssuchend über die Bildfläche. Überall gibt es etwas zu entdecken. Zusammenhänge ergeben sich gemäß der individuellen Wahrnehmungsweise. Diese Sehgewohnheit entsprach noch ganz der Malerei des Informel. Doch wie seine Kollegen der Konkreten Abstraktion versuchte auch Rauschenberg, seine Rolle als Kunstschöpfer für die Wahrnehmung des Betrachters so weit wie möglich zurückzunehmen. Er griff auf vorgefertigte Materialien zurück und ordnete sie – bewusst – so an, dass dem Bildaufbau der Eindruck von Zufälligkeit anhaftete. Gleichwohl war auch er, ähnlich wie sein Ahnherr Schwitters, auf eine in sich stimmige Bildstruktur bedacht. Durch gelegentliches punktuelles malerisches Eingreifen akzentuierte er seine Kompositionen. Durch die demonstrative Verwendung von Fundstücken verzichtete Rauschenberg jedoch auf die sonst ein Werk konstituierende individuelle Handschrift. Er argumentierte nicht mit einer auf sich selbst verweisenden Malerei, wie es die Künstler des Abstrakten Expressionismus taten, sondern führte Dinge als künstlerische Mittel ein, die den Betrachtern aus dem Alltag bekannt waren. Auf diese Weise versuchte Rauschenberg, die Kluft zwischen Künstler und Laien abzubauen und eine Brücke zwischen der Kreativität beider Seiten zu schlagen. Durch die Einführung der ‚handfesten' Wirklichkeitsfragmente ist Rauschenberg ein Wegbereiter der Pop-Art geworden, bei der der Unterschied zwischen Kunstwerk und Gebrauchsgegenstand schließlich gegen null tendiert.

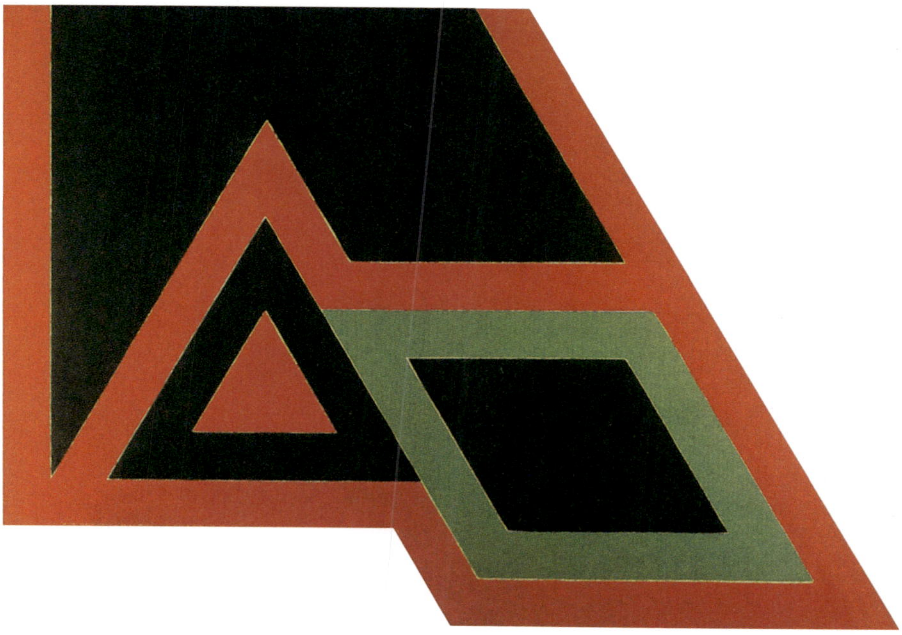

Frank Stella, *Sanbornville I*, 1966.
Alkyd- und Epoxitfarbe auf Leinwand, 371 x 264 x 10 cm. Staatliche Museen zu Berlin – Preußischer Kulturbesitz, Nationalgalerie

Mit den „Black paintings", symmetrischen Mustern aus breiten schwarzen Streifen, erteilte Frank Stella Ende der 50er-Jahre der subjektiven Selbstbehauptung, die den Abstrakten Expressionismus geprägt hatte, eine Absage. Statt seine Seele an der Leinwand nach außen zu kehren, suchte er nach den objektiven Gesetzen der Wahrnehmung. Von dort aus begann er, die Bedingungen der Malerei neu zu definieren: Wie ließ sich z.B. der dynamische Ausdruck geometrischer Grundformen steigern, wenn man das klassische Keilrahmengeviert des Tafelbildes aufbrach? Mit dieser konkreten Überschreitung einer Bildgrenze stellten die „Shaped Canvases", zu denen *Sanbornville I* gehört, nicht nur den Gattungsunterschied von Malerei und Skulptur infrage, sondern die Form selbst wurde vom Mittel der Darstellung zum Bildinhalt.

Robert Rauschenberg, *Canyon*, 1959. Combine Painting, 219 x 179 x 57,8 cm. Sonnabend Gallery, New York

Rauschenberg, als Erfinder der „Combine Paintings", *Collagen* und Malerei, die mit dreidimensionalen Objekten in verschiedenster Art kombiniert werden, eröffnete der Kunst der 50er- und 60er-Jahre eine neue Richtung. Die noch gültigen Gattungsgrenzen zwischen Malerei und Objektkunst wurden durch Rauschenbergs ‚Gebilde' variabler. Vom Dadaismus und von den *Readymades* Duchamps beeinflusst und ermutigt, bedeckte er die Malfläche, die er zuvor mit Tapetenstücken, Filmausschnitten oder Fotos ‚grundiert' hatte, mit dreidimensionalen Dingen wie Uhren, Kopfkissen, Verkehrsschildern, ausgestopften Vögeln u. a. Durch diese Kompositionen entstand eine weiter gefasste und anders erfahrbare Realität, ein neues Zusammenspiel zwischen Thema, Inhalt und Bedeutung, eine neue, wegweisende Bildästhetik. Rauschenberg vertrat die Meinung, dass ein traditionelles Landschaftsbild nur ein Bild der wahrgenommenen Natur, ein Combine Painting hingegen selbst Natur sei. Wegen der Vielfalt seiner Techniken und künstlerischen Ausdrucksmöglichkeiten, vor allem aber wegen seiner Hinwendung zu Alltagsgegenständen und -motiven wird Rauschenberg auch als „Vater der Pop-Art" bezeichnet.

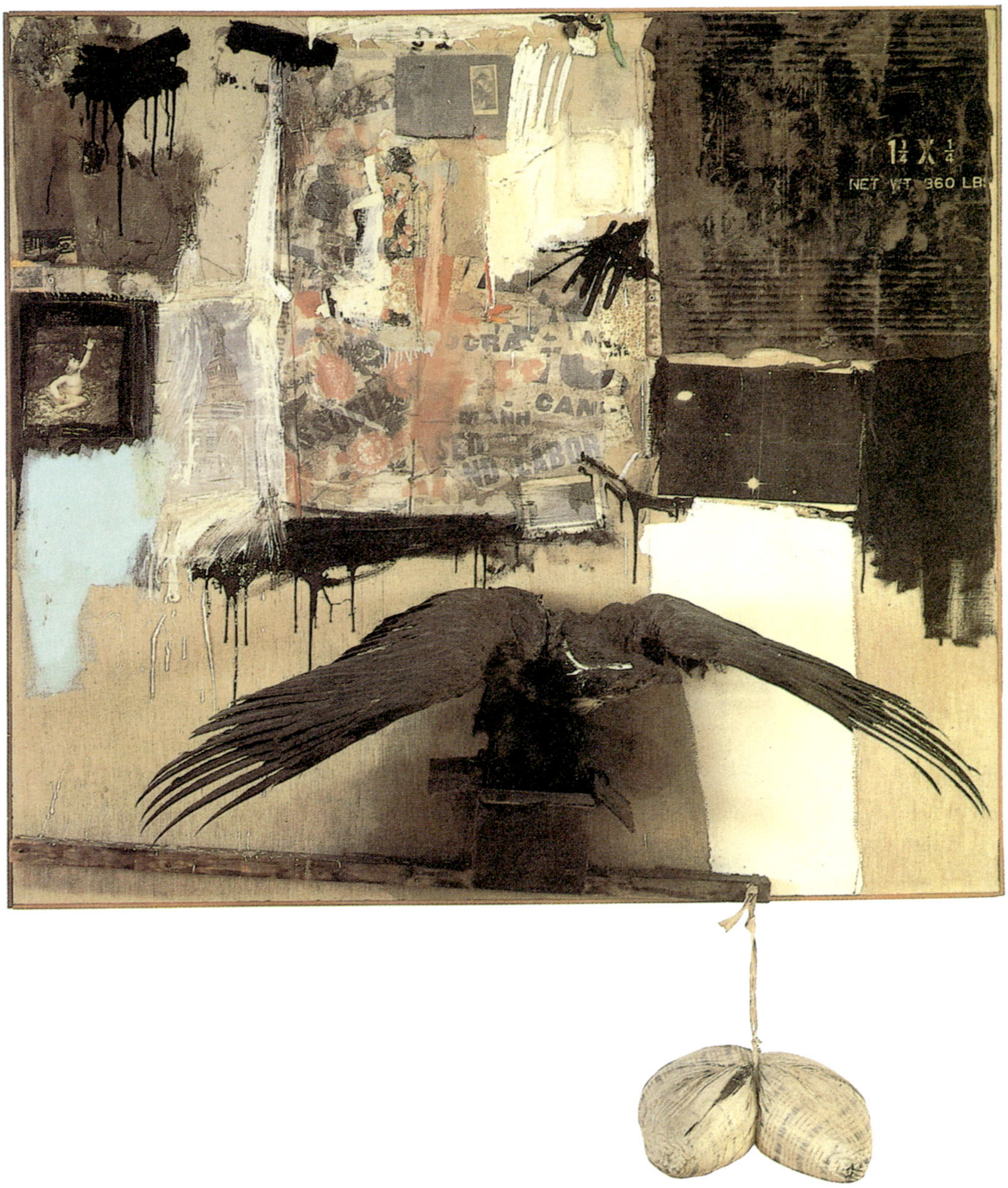

Jasper Johns, *Flagge auf orangefarbenem Feld*, 1957. Enkaustik auf Leinwand, 167 x 124 cm. Museum Ludwig, Köln

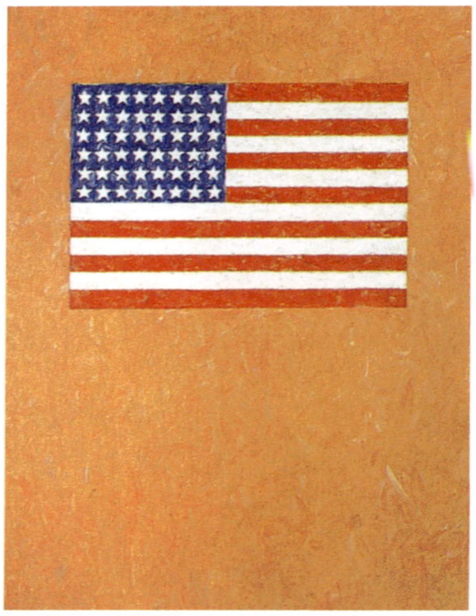

POP-ART 1958–1965

„Alles ist schön"

Hatten die abstrakten Maler des Nachkriegsjahrzehnts die gegenständliche Dingwelt zwecks größerer Realitätsnähe aus der Kunst verbannt, holten die Pop-Künstler sie mit aller Macht und auf die direkteste Weise, die man sich vorstellen kann, wieder herein. Die „populäre Kunst", kurz „Pop-Art" genannt, die sich gleichzeitig in England und den Vereinigten Staaten entwickelte, erhob Ende der 50er-Jahre, also mitten in den sattesten Wirtschaftswunderjahren, die banalen Dinge des modernen Alltags zu Kunstwerken. Die Pop-Artisten zitierten die Bilder der populären Massenkultur, der Boulevardpresse, der Werbung, der Trivialmagazine, des Kinos und der Produktgestaltung. Der Konkurrenz der Bildmedien, die den Alltag zu durchdringen und bald auch zu beherrschen begannen, begegneten die Künstler, indem sie die medialen Bilderfluten kurzerhand in ihre eigenen Arbeiten integrierten. Die entstandenen Werke waren keine selbsterdachten Kunstwelten mehr, sondern „Bilder nach Bildern".

Diese allseits bekannten und verständlichen Bildwelten mussten nach der elitären abstrakten Kunst für das breite Publikum wie eine Befreiung wirken. Nun brauchte man vor der Kunst keine Scheu mehr zu haben, Insider-Wissen und Vorbildung waren nicht nötig. Was hier zu sehen war, kannte und erkannte jeder. Kein Wunder also, dass sich diese Kunst – vor allem bei jungen Leuten – großer Beliebtheit erfreute. Kunst kam frisch und zeitgemäß daher, atmete keine muffige Museumsluft mehr. Mit dem raffinierten Kunstgriff, die Konsumwelt als Motiv in die Kunst zu holen, hatten Künstler wie Tom Wesselmann, Richard Hamilton, Claes Oldenburg, David Hockney oder Andy Warhol einen schmalen Grat beschritten: Einerseits wollten sie in durchaus kritischer Absicht „die Dinge selbst ohne jede Illusion zu Wort kommen lassen", andererseits bediente die Pop-Art, indem sie Suppenbüchsen, Coca-Cola-Flaschen und Waschmittelpackungen zu den neuen Superstars der Kunst erklärten, die populäre Massenkultur. Die Pop-Art verwendete nicht nur die Produkte der industriellen Massenkultur, sondern die Werke wurden in Andy Warhols Art Factory auch wie diese in Serie hergestellt. Der *Siebdruck*, der ein problemloses und zugleich variables Vervielfältigungsverfahren darstellt, wurde zum favorisierten Medium. *Multiples*, Bilder und Objekte, die in hoher Auflage hergestellt wurden und dem Kunstwerk so seine Einmaligkeit nahmen, entsprachen in ihrem Wesen der Zwitterstellung, die die Pop-Art zwischen Hochkunst und Massenkultur einnahm.

Das handgemachte Bild, so schien es, hatte ausgedient. Oder aber es barg gerade aufgrund seiner überkommenen Technik schon wieder künstlerische Reize. Roy Lichtenstein übertrug mithilfe eines Diaprojektors Comic-Bildchen auf die Leinwand, um aus dem eigentlichen Druckbild nun wieder ein traditionell mit Farbe und Pinsel gefertigtes Bild zu machen. Die Gemälde mit den akribisch gepinselten Rasterpunkten hatten entlarvenden Charakter, denn mit dem Format vergrößerte sich auch die Banalität der Comics. Das kritische Potenzial dieser Arbeiten aber blieb unentschieden, schwankten sie doch zwischen ironischer Distanz und Verherrlichung amerikanischer Alltagskultur. Ob man in der Pop-Art schelmisch-tiefgründige Kritik an der glitzernden Konsumwelt sehen wollte oder sie als geschicktes Mitschwimmen im Kommerzstrom erachtete, blieb und bleibt Interpretationssache und damit jedem selbst überlassen.

Ebenfalls mittels des klassischen Handwerkszeugs Farbe und Pinsel setzten sich die Fotorealisten ab Ende der 60er-Jahre mit ihrer schönen neuen Welt auseinander. Zwar malten auch sie „Bilder nach Bildern", doch vermittelte die Art, wie sie es taten, Distanz.

FOTOREALISMUS 1965–1975

„Nothing is real"

Mit scharfem Blick sezierten die „Fotorealisten" Richard Estes, Philip Pearlstein oder Chuck Close u. a. die Wirklichkeit. Exakt wie ein Fotoapparat erfassten sie die Wirklichkeit, denn sie kopierten Fotografien ihrer Motive mithilfe eines Diaprojektors auf die Leinwand. Wie schon die Maler der Neuen Sachlichkeit, wollten auch die Fotorealisten den oberflächlichen Schein durch akribische Wiedergabe hinterfragen. Durch die übergenaue Darstellung, die an Schärfe und Brillanz gelegentlich das imitierte Foto noch übertrifft, stellt sich ein Verfremdungseffekt ein, der einen neuen, enthüllenden Blick auf das Dargestellte ermöglicht. Ebenso, wie der Betrachter sich schnell bewusst wird, dass das Bild kein echtes Foto ist, sollte ihm durch die blendende Darstellungsweise auch die Scheinhaftigkeit der abgebildeten Welt deutlich werden. Damit beziehen die Fotorealisten eine kritische Gegenposition zu den konsumverherrlichenden Tendenzen der Pop-Art.

Kritik an der selbstgefälligen Wohlstandsgesellschaft übten auch die Vertreter des „Kritischen Realismus". Auch sie setzten sich, wie schon ihre neu-sachlichen Vorgänger in den 20er-Jahren, sozialkritisch mit der Wirklichkeit auseinander. Obwohl sie als engagierte Zeitgenossen die Malerei gern als gesellschaftspolitisches Sprachrohr eingesetzt hätten, wurde den Malern auf internationaler Ebene wenig Gehör geschenkt; die Malerei spielte in den 70er-Jahren in der Kunstlandschaft eine untergeordnete Rolle.

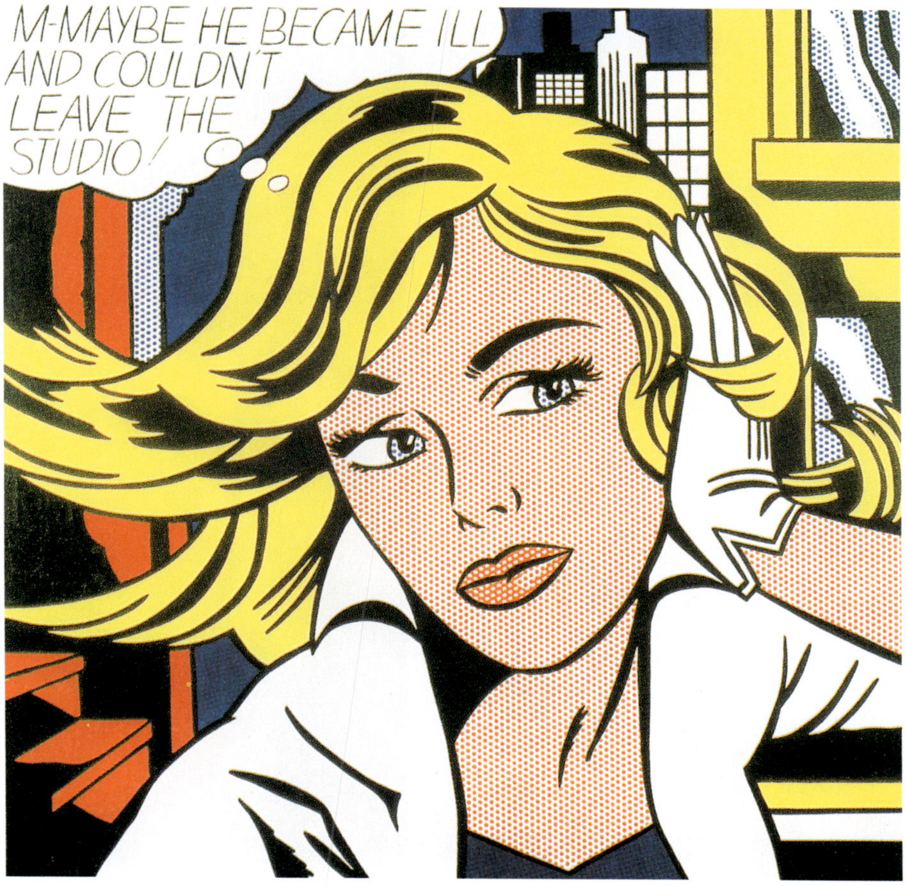

Roy Lichtenstein, *M-Maybe (A Girl's Picture)*, 1965. Magna auf Leinwand, 152 x 152 cm. Museum Ludwig, Köln

Nur ein vergrößerter Comic? Sicherlich verrät Roy Lichtensteins *M-Maybe (A Girl's Picture)* viel über die Standardisierung des Erlebens durch eine kommerzialisierte Bildsprache, vor der es im großstädtischen Alltag kein Entkommen mehr gibt. Darüber hinaus aber führt Lichtenstein eine virtuose Beherrschung der Komposition von Punktrastern und konturierten Flächen vor, die aus der Technik der Massenreproduktion neue Ausdrucksmittel für die Malerei gewann. Die Reaktion der Künstler auf die übermächtige Bilderflut der Trivialkultur erzeugte ihre eigenen Paradoxien: Aus dem Rückzug in die Anonymität der Bildvorlagen stilisierte Lichtenstein eine unverwechselbare Handschrift, und aus der Verneinung der künstlerischen Autorenschaft entstand die Botschaft seiner Bilder.

ANDY WARHOL

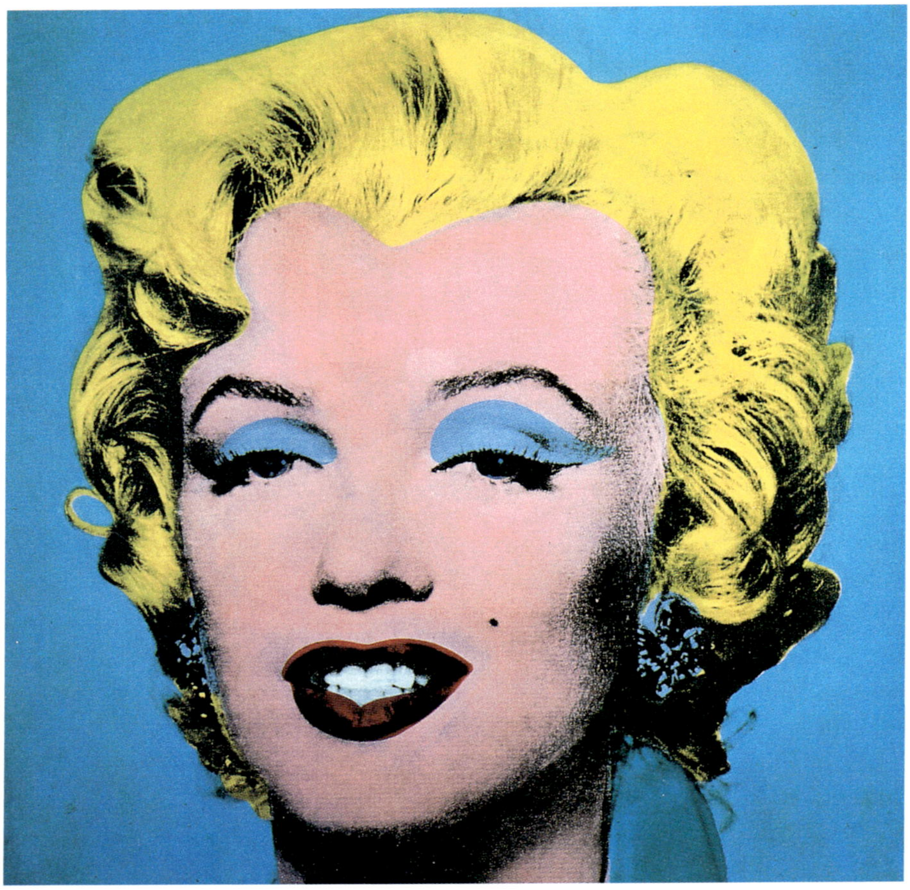

Strahlende Ikone der Pop-Kultur: ***Marilyn***, 1964. Polymer und Siebdruckfarbe auf Leinwand, 101,6 x 101,6 cm. Collection of Thomas Ammann, Zürich. Marilyn Monroe™; Rights of Publicity and Persona Rights are used with permission of The Estate of Marilyn Monroe LLC. marilynmonroe.com

Andy Warhol ist zum regelrechten Popstar der bildenden Kunst geworden. Er ist weltberühmt, seine Bilder gibt es als Poster oder Postkarten zu kaufen, ganze Generationen können sich mit ihnen identifizieren. Es ist nicht ein bestimmtes Engagement, ein bestimmter ‚Sinn', der dies möglich macht, denn in den Bildern liegt – wenn überhaupt – eine nicht eindeutige, völlig offenbleibende Kritik oder Ironie. Abgesehen freilich von der gezielten subversiven Schubkraft eines von ‚unten' kommenden Protests gegen ‚hohe' Kulturprodukte, die feierlich auf Sockeln stehen und größtenteils unreflektiert verehrt werden.

Ansonsten aber ist es eher die Möglichkeit, die wohltuende Vertrautheit von Markenzeichen und die Anziehungskraft von Starfotos gleichsam durch einen Handstreich in progressive Kunst verwandelt wiederzufinden. Und es ist vor allem eine gehörige Portion von genialem Nonsens, in der unbekümmert-sturen Wiederholung des Gegebenen gelegen, die Warhols Pop Art bis heute so attraktiv macht.

Die Kunstkritiker sehen allerdings im Werk Warhols zu recht auch tieferliegende Bedeutungen. Zum psychologischen Zustand einer Gesellschaft der Massenmedien und Massenprodukte vermag diese Kunst in mancher Hinsicht mehr zu sagen als soziologische Untersuchungen. Davon abgesehen, haben die Bilder Warhols selbstverständlich ganz eigene ästhetische Qualitäten, stehen in enger Verbindung mit früheren und späteren Werken anderer Künstler und sind für viele maßstabbildend.

Als Andy Warhol 1960 begann, großformatige Bilder zu malen, war er 32 Jahre alt und ein in New York wohletablierter, erfolgreicher Werbegrafiker. Zehn Jahre zuvor hatte Andrew Warhola (der später seinen Namen verkürzte), Sohn tschechischer Einwanderer, die ersten schwierigen Schritte in diesem Beruf getan und damit eine zuweilen bedrückende Kindheit und Jugend in der düsteren Kohle- und Stahl-Stadt Pittsburgh hinter sich gelassen. Im Laufe dieser zehn Jahre zog es den Zeichner Warhol mehr und mehr zur ‚echten' Kunst; er träumte vom Ruhm. Darin bestärkte ihn seine Bewunderung für Jasper Johns und Robert Rauschenberg, die in dieser Zeit überraschend schnell zu Ansehen gelangten. Als Feindbild stand dagegen die elitäre, subjektive Malerei der großen Gesten da, der Abstrakte Expressionismus: „Ich hasse ihn", sagte Andy einem Freund, und „Ich fange jetzt mit Pop-Art an". Dieser Begriff war Insidern seit Kurzem geläufig; er galt zunächst den Werken einiger englischer Künstler, die mit alltäglichem Bildmaterial experimentierten.

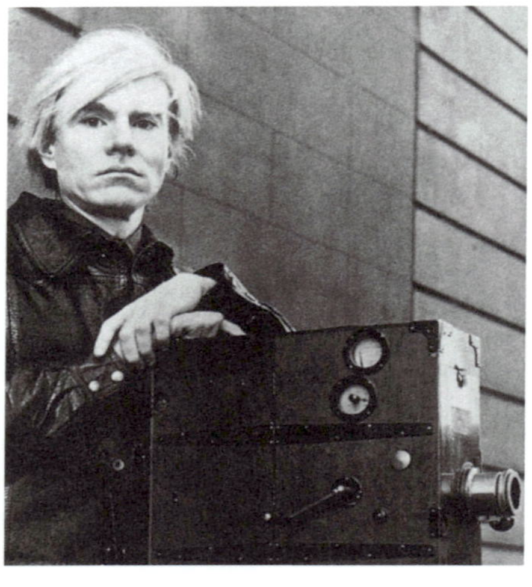

Andy Warhol um 1970

Warhols erste Pop-Idee war es, Ausschnitte aus Comicstrips in enormer Vergrößerung abzumalen. Bald jedoch stellte sich heraus, dass Roy Lichtenstein – gleichzeitig und ebenfalls in New York, aber unabhängig von Warhol – dasselbe tat, und zwar noch konsequenter. Warhol verlegte sich auf die fragmentierende Vergrößerung von kleinen Werbeanzeigen und Markenzeichen.

1962 entstanden die ersten Serienbilder von Campbell-Suppendosen. Dieses Jahr war das große, das wichtigste Jahr in Warhols künstlerischer Entwicklung: Innerhalb kurzer Zeit fand er seine ganz eigene Bildform und hatte all die Bildideen, die er im Folgenden variieren sollte. Entscheidend war dafür die Entdeckung, dass mithilfe des Siebdrucks ohne Maschinen beliebig große gerasterte Fotos auf Leinwand und andere Träger gedruckt werden können. In der „Factory" („Fabrik"), seinem Atelierbetrieb, produzierte Warhol von nun an zahlreiche Bildserien. Er hatte viele Helfer, meist seltsame Gestalten der Undergroundszene (mit denen er auch Filme drehte). Die Verdopplung oder rasterhafte Multiplikation von Motiven lässt sich verstehen als Verbildlichung der wertnivellierenden Ersetzbarkeit und des nie versiegenden Nachschubs der Konsumgüter, zu denen auch die Produkte der Unterhaltungs- und Nachrichtenindustrie gehören. Neben Serien von Drucken nach Fotos großer Filmstars machte Warhol Serien nach Fotos anonymer Selbstmord- und Unfallopfer, die durch Zeitungsmeldungen „berühmt für 15 Minuten" wurden.

Ambulance Disaster, 1963. Siebdruck, 315 x 203 cm. Städtisches Museum Abteiberg, Mönchengladbach; Sammlung Dr. Erich Marx

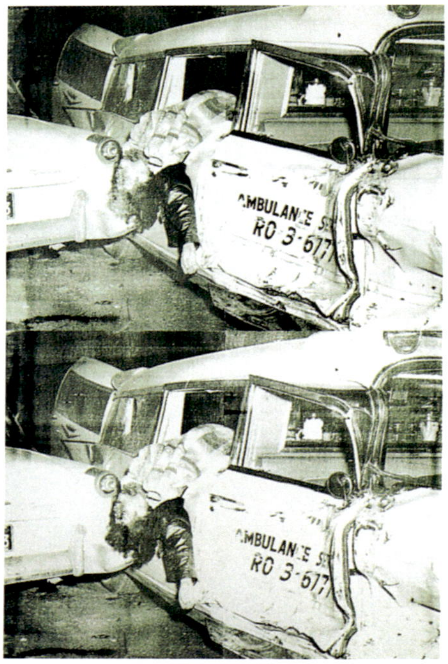

Viele Künstler hatten in der Folge von Neo-Dada und den *Happening*-Aktivitäten ihre Ateliers verlassen, um in der Natur vergängliche „Land-Art" zu produzieren oder mit unterschiedlichen Materialien „individuellen Mythologien" zu folgen. Auch die Fotografie oder die jungen Medien Video und Computer reizten zu neuen, experimentellen Kunstformen. Eine andere Gruppe, die „Minimalisten", schuf in Abgrenzung zur schrillen Pop-Art nüchterne Rauminstallationen mit geometrischen Körpern. Noch karger als diese auf ein Minimum reduzierten Ausdrucksformen war die Kunst der „Konzept-Künstler", die dem Publikum nur noch schriftlich ihre Ideen für ein Kunstwerk lieferten. Das Werk selbst wurde oft gar nicht mehr ausgeführt. Allein die gedankliche Anregung galt bereits als Kunst. So konnte Rauschenberg einen hochkarätigen Porträt-Auftrag mit dem lapidaren Satz „Dies ist ein Porträt, wenn ich es sage" erfüllen. Mit ihren Sätzen, Plänen oder Objekten, die den Konzept-Künstlern das Vehikel waren, beim Betrachter einen Reflexionsprozess in Gang zu setzen, verbanden sie ein emanzipatorisches Prinzip: Das Nachdenken über die (Kunst-)Wirklichkeit sollte zugleich die Relativität von Wirklichkeit deutlich machen.

In der Folge der Pop-Art gab es also eine Fülle künstlerischer Formen. Ihr gemeinsames Kennzeichen war ein oftmals recht ausgeklügelter gedanklicher Überbau, den zu kennen das Verständnis für die Kunstwerke durchaus erleichterte, wenn nicht überhaupt erst ermöglichte. Im Bemühen, den Betrachter durch gedankliche Mitarbeit so weit wie möglich in die Kunstproduktion mit einzubeziehen, wurde die Kunst zunehmend intellektualisiert. Dieser Prozess hatte die künstlerische Entwicklung des gesamten 20. Jahrhunderts begleitet. Nun war die „Beteiligung des Betrachters" so weit gediehen, dass auch das zweite Glied der Kette „Künstler–Kunstwerk–Betrachter" zurückgenommen wurde – das sinnlich wahrnehmbare Kunstwerk hatte ausgedient. Seit Mitte der 60er-Jahre erlebte die Kunst gleichsam eine Entmaterialisierung. Das Werk als Gegenüber, mit dem man sich auseinanderzusetzen hatte, verschwand. Es existierte nur noch in der Vorstellungswelt des Betrachters. Die Kunst löste sich sozusagen im erweiterten Kunstbegriff auf. Derart in die Wirklichkeit integriert, verlor sie zwangsläufig auch jede Möglichkeit, auf diese einzuwirken. Damit hatte sie zugleich ihre Funktion als Trägerin von Utopien, von Gegenentwürfen für eine bessere Welt eingebüßt.

Diese ernüchternde Erfahrung weckte Anfang der 80er-Jahre einen regelrechten Hunger nach der großen Illusion, nach dem Schein der Bilder. Die Malerei kehrte zurück. Befreit von allen gesellschaftspolitischen Ambitionen, befreit von dem Versuch, Kunst und Leben in Übereinstimmung zu bringen, konnte die Kunst nun wieder ganz unbelastet Kunst sein: Der schöne Schein, das ‚Als-ob', das man mit interesselosem Wohlgefallen betrachten kann, erlebte seine Auferstehung.

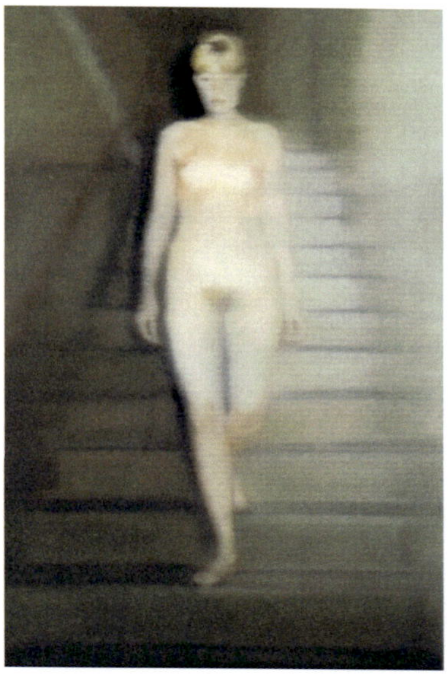

Gerhard Richter, *Ema (Akt auf einer Treppe)*, 1966. Öl auf Leinwand, 200 x 130 cm. Museum Ludwig, Köln

Richter stellte kommentarlos ein in Malerei reproduziertes Foto zur Schau. Ähnlich wie z. B. bei Warhols Bildern treten auch hier die banalen, zufälligen, ‚bildunwürdigen' Züge eines Schnappschusses aufdringlich zutage und betonen das Medium (vor allem durch die Unschärfe und den Schattenwurf des Blitzlichts) der Vorlage. Richter bot gegen die Alleinherrschaft der abstrakten Malerei fotografischen Realismus und ein klassisches Thema (die bildbeherrschende Aktfigur) auf, dessen frühere, traditionelle malerische Form zugleich durch die Art der Repräsentation aufgehoben und für unwiederholbar erklärt ist.

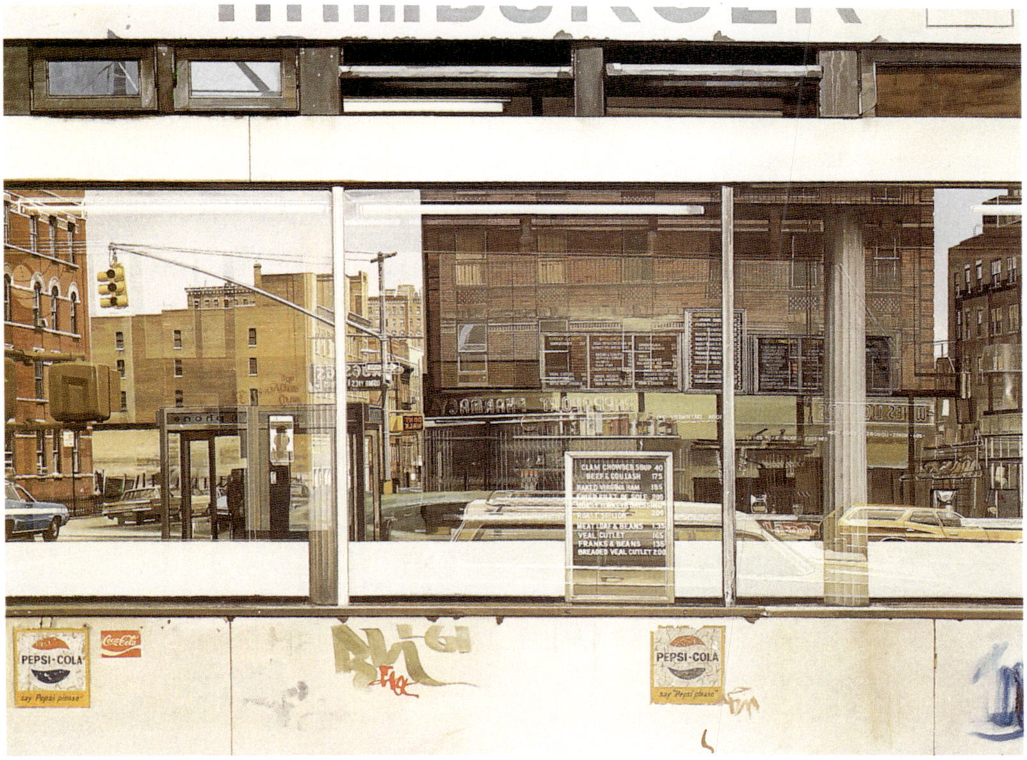

Richard Estes, *Rappaports Pharmacy*, 1976. Öl auf Leinwand, 100 x 125 cm. Ludwig Museum, Budapest

Durch seine überaus genaue Beobachtung und die technisch perfekte Wiedergabe erzielte Estes neue, faszinierende malerische Effekte. Mit fotografischer Akribie, so möchte es auf den ersten Blick scheinen, bildet er seine Umwelt auf der Leinwand ab. Tatsächlich aber geht er über die Objektivität des Fotos hinaus: In seinen Bildern verschmelzen spiegelnde Flächen mit dem Gespiegelten, werden selbst zum Bild; die ganze Großstadtwelt wird ein Erscheinungsphänomen, eine Bildprojektion, die sich selbst abbildet.

Wenn Fotorealisten wie Estes nach dem Ziel ihrer Malerei gefragt werden, antworten sie oft nur, dass sie alles Abstrakte für Schwindel halten und so gut wie möglich die sichtbare Welt malen wollen. Aber diese Scheinerklärung stempelt sie (zumal Estes) noch nicht zu reaktionären Hotelbildmalern. Ihre Haltung der scheinbar nicht wertenden, tatsächlichen und doch auch fragend gebrochenen Bejahung des Bestehenden erinnert stark an die Pop-Art, ein wenig auch an Edward Hopper.

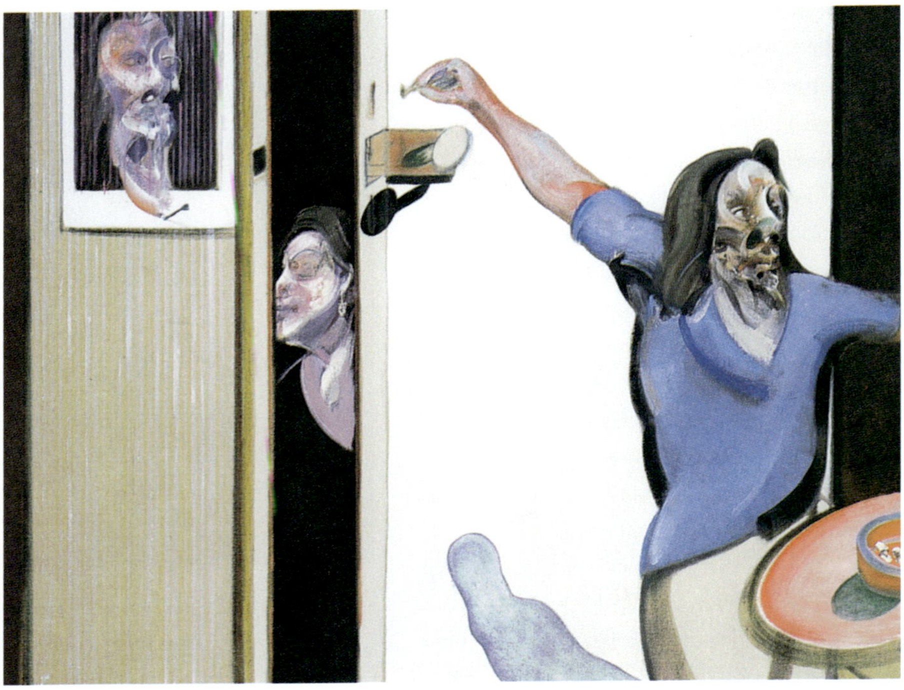

Francis Bacon, *Drei Studien von Isabel Rawsthorne*, 1967. Öl auf Leinwand, 119 x152,5 cm. Staatliche Museen zu Berlin – Preußischer Kulturbesitz, Nationalgalerie. CR Number: 67-17

Francis Bacon malte, als hätte er mit den Augen nicht die Oberfläche der Menschen abgetastet, sondern wäre mit dem Blick an der Innenseite ihrer Haut um ihr Fleisch geglitten. In den verwischten Farbflecken der *Drei Studien von Isabel Rawsthorne* erscheint die Porträtierte als eine warme, pulsierende Masse, deren lebendige Zellen sich dagegen sträuben, stillzustehen, um in die Ewigkeit des Bildes gebannt zu werden. Im Nebeneinander der drei Studien wird eine Bewegung von Flucht und Verfolgung nachgeahmt. Einmal blickt das Modell über seine Schulter zurück; einmal versucht es, sich zwischen Tür und Angel zu entziehen; schließlich ist das Konterfei aufgespießt. Fast scheint es der sezierende Blick des Malers zu sein, den sie flieht. In Bacons Bildern wird die Malerei zu einer widersprüchlichen Kunst, die vom Leben nur erzählen kann, wenn sie zugleich seine Gefährdung und Sterblichkeit offenlegt.

FIGURATIVE MALEREI AB 1970

Subjektive Spurensuche

Die Wiederbelebung der Malerei und das erneute Interesse an ihr lenkte den Blick auf jene Künstler, die immer an der Malerei festgehalten hatten. Dazu zählten neben dem Engländer Francis Bacon unter anderem die deutschen Maler Anselm Kiefer, Gerhard Richter, Georg Baselitz und A. R. Penck. Der englische Maler Francis Bacon entwickelte, ausgehend vom Surrealismus, den er in jungen Jahren kennengelernt hatte, einen völlig eigenen Stil, der ihn zu einer der bedeutendsten Künstlerpersönlichkeiten des 20. Jahrhunderts machte. Sein Thema war der Mensch. Er stellte ihn in flächig angelegten, undefinierbaren Räumen oder isoliert in kaum sichtbaren Glaskästen als gequälte, drangsalierte Kreatur dar. Die Klarheit des Raumes steht dabei stets im irritierenden Kontrast zu der gewaltsamen, formverschleifenden Malweise der Figurendarstellung. Im pastosen Farbauftrag sind die Grenzen zur Ungegenständlichkeit oft fließend, sodass die dargestellten Personen – oft gute Freunde des Künstlers – wie rohe Fleischmassen wirken. In der Abstraktion werden seine Bilder zum Abbild des Innenlebens des gequälten, verletzten Menschen. Bacon ist zeit seines Lebens ein großer künstlerischer Einzelgänger geblieben, der sich keinem der vielen Stil-Ismen des 20. Jahrhunderts zuordnen lässt.

Anselm Kiefer und Gerhard Richter hatten sich in den 70er-Jahren auf „Spurensuche" begeben. Auf sehr persönliche Weise und jenseits einer illustratorisch realistischen Malerei setzte sich Kiefer mit der deutschen Vergangenheit, mit dem Faschismus und mit der Ideologie des Deutschtums auseinander. Dabei machte er sich die malerische Auffassung des Informel, das zwecks größerer Betrachterbeteiligung malerisch verunklärte, zu eigen. Er entwickelte eine Malerei, die abstrakt und konkret zugleich ist. Der Betrachter muss die einzelnen, in den Bildern aufscheinenden Bildelemente durch eigene Gedankenarbeit zu einer Aussage führen. Der spröde, sehr materielle Farbauftrag, in den Kiefer auch Naturalien wie Erde, Stroh oder Haare einfügt, verleiht den Bildern eine Gegenwärtigkeit, die dem Betrachter – im Sinne des Wortes – unter die Haut geht. Seine Geschichtsbilder sind somit keine traditionellen *Historienbilder*, die an etwas Geschehenes erinnern, sondern sie haben eher den Charakter eines kollektiven Gedächtnisses und halten die Geschichte lebendig. Sie ist gegenwärtig, immer wieder abrufbar – jeder muss sich auf seine Weise mit der hier konservierten Vergangenheit auseinandersetzen. Was sich beim Betrachter durch die Unmittelbarkeit der Malerei einstellt, ist der Spiegel seines eigenen historischen Bewusstseins, nicht als ferne Erinnerung, sondern als etwas, das hier und jetzt Bedeutung hat, als aktuell präsente Geschichte.

Während sich Kiefer in seinen Bildern mit der deutschen Geschichte auseinandersetzte, befragte Gerhard Richter auf die unterschiedlichste Weise die Illusion der Bilder. Georg Baselitz probte in expressiver Handschrift erneut die „Malerei als Malerei"; sein unverwechselbares Kennzeichen sollten bald verkehrt herum, kopfüber gemalte Motive werden. Seine spontane, subjektive Malerei wurde für die nachfolgende junge Künstlergeneration vorbildlich.

Neu, wild und jenseits aller Traditionen

Den Anspruch, die Kunst ins Leben zu überführen, hatten die jungen Malerinnen und Maler Anfang der 80er-Jahre über Bord geworfen. Keine Gedankenkunst mehr, sondern eine satte, die Sinne befriedigende Malerei forderten sie. Jetzt wollten sie „unmittelbar und unverfälscht", wie seinerzeit die Brücke-Expressionisten, ihrem Denken und Fühlen Ausdruck verleihen, Bilder ihrer Zeit malen – eine Haltung, die ihnen die Bezeichnung „Neo-Expressionisten" eintrug. Wild, frech und selbstbewusst, sich um keine Konventionen – schon gar nicht um künstlerische – scherend, malten sie, wie es ihnen gefiel und was sie gerade beschäftigte. Sie malten das Dasein in der Großstadt, die Großstadtindianer, Nachtschattengewächse und Diskotheken-Besucher oder thematisierten in ihren Bildern das Geschlechterverhältnis, kurz: Sie malten ihr eigenes Leben. Stilgeschichtliche Fragestellungen waren den „Neuen Wilden" einerlei. Also griffen sie ungeniert in den kunstgeschichtlichen Formenfundus und bedienten sich der stilistischen Mittel, die ihnen nötig erschienen, um ihren Bildern die beabsichtigte Wirkung zu verleihen. Mit ihrem ästhetischen Anarchismus standen sie außerhalb aller Traditionslinien; sie waren „transavantgardistisch".

Diesen Begriff verwendete man zunächst hauptsächlich für die subjektivistischen Maler in Italien, für Francesco Clemente, Sandro Chia oder Enzo Cucchi. Etwas später setzte man für dieses bald internationale, auch in anderen Sparten auftretende Phänomen den Begriff „Postmoderne" ein. Die klassische Moderne mit ihren an die Kunst geknüpften Utopien schien an dem Versuch, „die Kunst im Leben aufzulösen", gescheitert zu sein.

Aber war eine solche Überführung überhaupt nötig? Wieso sollte Kunst, als ein separater und spezieller Bestandteil der Wirklichkeit, nicht mehr als solcher erscheinen, warum in der Wirklichkeit ‚aufgelöst' werden? Liegt nicht gerade in der bewussten Fiktion eines Kunstwerks seine Faszination? Schärft nicht gerade das „Anderssein" der Kunst den Blick für die Realität? So jedenfalls fragten sich die Künstler, die das Experiment „Kunst = Leben", das die Moderne wie eine Klammer zusammenhält, hinter sich und die Kunst selbst zu dem Problem der Alltagsrelevanz Stellung nehmen ließen. Die Rückkehr zur Malerei, zur Produktion sinnlich wahrnehmbarer Objekte war für sie dabei keinesfalls ein resignierter Rückzug in die hermetische Welt der Kunst, sondern eher eine Klarstellung, eine nüchterne Einschätzung dessen, was die Kunst kann.

Das Feld der Kunst hat sich zum Ende des 20. Jahrhunderts immens geweitet. Wie zu Zeiten der Pop-Art, die mit ihrem selbstbewussten „all is pretty – alles ist schön" im Grunde die erste postmoderne Kunstrichtung war, ist auch heute die Grenzüberschreitung zwischen Kunst und Alltagskultur an der Tagesordnung. Ehemals subkulturelle Ausdrucksformen wie zum Beispiel Keith Harings Graffiti-Bilder werden dank eines rührigen Kunstmarktes über Nacht zu Museumskunst, um – nunmehr künstlerisch nobilitiert – wiederum als ‚Kunst'-Ware auf T-Shirts, Uhren und Aschenbechern vermarktet zu werden.

Kunst kennt heute keine Grenzen mehr. In ihrer jahrhundertealten Geschichte hat sie eine uneingeschränkte Vielfalt entwickelt. Jenseits jeglicher Doktrinen – außer vielleicht der, neu und innovativ zu sein – steht in unseren Tagen die abstrakte Malerei gleichberechtigt neben gegenständlicher Kunst, stehen Video- und Computerkunst neben Installation, Objektkunst und Performances. Mixed Media – die künstlerischen Ausdrucksformen durchdringen sich. Es gibt nichts, was es nicht gibt. Und selbst das Nichts kann Kunst sein – wenn wir es denn so betrachten.

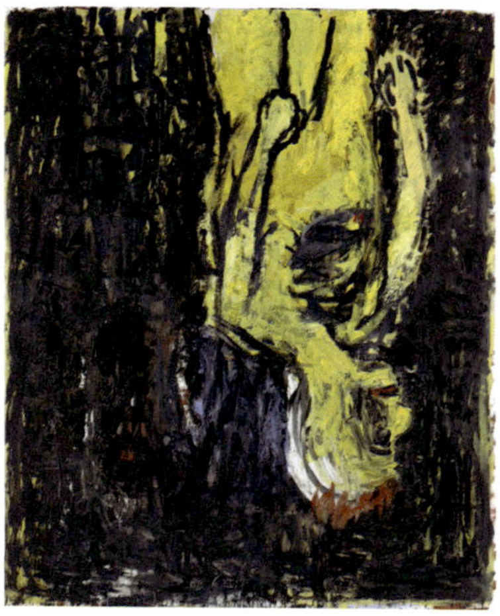

Georg Baselitz, *Trauriger Gelber*, 1982. Öl auf Leinwand, 250 x 200 cm. Kunstsammlung Nordrhein-Westfalen, Düsseldorf

Auch Baselitz will die ‚Malerei als Malerei' sichtbar machen. Farbe und Form sind die eigentlichen Ausdrucksträger. Allerdings verzichtet er im Gegensatz zu den abstrakten Tendenzen in der Kunst des 20. Jahrhunderts nicht völlig auf den Gegenstand, sondern stellt ihn – zur Betonung der Tatsache, dass er ihm lediglich Vorwand für die Malerei ist – auf den Kopf. Laufspuren der Farbe verdeutlichen, dass er die Motive tatsächlich ‚verkehrt herum' malt und die Bilder nicht einfach umdreht. Um die sinnliche Dimension der Farbe (als Material) und des Malaktes zu verdeutlichen, trägt er sie mit breiten Pinseln in einer lockeren, gestischen Handschrift auf und malt nicht selten mit den Fingern.

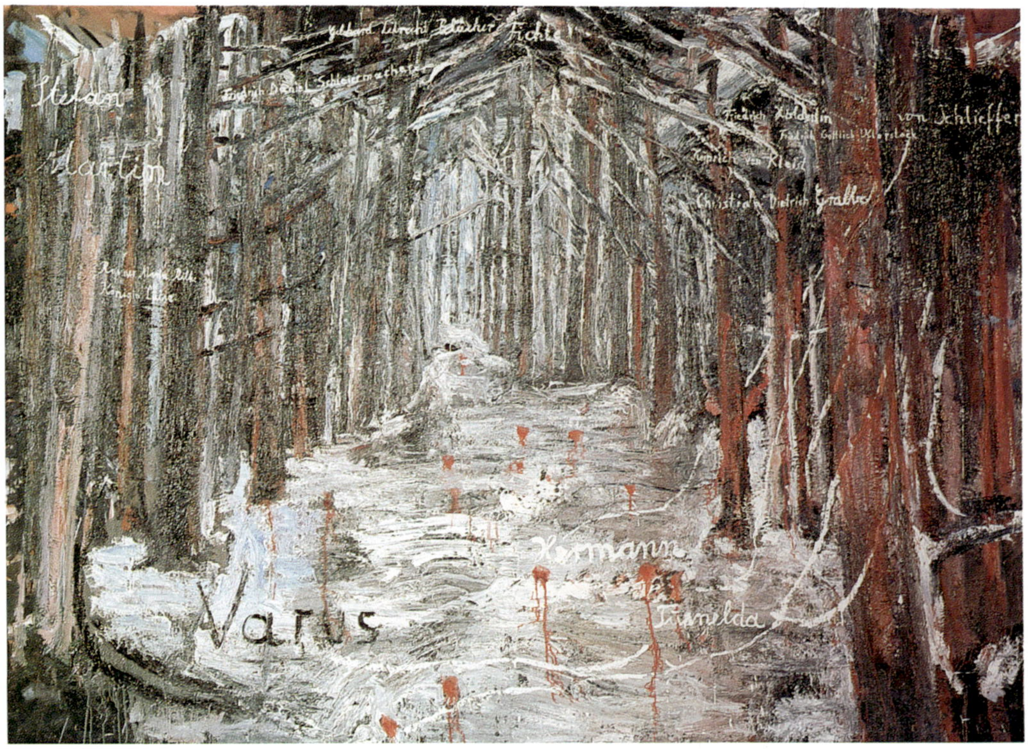

Anselm Kiefer, *Varus*, 1976. Öl und Acryl auf Leinwand, 200 x 270 cm. Stedelijk van Abbemuseum, Eindhoven

Kiefers Bilder verfolgen fast immer die Spuren, die der Nationalsozialismus ins Bewusstsein der Deutschen eingeschrieben hat. Das Gemälde *Varus* zeigt in sinnbildlicher Gestalt den Schauplatz der Hermannsschlacht im Teutoburger Wald im Jahre 9 n. Chr. Das Ereignis wurde im 19. Jahrhundert zum historischen Quellpunkt deutscher Identität erhoben. Die Namen von Schriftstellern und anderen, die direkt oder durch unverschuldete nachträgliche Vereinnahmung zum nationalsozialistischen Selbstverständnis beitrugen, sind im Bild verzeichnet. Stammbaumartige Verbindungslinien führen zum Namen Hermanns. Das Waldstück – ureigenste deutsche Landschaft – hat unverkennbar die Form des Inneren einer gotischen Kathedrale: weiterer Bestandteil des Mythos vom ‚deutschen Geist'. Kiefer zeigt, dass die jüngere Geschichte immer die ältere nicht nur überdeckt, sondern formt. Es gibt für ihn keinen unschuldigen Blick zurück.

Kunst in der globalisierten Welt

GEGENWARTS-KUNST

21. Jahrhundert

ENTGRENZUNG DER MALEREI

Kunst im digitalen Zeitalter

Malerei, die in ihrer Zeit innovativ und stilbildend wirkte, war in der abendländischen Kunst häufig ein Reflex auf neue technische Entwicklungen und wissenschaftliche Erkenntnisse. Das gilt für die Renaissance, als ein verändertes Weltbild die Zentralperspektive hervorbrachte, ebenso wie für die Moderne, als zahlreiche neue Erfindungen Anfang des 20. Jahrhunderts zu einer die Wahrnehmung herausfordernden Beschleunigung des Alltags führten, dem die Künstler in einer zunehmend abstrakter werdenden Bildsprache Ausdruck verliehen.

Auch an der Wende zum 21. Jahrhundert steht eine epochale technische Neuerung: die Digitalisierung. Ihre Auswirkungen auf die Kunst lassen sich heute noch kaum ermessen. Wohl aber kann man feststellen, dass sich unsere Formen der Kommunikation und Wissensaneignung fundamental verändert haben. Nie zuvor waren die Menschen so sehr von Bildern umgeben wie heute, nie zuvor wurde so stark mittels Bildern kommuniziert wie gegenwärtig. Wir posten Fotos, um Freunde wissen zu lassen, wie es uns geht, benutzen Emojis statt Wörter oder schauen uns den nächsten Urlaubsort schon einmal im Internet an.

Auch auf den Umgang mit Kunst, auf die Präsentation, Verbreitung und Vermittlung von Kunstwerken bleibt die Digitalisierung nicht ohne Einfluss. Bequem lassen sich heute Gemälde aller Zeiten und Genres im Netz betrachten, Künstlerinnen und Künstler präsentieren neueste Werke auf ihren Homepages, Museen stellen ihre Sammlungen online und selbst Ausstellungen können bei einem virtuellen Rundgang vom heimischen Sofa aus genossen werden.

Was aber bedeutet die digitale Entwicklung konkret für die Malerei? Hat das handgemachte, mit Pinsel und Farbe erstellte Bild bald ausgedient? Gibt es zukünftig nur noch am Computer generierte „Digital Art"?

Auch wenn viele Malerinnen und Maler auf die neuen Medien zurückgreifen, Inspiration im Netz finden oder den Computer als Hilfsmittel für ihre Komposition benutzen, zeigt ein Blick auf die gegenwärtige Kunstlandschaft doch, dass das gemalte Bild keineswegs verschwunden ist. Im Gegenteil: Die Malerei, der man angesichts neuer Kunstformen wie Video-, Installations- und Konzeptkunst schon in der zweiten Hälfte des vergangenen Jahrhunderts ein baldiges Ende prophezeit hatte, spielt in der zeitgenössischen Kunst nach wie vor eine Rolle, ja erlebte Anfang des Jahrtausends gar eine kleine Renaissance.

Ihre einstige Position als Königsdisziplin unter den Künsten hat sie allerdings eingebüßt. Heute ist sie nur noch *ein* Medium unter vielen, und nur noch wenige Künstlerinnen und Künstler widmen sich der Malerei in der Ausschließlichkeit, wie wir es von den Altmeistern der modernen Malerei kennen. Viele (beispielsweise Francis Alÿs, Jonathan Meese oder Wangetchi Mutu) treten daneben auch als Performer, Installa-

2000: Nach dem gescheiterten Oslo-Friedensprozess in Camp David beginnt Ende September die Zweite Intifada (Al-Aqsa-Intifada) zwischen Israel und Palästina, die sich auf den Gaza-Streifen und das Westjordanland ausweitet.

2001: Am 11. September verübt die islamistische Terrorgruppe al-Qaida Anschläge auf das World Trade Center in New York und auf das Pentagon in Washington D.C. Über 3000 Menschen werden getötet.

2002: Am 1. Januar wird der Euro als neues Zahlungsmittel in 12 EU-Ländern eingeführt.

2003: Dritter Golfkrieg: Am 20. März erklären die USA dem Irak ohne Zustimmung der UN den Krieg und stürzen in wenigen Wochen das Regime unter Saddam Hussein.

2004: Am 11. März werden durch Terroranschläge auf vier Züge in Madrid 191 Menschen getötet und über 2000 verletzt.

Durch ein Seebeben wird am 26. Dezember ein Tsunami im Indischen Ozean ausgelöst, in dessen Folge schätzungsweise 300.000 Menschen sterben.

2005: Angela Merkel (CDU) wird als erste Frau deutsche Bundeskanzlerin.

2008: Der Zusammenbruch der US Investment Bank Lehman Brothers am 15. September führt zu einer weltweiten Finanzkrise.

Der Demokrat Barrack Obama wird als erster Afroamerikaner am 4. November zum Präsidenten der USA gewählt.

2010: Arabischer Frühling: Die Jasminrevolution in Tunesien löst in vielen arabischen Ländern Freiheitsbewegungen gegen die dort autoritär herrschenden Regimes aus.

2011: Infolge eines Erdbebens und Tsunamis am 11. März kommt es im Atomkraftwerk Fukushima I zu einer schwerwiegenden nuklearen Umweltkatastrophe.

2013: Der „Whistleblower" Edward Snowden berichtet über illegale Spionagemethoden der US Geheimdienste CIA und NSA.

2014: Die Terrormiliz Islamischer Staat geht in einem brutalen Kampf gegen Kurden im Nordirak und Syrien vor. Die Kurden werden von einer Anti-Terror-Allianz unter Führung der USA unterstützt.

2015: Flüchtlingskrise: Fast 2 Mio. Kriegs- und Wirtschaftsflüchtlinge aus Afrika, Syrien, Afghanistan und den Balkanländern kommen über das Mittelmeer oder über Ungarn nach Europa.

Bei Terroranschlägen in Paris ermorden radikal-islamische Terroristen im Januar und November insgesamt über 150 Menschen. Im folgenden Jahr verüben IS-Anhänger schwere Terroranschläge u.a. in Brüssel, Nizza und Berlin.

2016: Am 24. Juni stimmt Großbritannien in einer Volksabstimmung mehrheitlich gegen den Verbleib in der EU.

Der republikanische Kandidat Donald Trump gewinnt am 8. November die US-Präsidentschaftswahl gegen Hillary Clinton.

2017: Ein umstrittenes Unabhängigkeitsreferendum führt in Katalonien zu Polizeigewalt und zur Absetzung der katalanischen Regionalregierung.

tions-, Konzept- oder Medienkünstler in Erscheinung.
Einer dieser multimedialen Akteure ist der Installationskünstler, Maler und Ausstellungsmacher Damien Hirst, der in den 1990er-Jahren mit in Formaldehyd eingelegten Haien und anderen Tierkadavern Aufsehen erregte. Ähnlich wie die Pop-Artisten, die in den Sechziger-Jahren des letzten Jahrhunderts Hoch- und Populärkultur zu vermählen suchten, agiert auch Damien Hirst an der Schnittstelle von Kunst und Kommerz. Ob seine hochpreisigen Werke und spektakulären Ausstellungsprojekte (wie zuletzt seine Parallelausstellung zur Biennale in Venedig 2017) nun Kunst oder Kitsch sind und ob er damit die Mechanismen des profitorientierten Kunstbetriebs eher befeuert, als sie in kritischer Absicht zu entlarven, ist dabei nicht immer klar erkennbar und sorgt in der Kunstwelt für heftige Diskussionen.
Neben publicitywirksamen Projekten widmet sich der geschäftstüchtige „Meister des Neo-Pop" seit Beginn seiner Karriere auch immer wieder der Malerei. Bekannt sind neben den Spin-Bildern, bei denen die mittig aufgebrachte Farbe durch schnelle Drehung des Bildträgers auseinandergetrieben wird, vor allem die sogenannten Spot-Paintings, die Punkte-Bilder, von denen es mittlerweile – nicht zuletzt dank fleißiger Assistenten – weit über tausend Exemplare gibt.
Während Damien Hirst bewusst für den Kunstmarkt produziert beziehungsweise produzieren lässt, um so – in seiner Logik – eine größtmögliche Annäherung von Kunst und Leben zu erreichen, kehren andere Kreative dem etablierten Betrieb bewusst den Rücken und gehen dorthin, wo ihre Bilder Menschen erreichen, die sich nicht unbedingt für Kunst interessieren: auf die Straße, in den öffentlichen Raum. Diesen Schritt hatten in den Achtziger-Jahren des 20. Jahrhunderts bereits Maler wie Keith Haring oder Jean-Michel Basquiat unternommen. Beide agierten zeitweilig als Graffiti-Künstler in den Straßen New Yorks; berühmt wurden sie allerdings mit „traditionellen" Gemälden, in die sie die Formensprache der Graffitis einfließen ließen.
Die Street-Art (gelegentlich auch: Urban Art) hat ihre Wurzeln zwar in der Graffiti-Szene, unter-

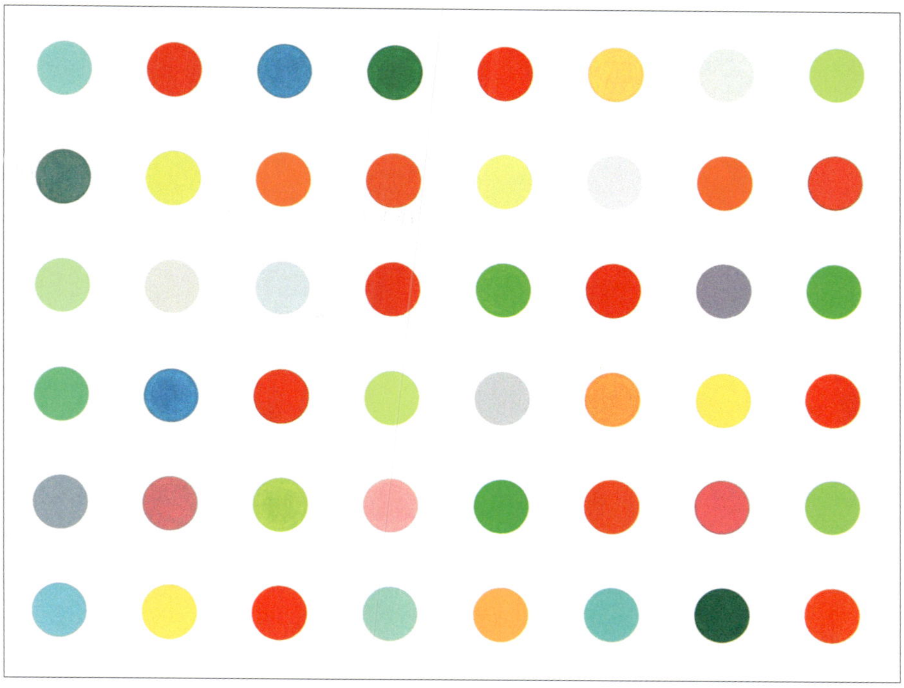

Damien Hirst, *Plutonium*, 1997. Acrylleuchtfarbe auf Leinwand, 193 × 153 cm. Collection Bruno Bischofberger, Zürich

Damien Hirst, einst führender Kopf und Shootingstar der Young British Artists, die in den 1990er-Jahren mit betont trashigen Werken den Kunstmarkt aufwirbelten und damit der zeitgenössischen Kunst zu neuer Aufmerksamkeit verhalfen, kann auch ein Meister der leiseren Töne sein. Kindlich-verspielt und zugleich konzentriert-meditativ wirken seine Spot-Bilder, auf denen bunte Punkte über die weiße Leinwand paradieren. Die muntere Farbigkeit der gemalten oder geklebten „Spots" steht im spannungsreichen Kontrast zur exakten, fast maschinell wirkenden Ausführung und der strengen Geometrie, deren gleichförmige Formation sich, ähnlich wie die Drip-Paintings Jackson Pollocks, über die Bildgrenze hinaus auszuweiten scheinen.

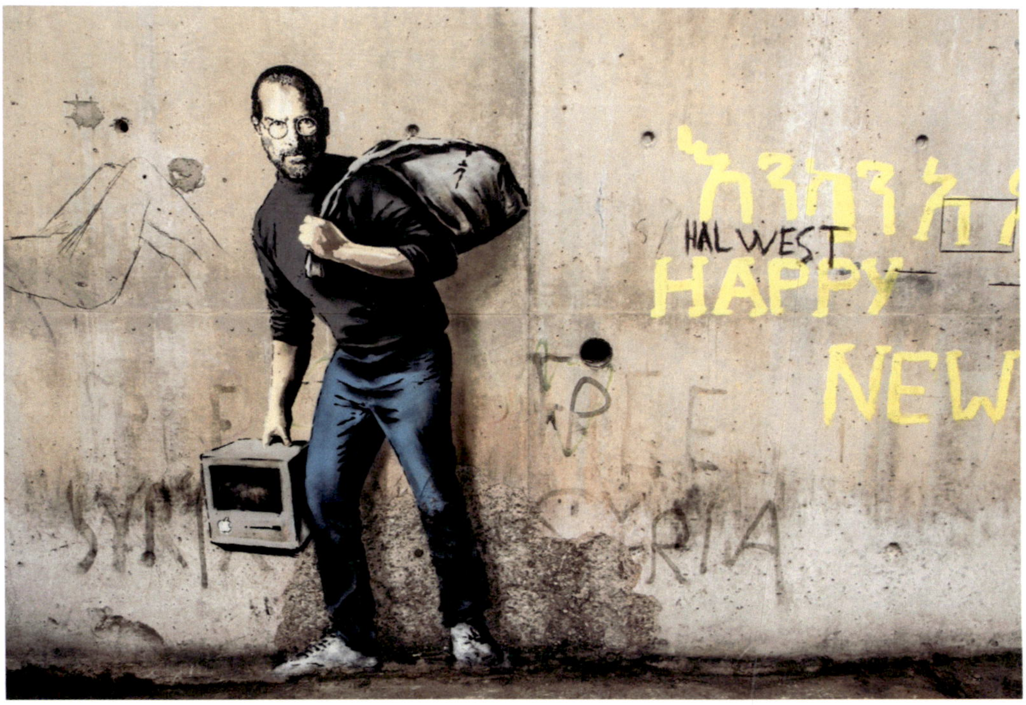

Banksy, *Sohn eines syrischen Einwanderers*, 2015. Stencil auf Beton. Bei Calais

Der britische Kunst-Guerillero Banksy ist der aktuelle Star der Street-Art-Szene. Im Gegensatz zu seinen Mitstreitern, die häufig ein bestimmtes Motiv zu ihrem Markenzeichen gemacht haben, überrascht Banksy mit wechselnden Motiven. In seinen komplexen Schablonenbildern, sogenannten Stencils, schlägt er auch gesellschaftskritische Töne an oder greift politische Themen wie den Nahost-Konflikt oder den Brexit auf. 2015 malte er in der Nähe eines französischen Flüchtlingscamps, das auf dem Höhepunkt der Migrationswelle als „Dschungel von Calais" in die Schlagzeilen geraten war, das lebensgroße Porträt von Steve Jobs, dem Begründer des Computer-Giganten Apple. Durch die unmittelbare Nähe zum Flüchtlingslager gerät der *Sohn eines syrischen Einwanderers* zu einem hintersinnigen Statement, das daran erinnert, welches Potenzial Migranten mitbringen und welch eine Bereicherung sie für ein Asylland sein können.

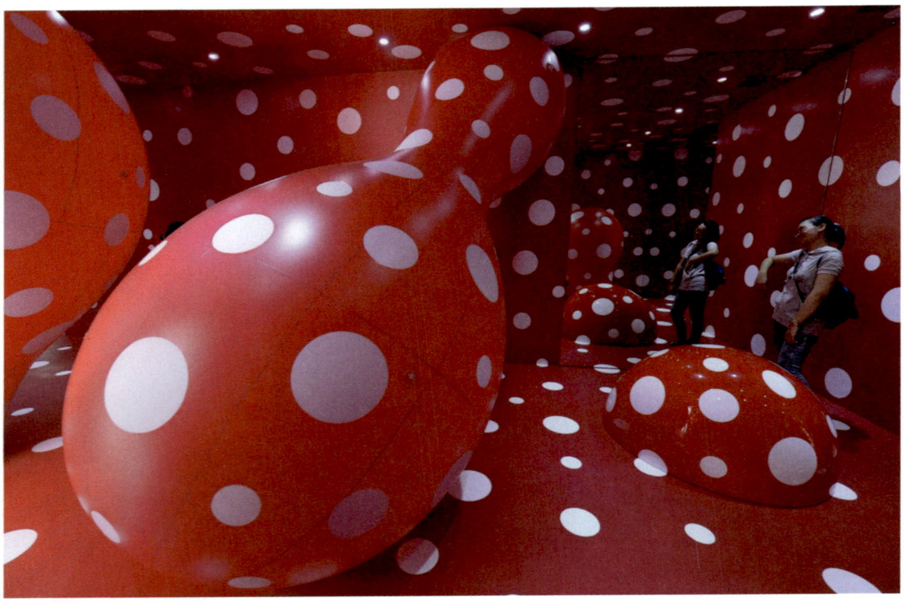

Yayoi Kusama, *Dots Obsessions*, 2013. Multimedia, Japanese Foundation Centre, Hanoi

Kusama arbeitet sowohl im Außenraum, den sie durch Eingriffe verfremdet, als auch als Installationskünstlerin. Ihre Raumkonstruktionen gleichen begehbaren Gemälden. Sie müssen durchschritten und aus verschiedenen Perspektiven betrachtet werden, um die verwirrende Wirkung der geschickten Farb- und Mustersetzung zu erleben. Die alles überziehende Malerei verunklärt die Konturen der amorphen, blasenförmigen Plastiken, die wie Luftballons in dem Kastenraum zu schweben scheinen. Was ist vorne, was ist hinten? Steigt der Boden wirklich an oder ist das nur eine gemalte Illusion? Gesteigert wird die labyrinthische Wirkung gelegentlich durch den Einsatz von Spiegeln, die die tatsächlichen Raumgrenzen optisch aufheben. So erstreckt sich die Malerei bis ins Unendliche.

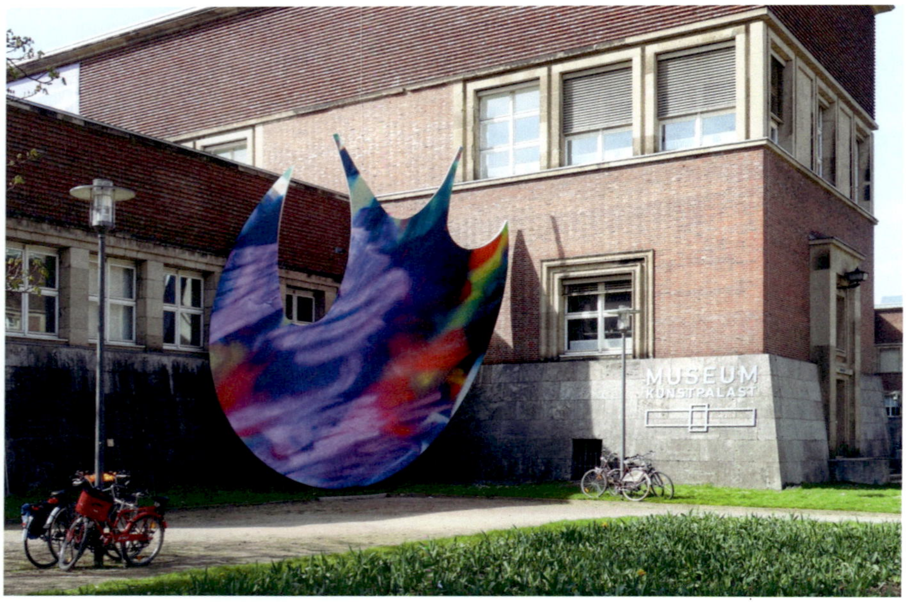

Katharina Grosse, *Ellipse*, 2014. Mischtechnik, 11 x 8 m. Stiftung Kunstpalast Ehrenhof, Düsseldorf

scheidet sich von dieser aber darin, dass hier nicht nur Buchstaben und schriftähnliche Zeichen, sogenannte Tags, zum Einsatz kommen, sondern gegenständliche Darstellungen mit inhaltlichen Aussagen, die die Passanten ansprechen, amüsieren oder zum Nachdenken anregen sollen. Die Bezeichnung „Street-Art" ist vergleichsweise neu. Erst seit Beginn dieses Jahrhunderts bezeichnet man damit entweder kleine skulpturale Arbeiten, vor allem aber gemalte, gesprühte, mithilfe von Schablonen (stencils) hergestellte oder auf Papier vorgefertigte Bilder, die illegal und daher in aller Regel heimlich auf Hauswände, Mauern, Stromkästen oder was immer sonst sich als Bildträger eignet im urbanen Raum angebracht werden. Street-Art ist immer ortsspezifisch, das heißt, die Stelle, an der ein Werk angebracht werden soll, ist mit Bedacht gewählt (die Suche nach einem passenden Ort dauert meist länger als die eigentliche Ausführung), da die Bilder in ihrer Motivik häufig Bezug auf die umgebende Architektur, das soziale Umfeld oder die Bewohner des Viertels nehmen.

So gut sichtbar die nur temporäre, da jederzeit übermal- oder zerstörbare Street-Art für jedermann ist, so unbekannt sind in der Regel ihre Produzenten. Nicht zuletzt, um sich vor Anzeigen wegen Sachbeschädigung zu schützen, verbergen viele Akteure ihre Identität hinter klangvollen Pseudonymen. Einer der bekanntesten unbekannten Sprayer ist der Brite Banksy, von dem man nicht viel mehr weiß, als dass er wohl 1974 in Bristol geboren wurde. Seine plastisch wirkenden Figuren, denen er häufig einen witzigen oder kritischen Text zur Seite stellt, haben international Beachtung gefunden – und inzwischen auch den Sprung in die Kunstwelt geschafft. Längst hat der kommerzielle Kunstbetrieb, dem sich die Street-Art-Aktivisten eigentlich entziehen wollten, die subversive Aura der Street-Art als gewinnbringendes Kapital erkannt und feiert ihre Protagonisten als neue Avantgarde. Die sorgsam betriebene Geheimhaltung Banksys dient dabei kaum noch dem Schutz vor Strafverfolgung. Vielmehr ist seine mysteriöse Anonymität Teil eines inszenatorischen Konzepts: Nicht allein das finale Bild zählt, sondern zum „Phänomen Banksy" gehört auch das Staunen über die Gewieftheit des immer wieder zuschlagenden ‚Täters', der seine Botschaften inzwischen weltweit hinterlässt, darunter auch in Krisengebieten wie dem Westjordanland oder dem Gaza-Streifen. Mit seinen in den letzten Jahren zunehmend politischer werdenden Sprayaktionen reiht sich Banksy in die Tradition der engagierten Kunst ein, deren Akteure – seien es die Dadaisten nach dem Ersten Weltkrieg oder die Fluxus-, Happening- und Aktionskünstlerinnen und -künstler der 1960er- und 1970er-Jahre – mit ihren *Interventionen* (meint: künstlerischen Eingriffen in den Alltag) zum Nach- und gesellschaftlichen Umdenken beitragen wollten.

RAUMGREIFENDE MALEREI

Die Farbe verlässt das Bild

Eine Pionierin der Kunstintervention ist die inzwischen hochbetagte Japanerin Yayoi Kusama. Ihr überaus vielfältiges Schaffen, das neben Malerei, Installation und Performances auch Film und Mode einschließt, wird momentan weltweit in Ausstellungen renommierter Museen als impulsgebende, bis heute aktuelle Position gewürdigt. Der Malerei kommt in Kusamas Werk eine besondere Rolle zu, wenn auch nicht im Sinne traditioneller Tafelmalerei. Diese war für Kusama, deren Karriere in den 1950er-Jahren in New York begann, schnell passé. Nach einer kurzen Periode, in der sie großformatige monochrome Bilder im Stile Barnett Newmans oder Ad Reinhards schuf, verabschiedete sie sich vom einschränkenden Bildgeviert der Leinwand und weitete das Farbraum-Erlebnis, das sich beim Betrachten abstrakter Farbfeldmalerei einstellt, in den veritablen Raum aus. Ob Innen- oder Außenwände, Mobiliar, Baumstämme, selbstgeschaffene Skulpturen oder die eigene Kleidung, alles wurde von Kusama in Farbe getaucht und mit Mustern überzogen, am liebsten mit den sogenannten Polka Dots, bunten Punkten, die so etwas wie ihr Markenzeichen wurden.

Eine die Leinwand sprengende Malerei entwickelte auch Katharina Grosse. Ihre abstrakten Skulptur-Gemälde rufen entfernt die plastischen Farbwucherungen in Erinnerung, mit denen Bernard Schultze in den 1960er-Jahren die informelle Malerei gleichsam in die Dreidimensionalität übertragen hat. Nur: Die Arbeiten von Grosse sind um ein Vielfaches größer als Schultzes filigrane Reliefs. Sie füllen ganze Räume oder sind gut sichtbare Landmarken im Außenraum. Die ausladenden Konstruktionen aus unterschiedlichen Werkstoffen überzieht die Künstlerin mit fein gesprühten, metallisch schimmernden Farbenströmen, die nicht nur die Textur der verwendeten Materialien – Stoff, Holz, Metall und anderes – verunklären, sondern auf einzelnen Elementen wiederum illusionistische Räume entstehen lassen, die zu einem flirrenden Vexierbild aus Malerei und Skulptur führen.

REAKTUALISIERUNG TRADITIONELLER GENRES

Das lange 20. Jahrhundert

Neben der Street-Art und der skulpturalen Malerei, die sich im Sinne des Wortes neue Wirkungs*räume* erobert und die Grenzen des herkömmlichen Bildbegriffs gesprengt haben, gibt es freilich noch immer das traditionelle Bild, die Malerei auf der zweidimensionalen Fläche. Altmeister wie Gerhard Richter, der seit Jahren das Ranking der wichtigsten Gegenwartskünstler anführt, oder die Werke von Jean-Michel Basquiat, Eric Fischl, David Hockney, Philip Guston oder Cy Twombly haben bis heute nicht an Aktualität (und Marktwert) verloren. Die im 20. Jahrhundert entwickelten Stile und Bildsprachen, ob gestisch-expressiv oder pop-artig, minimalistisch reduziert oder hyperrealistisch, wurden und werden von der jüngeren Malergeneration aufgegriffen und mit neuen Inhalten in modifizierter Form fortgeführt. Interessanterweise erfahren auch so traditionelle Genres wie Porträt- und Landschaftsmalerei in der zeitgenössischen Kunst erneute Aufmerksamkeit. Der belgische Maler Michaël Borremans gibt seinen auf den ersten Blick traditionell erscheinenden Bildnissen häufig irritierende Elemente bei oder belässt die Darstellungen partiell skizzenhaft, um das Gemachte eines Bildes ins Bewusstsein zu bringen. Elizabeth Peyton wiederum verbindet in ihren Zeichnungen und Gemälden Elemente der Populärkultur mit der klassischen Porträtmalerei. Nach Zeitungsfotos gestaltet sie intim wirkende Bildnisse von Popstars oder porträtiert ihre Freunde. Die Darstellungen der blassen, häufig androgyn wirkenden Modelle zielen dabei weniger auf Charaktererfassung und Porträtähnlichkeit, sondern geraten zum Ausdruck eines zwischen Glamour und Melancholie schwankenden Lebensgefühls.

Auch die Landschaften des an der Düsseldorfer Kunstakademie lehrenden, aber hauptsächlich in Trinidad und New York lebenden Schotten Peter Doig erweisen sich als doppelbödig. Der farbglühenden Üppigkeit ist häufig etwas Unheilvolles eingeschrieben, das eine dunklere Seite der Realität ahnbar werden lässt.

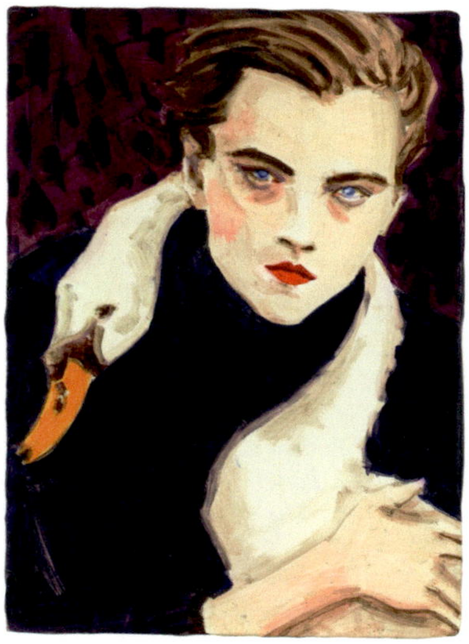

Elizabeth Peyton, *The Swan (Leonardo di Caprio)*, 1998. Öl auf Holz, 28,4 x 20,3 cm. Emanuel Hoffmann-Stiftung, Depositum in der Öffentlichen Kunstsammlung Basel

Die blauen Augen etwas unterlaufen, im blassen Gesicht ein kirschroter Mund und im Arm einen Schwan, dessen Hals sich wie ein Kragen um die Schultern schmiegt. Vorlage für dieses ungewöhnliche Motiv war ein in der Zeitschrift Vanity Fair abgebildetes Schwarz-Weiß-Foto des Filmstars von Annie Leibovitz. Durch die transparente, doch akzentuierte Farbigkeit verleiht die Malerin dem Bildnis jene Intimität, Elegie und Verletzlichkeit, die typisch für ihre Arbeiten sind.

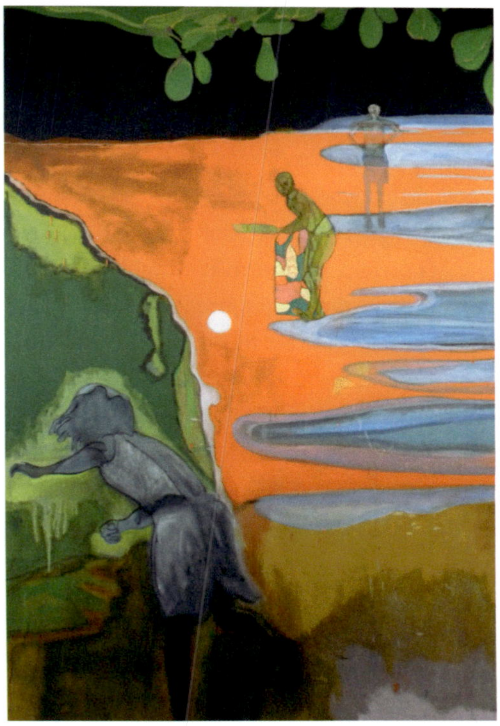

Peter Doig, *Cricket Painting*, 2006/2012. Öl auf Leinwand, 300 x 200 cm.. Privatbesitz

Mit seinen Landschaftsbildern greift Peter Doig ein Thema auf, das jahrhundertelang ein eigenes Genre in der Kunstgeschichte darstellte, seit Mitte des 20. Jahrhunderts aber nur noch eine untergeordnete Rolle spielt. Doig gehört zu den wenigen Malern, die es für die Gegenwart wiederentdeckt und neu belebt haben. Endlos und weit oder üppig wuchernd zeigt sich bei ihm die Natur. Dabei geht es Doig nie um topografische Genauigkeit, sondern für ihn ist die Landschaft ein ideales Vehikel zum Ausdruck von Stimmungen und Gefühlen. Farblich erinnern seine Bilder gelegentlich an Paul Gauguins leuchtende Südseebilder, doch sind die Menschen bei Doig nicht mehr im Einklang mit der Natur. Meist stellt der Maler sie als einsame oder gefährdete Wesen dar. Im Cricket-Painting spannt sich ein gefährlich dunkler Himmel über das Geschehen, der im Zusammenspiel mit den am oberen Rand ins Bild tropfenden Blättern wie ein Zeichen drohenden Unheils wirkt.

Cecily Brown, *Combing the Hair (Cote d'Azur)*, 2013. Öl auf Leinwand, 277 x 287 cm. Privatbesitz

Auf großen Leinwänden gestaltet Cecily Brown häufig erotische Szenen, die sie allerdings bis in die Abstraktion hinein auflöst. Nur momenthaft tauchen Körperteile aus einem flirrenden Farbteppich auf, den man gleichsam mit den Augen abtasten muss, um das Dargestellte zu erfassen. Mit der ekstatischen Thematik korrespondiert die rauschhafte Malerei. Eine häufig auf den Inkarnattönen Rosa, Rot und Gelb aufbauende Palette sowie die Haptik des dynamischen Farbauftrags wird für den Betrachter zu einem visuellen Sinnerlebnis, das die Suche nach pikanten Details in den Hintergrund treten lässt. Mit ihrem exzessiven Duktus und der derben Motivik erregte Brown um die Jahrtausendwende erstes Aufsehen. Schnell war die Kritik mit großen Vergleichen zur Hand: Immer wieder fiel der Name des abstrakten Expressionisten Willem de Kooning. Brown stören solche Zuweisungen nicht, im Gegenteil: Die Bezugnahme auf populärkulturelle Bildwelten oder kunsthistorische Größen gehört ausdrücklich zum Konzept. Möglicherweise ist das nebenstehende Gemälde, in dem außer weichlockig-fallenden braunen Haaren auch Arme, Füße und Gesichter im wuseligen Durcheinander auszumachen sind, von Werken Edgar Degas' inspiriert, der die intime Situation des Haare-Kämmens mehrfach dargestellt hat.

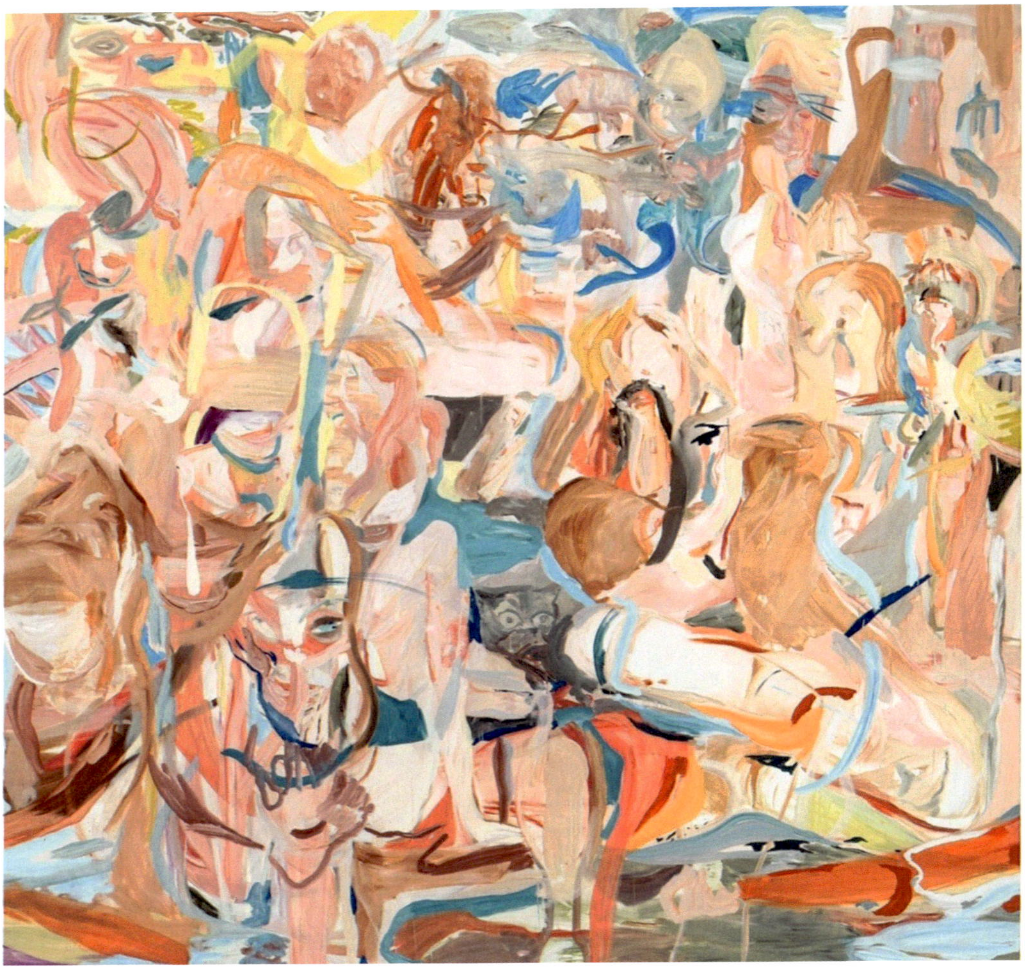

SICHT(UNG) DER FRAUEN

Übersehenes Kunstschaffen

„Warum gab es keine großen Künstlerinnen?", fragte 1971 die amerikanische Kunsthistorikerin Linda Nochlin und stieß mit ihrem Aufsatz eine Diskussion an, die zu einer grundlegenden Befragung der Kunstgeschichte führte. Wie konnte es sein, dass Frauen über Jahrhunderte nur eine unbedeutende Rolle im öffentlichen Kunstleben gespielt hatten und dass ihr Schaffen bis dato kaum bekannt, geschweige denn wissenschaftlich erforscht war? Gab es wirklich keine Künstlerinnen? Oder waren sie bloß an den Rand gedrängt und in der vornehmlich von Männern verfassten Fachliteratur totgeschwiegen worden? Heute wissen wir: So muss es gewesen sein, denn es gab sie sehr wohl, die couragierten Frauen, die allen Vorurteilen, gesellschaftlichen Widerständen und Ausbildungsschwierigkeiten zum Trotz als Malerinnen, Zeichnerinnen oder Bildhauerinnen ihren Weg gingen. Bis ins 20. Jahrhundert hinein war Frauen das Studium an Kunstakademien verwehrt und eine Ausbildung nur in privaten, oft kostspieligen Kunstschulen möglich. Dennoch waren auch früher einige Künstlerinnen höchst erfolgreich. Angefangen bei der Barockmalerin Artemisia Gentileschi über die im Klassizismus gefeierte Angelika Kauffmann bis hin zur Realistin Rosa Bonheur. Ähnlich wie sie waren auch die Impressionistinnen Berthe Morisot und Mary Cassat sowie heute prominente Vertreterinnen der Klassischen Moderne wie Marianne Werefkin, Hannah Höch, Tamara von Lempicka oder Hilma af Klint lange in Vergessenheit geraten und im kunstgeschichtlichen Kanon nicht präsent.

Dank der erheblichen „Ausgrabungsarbeit", die in der Vergangenheit geleistet wurde, sind etliche der einst vergessenen Künstlerinnen auf die kunsthistorische Landkarte zurückgekehrt. Diskriminierende Vorurteile wie das vermeintlich „mangelnde Genie" sind gründlich widerlegt und Frauen haben heute ihren festen Platz in der Kunstszene. Dennoch: Die Wiederentdeckung vergessener Künstlerinnen ist noch nicht abgeschlossen, noch immer gilt es viel(e) zu entdecken.

Große Künstlerinnen heute

Keine Wiederentdeckung im herkömmlichen Sinne, sondern eine späte Würdigung wurde der österreichischen Malerin Maria Lassnig zuteil. Erst vor wenigen Jahren ist die 2014 im Alter von 94 Jahren gestorbene Malerin in den Blick der Kunstöffentlichkeit gelangt. Als sie Anfang der 1950er-Jahre ihre Karriere begann, stand die Kunstwelt ganz im Zeichen der Abstraktion. Gänzlich unbeirrt davon hielt Lassnig an der Darstellung der menschlichen Figur fest, ja erhob den eigenen Körper zum zentralen Gegenstand ihres Werks. Er wurde ihr zum „Sinnbild einer schmerzvollen Welt- und Selbsterfahrung". Schon früh thematisierte sie in Bildzyklen wie den *Körperbewusstseins-Aquarellen* oder *Körpergefühlsbildern* die eigene Leiblichkeit und verlieh ihr in schonungslosen Bildfindungen Ausdruck, denen gelegentlich ein subtiler Witz unterlegt ist.

Auch für die heute in Amsterdam lebende südafrikanische Malerin Marlene Dumas ist der Mensch ein zentrales Thema. Dabei stehen für sie allerdings weniger individuelle Befindlichkeiten im Mittelpunkt, sondern ihr geht es um Rollenmuster, soziale Identitäten und Machtstrukturen. Vor allem aber interessiert sie die Wirklichkeit und (Wirkungs-)Macht von medial vermittelten und/oder künstlerisch gestalteten Bildern.

Die Betrachter ihrer Werke sind aufgefordert, neben dem Dargestellten immer auch das eigene Sehen, den Umgang mit Bildern zu reflektieren.

Einen weniger intellektuell-rationalen, sondern vor allem auf sinnliche Wahrnehmung zielenden Ansatz verfolgt die britische Malerin Cecily Brown. Expressiv, wild und eruptiv gestaltet sie tosende Farbmeere. Der furiose Farbauftrag und die Betonung des Duktus stehen in einer kunsthistorischen Tradition, die von Rembrandt und Velázquez bis zum abstrakten Expressionismus und der Malerei von Francis Bacon reicht.

Drei Künstlerinnen – drei unterschiedliche stilistische und inhaltliche Ansätze. Eine verbindende, vermeintlich „weibliche" Ästhetik ist nicht auszumachen. Wohl aber lassen die Werke heutiger Künstlerinnen – nicht nur in der Malerei, sondern beispielsweise auch die Performances von Maria Abramović, die Installationen von Mona Hatoum oder die Fotografien Cindy Shermans oder Nan Goldins – eine bestimmte Haltung und Weltsicht erkennen: Sie sind häufig existenziell aufgeladen, befragen die Identität, fordern den Betrachter heraus und lenken den Blick dorthin, wo es unbequem wird, wo es weh tut.

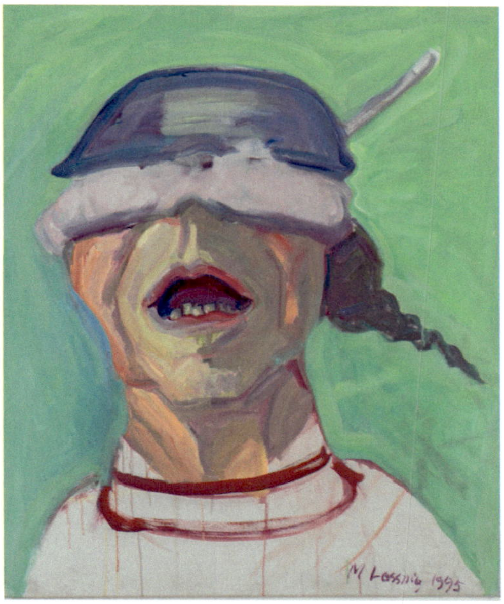

Maria Lassnig, *Selbstporträt mit Kochtopf*, 1995. Öl auf Leinwand, 125 × 100 cm. Privatbesitz

Wenn Maria Lassnig sagt: „Ich male, was ich fühle", so meint sie damit weniger emotionale Stimmungen als vielmehr ihr Körpergefühl. Der Körper ist Ausgangspunkt und Gegenstand ihrer Malerei. Verrenkt, gedehnt, verzerrt spürt sie ihm nach. Gelegentlich fügt sie den Figurationen Tiere hinzu, manchmal auch Gegenstände. Der Topf auf dem Kopf mag auf den ersten Blick humoresk wirken. Doch der zum Schrei geöffnete Mund und der dicke, die Augen bedeckende Verband verleihen dem helmartigen Accessoire einen martialischen Charakter, als sei er eine Schmerz verursachende Apparatur. Ein besonderes Kennzeichen von Lassnigs gänzlich eigenständigem Stil ist das pastellzarte, zugleich grelle Kolorit, das den Darstellungen mitunter einen giftigen Ton verleiht.

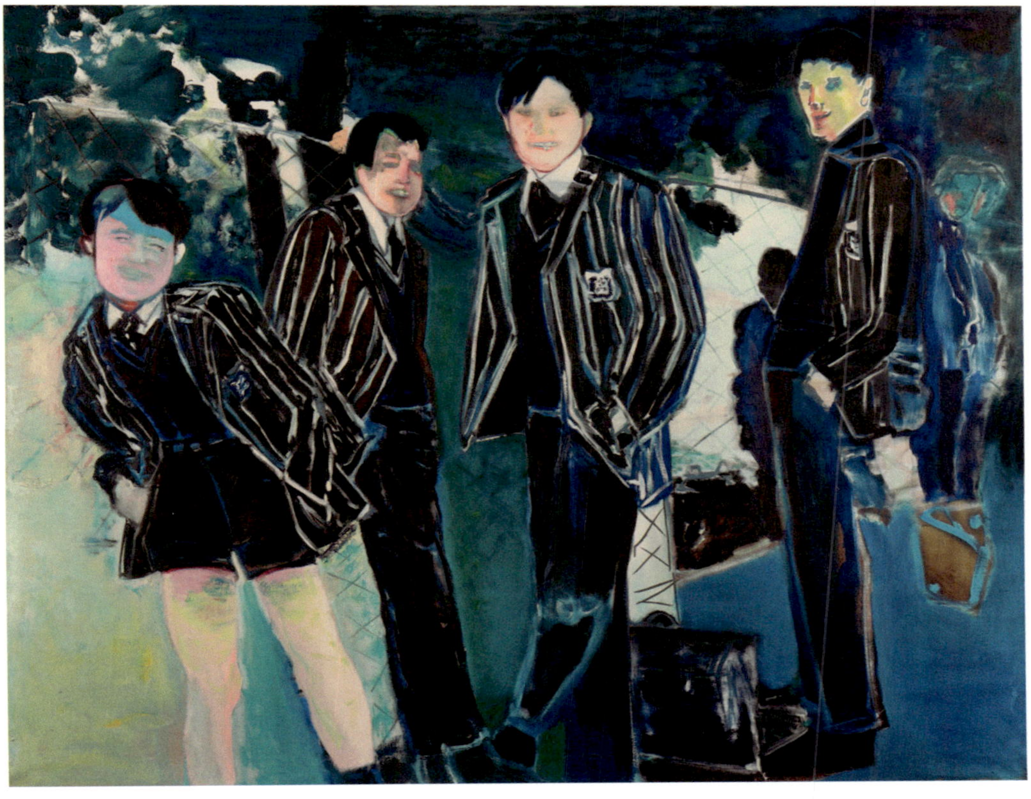

Marlene Dumas, *Die Schuljungen*, 1986–87. Öl auf Leinwand, 160 x 200 cm. Privatbesitz

Wie viele zeitgenössische Künstlerinnen und Künstler benutzt auch Marlene Dumas häufig Fotografien als Vorlage. Die in Zeitschriften gefundenen, gelegentlich auch selbst aufgenommenen Bilder überarbeitet sie oder überträgt sie in eine zart lavierende Malerei, bei der vieles im Ungefähren bleibt. Gesichtszüge und Körperkonturen verschwimmen, die Gestalten wirken schemenhaft. Dadurch tritt einerseits die Malerin als „Bildbearbeiterin" in Erscheinung: Welchen Blick auf das Ursprungsbild lässt ihre Bearbeitung erkennen? Was war ihr wichtig? Und weiter: Was lese ich in das Dargestellte hinein? Dieser sinn- und bedeutungsstiftende Dialog zwischen Bild und Betrachter ist bei Dumas stets ein zentrales Element ihrer Kunst. Gelegentlich nutzt die Malerin auch textliche Einschübe, um Gedankenprozesse anzustoßen und ein Nachdenken über unseren Umgang mit Bildern zu initiieren. Im Zeitalter der grenzenlosen digitalen Bildmanipulation haben Fragen nach der Wirklichkeit und der Macht von Bildern eine größere Aktualität als je zuvor.

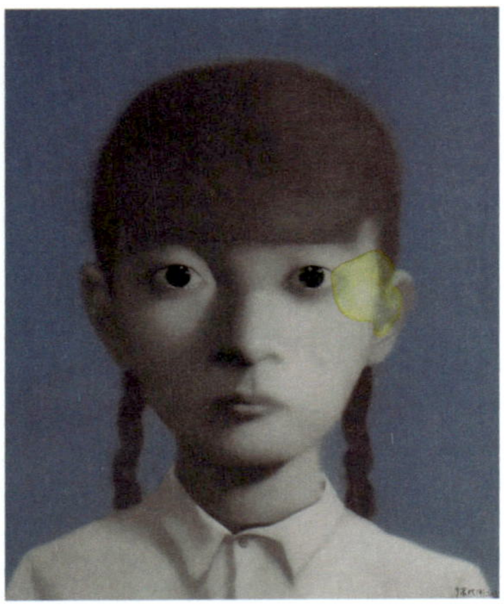

Zhang Xiaogang, *Blood Line Series – Boy*, 2006. Lithografie. 140 x 113 cm. Privatbesitz

Die ewig gleichen Posen und Gesichtsausdrücke, die ihm in Fotografien der fünfziger und sechziger Jahre auffielen, inspirierten Xiaogang zu einer Auseinandersetzung mit der gesellschaftlichen Normierung (nicht nur) während der Mao-Ära. Die puppenhafte Gleichheit der Dargestellten wird durch seine extrem feine Malerei betont. Wie eine matte Glasscheibe legt sich die makellose Bildoberfläche über die einsam und isoliert in leeren Bildräumen verharrenden Figuren. Erst auf den zweiten Blick wird man der feinen Flecken und Farbspuren gewahr, die wie Wunden auf den schwarz-weiß gehaltenen Gemälden liegen. Sie lassen die Personen verletzlich erscheinen, brechen den maskenhaften Ausdruck auf und machen dahinterliegende Emotionen erahnbar.

WEITUNG DES BLICKS

Internationalisierung der Kunst

Nicht nur technische Neuerungen, auch gesellschaftliche Umbrüche und Neuordnungen haben seit jeher ihren Niederschlag in der Kunst gefunden. An der Wende zum 21. Jahrhundert stehen gleich mehrere einschneidende Ereignisse: Mit dem Fall der Berliner Mauer endet die ideologische Spaltung der Welt in Ost und West, die fast ein halbes Jahrhundert die internationale Politik bestimmt hatte. Der Anschlag auf das New Yorker World Trade Center am 11. September 2001 markierte wiederum den Beginn einer neuen Lagerbildung Richtung Islamische Welt. Daraus folgende Kriege, religiöser Fanatismus und Terror sowie Hunger- und klimabedingte Naturkatastrophen haben weltweit Fluchtbewegungen ausgelöst. Eine Bearbeitung all dieser Themen in plakativer Eindeutigkeit ist in der zeitgenössischen Malerei kaum zu finden. Wohl aber haben sich die allgemeine Weltlage, ihre Neu- und Umstrukturierung und die damit einhergehenden politischen und ökonomischen Verwerfungen untergründig in die Kunst eingeschrieben. Die ins Schlingern geratene Welt beschäftigt Künstlerinnen und Künstler unterschiedlichster Herkunft und Nationalität; sowohl die Themenfelder als auch die Stile haben sich über Kulturgrenzen hinweg immer mehr angeglichen. Diese Internationalisierung der Kunst ist nicht zuletzt Folge des immer globaler werdenden Kunstmarkts. Auf diesem weltumspannenden Spielfeld agieren Künstlerinnen und Künstler heute längst als versierte Global Player, sind mobil wie nie zuvor.

Es scheint daher nur folgerichtig, dass auch Kunstwissenschaftler und Ausstellungsmacherinnen heute bemüht sind, den vormals eurozentrischen Fokus zu weiten und ebenso die zeitgenössische Kunst in anderen Teilen der Welt, sei es in Lateinamerika, Afrika, den arabischsprachigen Ländern oder Indien, in den Blick zu nehmen. Erstes Interesse wurde bereits in den 1990er-Jahren der nach-maoistischen Kunst Chinas zuteil. Seither hat sich in China eine äußerst vielfältige Kunstszene entwickelt, deren wichtigste Exponenten – allen voran der regimekritische, heute im Exil lebende Ai Weiwei – sich auch außerhalb ihrer Heimat einen Namen machen konnten.

Zu den bekanntesten gehören Qi Zhilong, der mit Pop-Art inspirierten Bildnissen von jungen Frauen im Mao-Look Chinas Spagat zwischen politischer Vergangenheit und moderner Konsumgesellschaft thematisiert. Auch Zhang Xiaogang beschäftigt sich mit der Vergangenheit. Ausgehend von alten Familienfotos, die während der Kulturrevolution aufgenommen wurden, hinterfragt er in fiktionalen Porträts gesellschaftliche Konformität und Uniformität. Yue Minjuns Gestalten mit dem gefrorenen Lachen im verzerrten Gesicht können wiederum als kritisch-spöttischer oder zynischer Kommentar zu den Veränderungen in der chinesischen Gesellschaft gelesen werden.

Anspielungen auf das ästhetische Erbe eines untergegangenen kommunistischen Regimes finden sich auch im Werk des in der DDR aufge-

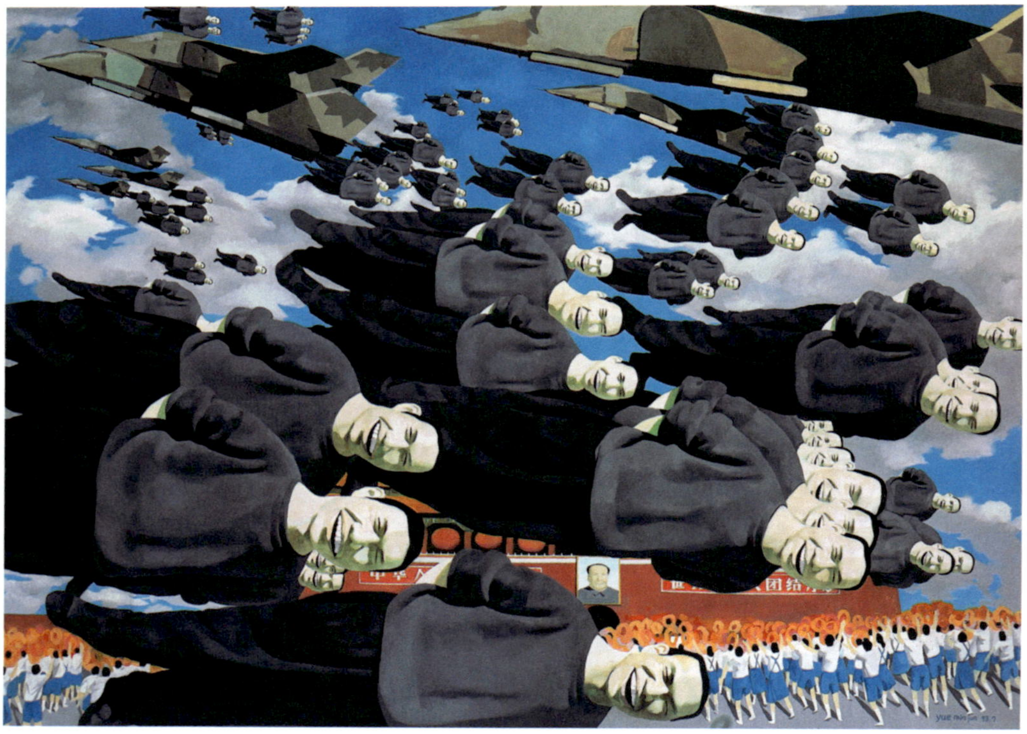

Yue Minjun, *Gweong-Gweong*, 1993. Öl auf Leinwand, 182 x 250 cm. Privatbesitz

Es sind Gestalten zwischen Horror und Humor, mit denen Yue Minjun Berühmtheit erlangte. Ihr Kennzeichen: Sie lachen immer. Krampfhaft, grotesk-verzerrt, Zähne zeigend, verrückt. Oder entweichen den aufgerissenen Mündern Schreie? Der Werktitel „Gweong-Gweong" spielt auf das Geräusch an, das beim Ausklinken von Bomben entsteht. Kampfjets fliegen in diesem Bild über den Tian'anmen-Platz in Beijing hinweg und werfen ihre Last ab, die über Hunderten von jungen Frauen niedergeht, die dem Bildnis des früheren Staatschefs Mao Tse-tung zujubeln. Statt Bomben fallen grau gekleidete Männer herab und obwohl von dieser Metapher ein Gefühl der Bedrohung ausgeht, lassen die „lachenden Gesichter" auch ganz andere Interpretationen zu: Vielleicht wird hier ein altes System hinweg gefegt? Angesichts der immer noch restriktiven chinesischen Politik kann einem jedenfalls leicht das Lachen im Halse stecken bleiben.

wachsenen Malers Neo Rauch. In seinen collagehaften Szenerien blitzen hier und da ironisierende Anspielungen auf den Sozialistischen Realismus oder dingliche Verweise auf den DDR-Alltag seiner Kindheit auf. Sein Bilderkosmos gleicht einer surreal anmutenden Traumwelt, die sich jeder Logik und Sinnhaftigkeit entzieht. So bleibt es dem Betrachter überlassen, einzelne Figuren und ihre absurden Handlungen mit Bedeutung aufzuladen und eine mögliche Bilderzählung zu entwickeln. Trotz der gegenständlich-figurativen Bildsprache ist Rauchs Rätselrealismus so offen wie ein abstraktes Gemälde: Auch hier gerät das Gesehene zur Projektionsfläche, führt zu einer Begegnung mit sich selbst.

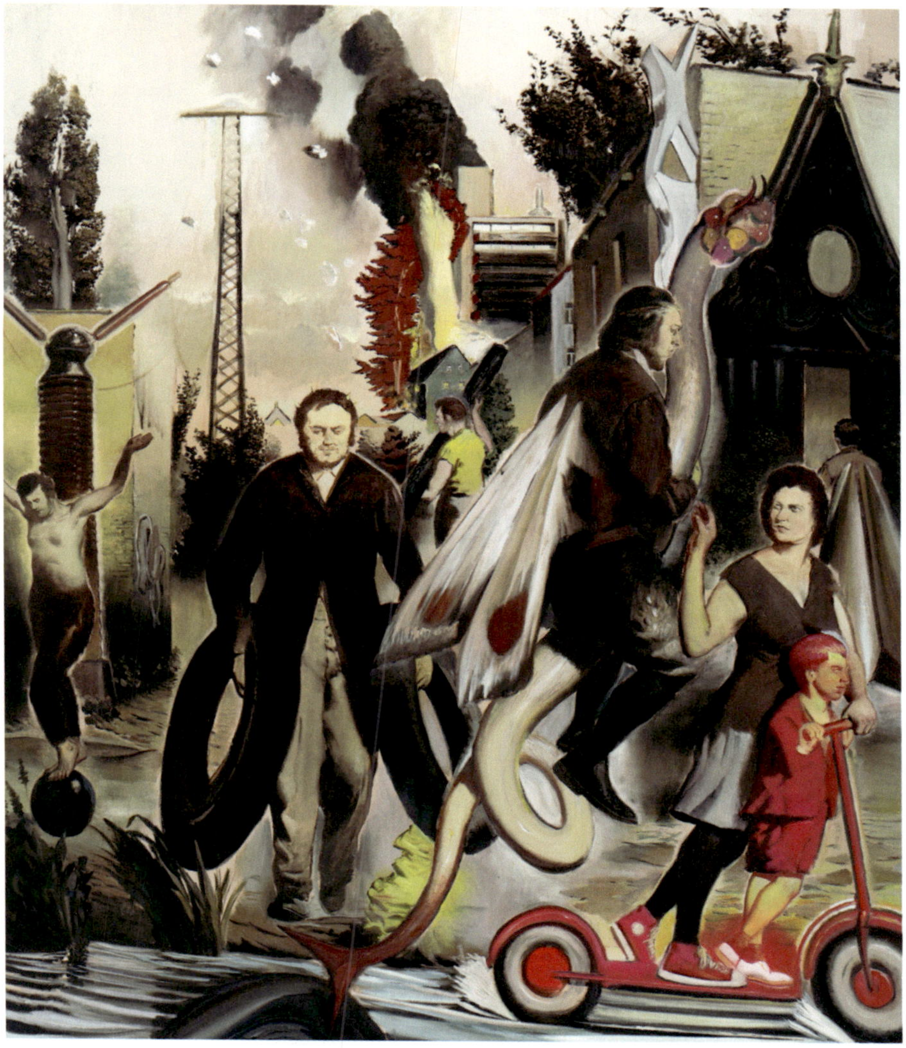

Neo Rauch, *Gummiland*, 2015. Öl auf Leinwand, 300 x 250 cm. Privatbesitz

Es sind faszinierende, aber trügerische Welten, die der Leipziger Maler Neo Rauch in feiner Malerei und gedeckter Farbigkeit vor uns ausbreitet. Wie Illustrationen alter Märchenbücher ziehen die magisch-versponnenen Szenerien den Blick an, locken ihn in verschachtelte Bildräume voller rätselhafter Wesen, merkwürdiger Apparaturen und gespenstischer Architekturen. Raffiniert verzahnt der Maler suggestive Bildsplitter, doch entsteht daraus kein schlüssiges Ganzes. Die Welt erscheint als ein Kaleidoskop der Fragwürdigkeiten. Wohin reitet der Mottenflügel-Mann auf dem kopflosen Fischwurm? Und warum schleppt ein biedermeierlich gekleideter Herr Autoreifen? Selbst assoziatives Denken stößt an seine Grenzen. Was bleibt, ist ein beklemmendes Gefühl abgründiger Unerklärbarkeit.

Anfang oder Ende?

In welcher kunsthistorischen Epoche befinden wir uns augenblicklich? Erleben wir gerade den Auftakt einer neuen Ära, die noch keinen richtigen Namen hat? Oder sind es doch eher die Ausläufer der im späten 19. Jahrhundert begonnenen Moderne? Ob die Moderne tatsächlich als abgeschlossenes Kapitel hinter uns liegt, wie es der seit den 1980er-Jahren verwendete Begriff Post-Moderne (Nach-Moderne) suggeriert, wird die Zukunft zeigen. Der Blick in die aktuelle Kunstlandschaft erweckt vorerst allerdings nicht den Eindruck. Im Gegenteil: Vieles von dem, was in der bildenden Kunst des 20. Jahrhunderts schon angelegt und erprobt wurde, findet momentan seine Wiederbelebung und Fortführung. Grundsätzlich Neues lässt sich – zumindest im Bereich der Malerei – nicht ausmachen. Aber ist das Neue überhaupt so offenkundig sichtbar? Können ausgerechnet Werke, die aktuell angesagt und also im Mainstream angekommen sind, Indikatoren für künstlerische Quantensprünge sein? Die Erfahrung spricht dagegen. Erinnern wir uns: Jene Malerinnen und Maler, die heute als die großen Neuerer der Kunst gelten, wurden von ihren Zeitgenossen meist verhöhnt, verunglimpft oder – häufiger noch – gar nicht zur Kenntnis genommen. Wahrhaft avantgardistische Kunst war ihrer Zeit meist so weit voraus, dass erst spätere Generationen das innovative Potenzial und die wegbereitende Bedeutung erkannten. Wer weiß, vielleicht formiert sich, von der breiten Kunstöffentlichkeit noch unbemerkt, gerade die Avantgarde des 21. Jahrhunderts? In einigen Jahren wissen wir mehr. In dieser noch abzuwartenden Zukunft wird sich auch zeigen, ob diejenigen, die heute als Stars gefeiert und hoch gehandelt werden, auf lange Sicht Bedeutung behalten und dauerhaft in die Kunstgeschichte eingehen werden. Und schließlich wird sich zeigen, ob die Mal- und Zeichenkunst, diese älteste aller künstlerischen Ausdrucksformen, im digitalen Zeitalter als Gattung überleben wird. Angesichts der Tatsache, dass Gemälde noch immer Bewunderer finden und Menschen bereit sind, hohe Summen für sie zu zahlen, darf man optimistisch sein. Und vielleicht sind es genau die spezifischen Eigenschaften eines gemalten Bildes, die es in Konkurrenz zu den virtuellen Bilderfluten zu etwas Besonderem machen: Ein Gemälde lässt sich nicht per Mausklick erstellen, es ist handgemacht, in einer aufwändigen Technik, die Zeit und ein besonderes, oft in langer Ausbildung erworbenes Können erfordert. Man kann es greifen und es hat (bei guter Pflege) dauerhaft Bestand. Und es ist immer ein Original, das heißt: einzigartig.

BEGRIFFSREGISTER

Die erklärten Begriffe sind im Haupttext *kursiv* gestellt.

Abstrakter Expressionismus: Sammelbegriff für die verschiedenen ungegenständlichen Richtungen der Malerei in den 40er-, 50er-, und 60er-Jahren des 20. Jh., bei denen Farbe, Form und Malweise die alleinigen Ausdrucks- und Bedeutungsträger sind.

Abstraktion: Vernachlässigung einer naturalistisch-abbildlichen Wiedergabe bis hin zum völligen Verzicht gegenständlicher Darstellung.

Action Painting (engl., „Aktionsmalerei"): Malweise, bei der die Farbe ohne vorherige Kompositionsskizze auf die (gelegentlich am Boden liegende) Leinwand gemalt, getropft oder geschleudert wird. Die Bildstruktur ergibt sich aus dem intuitiv gesteuerten Malprozess und aus den unterschiedlichen ‚Verhaltensweisen' der Farbe, wie z. B. zufällig entstehenden Laufspuren.

Akt: Darstellung des nackten menschlichen Körpers.

All over painting (engl., „alles bedeckende Malerei"): Malweise, bei der die Malfläche schwerpunktlos mit einer Farb- und Formstruktur bedeckt wird. Der Begriff wird hauptsächlich zur Bezeichnung von J. Pollocks Action Paintings verwendet.

Alla prima (ital., „aufs Erste"): Malverfahren, bei dem das Bild ohne eine die Komposition festlegende Untermalung (Vorzeichnung) und in einem Zug ausgeführt wird. Blütezeit der Primamalerei war der Impressionismus.

Allegorie: Verbildlichung eines abstrakten Begriffes (Freiheit, Gerechtigkeit etc.), häufig in Form einer Personifikation (z. B. Delacroix, *Die Freiheit führt das Volk*, Seite 61).

Analytischer Kubismus: Siehe Kubismus.

Andachtsbild (Andachtstafel): Bildwerke, die der stillen Versenkung und der persönlichen Andacht dienen. Bevorzugte Motive seit dem 14. Jh.: „Passion Christi und Mariä", „Abendmahl" oder „Beweinung Christi".

Anti-Kunst: Gegen die hergebrachten Kunsttraditionen rebellierende, bewusst „un-künstlerische" Ausdrucksformen. Die A. K. hat ihren Ursprung im Dadaismus und wird mit der Happening- und Fluxusbewegung der Neo-Dadaisten in den 60er-Jahren des 20. Jh. wieder aufgegriffen.

Antike: Bezeichnung für das griechische und römische Altertum. Beginnt ca. 2. Jt. v. Chr., endet ca. 5. Jh. n. Chr. Die A. war vor allem für die Künstler der Renaissance und des Klassizismus bedeutend.

Aquarell: Wasserlösliche Tuschfarben, die transparent, d. h. nicht deckend, auftrocknen und dadurch besonders leicht und zart wirken.

Arkadien: Griechische Landschaft, die wegen ihrer Unberührtheit und Schönheit in der Antike stellvertretend für Tugendhaftigkeit, Unbeschwertheit und Glück zum Schauplatz von Literatur und Kunst wurde. In der Neuzeit wurde A. mit Liebes- und Hirtenpoesie in Zusammenhang gebracht und zum Urbild der klassischen Ideallandschaft stilisiert, in der Natur und Mensch in Harmonie und Einklang leben.

Art Nouveau: Siehe Jugendstil.

Assemblage (frz., „Zusammenfügung"): Bezeichnung für ein zum Relief tendierendes Bild, bei dem alltägliche Gegenstände in meist unveränderter Form in die Komposition mit einbezogen werden. Erste Assemblagen entstanden in der zweiten Dekade des 20. Jh. (K. Schwitters).

Ateliermalerei: Im Gegensatz zur Freilichtmalerei werden die Motive nicht in oder vor der Natur, sondern nach Skizzen oder Vorzeichnungen im Atelier gemalt. Der Begriff A. kam erst im 19. Jh. im Zusammenhang mit der Freilichtmalerei auf. Vorher war die genaue Spezifizierung nicht nötig, da die Malerei ausschließlich im Atelier betrieben wurde.

Attribut (lat., „das Zugewiesene"): Erkennungszeichen (Gegenstand oder bestimmte Handlung), das einer Figur zur Charakterisierung oder genaueren Kennzeichnung beigegeben wird, z. B. ein Salbentöpfchen und lange Haare für Maria Magdalena.

Augpunkt: Siehe Fluchtpunkt.

Automatismus: Spontane Mal- und Schreibtechnik; ohne rationale Kontrolle, moralische oder ästhetische Überlegungen aufgetragene Kunstäußerung, die von den Surrealisten und den Künstlern des Abstrakten Expressionismus angewandt wurde.

Avantgarde (frz., „Vorhut"): Bezeichnung für künstlerische Gruppen oder Kunstäußerungen, die ihrer Zeit voraus sind, über das Bestehende hinausweisen und Tendenzen vorwegnehmen.

Barbizon, Schule von: Gruppierung französischer Künstler, die sich ab 1840 der Freilichtmalerei zuwandten und als deren Begründer gelten.

Barock (von portug. barocco „unregelmäßig"): Stilepoche der europäischen Kunst zwischen ca. 1600 und ca. 1750. Ausgehend von Rom breitete sich das Barock über ganz Europa aus. Unterschiedlichste Ausprägungen, abhängig von nationaler und konfessioneller Zugehörigkeit. Charakteristikum: Äußerste Bewegtheit, Spiel mit Raum- und Lichtsituationen.

Barock-Klassizismus: Tendenz innerhalb der Kunst des Barock, die sich im Gegensatz zur geschwungenen Formensprache des Barock durch eine an der antiken Kunst orientierte Auffassung auszeichnet. Bedeutender Vertreter des Barock-Klassizismus ist N. Poussin.

Bauhaus: 1919 vom Architekten W. Gropius gegründete Staatliche Hochschule für Bau und Gestaltung, die das Zusammenwirken der Künste untereinander und mit dem Handwerk anstrebte.

Bedeutungsperspektive: Bei der B. hängt die Größe der Figuren im Bild nicht von ihrer Position im Raum, sondern von ihrer inhaltlichen Bedeutung ab. So werden z. B. Heilige groß und Stifter klein dargestellt. Die B. wird durch die Entwicklung der dem dreidimensionalen Sehen entsprechenden Zentralperspektive in der Renaissance überwunden.

Biedermeier: Deutsche Stilrichtung zwischen 1815 und 1848. Charakteristische Motive sind bürgerliche Idyllen. Wichtigster Vertreter C. Spitzweg.

Bildnis: Darstellung eines Menschen. Man unterscheidet zwischen Selbst-, Einzel-, Doppel- und Gruppenbildnissen/-porträts.

Blaue Reiter, Der: Titel eines 1910 von W. Kandinsky und F. Marc herausgegebenen Almanachs mit kunsttheoretischen Texten. Später auch Name der sich um die beiden Künstler gruppierenden Künstlervereinigung, die sich unter dem Einfluss von Kubismus und Orphismus gegen akademische Malerei und Impressionismus wandte und in einer abstrahierenden Bildsprache das „Geistige in der Kunst" auszudrücken versuchte.

Brücke: Expressionistische Künstlergemeinschaft (1905–1913). Charakteristisch für die B.-Maler ist eine farbintensive, flächige, umrissbetonte und holzschnitthaft-grobe Malweise.

Camera obscura: Lochkamera, die ab dem 17. Jh. als Hilfsmittel für perspektivische Konstruktionen, Porträt- und Proportionsstudien diente.

Caravaggisten: Bezeichnung für Künstler, die in der Nachfolge von Caravaggio dessen Hell-Dunkel-Malerei, die schlaglichtartige Beleuchtung und die realistische Behandlung klassischer Themen übernahmen.

Chiaroscuro-Malerei (von ital. chiaroscuro „hell-dunkel"): Seit dem 16. Jh. ausgebildete Gestaltungsweise, bei der die Farbigkeit zugunsten eines starken Hell-Dunkel-Kontrasts in den Hintergrund tritt.

Cinquecento: Ital. Bezeichnung für das 16. Jh. („Cinquecento", ital., fünfhundert, abgeleitet von tausendfünfhundert (1500)).

Cloisonismus: Malstil mit an Bleifassungen von Glasfenstern erinnernder Umrahmung der Farbflächen, der Ende des 19. Jh. von E. Bernard und P. Gauguin entwickelt wurde.

Colour-Field Painting (engl., „Farbfeldmalerei"): Richtung des abstrakten Expressionismus vor allem der 60er-Jahre des 20. Jh., bei der die Farbe als reiner Ausdrucksträger flächendeckend auf die Leinwand aufgetragen wird. Wichtige Vertreter z. B. B. Newman und M. Rothko.

Dadaismus: Während des Ersten Weltkriegs entstandene Kunstrichtung, die gegen die traditionellen Kunstwerte mit bewusstem Unsinn und neuen, als „Anti-Kunst" deklarierten Ausdrucksformen wie der Fotomontage, dem Lautgedicht etc. rebellierte.

De Stijl: 1917 von P. Mondrian und Th. van Doesburg gegründete niederländische Künstlergruppe, deren abstrakte, aus geometrischen Flächenformen in reinen Farben aufgebaute Bilder eine Variante des Konstruktivismus darstellen.

Decalcomanie: Vom Surrealisten M. Ernst entwickeltes Abklatschverfahren. Bei der D. wird die noch feuchte Farbe von einem Farbträger (Papier, Glasscheibe oder Ähnliches) durch Handabreibung auf Papier übertragen.

Divisionismus: Farb- und Lichtzerlegungsmethode des Spätimpressionismus, durch die sich die Farbpunkte auf der Leinwand erst im Auge wieder zu Farbakkorden und zu Formen zusammensetzen.

Donauschule: Bezeichnung für eine künstlerische Auffassung, die im deutschsprachigen Donaugebiet zu Beginn des 16. Jh. vertreten wurde. Die Maler der D. entwickelten eine neue Form der Landschaftsmalerei, bei der das Naturerleben maßgeblich ist und die Landschaft um ihrer selbst willen, nicht mehr als Beiwerk und Hintergrundkulisse gemalt wird.

Dreifaltigkeit (auch **Dreieinigkeit**, **Trinität**): Die drei göttlichen Personae in der christlichen Religion: Vater, Sohn und Heiliger Geist.

Dripping (engl., „tropfend"): Maltechnik, bei der die Farbe spontan und in nicht kontrollierten Gesten auf die am Boden liegende Leinwand geträufelt wird. Form des Action Painting. Mit D. wird vor allen die Arbeitsweise J. Pollocks bezeichnet.

Druckgrafik: Sammelbegriff für die unterschiedlichen druckgrafischen Techniken wie Holzschnitt, Kupferstich, Radierung, Lithografie oder Siebdruck. Mittels dieser Techniken sind künstlerische Werke vervielfältigbar.

Duktus: Die Eigenheiten einer persönlichen Handschrift z. B. im Farbauftrag eines Künstlers (Pinselführung, Farbauftragsart, Linienführung).

Ecriture automatique (frz., „automatisches Schreiben", „Schrift"): Auf der Psychoanalyse Freuds basierender künstlerischer Schaffensprozess, der auf einer unreflektierten, tranceähnlichen Niederschrift von Zeichnungen oder Texten beruht. Durch Ausschalten des kontrollierenden Verstandes und ästhetischer Normen soll das Unbewusste zum Vorschein kommen. Ausdrucksmittel vor allem der Surrealisten.

Emblematik: Bildliterarische Kunstform, bei der das Dargestellte (das Emblem) durch ein Motto oder eine kurze Unterschrift zum allgemeingültigen Sinnbild wird. Im Barock halfen eine Fülle sogenannter Emblembücher bei der Entschlüsselung dieser damals verbreiteten Darstellungsart religiöser oder sittlich-moralischer Lehren.

Environment (engl., „Umgebung"): Künstlerisches Ausdrucksmittel der zweiten Hälfte des 20. Jh., bei der Räume künstlerisch gestaltet werden und somit zu einem „begehbaren Kunstobjekt" werden.

Expressionismus, expressiv (von lat. expressio „Ausdruck"): Kunstrichtung in der ersten Hälfte des 20. Jh., bei der die Betonung auf dem subjektiven Erleben liegt. Kennzeichen des E. sind eine ausdrucksstarke, nicht wirklichkeitsgetreue Farb- und Formgebung und ein flächiger Farb - auftrag, der die perspektivische Dreidimensionalität bewusst vernachlässigt.

Fantastischer Realismus: Kunstrichtung der frühen 60er-Jahre, die sich durch einen manieristisch anmutenden, oberflächlich-ästhetisierenden, visionären Stil auszeichnet.

Farbfeldmalerei: Siehe Colour-Field Painting.

Farbperspektive: Perspektvisches Gestaltungsmittel, das durch die verschiedenartige räumliche Wirkung kalter und warmer Farben Tiefe und Räumlichkeit erzeugt. Dabei wird durch Blau im Hintergrund die Tiefe, durch Rot und Gelb der Vordergrund eines Bildes betont.

Fauvismus, „Fauves" (frz., „wilde Tiere"): Lockere frz. Künstlervereinigung, die sich 1905 um H. Matisse bildete und gegen die impressionistische Farbzerlegung die reine, ungebrochene Farbe setzte, aus denen sie nun ihre Bilder unter Vernachlässigung der Abbildgenauigkeit aufbaute.

Figuration, figurative Malerei: Gegenständliche Malerei.

Firnis (von frz. vernis „Lack"): Transparentes Bindemittel für Farben, mit denen ein Ölgemälde ‚versiegelt' wird.

Fluchtlinien: Die auf den Fluchtpunkt zulaufenden Konstruktionslinien in einem zentralperspektivisch aufgebauten Bild. Siehe auch Perspektive.

Fluchtpunkt: In der Lehre der Perspektive der Punkt, in dem sich die Parallelen im Unendlichen treffen. Bsp: Parallele Eisenbahnschienen scheinen sich am Horizont im Fluchtpunkt zu berühren.

Fontainebleau, Schule von: Gruppe meist italienischer Künstler, die ab 1530 mit der Ausgestaltung des Schlosses von Fontainebleau bei Paris beauftragt wurden. Sie entwickelten einen dekorativen, zierlichen Stil, der dem Manierismus zuzuordnen ist.

Fotomontage: Zusammenfügung von Fotos oder Druckerzeugnissen zu einer Collage. Von den Dadaisten in den 20er-Jahren als künstlerisches Gestaltungsmittel eingeführt.

Fotorealismus: Als Gegenbewegung zur abstrakten Malerei schufen die Fotorealisten in den 60er-Jahren gegenständliche Bilder, die sich durch überscharfe Genauigkeit in der Darstellung auszeichnen. Dabei werden fotografische Vorlagen (oftmals unter Zuhilfenahme eines Diaprojektors) auf die Leinwand übertragen.

Freilichtmalerei: Im Gegensatz zur Ateliermalerei in der freien Natur gemalte Bilder. Die F. wurde zum ersten Mal von der Schule von Barbizon, dann aber vor allem von den impressionistischen Malern praktiziert.

Fresko (ital., „frisch"): Wandmalerei, bei der die Farbe auf den noch feuchten Kalkputz aufgetragen wird und sich beim Trocknen unlöslich mit diesem verbindet.

Frottage (frz., „Reiben"): Grafische Technik, bei der Strukturen von Materialien (z. B. Holz) durch Durchreiben auf dem Papier sichtbar gemacht werden. 1925 von M. Ernst entwickelt.

Futurismus: Italienische Kunstrichtung, die vom Schriftsteller T. Marinetti angeregt und 1909 durch das *Futuristische Manifest* begründet wurde. Die Haltung der Gruppe war antiakademisch, ihre Kunst wurde von der modernen Technik, dem Rausch der Schnelligkeit bestimmt.

Genremalerei (von frz. Genre „Art"): Gattung der Malerei, die Ausschnitte aus dem täglichen Leben darstellt. Sie galt in der akademischen Hierarchie als „niedere Gattung" und ist gekennzeichnet durch hohen Realitätsbezug und Lebensnähe. Man unterscheidet zwischen bäuerlichem, bürgerlichem und höfischem Genre. Die G. erlebte ihren Höhepunkt im 17. Jh. in den Sittenbildern der holländischen Malerei.

Geometrische Abstraktion: Reduktion der Bildkomposition auf klare geometrische Formen. Rhythmisierung der Fläche durch Farbe. Wurzelt im Konstruktivismus, Höhepunkt in den 50er- und 60er-Jahren des 20. Jh.

Gestik, gestische Malerei: In der Moderne eine Malweise, bei der der Malvorgang im bewegt lockeren Farb - auftrag ablesbar ist.

Goldener Schnitt: Proportionsverhältnis, bei dem sich Flächen und Längen im Verhältnis 1:1,4 verhalten. Dieses Proportionsverhältnis wird als besonders harmonisch empfunden. Der G. S. war bereits in der Antike bekannt, wurde in der Renaissance wiederentdeckt.

Gotik: Im allgemeinen Sprachgebrauch die Kunst des Mittelalters, die sich in sämtlichen Gattungen zeitlich versetzt in Europa entwickelt hat. Von der Architektur des 12. Jh. ausgehend, war die G. fast ausschließlich von religiösen Aufgaben bestimmt. In Italien setzte Giotto als Künstler der Übergangszeit zwischen Gotik und Frührenaissance neue Maßstäbe.

Gouache: Maltechnik mit Wasserfarben, die im Gegensatz zum Aquarell nicht transparent, sondern deckend auftrocknen. Durch Beimischung von Bindemitteln und Deckweiß entstehen eine pastellartige Farbwirkung und spröde Oberfläche.

Grafik: Sammelbezeichnung für Zeichnungen und mittels drucktechnischer Verfahren (z. B. Kupferstich, Holzdruck, Radierung etc.) hergestellte Arbeiten auf Papier.

Grattage: Aus der Frottage-Technik weiterentwickeltes Verfahren. Eine mit dickem Farbauftrag präparierte Fläche wird durch Zerschneiden und Zerkratzen bearbeitet, wodurch sowohl Veränderungen der Farbschichten als auch Farb-Schatten-Lichteffekte hervorgerufen werden.

Happening (engl., „Geschehen"): Kunstform vor allem der 60er-Jahre des 20. Jh., bei der eine Aktion das eigentliche Kunstwerk ist. Die Aktion, oftmals gekennzeichnet durch große Realitätsnähe/Alltäglichkeit, zielt auf Einbeziehung des Zuschauers. Sie ist improvisiert, provokant, unvorhersehbar und nicht reproduzierbar.

Hard Edge (engl., „scharfe Kante"): Abstrakte Richtung der 60er-und 70er-Jahre des 20. Jh. Charakteristisch sind scharf gegeneinander abgesetzte, oft geometrische Farbflächen. Gehört zur sogenannten „Farbfeldmalerei".

Hell-Dunkel-Effekte: Siehe Chiaroscuro-Malerei.

Heroische Landschaft: Siehe Landschaft.

Historienbild: Darstellung historischer Ereignisse und mythologischer, biblisch-religiöser und literarischer Themen, die entweder lebensnah oder ideal überhöht dargestellt werden. Das H. galt bis Ende des 19. Jh. als vornehmste Gattung in der Malerei, gefolgt von dem Porträt und den „niederen Gattungen" Landschaft, Genre und Stillleben.

Historismus: Rückgriff auf frühere Kunststile, um daraus einen neuen Stil zu schaffen, z. B. Klassizismus.

Holzschnitt: Druckgraphische Technik. Hochdruckverfahren, bei dem das zu Druckende auf der Holzplatte stehenbleibt. Verfahren, das vor allem von den Expressionisten zu Beginn des 20. Jh. verwendet wurde.

Hyperrealismus: Richtung der Kunst, die mit dem Fotorealismus und dessen Zielen zu vergleichen ist und die Illusion von Realität und die Realität der Illusion zu ihrem Prinzip macht.

Ideale Landschaft: Siehe Landschaft.

Idealismus: Geisteshaltung und künstlerische Gestaltungsweise, bei der die Wirklichkeit nicht der Realität entsprechend, sondern im Sinne einer bestimmten Idee wiedergegeben wird. Idealistische Tendenzen finden sich in der Malerei der 2. Hälfte des 19. Jh. (z. B. A. Böcklin), aber auch in der idealisierenden Auffassung des „Sozialistischen Realismus".

Ikone: Urspr. Tafelbild der griechisch-orthodoxen Kirche, das nach festen Traditionen und strengen Mustern über Jh.e hinweg einen Typus prägte. Steht im weiteren Sinn auch für „Hauptvertreter, klassisches Beispiel".

Ikonografie: Form- und Inhaltsbedeutung von Bildzeichen. Auch Bezeichnung der Wissenschaftsdisziplin, die sich beschreibend und klassifizierend mit Bildinhalten auseinandersetzt.

Illusionismus: Malerei, die durch Perspektive und malerische Gestaltungsmittel den optischen Schein von Dreidimensionalität und Räumlichkeit hervorruft.

Impressionismus (von frz. impression „Eindruck"): Um 1870 in Frankreich entstandene Kunstrichtung, bei der es darum geht, den Gegenstand in seiner momentanen Abhängigkeit von der Beleuchtung zu erfassen. Gekennzeichnet durch eine aufgelöste Malweise, helle Farbigkeit und oft zufällig erscheinende Bildausschnitte; bevorzugte Motive des I. waren Landschaften und Szenen städtischen Lebens.

Informel: Gegenstandsfreie Malerei der zweiten Hälfte des 20. Jh.

Installation: Bezeichnung für ein größeres künstlerisches Arrangement (einzelnes Objekt oder auch über einen ganzen Raum verteilte Objekte) in der zeitgenössischen Kunst.

Instant Images (engl., „Sofortbilder"): Bezeichnung für die Arbeiten F. Stellas, die ähnlich wie Signalschilder unmittelbar und ohne bewusste gedankliche Arbeit vom Betrachter erkannt werden sollen.

Interieurmalerei (von frz. intérieur „innen"): Darstellung von Innenräumen oder Szenen, die in Innenräumen stattfinden. Blüte der I. im holländischen Barock.

Jugendstil: Deutsche Bezeichnung für eine Stilrichtung um 1900 (auch „Art nouveau" oder „Sezessionsstil"). Gekennzeichnet von einer linearen, ornamental-dekorativen Formensprache.

Kinetik (griech., „die Bewegung betreffend"): Kinetische Werke sind Objekte, aber auch Bilder, bei denen Bewegungseffekte vorgeführt oder suggeriert werden. (z. B. die Arbeiten von Moholy-Nagy).

Klassische Moderne: Kunstwissenschaftl. Begriff, der die Anfänge der abstrakten Kunst, bei Cézanne beginnend, im Nachhinein als klassisch gewordene Moderne beschreibt.

Klassizismus: Stilrichtung zwischen 1750 und 1840, die sich auf die Antike, vor allem griechische Vorbilder, bezieht. Die Malerei des K. ist von klaren Farben und scharfer Linienführung gekennzeichnet.

Kolorit: Farbgebung eines Gemäldes.

Komplementärfarbe: Die auf dem Farbkreis oder dem Farbdreieck ge-

genüberliegenden Farben, die bei additiver Mischung weiß, bei subtraktiver Mischung schwarz ergeben: Rot-Grün, Blau-Orange, Gelb-Violett.

Komplementärkontrast: Farbkontrast, bei dem Komplementärfarben gegeneinandergesetzt werden. Durch den K. steigern sich die Farben gegenseitig in ihrer Farbwirkung.

Komposition (von lat. compositio, „Zusammenstellung"): Formaler Aufbau nach bestimmten Ordnungsprinzipien. Kompositionsprinzipien können sein: Verhältnis von Farbe und Form, Symmetrie/Asymmetrie, Bewegung, Rhythmus etc.

Konstruktivismus: Bewegung innerhalb der abstrakten Kunst seit Beginn des 20. Jh., die losgelöst von jeglicher Gegenständlichkeit mit geometrisch-abstrakten Formen harmonische Strukturen aufzubauen sucht.

Kontrapost (lat., ital., „Gegeneinandergesetztes"): Darstellung von stehenden Ganzfiguren in gewichtsverlagernder Standbein-Spielbein-Haltung. Wurde in der antiken griechischen Plastik entwickelt und in der Renaissance wiederentdeckt (vgl. Botticelli, *Geburt der Venus* [Seite 13] oder Michelangelo, *David* [Seite 16]).

Kontrast: Starker Gegensatz; in der Malerei unterscheidet man „Hell-Dunkel-Kontraste", „Farbkontraste", „Warm-Kalt-Kontraste", „Komplementärkontraste" oder „Simultankontraste".

Kontur: Als Linie gemalter oder durch Kontrast hervorgerufener Umriss einer Form.

Konzeptkunst: Internationale Kunstrichtung, die ab den 70er-Jahren frei von bildlichen Umsetzungen den gedanklichen Prozess zum Kunstwerk erklärt.

Kritischer Realismus: Deutsche Kunstrichtung der 60er-Jahre, die mit zeitgenössischen Themen in realistischer Manier gemalt oder bisweilen auch satirisch-provokant verzerrt gesellschaftliche Verhältnisse sichtbar machen wollte.

Kubismus (von lat. cubus, „Würfel"): Von P. Picasso und G. Braque begründete Richtung (ab etwa 1907), bei der Gegenstände nicht mehr nach dem optischen Eindruck wiedergegeben werden, sondern alles Gegenständliche in geometrische Formen zerlegt wird. Man unterscheidet zwischen „analytischem Kubismus" (bis ca. 1911) und „synthetischem Kubismus" (1912 bis Mitte der 20er Jahre).

Kubo-Futurismus: Kunstrichtung zu Beginn des 20. Jh. in Russland, bei der kubistische und futuristische Einflüsse miteinander verschmolzen werden.

Kunstgewerbe: Im Gegensatz zu den freien Künsten ist das K. die angewandte Kunst; Kunsthandwerk bezogen z. B. auf Textil, Glas, Keramik, Emaille und Möbel.

Kupferstich: Früheste Tiefdrucktechnik. Die Zeichnung wird auf eine Metallplatte eingraviert. Farbe wird in die Ritzen eingerieben und unter mechanischem Druck auf Papier übertragen.

Landschaftsmalerei: Darstellung der reinen Landschaft. War die Landschaft zunächst nur Beiwerk für die Hintergrundgestaltung gewesen, entwickelte sie sich Ende des 16. Jh. zu einer eigenständigen Bildgattung. Im 17. Jh. entstanden sogenannte „ideale Landschaften" (z. B. C. Lorrains verklärte Landschaften) und „heroische Landschaften" (z. B. N. Poussins sinnbildlich ins Bedeutungsvolle gesteigerte Ansichten). Blütezeit der L. war der holländische Barock. Revolutionierung der L. durch Aufkommen der Freilichtmalerei im 19. Jh.

L'art pour l'art (frz., „Kunst um der Kunst willen"): Kunst, die frei von moralischen, politischen, philosophischen oder sozialen Ansprüchen ist und allein um ihrer selbst willen geschaffen wird.

Lasurtechnik: Dünner, transparenter Farbauftrag auf getrocknete Farbschichten oder einen Malgrund, der jedoch nicht abgedeckt wird, sondern durchschimmert, wodurch feinstufige Farbmischungen und Farbnuancen entstehen.

Linearperspektive: Siehe Perspektive.

Lokalfarbe: Tatsächliche Farbigkeit eines Gegenstandes unabhängig von durch besonderen Lichteinfall hervorgerufene Farbirritationen.

Luftperspektive: Siehe Perspektive.

Magischer Realismus: Form der Malerei der Neuen Sachlichkeit.

Manierismus: Stilbezeichnung für die Formentwicklung der Spätrenaissance des 16. Jh., die Formen, Figuren und Raumgefüge bewusst überbetont und überlängt darstellt. Im allgemeinen Sprachgebrauch steht der M. jedoch auch für eine Überspitzung der Ausdrucksmittel, dann auch für deformierende, surreale, exaltierte oder künstliche Wirkung.

Materialbild: Sammelbegriff für Collage, MERZ-Bilder, Ready-mades und Assemblagen. Unter Verwendung unterschiedlicher Materialien wie Holz, Stroh, Metall oder auch Alltagsgegenständen werden neue Bildkonzepte, eine neue Bild-Realitätswahrnehmung erreicht.

MERZ: Bezeichnung für die Materialbilder K. Schwitters'.

Metapher, Metaphorik: Verbildlichung.

Minimal Art: Richtung der zeitgenössischen Kunst. Die M. A. reduziert seit den 70er-Jahren Inhalt und Form des Kunstwerkes auf einfaches, knappes Formenvokabular. Wichtiges Prinzip ist die Wiederholung der meist geometrischen Grundstrukturen des Werkes. Grenzt alle Illusion, Metaphorik und Symbolik aus.

Monochromie: Monochrome Bilder werden mit einem einzigen Farbton (auch mit Tonabstufungen) gestaltet, so z. B. die Werke von Y. Klein.

Monumentalmalerei: Bilder großer Dimension, denkmalartig.

Moral Pictures: Von W. Hogarth geprägter Bildtypus, der in satirisch-offener Weise den moralischen Verfall der (englischen) Gesellschaft des 18. Jh. anprangert.

Mythologie: Götter- und Heldensagen, seit der Antike beliebter Stoff der künstlerischen Darstellung. In der Renaissance wiederentdeckt, diente die M. der abendländischen Malerei als wichtige Themenquelle.

Nabis (von hebr. nabi „Prophet"): Französische Künstlergruppe in der Nachfolge P. Gauguins, die sich Ende der 1890er-Jahre symbolistischer Bildthematik und dekorativer Gestaltungsweisen zuwandte.

Nachimpressionismus (auch **Postimpressionismus** oder **Neo-Impressionismus**): Alle künstlerischen Tendenzen, die ausgehend von der impressionistischen Farbzerlegung das Augenmerk auf die Eigenwertigkeit der Farbe legten. Sie bilden das Bindeglied zwischen Impressionismus und Expressionismus.

Naive Malerei: Laienkunst; losgelöst von akademischen Traditionen entwickeln naive Maler ihre eigenen, aus Realität und Vorstellungswelt entsprungenen Bildfantasien in oft kindlich unbeholfen wirkender Malweise.

Nationalsozialistische Kunst (NS-Kunst): Einzig zugelassene Kunst des Dritten Reichs, die in verherrlichenden und verklärenden Darstellungen von kraftvollen Menschen, edlen Helden, bäuerlichem Leben und ungebrochenem Familienzusammenhalt der ideologischen Propaganda diente. Stilistisch war die Malerei im Nationalsozialismus von einer glatten, überkommenen, konservativ-akademischen Malweise geprägt. Alle anderen Richtungen wurden als „entartet" diffamiert, die Bilder z. T. zerstört und die Künstler verfolgt.

Naturalismus: Stilrichtung der zweiten Hälfte des 19. Jh., die die naturgetreue malerische Wiedergabe des Äußeren eines Gegenstandes anstrebte. Als Stilbegriff auch allgemein verwendet.

Nazarener: Zur Romantik gehörende deutsche Künstlergruppe, die sich 1809/10 zunächst in Wien, dann in Rom nach mittelalterlichem Vorbild zu einer „Bruderschaft" zusammenschloss. Ihr Vorbild sahen die N. in der Kunst Raffaels und der deutschen Malerei der Dürerzeit.

Neo-Dadaismus: Die Kunst der 60er-Jahre, die an Stelle der bloßen Abbildung tatsächliche Alltagsgegenstände oder Abfallprodukte zu neuen Bildgefügen zusammensetzte.

Neo-Expressionismus: Bezeichnung für Tendenzen in der Kunst der 80er-Jahre in Deutschland, die Verwandtschaft mit der expressiven, gestischen Malerei des Expressionismus aufweist.

Neokonstruktivismus: Die Künstler des N. verbanden in den 50er- bis 70er-Jahren die Ideen des osteurop. Konstruktivismus mit der geometrischen Malerei des Bauhauses.

Neue Sachlichkeit: Realistische Malerei zu Beginn der 20er-Jahre in Deutschland. Die N. S. setzt gegen die Gefühlswelt des Expressionismus das objektiv Sichtbare. Klare, betont gegenständliche Darstellungsweise.

Neue Wilde: Bezeichnung für Maler der 1880er-Jahre, die sich einer expressiven, gestischen Malweise bedienten und wenig Rücksicht auf künstlerische Stiltraditionen nahmen. Auch Neo-Expressionisten.

Nouveau Réalisme (frz., „neuer Realismus"): Kunstrichtung, die ab 1960 die Kunst durch Integration von Konsumgütern, mittels Installationen, Environments dem alltäglichen Leben öffnen wollte.

Objet trouvé (frz. „Fundstück"): Gegenstand, der aus seinem ursprünglichen Zusammenhang gelöst in Collagen und Assemblagen eingesetzt wird. Stilmittel z. B. des Dadaismus, des Surrealismus, des Neo-Dadaismus.

Œuvre: Gesamtwerk eines Künstlers.

Ölmalerei: Maltechnik, bei der die Farbpigmente (pulverisierte Farben) mit Öl gebunden werden. Die Ö. ist geschmeidig, trocknet langsam und kann gut ineinandergearbeitet werden. Aufkommen der Ö. im 15. Jh., seitdem bestimmende Technik für Gemälde.

Op-Art (Abkürzung für „Optical Art", engl., „optische Kunst"): Zeitgenössische Kunstform, erlebte ihre Blüte in den 60er-Jahren. Die O.-A. setzt sich mit dynamischen Farb- und Bewegungswirkungen auseinander. Sie bezieht die Trägheit des menschlichen Auges mit ein, wodurch mehrfarbige Strukturen als plastische, bewegliche Elemente wahrgenommen werden.

Orphismus: Stilbegriff für die prismatischen Farbzerlegungen von R. und S. Delaunay zu Beginn des 20. Jh.

Palette: Meist ovale oder nierenförmige Tafel, auf der Malfarben angemischt werden. Im übertragenen Sinne auch: Gesamtheit der von einem Künstler verwendeten Farben; Farbskala.

Pastos: Bezeichnung für eine Art des Farbauftrags (mit Spachtel oder groben Pinselstrichen), der eine plastische Eigenwirkung der Farbe erzeugen kann (Bsp.: Bilder van Goghs).

Performance (engl., „Vorführung"): Eine der Aktionskunst zuzuordnende zeitgenössische Kunstform seit Mitte der 70er-Jahre. Der Performance liegt eine feste Choreografie zugrunde, sie ist im Gegensatz zum „Happening" nicht improvisiert und auf Zuschauerbeteiligung angelegt.

Perspektive (von lat. perspicere „mit Blicken durchdringen"): Darstellung eines Gegenstandes, einer Person oder eines Raums auf einer Bildfläche, durch die mit zeichnerischen und malerischen Mitteln der Eindruck von Raumtiefe hervorgerufen wird. Die Perspektive wurde in der Renaissance wissenschaftlich ergründet und auf die Malerei übertragen. Bei der Zentralperspektive werden die in die Bildtiefe laufenden parallelen Linien im Fluchtpunkt gebündelt (Linearperspektive oder Fluchtpunktperspektive). Gegenstände und Personen werden proportional zur Entfernung gemäß des sich aus den Fluchtlinien (die gedachten Verlängerungen geometrischer Bildkörper) ergebenden Rasters kleiner. Eine weitere Form, Tiefenwirkung im Bild zu erzeugen, bietet die Farb- oder Luftperspektive, bei der die dargestellten Dinge mit zunehmender Entfernung an Farbintensität verlieren und ins Bläuliche gewandelt werden.

Pietà: Darstellung der trauernden Maria mit dem Leichnam Jesu.

Pittura Metafisica: Italienische Strömung, die von G. de Chirico in den Jahren 1911–1915 mit philosophischem Hintergrund begründet wurde. Die P. M. beabsichtigt, in Bildern mit leeren Plätzen, gesichtslosen Figuren und einer überscharfen, traumähnlichen Stimmung „hinter die Dinge" zu schauen.

Plastik: Dreidimensionale Arbeiten, zumeist Werke der Bildhauerkunst, Skulpturen.

Plein-air-Malerei: Siehe Freilichtmalerei.

Pointilismus (von frz. point „Punkt"): Spätimpressionistische Stilrichtung, die die Farbe in kleinen Pinselstrichen oder Farbtupfen ungemischt nebeneinandersetzt, sodass sich die optische Mischung im Auge des Betrachters – und nicht auf der Palette des Malers – vollzieht.

Polychromie: Vielfarbigkeit.

Pont-Aven, Schule von: Von P. Gauguin benannte Künstlergemeinschaft der 1880er-Jahre, die den Ausdruck durch Farbe und Formvereinfachung steigern wollte.

Pop-Art: In den 60er-Jahren in Amerika entstandene Kunstrichtung, die durch Verwendung und Montage bereits vorhandener Objekte (z. B. Zeitungsausschnitten, Reklamebroschüren, Markenartikeln) neue, an der Konsumwelt orientierte Welten schuf.

Porträt: Siehe Bildnis.

Postimpressionismus: Siehe Nachimpressionismus.

Postmoderne: Aus der Architektur übernommener Begriff für die künstlerische Haltung seit Beginn der 1980er-Jahre. Weiterentwicklung der Moderne; im Unterschied zur Tradition der klassischen Moderne jedoch Ablehnung aller Ideologien und traditioneller Gebundenheit. Gekennzeichnet durch Stilzitate und individualistische künstlerische Ausdrucksweisen.

Präraffaeliten: Englische Künstlervereinigung, die sich 1848 um D. G. Rossetti gebildet hat, und in Kontrast zur zeitgenössischen Akademielehre stehend, in symbolistisch aufgeladenen Bildwelten die italienische Malerei vor Raffael zum Vorbild nahm.

Primärfarben: Die Grundfarben Rot, Gelb, Blau. Durch Mischung der P. entstehen alle anderen Farben; sie selbst können nicht durch Mischung anderer Farben erzeugt werden.

Primitivismus: Tendenz in der Kunst des 20. Jh., sich an Volkskunst oder afrikanischer und ozeanischer Kunst sowie an Kinderzeichnungen zu orientieren, da diese ursprünglich und ‚un-akademisch' und damit ‚wahrhaftiger' erschienen.

Proportion: Maßverhältnisse und Gewichtungen einzelner Elemente innerhalb eines Bildes.

Quattrocento: Italienische Bezeichnung für das 15. Jh. (Quattrocento, ital.: vierhundert, abgeleitet von tausendvierhundert [1400]).

Radierung: Tiefdrucktechnik, dem Prinzip des Kupferstiches gleich, aber einfacher zu handhaben, da als Druckplatten meist weichere Metalle verwendet werden.

Ready-made (engl., „gebrauchs-fertig"): Von M. Duchamp 1913 eingeführte Bezeichnung für vorgefundene, industriell gefertigte Materialien (z. B. ein Flaschentrockner), die er nur leicht verändert oder gänzlich unbehandelt als „Kunstwerke" deklarierte.

Realismus: Im weitesten Sinne abbildgenaue Darstellung. Zugleich Bezeichnung einer Stilrichtung der zweiten Hälfte des 20. Jh.

Régence: Stilrichtung in Frankreich 1715–1722. Vorform des Rokoko. Gekennzeichnet durch zarte, dekorative Formen. Hauptvertreter A. Watteau.

Renaissance (frz., „Wiedergeburt"): Wichtige kunsthistorische Epoche, die um 1420 in Italien entstanden ist und die Philosophie der klassischen Antike zum Vorbild hatte.

Rokoko (von frz. rocaille „muschelförmiges Ornament"): Europ. Stilrichtung 1730–1770/80. Das R. ist im Wesentlichen ein Dekorationsstil, der die Leichtigkeit, das Verspielte und das Kleinteilige bevorzugte und durch eine Aufhellung der Farbpalette zu zartfarbigen Pastelltönen unterstrich.

Romantik: Kunstrichtung zu Beginn des 19. Jh. Das Gefühl wird zum obersten Maßstab erklärt. Charakteristisch sind vor allem stimmungsvolle Landschaftsbilder, ferner Rückgriffe auf die mittelalterliche Sagen- und Geschichtswelt.

Salonmalerei: Meist abwertend gebrauchte Bezeichnung für einen sich an akademischen Traditionen orientierenden Stil gegen Ende des 19. Jh., der auf den bürgerlichen Kunstgeschmack abzielte.

Schlagschatten: Harter Schatten, den jeder Körper oder Gegenstand in direktem Licht wirft.

Selbstbildnis: Selbstdarstellung eines Künstlers.

Sezession: Abspaltung einer Künstlergruppe von einer bestehenden Vereinigung mit dem Ziel einer neuen Gruppenbildung. Die erste S. wurde 1892 in München gegründet, weitere S.-Gründungen folgten wenige Jahre später in Wien und Berlin.

Sezessionsstil: Siehe Jugendstil.

Sfumato (ital., „rauchig"): Von Leonardo da Vinci entwickelte Malweise mit weichen Übergängen, bei der die Umrisse und Farben gedämpft, wie hinter einem Schleier erscheinen.

Siebdruck: Drucktechnik, vor allem für die Künstler der Pop-Art und Op-Art in den 60er-Jahren wichtiges Medium. Dabei dient ein zuvor behandeltes feines flaches Sieb, durch das die Farbe auf den Bedruckstoff gestrichen wird, als Schablone, sodass das Motiv beliebig reproduziert werden kann.

Simultankontrast: Form des Komplementärkontrasts, bei dem das Auge zu einer gegebenen Farbe immer gleichzeitig (simultan) die Komplementärfarbe erzeugt. So erscheint eine rote Fläche in einem bestimmten farblichen Umfeld in der Erinnerung oder bei geschlossenen Augen automatisch als grün etc.

Simultanperspektive: Perspektive, die zum ersten Mal von den Kubisten angewandt wurde, um Dinge von mehreren Seiten gleichzeitig, simultan, abzubilden.

Sittenbild: Siehe Genremalerei.

Sozialistischer Realismus: Seit 1932 offizielle Kunst in den sozialistischen Ländern (vor allem der ehemaligen Sowjetunion und DDR), die mit realistischer Malweise die breiten Massen ansprechen will. Der S. R. bevorzugt für seine oft monumentalen Gemälde Themen aus der Arbeitswelt und zeigt Szenen aus dem glücklichen Leben im Sozialismus.

Stillleben: Gattung der Malerei. Darstellung lebloser Dinge wie Früchte, tote Tiere, Blumen oder alltägliche Gegenstände. S. haben häufig symbolhaften Charakter. Eine Blüte erlebte die in der akademischen Hierarchie als „niedere Gattung" eingestufte S.-Malerei in der niederländischen Malerei des 17. Jh.

Suprematismus: Von K. Malewitsch in den ersten beiden Dekaden des 20. Jh. entwickelte Stilrichtung, bei der Empfindungen allein aus der Wirkung reiner geometrischer, somit abstrakter Formen hervorgerufen werden sollten.

Surrealismus: Kunstrichtung, die ab 1924 durch ein von A. Breton verfasstes Manifest definiert wurde. Unter dem Eindruck assoziativer Gedankengänge, psychoanalytischer Erkundung des Unbewussten und Traumhaften sollte das Irrationale, nicht Kontrollierbare zum Ausdruck gebracht werden.

Symbolismus: Kunstströmung in der zweiten Hälfte des 19. Jh., deren Anliegen es – in Abgrenzung zu den realistischen Tendenzen – war, nicht die sichtbare Wirklichkeit, sondern die Gedankenwelt, die Welt der Fantasie, der Vision, des Traums zum Inhalt ihrer Bilder zu machen.

Synthetischer Kubismus: Siehe Kubismus.

Tachismus (von frz. tache „Fleck"): Bezeichnung für eine zum Abstrakten Expressionismus gehörende Kunstrichtung der 40er- und 50er Jahre in Frankreich. Die Farbe wird ohne vorherige Konzeption in einer intuitiven Aktion aufgetragen.

Tafelmalerei: In Abgrenzung zur Wandmalerei Bezeichnung für die Malerei auf einem mobilen Bildträger. Bis zum 15. Jh. diente als Malgrund meist eine Holztafel (daher der Name), die in der Folgezeit zunehmend durch auf Keilrahmen gespannte Leinwände ersetzt wurde.

Tempera (von ital. temperare „mischen"): In Mittelalter und Renaissance (bis zum Aufkommen der Ölfarbe) übliche Farbmaltechnik. Die Bindemittel der T.-Farben sind in Wasser zu verdünnen, nach dem Auftrag jedoch nicht mehr wasserlöslich.

Transavantgarde, auch **Transavantguardia:** Italienische Kunstrichtung, mit der Anfang der 80er-Jahre die Postmoderne in der Malerei begann. Die T.-Künstler vertreten einen extremen Individualismus, äußern spontan ihre Gefühle und Regungen und gestalten ihre Kunst häufig aus Bildzitaten.

Trecento: Italienische Bezeichnung für das 14. Jh. (Trecento, ital.: dreihundert, abgeleitet von tausenddreihundert [1300]).

Triptychon: Bild aus drei Teilen, insbesondere Bezeichnung für einen Flügelaltar.

Trompe-l'œil-Malerei (frz., „Täuschung des Auges"): Malerischer Kunstgriff, mittels dem Gegenstände so naturgetreu wiedergegeben werden, dass sie dem Betrachter als real erscheinen, die Illusion von Wirklichkeit geben, so z. B. in A. Pozzos Deckenmalerei *Allegorie auf das Missionswerk der Jesuiten* (Seite 33).

Vanitasmotiv (von lat. vanitas „Leere, Eitelkeit, Wahn"): Symbol für die Vergänglichkeit wie z. B. Totenkopf, Sanduhr oder erloschene Kerzen.

Vedutenmalerei: Originalgetreue, sachlich genaue Wiedergabe einer Stadt oder einer Landschaft.

Verismus (von lat. veritas „Wahrheit"): Als Verismus wird eine wahrheitsgetreue, realistische Darstellungsweise bezeichnet. Der Begriff kennzeichnet zugleich eine Tendenz innerhalb der Neuen Sachlichkeit in den 20er-Jahren, der eine sozialkritische, engagierte Haltung zugrunde liegt (z. B. O. Dix und G. Grosz).

Zentralperspektive: Siehe Perspektive.

KÜNSTLERREGISTER

Fett hervorgehobene Seitenzahlen verweisen auf Abbildungen.

Antwerpen–9.12.1641 London): Flämischer Künstler, dessen feinfühlige und elegante Porträts englischer Adeliger die englische Porträtmalerei entscheidend prägten. **38**

Ensor, James (13.4.1860 Ostende–19.11.1949 Ostende): Maler symbolisch aufgeladener, makaber-sarkastischer Szenen, die die Einsamkeit des Menschen thematisieren. 81, **82**, 83, 88

Ernst, Max (2.4.1891 Brühl bei Köln–1.4.1976 Paris): Wichtigster deutscher Künstler des Surrealismus, der mit neuen Techniken freie Assoziationen umsetzte. 102, 103, **104**, 106

Estes, Richard (1936 Evanston): Fotorealist, der die Vielschichtigkeit der Wirklichkeit mittels Überdeutlichkeit und Lichtreflexen bespiegelte. 115, **117**

Eyck, Jan van (um 1390 Maaseyck/Maastrich–9.7.1441 Brügge): Scharf beobachtender Maler, der die Technik der Ölmalerei entscheidend verfeinerte und dessen Realismus der Kunst neue Wege wies. 26, **27**, 38

Feininger, Lyonel (17.7.1871 New York–13.1.1956 New York): Deutsch-amerikanischer Maler, der in kristallinen Formen und prismatischen Lichtbrechungen architektonische Formen gestaltet hat. **96**, 97

Feuerbach, Anselm (12.9.1829 Speyer–4.1.1880 Venedig): Maler klassischer Ideallandschaften und heroisch wirkender Figuren. 68, 69

Fontana, Lucio (19.2.1899 Rosario di Santa Fe–7.9.1968 Comabbio): Italienischer Künstler, der durch Schnitte in die Leinwand Dreidimensionalität veranschaulichte. **112**

Fragonard, Jean-Honoré (5.4.1732 Grasse–22.8.1806 Paris): Maler des Rokoko, dessen Werk vor allem in Darstellungen von Galanterien, erotischen Szenen und Porträts besteht. **47**, 48

Friedrich, Caspar David (5.9.1774 Greifswald–7.5.1840 Dresden): Bedeutendster Vertreter der deutschen Romantik, dessen Landschaftsbilder von komplexer Metaphorik getragen sind. 57, **58**, 59

Gainsborough, Thomas (14.5.1727 Sudbury–2.8.1788 London): Einer der bedeutendsten englischen Rokokomaler, dessen Landschaften und Porträts von sinnlichem statt mythologisierendem Ausdruck geprägt sind. **50**

Gauguin, Paul (7.6.1848 Paris–8.5.1903 Atuona auf Hiva Oa): Maler des Nachimpressionismus und des Symbolismus, der auf der Suche nach dem Archaischen und Ursprünglichen in die Südsee auswanderte. 79, **80**, 81, 82, 85, 86, 88

Géricault, Théodore (21.9.1791 Rouen–26.1.1824 Paris): Wegbereiter und wichtiger Vertreter der Romantik in Frankreich, der durch bewegte Kompositionen und ungewöhnliche Motive auffällt. 53, **60**

Giorgione (eigtl. Giorgio da Castelfranco, 1478 Castelfranco–1510 Venedig): Maler der venezianischen Hochrenaissance, in dessen idyllische Landschaftsbilder der Mensch harmonisch eingefügt wird. **20**

Giotto di Bondone (um 1267 Colle di Vespignano–8.1.1337 Florenz): Wegweisender Künstler für die Malerei der Neuzeit durch seine realistische Auffassung des Bildraums und der Figuren. 6, **7**, 8, 9

Gleizes, Albert (8.12.1881 Paris–24.6.1953 Avignon): Maler und Theoretiker der Kubismus. 94

Gogh, Vincent van (30.3.1853 Groot Zundert–29.7.1890 Auvers-sur-Oise): Nachimpressionist und Wegbereiter der modernen Malerei durch farbig-pastosen, expressiven Farbauftrag und dynamische Linienführung. **78–79**, 80, 85, 86, 88, 107

Götz, Karl Otto (22.2.1914 Aachen–19.8.2017 Wolfenacker): Künstler des Tachismus in Deutschland. 108

Goya, Francisco (eigtl. Francisco José de Goya y Lucientes, 30.3.1746 Fuendetodos–16.4.1828 Bordeaux): Spanischer Maler, der als Hofmaler und scharfsinniger Beobachter gesellschaftlicher Zustände Bilder schuf, deren Kolorit und Duktus die Moderne ankündigen. 20, 53, **54–55**, 71

El Greco (eigtl. Domenicos Theotokopoulos, um 1541 Kreta–7.4.1614 Toledo): Bedeutender Spätmanierist, dessen ekstatisch-visionärer Stil durch flackernde, unwirkliche Lichtbehandlung und überlängte Formen evoziert wird. 24, **25**, 88

Gris, Juan (23.3.1887 Madrid–11.5.1927 Paris): Vertreter des Kubismus, dessen Bilder sich durch architektonische Klarheit und eine ausgeklügelte Bildstruktur auszeichnen. 94

Grosz, George (26.7.1893 Berlin–6.7.1959 Berlin): Maler scharfer, gesellschaftskritischer Bilder. 89, **100**, 101, 106

Grünewald, Mathias (eigtl. Mathias Neidhard Gotthard, um 1480 Würzburg–vor dem 1.9.1528 Halle/Saale): Künstler der Renaissance, der mit außergewöhnlicher Farbgebung und realistischer Darstellung biblischen Themen eine neuen mystischen Bildausdruck gab. **29**, 30, 31, 88

Hals, Frans (1581/85 Antwerpen–1.9.1666 Haarlem): Holländischer Maler, der der Porträtmalerei durch neues Erfassen der Menschlichkeit und einen lockeren Pinselduktus wichtige Impulse gab. **40**

Hamilton, Richard (1922 London–13.2011 in London): Wichtiger Künstler der englischen Pop-Art. 114

Haring, Keith (4.3.1958 Kutztown–16.2.1990 New York): Amerikanischer Graffiti-Künstler. 119

Hausmann, Raoul (12.7.1886 Wien–1.2.1971 Limoges): Rühriger Dadaist, der der Bewegung wichtige Impulse lieferte. Erfand mit Hannah Höch die Fotomontage. 100

Heartfield, John (eigtl. Helmut Herzfelde, 19.6.1891 Berlin–26.4.1968 Berlin): Wichtiger Vertrerer des Berliner Dadaismus, der engagierte Fotomontagen gegen Militarismus, Kapitalismus und den Krieg schuf. 100

Heckel, Erich (31.7.1883 Döbeln–27.1.1970 Hemmenhofen): Als Mitbegründer der Künstlergemeinschaft „Brücke" einer der Hauptvertreter des deutschen Expressionismus. **87**

Höch, Hannah (1.11.1889 Gotha–31.5.1978 Berlin): Dadaistische Künstlerin, die vor allem mit Collagen und Fotomontagen experimentierte. 100

Hockney, David (9.7.1937 Bradford): Als Vertreter des Hyperrealismus malt er bei teilweise großem Detailrealismus Menschen in sterilen Räumen. 114

Hofer, Carl (11.10.1878 Karlsruhe–3.4.1955 Berlin): Deutscher Maler, der die Trostlosigkeit des Kriegs und des Elends der Nachkriegszeit in eindringlicher Form beschrieb. **107**

Hogarth, William (10.11.1697 London–25.10.1764 London): Englischer Kupferstecher und Maler, dessen realistische, oft satirische und moralisierende Werke, sogenannte „Moral Pictures", die englische Genremalerei begründeten. **49**, 54

Holbein, Hans d. J. (1497/98 Augsburg–29.11.1543 London): Als einer der letzten großen Renaissancemaler verband er in der Bildnismalerei Gespür für Charakteristik und Detailgenauigkeit. 29, 30, **31**, 44

Honthorst, Gerard van (4.11.1590 Utrecht–27.4.1656 Utrecht): Holländischer Caravaggist, der vor allem durch seine Nachtstücke mit Hell-Dunkel-Effekten Berühmtheit erlangte. **35**

Hopper, Edward (22.7.1882 Nyack–15.3.1967 New York): Amerikanischer Künstler, der in realistischen Bildern die Einsamkeit und Anonymität des Menschen beschrieb. **107**, 117

Ingres, Jean Auguste Dominique (29.8.1780 Montauban–14.1.1867 Paris): Führender Künstler des französischen Klassizismus, der die linienbetonte Zeichnung als Grundlage, und Schönheit und Harmonie als Ziel der Kunst sah. **53**, 61, 73

Jawlensky, Alexej von (13.3.1864 Torschok–15.3.1941 Wiesbaden): Deutsch-russischer Maler, der vom Fauvismus beeinflusst Serien abstrahierter und ikonenhafter Bildnisse schuf. Mitglied des „Blauen Reiters". 89

Johns, Jasper (15.5.1930 Augusta): Amerikanischer Künstler, der in seinen Flaggenbildern nach der Identität der Dinge und des Bildes an sich fragt. 104, 113, **114**, 116

Kahlo, Frida (6.7.1907 Mexiko City–13.7.1954 Mexiko City): Mexikanische Surrealistin, die ihre persön - liche Krankengeschichte und seelisches Empfinden in eindringlichen Bildern darstellte. 102

Kalf, Willem (3.11.1619 Rotterdam–3.8.1693 Amsterdam): Holländischer Stilllebenmaler, der sich durch seine leuchtenden Farben und schimmernden Lichteffekte auszeichnet. **45**

Kandinsky, Wassily (4.12.1866 Moskau–13.12.1944 Neuilly-sur-Seine): Bedeutender Expressionist, führender Kopf des „Blauen Reiters" und Kunsttheoretiker, der wegbestimmend für die abstrakte Malerei wurde. 89, 90, **91**, 98, 104, 105, 107, 109

Kiefer, Anselm (8.3.1945 Donaueschingen): Künstler großformatiger, historisch-mystisch befrachteter Materialbilder aus Sand, Metall oder Stroh. 118, **119**

Kirchner, Ernst Ludwig (6.5.1880 Aschaffenburg–15.6.1938 Davos): Mitbegründer der „Brücke" und wichtiger Vertreter des deutschen Expressionismus, der in erregtem, kantigem Stil das Großstadtleben festhielt. 87, **88**

Klee, Paul (18.12.1879 Münchenbuchsee/Bern–29.6.1940 Locarno): Künstler, der von gegenständlichen Bildern zu einer abstrahierenden, aus oft witzig und bewusst kindlich wirkenden Bildzeichen bestehenden Bildsprache fand. 89, **97**, 107

Klein, Yves (28.4.1928 Nizza–6.6.1962 Paris): Gründungsmitglied des „Nouveau Réalisme", experimentierte mit unterschiedlichen Materialien und schuf monochrome Bilder. **112**

Klimt, Gustav (14.7.1862 Wien–6.2.1918 Wien): Mitbegründer der Wiener Sezession und mit flächenhaft-ornamentalen Bildern Hauptvertreter des Wiener Jugendstils. **83**

Kooning, Willem de (24.4.1904 Rotterdam–19.3.1997 East Hampton): Vertreter der ersten Generation des amerikanischen Abstrakten Expressionismus, dessen Werk intensive Auseinandersetzung mit der menschlichen Figur prägt, die ihn schließlich zu ungegenständlichen abstrakten Flächenformen führte. 108, **109**

La Tour, Georges de (1593 Vic-sur-Seille–30.1.1652 Lunéville): Maler u. a. von Nachtstücken, die nach caravaggesker Manier von einer verdeckten Lichtquelle beleuchtet und in warmen Hell-Dunkel-Kontrasten komponiert wurden. **35**

Leibl, Wilhelm (23.10.1844 Köln–4.12.1900 Würzburg): Vertreter des Realismus des 19. Jahrhunderts vor allem im Bereich der Porträtmalerei und der Interieurmalerei. *67*

Leonardo da Vinci (15.4.1452 Vinci–2.5.1519 Amboise): Universalkünstler der Hochrenaissance und bedeutende Künstlerpersönlichkeit, die Malerei betreffend durch die Erfindung der kontrastarmen „Sfumato-Technik" wegweisend. *13*, ***14–15***, *16, 18, 19, 23, 25, 26, 73, 109*

Lichtenstein, Roy (27.10.1923 New York– 29.9.1997 New York): Einer der bedeutendsten Künstler der amerikanischen Pop-Art, entlehnte seine Bilder den Massenmedien und Comics. ***115***, *116*

Lissitzky, El (22.11.1890 Potschinok–30.12.1941 Moskau): Künstler, der durch stereometrische Formen mit architekturhafter Wirkung die konstruktivistische Malerei in Europa beeinflusste. *98*

Lorenzetti, Ambrogio (nachweisbar in Siena zwischen 1319–47): Sieneser Maler, der in erzählfreudiger, detaillierter Art und Weise religiöse Themen und Stadtansichten beschrieb. ***8***

Lorrain, Claude Siehe: Claude Lorrain.

Macke, August (3.1.1887 Meschede–26.9.1914 Perthes-les-Hurles): Künstler des „Blauen Reiters"; schuf in leuchtende Farbflächen zerlegte Bilderwelten. *89*

Magritte, René (21.11.1898 Lessines–15.8.1967 Brüssel): Vertreter des Surrealismus, der in Verwirrbildern die Realität des Bildes befragte. *102, 104*, ***105***, *113*

Malewitsch, Kasimir (23.2.1878 bei Kiew–15.5.1935 Leningrad): Wichtigster Vertreter des Suprematismus, der alle Abbildlichkeit ablehnte und durch Konzentration auf rein geometrische Formen Empfindungen auslösen wollte. *97*, ***98***, *112*

Manet, Édouard (23.1.1832 Paris–30.4.1883 Paris): Bedeutender französischer Maler, der, auf räumliche Illusion verzichtend, die Verteilung von Flächen und Farben und die rein malerische Wirkung hervorhob. *20, 39, 67*, ***71***, *72*

Mantegna, Andrea (1431 Isola di Carturo–13.9.1506 Mantua): Bedeutender Maler der oberitalienischen Frührenaissance, durch Auseinandersetzung mit der Plastik der Antike. *12*, ***13***

Marc, Franz (8.2.1880 München–4.3.1916 Verdun): Mitbegründer des „Blauen Reiters", der vor allem das Tier als Symbol für kosmische Einheit in den Mittelpunkt seines kristallin-farbigen Werks stellte. *89*, ***90***

Masaccio (eigtl. Tommaso di Ser Giovanni di Simone Guidi Cassai, 21.12.1401 San Giovanni Valdarno–1428 Rom): Renaissancemaler, der durch die Anwendung der Zentralperspektive das Körper-Raum-Verhältnis in Einklang brachte. *8*, ***9***, *10, 34*

Matisse, Henri (31.12.1869 Le Cateau–3.11.1954 Nizza): Hauptvertreter der Fauves, der die reine Farbe zum alleinigen Bedeutungsträger und Kompositionsmittel erhob. *77, 84*, ***85***

Menzel, Adolph von (8.12.1815 Breslau–9.2.1905 Berlin): Wichtiger Vertreter der deutschen Historienmalerei, der in seinen realistischen Darstellungen des beginnenden Industriezeitalters in freiem malerischem Duktus impressionistische Stilmittel vorwegnahm. ***67***, *68*

Metzinger, Jean (24.6.1883 Nantes–1.11.1956 Paris): Maler und wichtiger Kunsttheoretiker des Kubismus, den er 1910 mit Picasso, Braque und anderen Kubisten philosophisch begründete. *94*

Michelangelo Buonarroti (6.3.1475 Caprese–18.2.1564 Rom): Maler, Bildhauer und Architekt der Hochrenaissance, der durch sein vielseitiges Werk den Manierismus und Barock entscheidend beeinflusste. *12*, ***16–17***, *18, 19, 23, 25, 26, 38, 60*

Millet, Jean-François (4.10.1814 Gruchy–20.1.1875 Barbizon): Vertreter des Realismus, bemüht um naturalistische Wiedergabe des alltäglichen Lebens seiner Zeit. ***65***, *78, 79*

Miró, Joan (20.4.1893 Barcelona–25.2.1983 Palma de Mallorca): Maler heiter-schwebender, mystisch-spielerischer, abstrakter Zeichen mit assoziativen Anklängen an die Gegenstandswelt. *102, 103*, ***104***, *105*

Modigliani, Amedeo (12.7.1884 Livorno–25.1.1920 Paris): Maler ikonenhafter, lyrisch gestimmter, manieristisch gesteigerter Frauenakte und Porträts. ***84***, *85*

Moholy-Nagy, László (20.7.1895 Bácsborsod–24.11.1946 Chicago): Lehrer am Bauhaus, der sich in der Malerei mit Licht und Bewegung beschäftigte, was ihn schließlich zur kinetischen Objektkunst führte. *98*, ***99***, *106, 111*

Mondrian, Piet (7.3.1872 Amersfoort–1.2.1944 New York): Mitbegründer der niederländischen Vereinigung „De Stijl", der in seinen geometrisch konstruktivistischen Gemälden, die er aus ungemischten Farben und den unbunten Farben Schwarz und Weiß aufbaute, auf der Suche nach einer allumfassenden Harmonie war. *96, 97*, ***98***, *106*

Monet, Claude (14.11.1840 Paris–6.12.1926 Giverny): Wegweisender Künstler des Impressionismus, dessen Werk von intensiver Auseinandersetzung mit der Brechung von Licht und Farbveränderungen gekennzeichnet ist. *70, 72, 73*, ***74–75***, *77, 89, 108*

Morisot, Berthe (14.1.1841 Bourges–2.3.1895 Paris): Impressionistische Künstlerin, deren Bilder in lichten, zarten Farben das häusliche Leben skizzieren. *72*

Motherwell, Robert (24.1.1915 Aberdeen–16.7.1991 Provincetown): Wichtiger Vertreter des Abstrakten Expressionismus mit ekstatisch-dynamischen Bildern. *108*

Mueller, Otto (16.10.1874 Liebau–24.9.1930 Breslau): Expressionistischer Maler von Figuren aus dem Zigeunermilieu in gedämpfter Farbigkeit. *87*

Munch, Edvard (12.12.1863 Loten–23.1.1944 auf Ekeley bei Oslo): Norwegischer Künstler, Vorläufer der Expressionisten, dessen Bilder menschliche Grunderfahrungen wie Angst, Grauen und Tod beschreiben. *81*, ***82***, *83, 88*

Münter, Gabriele (19.2.1877 Berlin–19.5.1962 Murnau): Mitglied des „Blauen Reiters", Malerin leuchtender Bilder, deren Farbflächen mit schwarzer Konturierung versehen sind. *89, 91*

Murillo, Bartolomé Estebán (1.1.1618 Sevilla–3.4.1682 Sevilla): Barockmaler, der neben Madonnendarstellungen und religiösen Sujets auch realistische Bilder malte. ***39***

Nay, Ernst Wilhelm (11.6.1902 Berlin–8.4.1968 Köln): Vertreter des Informel. Seine die Eigengesetzlichkeit der Farbe betonenden Kompositionen bestehen aus runden, leuchtenden Farbflecken. *108*

Newman, Barnett (29.1.1905 New York–4.7.1970 New York): Bedeutendster Vertreter der Farbfeldmalerei, in dessen großformatigen Bildern eine meditativ-erfahrbare Räumlichkeit erzeugt wird. *108*, ***110***

Noland, Kenneth (10.4.1924 Asheville–5.1.2010 Port Clyde): Vertreter der Farbfeldmalerei, die er teils in ausgefallenen Formaten und unter Einbeziehung der sichtbar gelassenen, unbehandelten Leinwand umsetzte. *111*

Nolde, Emil (eigtl. Emil Hansen, 7.8.1867 Nolde–15.4.1956 Seebüll): Wichtiger Vertreter des deutschen Expressionismus mit oft grellen, kontrastreichen und mit leidenschaftlichem Pinselduktus gemalten Aquarellen, Ölbildern und Holzschnitten. *87*

Overbeck, Johann Friedrich (3.7.1789 Lübeck–12.11.1869 Rom): Mitglied des Lukasbundes der Nazarener, in dessen Bildern eine schwärmerische Italiensehnsucht zum Tragen kommt. *56*, ***57***

Paolo Veronese (1528 Verona–19.4.1588 Venedig): Venezianischer Maler, der religiöse Szenen in einem illusionistisch gemalten zeitgenössischen, weltlichen Umfeld stattfinden ließ. 20, ***21***, *48*

Parmigianino, Francesco Mazzola (11.1.1503 Parma–28.8.1540 Casalmaggiore): Wichtiger Maler des oberitalienischen Manierismus. Charakteristisch für sein Werk sind langgestreckte Figuren und kühle Farben. ***23***, *24*

Pechstein, Max (31.12.1881 Zwickau–29.6.1955 Berlin): Mitglied der Künstlergemeinschaft „Brücke". *87*

Pforr, Franz (5.4.1788 Frankfurt–16.6.1812 Rom): Vertreter der Nazarener, der stark auf altdeutsche Motive zurückgriff. *57*

Picasso, Pablo (25.10.1881 Málaga–8.4.1973 bei Cannes): Einer der wichtigsten Künstler des 20. Jahrhunderts, Begründer des Kubismus und wichtiger Neuerer und Impulsgeber für die folgenden Künstlergenerationen. *90*, ***92–93***, *94*

Piero della Francesca (um 1420/22 Borgo San Sepolchro–12.10.1492 Borgo San Sepolchro): Künstler der Renaissance, dessen Werke sich durch eine besondere Lichtführung und perspektivische Raumkonstruktion auszeichnen. *11*, ***12***, *102*

Pissarro, Camille (10.7.1830 St. Thomas–12.11.1903 Paris): Maler und Grafiker des Impressionismus. *70*, ***72***, *74, 77*

Polke, Sigmar (13.2.1942 Oels–10.6.2010 Köln): Maler des Kapitalistischen Realismus, der sich in ironischer Art mit den Erscheinungen der Massenkultur auseinandersetzt. *115*

Pollaiuolo, Antonio (1431 Florenz–4.2.1498 Rom): Maler der Renaissance, der sich vor allem um eine in Komposition und Personengestaltung möglichst natürlich wirkende Darstellung bemühte. ***11***

Pollock, Jackson (28.1.1912 Cody–11.8.1956 East Hampton): Erster amerikanischer Künstler des Action-Painting, dessen spontane Dripping-Malerei für die amerikanische Kunst wegweisend war. *105*, ***108***, *109, 113*

Pontormo, Jacopo da (24.5.1494 Pontormo–2.1.1557 Florenz): Künstler des toskanischen Manierismus. ***22***, *23*

Poussin, Nicolas (Juni 1594 les Andelys–19.11.1665 Rom): Wichtiger Vertreter des Klassizismus, dessen Werke von der antiken Mythologie geprägt sind. **36**, 37, 46, *52, 77*

Pozzo, Andrea (30.11.1642 Trient–31.8.1709 Wien): Maler, Bildhauer und Baumeister, der in Decken- und Wandgemälden die illusionistische Raumwirkung zur Vollendung brachte. ***33***

Puvis de Chavannes, Pierre (14.12.1824 Lyon–24.10.1898 Paris): Wegweisend für den französischen Neoklassizismus und den Symbolismus durch träumerische Gestalten und stimmungsvolle Landschaften. *68*

Raffael (eigtl. Raffaelo Santi, 6.4.1483 Urbino–6.4.1520 Rom): Bedeutender Künstler der Hochrenaissance, für dessen Werk eine ausgeglichene Figurenkomposition, weiche Modellierung der Figuren und stimmungsvolle Landschaftsdarstellungen charakteristisch sind. ***18***, *19, 23, 24, 26, 38, 69, 71*

Rauschenberg, Robert (22.10.1925 Port Arthur–12.5.2008 Captiva Island): Mit Collagen und Assemblagen Wegbereiter der Pop-Art, der mit seinen Combine Paintings zum Objekt tendierende Gemälde schuf. *113*, ***114***, *116, 117*

Reinhardt, Ad (eigtl. Adolf Reinhardt, 24.12.1913 Buffalo–30.8.1967 New York): Amerikanischer Maler, der von ihm so bezeichnete „Meditationstafeln" in meist schwarzfarbigen Rechtecksformen schuf. ***110***

Rembrandt Harmenszoon van Rijn (15.7.1606 Leiden–4.10.1669 Amsterdam): Bedeutendster Maler, Radierer und Zeichner des 17. Jahrhunderts, dessen Hell-Dunkel-Malerei und psychologische Einfühlung die Malerei des Barock um eine Dimension bereicherte. *40*, ***42–43***, *79*

Renoir, Pierre-Auguste (25.2.1841 Limoges–3.12.1919 Cagnes): Mitbegründer des Impressionismus, der seine Bildwelten unter flimmernde Farbschleier legte. *72*, ***73***, *74, 77*

Repin, Ilja Jefimowitsch (5.8.1844 Tschugujew–29.9.1930 Repino): Russischer realistischer Maler, dessen Historienbilder treffende, psychologische Milieustudien der Zeit der vorletzten Jahrhundertwende darstellen. ***66***

Reynolds, Sir Joshua (16.7.1723 Plympton–23.2.1792 London): Wichtiger Porträtmaler der englischen Gesellschaft des 18. Jahrhunderts. ***50***

Richter, Gerhard (9.2.1932 Dresden): Maler und Grafiker, der über verwischte, nach Fotos gearbeiteten Bildern zu einer Malerei gelangte, die das Verhältnis der Bildwirklichkeit zur Abbildbarkeit der realen Wirklichkeit thematisiert. ***117***, *118*

Riley, Bridget (24.4.1931 London): Bedeutende Vertreterin der Op-Art mit rhythmisierenden Liniensystemen von illusionistischer Raumwirkung. *111*

Rodtschenko, Alexander (15.12.1891 St. Petersburg–3.12.1956 Moskau): Wegweisend für die moderne russische Kunst durch abstrakte Kompositionen und sein Bekenntnis zum Konstruktivismus. *98*

Rossetti, Dante Gabriel (12.5.1828 London–9.4.1882 Birchington-on-Sea): Wichtiger Vertreter der Präraffaeliten, durch ästhetisierte und idealisierte Menschendarstellungen wegweisend für den Jugendstil. *68*, ***69***

Rothko, Mark (25.9.1903 Dvinsk–25.2.1970 New York): Amerikanischer Künstler, der durch großflächige Bilder mit verschwimmenden Farbrechtecken der meditativen Richtung des Abstrakten Expressionismus und der Farbfeldmalerei wichtige Impulse gab. ***109***, *110*

Rousseau, Henri (20.5.1844 Laval–4.9.1910 Paris): Französischer Künstler, dessen poetische, naive Bilder von meist exotischen Traumwelten erzählen. ***81***, *82*

Rubens, Peter Paul (28.6.1577 Siegen–30.5.1640 Antwerpen): Bedeutendster flämischer Barockmaler, in dessen Werk sich Repräsentation, Lichtspiel, Sinnlichkeit und Farbenpracht verbinden. *20*, ***38***, *52, 60, 77, 78*

Ruisdael, Jacob van (1628/29 Haarlem–14.3.1682 Amsterdam): Holländischer Landschaftsmaler zahlreicher Küsten-, Stadt- und Winterbilder. ***45***

Schad, Christian (21.8.1894 Miesbach–25.2.1982 Stuttgart): Wichtiger Vertreter der Neuen Sachlichkeit, in dessen Porträts sich die Kühle, der Narzissmus und die Anonymität des Menschen in den 20er-Jahren wiederspiegeln. ***101***

Schinkel, Karl Friedrich (13.3.1781 Neuruppin–9.10.1841 Berlin): Maler und wichtigster klassizistischer Architekt in Deutschland, der sich in seinen Landschaftsbildern einer überwiegend romantischen Auffassung von Landschaft verschrieb. *56*, ***57***

Schlemmer, Oskar (2.9.1888 Stuttgart–13.4.1943 Baden-Baden): Bauhaus-Künstler, Maler, Bildhauer und Bühnenbildner, der seine geometrische, abstrakter-ikonenhafte Auffassung von Skulptur auch in seinen Gemälden und Bühnenbildern weiterverfolgte. *97*

Schmidt-Rottluff, Karl (1.12.1884 Rottluff–10.8.1976 Berlin): Mitbegründer der expressionistischen Künstlergemeinschaft „Brücke", der (dem frühen Heckel ähnlich) leuchtende Rot- und Grüntöne verwendete. Sein Hauptmotiv war die Landschaft. *87*

Schule von Fontainebleau: Zwischen 1530 und etwa 1600 zur Ausgestaltung des Schlosses von Franz I. zusammengekommene, ansonsten unzusammengehörige Gruppe; in der Spätphase entstanden Hauptwerke des französischen Manierismus. ***23***, *24*

Schwitters, Kurt (20.6.1887 Hannover–8.1.1948 Ambleside): Einer der wichtigsten und vielseitigsten Künstler des Dadaismus, der mit Materialbildern und Collagen die von ihm sogenannte „MERZ-Kunst" entwickelte. ***99***, *100, 113*

Sérusier, Paul (1864 Paris–6.10.1927 Morlaix): Mitbegründer der Nabis, der sich neben Landschafts- und Figurenmotiven auch religiösen Themen zuwandte. *81*

Seurat, Georges (2.12.1859 Paris–29.3.1891 Paris): Begründer und nach eingehendem Studium wissenschaftlicher Farbenlehren wichtigster Vertreter des Pointilismus. ***76***, *80, 85, 111*

Sonderborg, K. R. H. (eigtl. Kurt Rudolf Hoffmann, 5.4.1923 Sonderborg–18.2.2008 Hamburg): Maler und Grafiker, der als Vertreter der informellen Malerei in automatistischer Zeichenschrift Bewegung und Rhythmik zum Ausdruck brachte. *108*

Spitzweg, Carl (5.2.1808 München–23.9.1885 München): Maler des Biedermeier, der in kleinformatigen Bildern in humorvoller und ironisierender Art und Weise bürgerliche Genrebilder schuf. ***59***

Stella, Frank (12.5.1936 Malden): Wichtiger Vertreter der Farbfeldmalerei, dessen geometrische Werke in Halbkreis, Rechteck- und Rautenformen mit der Objekthaftigkeit eines Bildes spielen. *111, 112*, ***113***

Steen, Jan (1626 Leiden–3.2.1679 Leiden): Vielseitiger holländischer Maler von Küchenszenen, historischen Sujets und anekdotenreichen Genrebildern. ***44***

Tiepolo, Giovanni Battista (5.3.1696 Venedig–27.3.1770 Madrid): Maler repräsentativer, stark bewegter Deckenfresken und Tafelbilder in zarten Pastelltönen und gewagten Lichtkompositionen. ***48***

Tintoretto (eigtl. Jacopo Robusti, September/Oktober 1518 Venedig–31.5.1594 Venedig): Hauptmeister der venezianischen Renaissance, der mittels ungewohnter Perspektive, Verkürzungen und Bühnenlichteffekte dramatische Bewegung erzielte. *21*, ***24***, *25*

Tizian (eigtl. Tiziano Vecellio, um 1477 oder 1488/90 Pieve di Cadore–27.8.1576 Venedig): Bedeutendster und wegweisender Maler der venezianischen Hochrenaissance, dessen Werk sich vor allem durch die Behandlung der Farbe auszeichnet. ***19***, *20, 21, 25, 38*

Toulouse-Lautrec, Henri de (24.11.1864 Albi–9.9.1901 Schloss Malromé): Französischer Maler und Grafiker, dessen Milieustudien und Plakatgrafiken ein treffendes Bild vom Ende des 19. Jahrhunderts in Paris zeigen. *78, 92*

Turner, Joseph Mallord William (23.4.1775 London–19.12.1851 London): Bedeutender Landschaftsmaler, dessen atmosphärische, in Licht zerlegte Landschaftsschilderungen die Lichtmalerei der Impressionisten beeinflusste. ***63***, *74, 75*

Uccello, Paolo (um 1397 Portovecchio–10.12.1475 Florenz): Bedeutender Künstler der Frührenaissance, in dessen Bildern die intensive Auseinandersetzung mit der Perspektive deutlich wird. ***10***, *102*

Vasarely, Victor (9.4.1908 Pécs–-15.3.1997 Paris): Ungarisch-französischer Künstler optisch-kinetischer Bilder. ***111***

Velázquez, Diego (eigtl. Diego Rodriguez de Silva y Velázquez, 6.6.1599 Sevilla–6.8.1660 Madrid): Spanischer Barockmaler, der am Hofe tätig war und in z.T. raffinierten Kompositionen vor allem Licht- und Farbwirkungen in einem weichen, die jeweilige Stofflichkeit betonenden Farbauftrag einzufangen vermochte. *38*, ***39***, *45, 60, 71, 93*

Vermeer van Delft, Jan (31.10.1632 Delft–15.12.1675 Delft): Hauptmeister der holländischen Malerei im 17. Jahrhundert durch sorgfältige Anwendung der Perspektive und brillante Lichtwirkung in seinen Interieurdarstellungen. *40*, ***41***

Veronese, Paolo Siehe: Paolo Veronese.

Vlaminck, Maurice de (4.4.1876 Paris–11.10.1958 Rueil-la-Gadelière): Künstler, der in fauvistischer Art und Weise Landschaften und Stillleben malte. *84*

Warhol, Andy (eigtl. Andrew Warhola, 6.8.1928 Pittsburgh–22.2.1987 New York): Wichtigster Pop-Art-Künstler, der banale Alltagsgegenstände zum Bildmotiv erhob. *115*, ***116***, *117*

Watteau, Jean Antoine (10.10.1684 Valenciennes–18.7.1721 Nogent-sur-Marne): Erster Maler der „Fêtes galantes", Szenen aus der höfischen Gesellschaft und der italienischen Komödie. ***46***, *48*

Wesselmann, Tom (23.2.1931 Cincinnati–17.12.2004 New York): Wichtiger Repräsentant der Pop-Art, der durch perfekt arrangierte Collagen, Assemblagen und Environments eine kühle Ästhetik schuf. *114*

Weyden, Rogier van der (1399/1400 Tournai–18.6.1464 Brüssel): Niederländischer Maler, der mit seinen plastisch erfassten Figuren und ausdrucksstarken Porträts wegweisend für die deutsche und nordfranzösische Malerei war. ***26***

Wols (eigtl. Wolfgang Schulze, 27.5.1913 Berlin–1.9.1951 Paris): Vertreter des Tachismus, der in Fortsetzung der écriture automatique fantastisch anmutende Gebilde schuf. ***108***

Wright of Derby, Joseph (3.9.1734 Derby–29.8.1797 Derby): Englischer Maler, der u. a. realistische Darstellungen wissenschaftlicher Experimente in dramatischen Hell-Dunkel-Stimmungen schuf. ***51***

ABBILDUNGSNACHWEIS

Der Verlag dankt den Museen, Archiven und Fotorgrafen für die erteilte Reproduktionsgenehmigung und die freundliche Unterstützung bei der Realisierung dieses Buches.

Jörg P. Anders, Berlin: 11unten, 26, 30 unten, 44, 45 oben, 49 unten, 50 oben, 57 oben, 57 unten, 58 oben, 97 unten, 98 unten, 99 oben, 100, 102, 108 unten, 110 unten, 111 unten, 113

Archiv für Kunst und Geschichte, Berlin: 7, 11 oben, 14 oben, 14 Mitte, 15 alle, 20 unten, 21, 23 oben, 23 unten, 24 oben (Erich Lessing), 25, 27 (Erich Lessing), 28 oben, 28 unten, 29, 30 oben, 31, 32, 34, 38 unten, 41 oben, 41Mitte (Erich Lessing), 41unten, 42 oben, 42 unten (Erich Lessing), 43 oben, 43 unten, 46, 47, 48 unten, 53, 54 unten links, 54 unten rechts, 55 Mitte, 58 unten, 59, 62, 63 (Erich Lessing), 64 (Erich Lessing), 65, 66 oben, 66 unten, 67, 68, 71 oben, 71 Mitte, 72 oben, 72 unten, 73, 74 oben links, 75 oben rechts (Erich Lessing), 75 unten, 76, 77 oben, 78 oben, 78 unten, 79 unten (Erich Lessing), 80, 81 oben, 82 oben, 82 unten, 83, 86, 87, 88, 90, 91 alle, 92 oben, 92 unten, 93 Mitte, 93 unten, 104 unten, 106 links, 106 rechts, 107 unten, 109 oben, 114 oben, 116 unten links, 121 oben

© 1994 The Art Institute of Chicago. All Rights Reserved: 107 oben

Archiv Georg Baselitz: 118

Artothek: 35 unten, 48 oben (Joachim Blauel), 49 oben (Joseph S. Martin), 50 unten (Joseph S. Martin), 89 (Joachim Blauel), 94 oben (Blauel/Gnamm)

Heiner Bastian: 116 unten rechts

Raffaello Bencini: 10, 12, 13 unten, 16 links

Bisig & Bayer, Basel: 123 oben

Osvaldo Böhm: 24 unten

A. Bracchetti/P. Zigrossi – 1993, Courtesy of the Vatican Museums: 19 oben

Bridgeman Art Library, London: 35 oben, 69, 94 unten, 125 unten, 126

© Peter Doig. All Rights Reserved, DACS/Artimage 2018: 123 unten

Getty Images: 121 unten, 122 oben

Tom Haartsen: 40

Kürschner/Wikimedia: 122 unten

Fabio Lensini: 8

© Maria Lassnig Stiftung: 125 oben

© 1995 The Museum of Modern Art, New York: 81 unten, 92 Mitte, 103

André Morain: 119 oben

Reproduced by courtesy of the Trustees of the National Gallery, London: 19 oben, 37, 51

Courtesy Paula Cooper Gallery, New York: 124

Hans Petersen: 84 unten, 85

Derechos Reservados © Museo del Prado, Madrid: 39 oben, 39 unten, 55 oben, 55 unten

Marco Rabatti: 9, 16 Mitte, 19 unten, 20 oben

Rheinisches Bildarchiv, Köln: 109 unten, 110 oben, 111 oben, 112 unten, 114 unten, 115, 117 oben

© Foto R.M.N.: 36, 38 oben, 52, 60, 61, 71 unten, 74 unten, 77 Mitte, 77 unten links, 93 oben rechts

Stadt Aachen, Ludwig Forum: 117 unten

SCALA: 13 oben, 16 unten rechts, 18, 22, 33

Speltdoorn: 105

Elke Walford: 96

Uwe Walter, Berlin: 127

The Andy Warhol Foundation: 116 oben

Alle übrigen Abbildungsvorlagen stammen von den in den Bildlegenden genannten Institutionen oder aus dem Archiv des Herausgebers.